D1735203

Bundesministerium für Familie, Senioren, Frauen und Jugend (Hrsg.)

Auf den Anfang kommt es an!

Bundesministerium
für Familie, Senioren, Frauen
und Jugend

Auf den Anfang kommt es an!

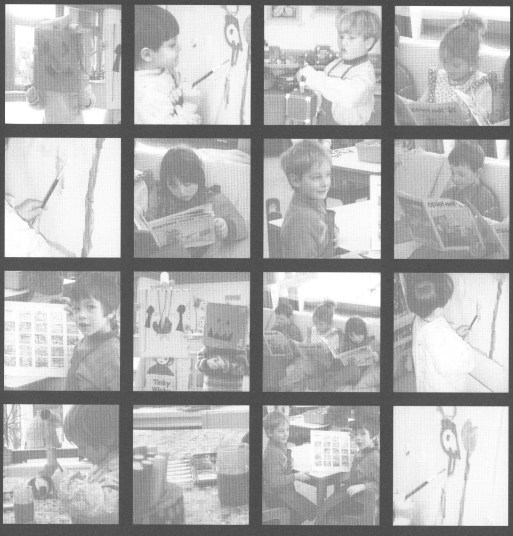

Perspektiven zur Weiterentwicklung des Systems der Tageseinrichtungen für Kinder in Deutschland

Beltz Verlag · Weinheim, Basel, Berlin

BELTZ

Ihre Wünsche, Kritiken und Fragen richten Sie bitte an:
Verlagsgruppe Beltz, Fachverlag Soziale Arbeit, Erziehung und Pflege,
Werderstraße 10, 69469 Weinheim.

Herausgeber:
Bundesministerium für Familie, Senioren, Frauen und Jugend
11018 Berlin

Konzeption, Leitung und fachliche Gesamtverantwortung:
Prof. Dr. Wassilios E. Fthenakis
Direktor des Staatsinstituts für Frühpädagogik (IFP), München, und Professor für Ent-
wicklungspsychologie und Anthropologie an der Freien Universität Bozen

mit Beiträgen von:
Prof. Dr. Wassilios E. Fthenakis (Kap. 2, 3, 4, Empfehlungen)
Wilfried Griebel (Kap. 10)
Dr. Bernhard Kalicki (Kap. 5, 12)
Toni Mayr (Kap. 6)
Pamela Oberhuemer (Kap. 8)
Dr. Gabriele Peitz (Kap. 1, 2, 11)
Eva Reichert-Garschhammer (Kap. 9, 13)
Dr. Martin R. Textor (Kap. 9)
Dr. Michaela Ulich (Kap. 7)

Redaktion:
Dr. Gabriele Peitz
Dr. Bernhard Kalicki

ISBN 3-407-56257-8

Alle Rechte vorbehalten

© 2003 Beltz Verlag · Weinheim, Basel, Berlin
1. Auflage 2003

03   04   05   06   07   5   4   3   2   1

Das Werk einschließlich aller seiner Teile ist urheberrechtlich geschützt.
Jede Verwertung außerhalb der engen Grenzen des Urheberrechtsgesetzes ist
ohne Zustimmung des Verlages unzulässig und strafbar. Das gilt insbesondere für
Vervielfältigungen, Übersetzungen, Mikroverfilmungen und die Einspeicherung
und Verarbeitung in elektronischen Systemen.

Herstellung: Ulrike Bazlen; Ulrike Poppel, Weinheim
Graphische Gestaltung: Pur pur, Konzeption und Gestaltung, München
Satz: Markus Schmitz, Büro für typographische Dienstleistungen, Münster
Fotos inkl. Umschlagfotos: Wassilios E. Fthenakis
Druck und Bindung: Druckhaus »Thomas Müntzer«, Bad Langensalza/Thüringen
Umschlaggestaltung: glas ag, Seeheim-Jugenheim
Printed in Germany

Weitere Informationen finden Sie im Internet unter http://www.beltz.de

Inhalt

Vorworte

Das System der Tageseinrichtungen für Kinder in Deutschland ist gegenwärtig nicht in der Lage, den Herausforderungen, die aus einer zeitgemäßen Bildung und Erziehung für die heranwachsende Generation resultieren, gerecht zu werden. Es bedarf der Weiterentwicklung und z. T. einer tief greifenden strukturellen wie konzeptuellen Reform. Vor dem Hintergrund europäischer Entwicklungen sind sogar erhebliche Defizite festzustellen, wie z. B. das nach wie vor unbefriedigende Ausbildungsniveau bzw. eine unzureichende Ausbildungsqualität der Fachkräfte, die ausgebliebene Weiterentwicklung der Einrichtungsformen, die nicht mehr aufschiebbare Neugewichtung des Bildungsauftrags von Kindertageseinrichtungen, eine dem System unangemessene Regulierung und vor allem die chronische Unterfinanzierung dieses Bildungsbereichs. Diese und weitere Themen sind Gegenstand der vorliegenden Analyse, die das Ziel verfolgt, einen Diskurs einzuleiten, an dem sich nicht nur Politik und Fachlichkeit, sondern die gesamte Gesellschaft beteiligen sollte. Denn die Bildung und Erziehung der Kinder bis zum Schuleintritt muss stärker als eine öffentliche Pflichtaufgabe ins Bewusstsein rücken.

Der Bericht zeigt nicht nur die Mängel eines Systems auf. Vielmehr verfolgt er die Absicht, Perspektiven für eine Weiterentwicklung dieses Bildungsbereichs aufzeigen und eine Diskussion zu stimulieren, in deren Verlauf sich in unserer Gesellschaft die Erkenntnis durchsetzen sollte, wie wichtig die ersten Jahre der kindlichen Entwicklung für ein lebenslanges Lernen sind und dass die Bereitstellung geeigneter Rahmenbedingungen für eine hohe Qualität von Bildung und Erziehung eine der besten Investitionen der öffentlichen Hand darstellt. Denn die Zukunft eines Landes ist unmittelbar mit der Qualität der Antworten verbunden, die es für die Bildung und Erziehung seiner Kinder bereithält: Bildung und Produktivität in einer Gesellschaft sind aufs Engste miteinander verknüpft, so der jüngste OECD-Bericht „Bildung auf einen Blick 2003". Wir alle haben darüber nachzudenken, wie zentral wichtig für eine Gesellschaft das gesamte System der Tageseinrichtungen für Kinder ist und die hieraus resultierenden Konsequenzen zu ziehen. Eine Reduktion dieser Debatte allein auf eine fiskalische Dimension, wie dies gegenwärtig vielfach geschieht, kann keine Zukunftsperspektiven eröffnen. Deshalb wird in diesem Bericht besonderer Wert darauf gelegt, die Komplexität der anstehenden Reform aufzuzeigen, Denkanstösse zu geben und konkrete Reformvorschläge zu unterbreiten.

Alle, die an der Erstellung dieses Berichtes mitgewirkt haben, sind sich bewusst, dass hier eine Auswahl der Fragestellungen und Themenschwerpunkte getroffen werden musste. Der weiteren Diskussion wird es deshalb überlassen bleiben, die vorliegende Analyse um zusätzliche Argumente zu ergänzen und mit Lösungsalternativen zu bereichern.

Dieser Bericht wurde durch das Bundesministerium für Familie, Senioren, Frauen und Jugend initiiert. Mein Dank gilt dem BMFSFJ für die Bereitstellung der erforderlichen Mittel und der Bundesministerin, Frau Renate Schmidt, für ihre Bereitschaft, die Inhalte dieses Berichtes zum Gegenstand dieses Diskurses zu machen und diese der Öffentlichkeit zu präsentieren. Dem Bayerischen Staatsministerium für Arbeit und Sozialordnung, Familie und Frauen und insbesondere Frau Staatsministerin Christa Stewens möchte ich meinen aufrichtigen Dank aussprechen nicht nur für die Aufgeschlossenheit, die diesem Bericht entgegengebracht wurde, sondern auch für die finanziellen Mittel, die das Land Bayern hierfür ebenfalls zur Verfügung gestellt hat. Mein Dank gilt ferner jenen Kolleginnen und Kollegen, die uns mit ihrem fachlichen Rat bei der Erstellung des Berichtes begleitet haben, den Mitarbeitern und Mitarbeiterinnen, die aktiv daran beteiligt waren – sie werden im Impressum namentlich genannt –, ganz besonders Frau Dr. Gabriele Peitz und Herrn Dr. Bernhard Kalicki, die darüber hinaus auch die Mühen der redaktionellen Betreuung des Berichts auf sich genommen haben, sowie Frau Andrea Bernhard für die grafische Gestaltung des Werks. Der Abteilungsleiterin Frau Eva Reichert-Garschhammer danke ich für gewichtige wie wertvolle Beiträge.

Jeder Leser kann aktiv dazu beitragen, dass dieser Bericht sein Ziel erreicht: Wenn wir uns alle entschließen, die Frage nach der Erziehung und Bildung unserer Kinder zu einem zentralen gesamtgesellschaftlichen Thema zu machen, werden zeitgemäße Antworten nicht mehr lange auf sich warten lassen.

München, Oktober 2003
Wassilios E. Fthenakis

Kinder brauchen Liebe, familiäre Zuwendung, Verlässlichkeit und Ordnung, Vorbilder, Regeln und Disziplin. Kinder brauchen die Einbettung in Beziehungen, sie brauchen andere Kinder zum Spielen und Lernen. Kinder brauchen Chancengerechtigkeit und damit ein vielfältiges und förderndes Angebot. Es sind die Startchancen in den ersten sechs Lebensjahren, die in großem Maße über den späteren Lebensweg und die Lebenskarrieren entscheiden. Viele Kinder erhalten zu spät eine systematische Förderung, sie weisen Entwicklungsrückstände auf Grund ihrer sozialen Herkunft auf. Deshalb ist der Zugang möglichst aller Kinder zu Betreuung mit Qualität so entscheidend.

Die Ausweitung der Kinderbetreuung trägt auch entscheidend zur Verbesserung der Lebensbedingungen von Familien bei: Der Zugang zu Kindertageseinrichtungen erhöht die Chancen von Kindern auf eine umfassende Bildung und Erziehung. Er unterstützt individuelle Lebensplanungen, verbessert die Vereinbarkeit von Familie und Arbeitswelt und wirkt damit langfristig negativen Partnerschaftsentwicklungen im Familienalltag entgegen. Nicht zuletzt verhindert die mögliche Erwerbstätigkeit beider Elternteile Familien- und Kinderarmut.

Ob Menschen sich für Kinder entscheiden oder nicht, ist nach Erkenntnissen der OECD in besonderer Weise abhängig vom Grad der Betreuung. Der Ausbau der Kinderbetreuung ist deshalb eines der wichtigsten gesellschaftspolitischen Vorhaben der Bundesregierung in der 15. Legislaturperiode. Bis 2010 sollen schrittweise die Standards vergleichbarer Länder erreicht werden, was Erziehung, Bildung und Betreuung angeht. Trotz der schwierigen Haushaltslage stellt die Bundesregierung für den Ausbau von Betreuung für die Kleinsten, aufwachsend in den Jahren 2004/2005, jährlich bis zu 1,5 Mrd. Euro bereit. Der Ausbau der Ganztagsschulen wird mit einem einmaligen Investitionsprogramm von 4 Mrd. Euro gefördert.

Tageseinrichtungen sind keine ›Verwahranstalten‹, sondern wichtige Orte der frühkindlichen Förderung. Der Elementarbereich ist die erste Stufe im Bildungsverlauf. Die Eigenständigkeit des Elementarbereichs im Verhältnis zu den anderen Bildungsstufen muss gewahrt werden. Dabei geht es nicht um eine zeitliche Vorverlegung der Schulbildung. Die frühkindliche Förderung muss sich in erster Linie daran orientieren, was Kindern gut tut, was ihrem Alter und ihren Bedürfnissen entspricht. Vorhandene Talente können sich nur entfalten, wenn sie auch frühzeitig erkannt und weiterentwickelt werden. Gute Betreuung bietet Kindern pädagogische Förderung, die die Erziehung der Eltern ergänzt und Bildungsangebote über das Elternhaus hinaus eröffnet.

Im internationalen Vergleich hat Westdeutschland einen strukturellen Rückstand von 10–15 Jahren. Überall dort, wo die Betreuung in guter Qualität und in ausreichendem Umfang für Kinder aller Altersgruppen vorhanden sind, schneiden die Kinder sowohl bei der schulischen Leistungsfähigkeit wie auch beim sozialen Verhalten besser ab als in Deutschland. Vor dem Hintergrund neuerer Erkenntnisse der Bildungsforschung und der Entwicklungspsychologie, die die zentrale Bedeutung der ersten sechs Lebensjahre herausstellen, wird deutlich, in welchem Maße derzeit Entwicklungschancen von Kindern in Deutschland ungenutzt bleiben. Die bei der PISA-Studie erfolgreich abgeschnittenen Länder haben sich diese Erkenntnis zueigen gemacht.

Eine Reform, die wesentliche Verbesserungen bringen soll, muss von allen Beteiligten der Politik auf den unterschiedlichen Ebenen und von den wichtigen gesellschaftlichen Gruppen getragen und gefördert werden, auch von der Wirtschaft. Es gibt eine zentrale gesellschaftliche Aufgabe, es gibt eine gemeinsame Verantwortung. Die einzelnen Bundesländer sind dabei, Bildungs- und Erziehungspläne für den Elementarbereich zu entwickeln. Sie kommen in ihren Ergebnissen zu vielen Übereinstimmungen. Eine gemeinsame Verständigung erscheint vor diesem Hintergrund möglich. Als zuständige Bundesministerin will ich diesen wichtigen Prozess unterstützen:

- Durch Modellversuche zeitgemäßer Organisationsformen, in denen familienorientierte Angebote gebündelt werden, zum Beispiel analog zu den britischen Early Excellence Centres.
- Durch Evaluationsmaßnahmen zur Qualität – gemeinsam mit den Bundesländern im Rahmen der ›Nationalen Qualitätsinitiative‹.
- Durch Konsultationen mit wichtigen Partnern: Bundesländern und Kommunen, Wohlfahrtsverbänden und Kirchen, Wirtschaft und Gewerkschaften ab November.
- Durch inhaltliche Impulse, durch Gutachten, durch den (neuen) Kinder- und Jugendbericht.

Es ist die Förderung unserer Kinder von Beginn an, die unsere gemeinsame Zukunft sichert. Das vorliegende Gutachten von Prof. Dr. Wassilios E. Fthenakis u. a., im Auftrag des Bundesministeriums für Familie, Senioren, Frauen und Jugend erstellt, bekräftigt die Dringlichkeit von Ausbau und Verbesserung der Kindertageseinrichtungen. Prof. Dr. Fthenakis präsentiert in dieser umfassenden Form erstmalig quantitative und qualitative Vorstellungen zur Weiterentwicklung des Systems der Tageseinrichtungen für Kinder. Prof. Fthenakis ist Mitglied der Kommission Familienbericht, die ich Anfang 2003 eingesetzt habe.

Das Gutachten greift Ergebnisse aus dem Kontext der „Nationalen Qualitätsinitiative" auf, in der seit Ende 1999 die Mehrzahl der Bundesländer sowie
Experten und Expertinnen mit dem Bundesministerium zusammenarbeiten.
Es geht dabei um pädagogische Qualitätsnachweise und Qualitätsentwicklung
im Elementarbereich für die bis sechsjährigen Kinder. Das Gutachten kommt
zu zentralen Schlussfolgerungen, die uns Orientierung geben können für eine
mittel- und längerfristige Weiterentwicklung der Tageseinrichtungen. Nicht
in allen Einzelheiten schließe ich mich den Ausführungen des Gutachtens an.
Manches gehört auch nicht in die Zuständigkeit der Bundesfamilienminis-
terin. Ungeachtet dessen liefert es wichtige Orientierung und die richtigen
Leitlinien.

Nicht alles kann und muss sofort umgesetzt werden, aber wir müssen uns
jetzt auf Ziele verständigen, die wir in dem nächsten Jahrzehnt erreichen
wollen.

Berlin, Oktober 2003
Renate Schmidt

Gründe für eine Weiterentwicklung des Systems der Tageseinrichtungen für Kinder

01

Unsere heranwachsenden Kinder sind das wichtigste „Humanvermögen", damit unser Land in einer zunehmend globalisierten Welt bestehen kann. Ob künftige Generationen den Ansprüchen, Herausforderungen und Belastungen gewachsen sein werden, mit denen sie die Welt von morgen konfrontieren wird, wird weitgehend von der Bildung und Erziehung der Nachwachsenden in allen Lebensphasen abhängen. Die neuen Anforderungen, die aus dem Strukturwandel von Wirtschaft und Arbeitswelt resultieren, die zunehmende Kinderlosigkeit, die Zunahme von Kinderarmut und die damit verknüpften Auswirkungen auf die langfristige Entwicklung von Kindern, die hohe Mobilität und die wachsende kulturelle Diversität, aber auch der Wunsch von Müttern und Vätern nach einer besseren Vereinbarkeit von Familie und Beruf erfordern ein System von Kindertageseinrichtungen, das Bildungs-, Betreuungs- und Erziehungsaspekte integriert. Trotz der Weiterentwicklungen der vergangenen Jahre entspricht das System der Kindertageseinrichtungen in Deutschland in seiner derzeitigen Form weder den Ansprüchen moderner Pädagogik noch den neuen Anforderungen, die aus den beschriebenen gesellschaftlichen Entwicklungen resultieren. Gerade vor dem Hintergrund neuerer Erkenntnisse der Neurowissenschaften, der Bildungsforschung und der Entwicklungspsychologie, die die zentrale Bedeutung der ersten sechs Jahre für das lebenslange Lernen herausstellen, wird deutlich, in welchem Maße man derzeit die Entwicklungschancen dieses frühen Lebens- und Lernabschnittes ungenutzt verstreichen lässt. Die Weiterentwicklung des Systems der Tageseinrichtungen für Kinder muss daher ein politisches und gesellschaftliches Ziel höchster Priorität darstellen.

Gründe für eine Weiterentwicklung des Systems der Tageseinrichtungen für Kinder

Unsere heranwachsenden Generationen sind das wichtigste „Humanvermögen", damit unser Land in einer zunehmend globalisierten Welt bestehen kann. Ob diese Generationen den Ansprüchen, Herausforderungen und Belastungen gewachsen sein werden, mit denen sie die Welt von morgen konfrontieren wird, wird weitgehend von der Bildung und Erziehung abhängen.[1]

Die vor dem Hintergrund internationaler Entwicklungen seit längerer Zeit intensiv geführte wissenschaftliche und politische Debatte über den Umfang, die Ziele und die Qualitätsstandards öffentlicher Betreuung, Erziehung und Bildung verdeutlicht jedoch vor allem eines: Das System der Tageseinrichtungen in Deutschland entspricht derzeit – trotz der Weiterentwicklungen der vergangenen Jahre – weder den Ansprüchen moderner Pädagogik noch den Anforderungen, die aus dem rasant verlaufenden gesellschaftlichen Wandel resultieren. In dieser Einschätzung sind sich Fachleute, Politiker und die betroffenen Familien weitgehend einig. Auch der Vergleich mit den weiter fortgeschrittenen Entwicklungen in anderen europäischen Ländern bestätigt dieses Urteil. Die tief greifenden demographischen, gesellschaftlichen, ökonomischen und sozialen Veränderungen der vergangenen Jahrzehnte, die gewandelten Vorstellungen von Kindheit und Erziehung sowie die gewonnenen wissenschaftlichen Erkenntnisse über die kindliche Entwicklung und Sozialisation lassen eine Weiterentwicklung des Systems der Tageseinrichtungen für Kinder als politisches und gesellschaftliches Ziel höchster Priorität erscheinen.

Im Folgenden werden die Auswirkungen der gesellschaftlichen Veränderungen auf das Leben von Kindern und Familien dargestellt sowie Implikationen im Hinblick auf den Bedarf an Bildung, Erziehung und Betreuung aufgezeigt. Anschließend werden die zentralen Aufgabenfelder für eine Weiterentwicklung des Systems der Tageseinrichtungen kurz skizziert.

[1] Fthenakis (2000a)

Gesellschaftliche Veränderungen und ihre Auswirkungen auf das Leben von Kindern und Familien

Strukturwandel in Wirtschaft und Arbeitswelt

Der Transformationsprozess von der Industriegesellschaft zur Wissensgesellschaft sowie der Strukturwandel in Wirtschaft und Arbeitswelt stellen umfassende und neue Anforderungen an die heranwachsende Generation. Für eine verantwortliche und erfolgreiche Gestaltung der eigenen Biographie reicht es nicht mehr aus, sich im Verlauf der schulischen und beruflichen Ausbildung klar definierte Wissensbestände anzueignen. Die exponentiell anwachsenden Wissensbestände, die Globalisierung der Märkte und die sich ständig verändernden lebenspraktischen Anforderungen verlangen auch nach neuen Qualifikationen. Dazu gehören in erster Linie die Kompetenz zum lebenslangen Lernen, Eigeninitiative und Verantwortungsübernahme. Die Erwartungen der Wirtschaft an das Individuum und das Bildungssystem betonen Kompetenzen wie Konzentrationsfähigkeit, logisch-analytisches Denken in komplexen Zusammenhängen, Problemlöse- und Orientierungsfähigkeiten sowie Teamfähigkeit und Kommunikationskompetenz über rein fachbezogene Angelegenheiten hinaus. Diese Kompetenzen werden gegenwärtig durch das Bildungssystem jedoch nicht in ausreichendem Maße gefördert.

Demografischer Wandel

Die Lebensbedingungen von Familien haben sich infolge des demografischen Wandels in den letzten Jahrzehnten drastisch verändert. Der säkulare Geburtenrückgang, die seit ca. 30 Jahren stabil niedrige Geburtenziffer und die gestiegene Lebenserwartung haben zu einer Verschiebung der Altersstruktur der Bevölkerung geführt. Der Anteil alter Menschen an der Gesamtbevölkerung hat stetig zugenommen, der Anteil der Kinder hat abgenommen. Während 1955 Kinder und Jugendliche im Alter zwischen 0 und 19 Jahren noch 30 Prozent der Bevölkerung ausmachten, waren es im Jahr 2000 nur noch 21 Prozent, wobei der Anteil der 0- bis 9-Jährigen 10 Prozent betrug. Der Anteil der über 60-Jährigen an der Gesamtbevölkerung stieg im gleichen Zeitraum um knapp 10 Prozent auf 27 Prozent.[2] Langfristige Prognosen sagen einen weiteren Rückgang des Anteils von Kindern und Jugendlichen an der Gesamtbevölkerung in Deutschland vorher.[3]

---

[2] Statistisches Bundesamt (2002a)
[3] Allerdings werden für Ost- und Westdeutschland gegenläufige Entwicklungen erwartet. Während auf der Basis der neunten koordinierten Bevölkerungsvorausberechnung des Statistischen Bundesamtes damit zu rechnen ist, dass zwischen 1998 und 2012 bzw. 2014 im früheren Bundesgebiet die Zahl der Kinder von 3 bis unter 6,5 Jahren um 22 % zurückgeht, wird in den neuen Bundesländern aufgrund der Wiederzunahme der Geburtenzahl ein Anstieg um fast 50 % prognostiziert (vgl. DJI, 2002).

Der Rückgang der Geburtenziffer ist auf die Abnahme von Mehrkindfamilien sowie auf die wachsende Kinderlosigkeit zurückzuführen. Schätzungen gehen davon aus, dass 30 Prozent der westdeutschen und 25 Prozent der ostdeutschen Frauen des Jahrgangs 1965 (gewollt oder ungewollt) kinderlos bleiben werden. Infolgedessen nimmt auch der Anteil der Familien an der Bevölkerung stetig ab. Während vor 25 Jahren noch 72 Prozent der Bevölkerung in Familienhaushalten mit Kindern lebten, waren es 2001 nur noch 54 Prozent.[4] Nur noch ein Drittel aller Haushalte sind gegenwärtig Familienhaushalte.[5] Diese Entwicklung hat zur Folge, dass Familien in zahlreichen Lebenskontexten (z. B. Wohnungsmarkt, Beruf, Freizeit) verstärkt mit Personen konkurrieren müssen, die keine Verantwortung für Kinder tragen. Da die ökonomische Situation von Familien mit Kindern erheblich schlechter ist als die gleichaltriger kinderloser Paare, sind Familien gegenüber Kinderlosen jedoch häufig im Nachteil.

Zunahme von Kinderarmut[6]

Finanzielle Knappheit, Armut und Arbeitslosigkeit der Eltern gehören zu den Erfahrungen eines nicht unbeträchtlichen Anteils von Kindern und Jugendlichen in Deutschland. Trotz der allgemeinen Verbesserung der materiellen Lebensbedingungen ist in den letzten 20 Jahren eine Ausweitung ökonomischer und sozialer Notlagen festzustellen, von der in zunehmendem Maße Kinder und Jugendliche betroffen sind. Zwar hat sich der Anteil von Kindern und Jugendlichen an der Gesamtbevölkerung in den letzten Jahrzehnten deutlich verringert, ihr Anteil an den Sozialhilfeempfängern ist jedoch zwischen 1965 und 1997 von 32 auf 37 Prozent gestiegen. Der Anteil der über 65-Jährigen ging im Gegensatz dazu von 28 auf 6 Prozent zurück.[7] 1999 lebte bereits jedes zwölfte Kind unter 7 Jahren von Sozialhilfe, 1980 war es nur jedes fünfzigste Kind. Hinzu kommen die Fälle von „verdeckter Armut", also Personen, die aufgrund ihres geringen Einkommens zwar anspruchsberechtigt wären, jedoch keine Sozialhilfe beantragen. Auch von verdeckter Armut sind in hohem Ausmaß Kinder und Jugendliche betroffen. Legt man das weniger strenge Kriterium der relativen Einkommensarmut an (50-%-Grenze), ergibt sich ein noch dramatischeres Bild: Im Jahr 2000 lebte ungefähr jedes sechste Kind unter 10 Jahren in Einkommensarmut.[8]

---

[4] Statistisches Bundesamt (2002b)
[5] Engstler & Menning (2003)
[6] Armut wird in Deutschland als Einkommensarmut definiert. Hierbei werden zwei unterschiedliche Kriterien als Armutsindikatoren herangezogen. Das „strenge" Kriterium stellt der Bezug von Sozialhilfe (genauer gesagt: die Sozialhilfebedürftigkeit) dar. Der Mindestbedarf, der durch die Sozialhilfe garantiert wird, liegt nach Geißler (2002) etwas über der 40-%-Einkommensgrenze (Nettoäquivalenzeinkommen). Die Armutsdefinition der EU setzt die Armutsgrenze etwas höher. Dieser Definition zufolge gilt als arm, wer in einem Haushalt lebt, dessen Äquivalenzeinkommen weniger als 50 % des durchschnittlichen (Äquivalenz-)Einkommens entspricht. Dieses Kriterium kennzeichnet das Ausmaß der Teilhabe bzw. den Ausschluss vom durchschnittlichen Wohlstand einer Gesellschaft.
[7] Zimmermann (2001)
[8] Statistisches Bundesamt (2002a)

Zusammengenommen lässt sich konstatieren, dass das Armutsrisiko von Kindern und Jugendlichen eineinhalb- bis zweifach höher ist als das Armutsrisiko von Erwachsenen, und umso höher ausfällt, je jünger die Kinder sind.

Für den Teil der Kinder, bei denen die Armut aus einer zeitlich begrenzten Arbeitslosigkeit der Eltern bzw. des Hauptverdieners resultiert, stellt sie einen vorübergehenden Zustand dar. Jedoch war immerhin jeder zweite Arbeitslose in Deutschland im Jahr 2000 mehr als 12 Monate arbeitslos.[9] Außerdem wird immer häufiger die familiale Konstellation zu einem zentralen Faktor für Kinderarmut. Besonders stark von Armut betroffen sind Einelternfamilien, insbesondere allein erziehende Mütter[10] und Familien mit drei oder mehr Kindern. So lebten im Jahr 2000 28 % dieser „kinderreichen" Familien unterhalb der 50-%-Grenze. Gerade bei geringem Bildungsstand reicht ein Einkommen häufig nicht mehr zur finanziellen Absicherung der mehrköpfigen Familie aus („working poor"); ein Zuverdienst durch die Mutter ist bei Familien mit mehreren Kindern aufgrund mangelnder Kinderbetreuungsangebote meist nicht möglich. Für diese Familien ist Armut häufig eine dauerhafte Lebenslage. Aber auch Migrantenfamilien sind in der Gruppe der dauerhaft von Armut Betroffenen überproportional stark vertreten.

In Armut aufzuwachsen bedeutet für Kinder und Jugendliche stark eingeschränkte Entwicklungschancen auf mehreren Ebenen. Kinder aus armen Familien wachsen in ungünstigeren Kontextbedingungen auf (Wohnsituation, Wohngegend, Infrastruktur, Freizeitgestaltung, Anregungsgehalt der Umwelt). Sie weisen bereits im Vorschulalter häufiger Defizite im Hinblick auf ihre körperliche, kognitive, intellektuelle, sprachliche sowie sozioemotionale Entwicklung auf als Kinder aus dem gesicherten Mittelstand.[11] Die negativen Effekte von Armut sind typischerweise umso gravierender, je länger die Kinder in Armut gelebt haben, und fallen umso stärker aus, je jünger die Kinder sind.[12] Kinder, die in Armut aufwachsen, erreichen signifikant niedrigere Bildungsabschlüsse als Mittelschichtkinder, bekommen ihr erstes Kind oft verfrüht und sind als Erwachsene häufiger von Arbeitslosigkeit und Armut betroffen. Langfristig kommt es zu einer Transmission von Armut über die Generationen hinweg.

Die ökonomische Deprivation wirkt sich zum einen über innerfamiliale Variablen (Belastungen der familialen Beziehungen und des elterlichen Erziehungsverhaltens infolge finanzieller Probleme; geringer Anregungsgehalt der Wohnung und der familialen Aktivitäten) nachteilig auf die kindliche Entwicklung aus. Zum anderen spielt aber auch die häufig zu beobachtende Kovariation von innerfamilialen und außerfamilialen Belastungsfaktoren (geringe Qualität institutioneller und informeller Betreuungsinstanzen; wenig

[9] OECD (2002)
[10] für Details siehe folgender Abschnitt
[11] Bolger, Patterson, Thompson & Kupersmidt

(1995); Duncan, Brooks-Gunn & Klebanov
(1994); Hock, Holz & Wüstendorfer (2000)
[12] Bolger et al. (1995); Duncan et al. (1994)

kindgerechte Infrastruktur; deprivierte Interaktionspartner und Modellpersonen) eine Rolle, die zu einer Kumulation von Belastungen führt.[13]

Ein wichtiger Schritt zur Förderung sozioökonomisch benachteiligter Kinder besteht somit – neben der direkten Bekämpfung von Armut – darin, verstärkt Kontexte zu schaffen, die diesen Kindern gesellschaftliche Teilhabe ermöglichen und ihnen Lernanregungen und positive Erfahrungen vermitteln, die sie zu Hause nicht erhalten (können). Außerfamiliale Betreuungsangebote, wie familienergänzende Tagesbetreuung im Kleinkindalter und formelle Betreuungsangebote für Schulkinder, haben sich gerade für deprivierte Kinder als besonders förderlich erwiesen.[14] Dies ist allerdings nur dann der Fall, wenn es sich um qualitativ hochwertige Angebote handelt, die sich nicht nur als Betreuungsinstanzen definieren, sondern auch ihren Erziehungs- und Bildungsauftrag anerkennen. Gegenüber den negativen Auswirkungen qualitativ schlechter Betreuungsangebote sind deprivierte Kinder hingegen besonders vulnerabel. Betreuungsmöglichkeiten fördern außerdem die Vereinbarkeit von Familie und Beruf für Mütter und tragen so direkt zur Bekämpfung von Armut bei.

Vereinbarkeit von Familie und Beruf

Mit der gestiegenen Bildungspartizipation hat sich in fast allen europäischen Ländern auch die berufliche Partizipation von Frauen in den vergangenen Jahrzehnten stark verändert. Ihr gestiegenes Bildungsniveau, das zunehmend auch interessante berufliche Optionen eröffnet, ihr Wunsch nach größerer ökonomischer Unabhängigkeit, gestiegene Ansprüche an den Lebensstandard, aber auch wirtschaftliche Notwendigkeiten haben zu einem deutlichen Anstieg der Erwerbsquote von Frauen geführt. Auch nach der Geburt eines Kindes sind Frauen heute häufiger erwerbstätig als früher (siehe Tabelle 1). Während in der (alten) Bundesrepublik vor 30 Jahren lediglich 40 % der Frauen mit minderjährigen Kindern berufstätig waren, sind es inzwischen 58 %. Der deutliche Anstieg der Müttererwerbsquote geht jedoch vornehmlich auf die Frauen zurück, deren jüngstes Kind bereits die Schule besucht. Im Jahr 2001 waren 69 % der Mütter mit einem jüngsten Kind zwischen 6 und 15 Jahren erwerbstätig, 1972 waren es nur 44 %. Mütter mit Kindern im Vorschulalter bleiben jedoch nach wie vor mehrheitlich zu Hause. Von den westdeutschen Müttern mit Kindern unter 6 Jahren gingen im Jahr 2001 nur 41 % einer Erwerbstätigkeit nach – nur wenig mehr als 30 Jahre zuvor. Außerdem beruht der beobachtete Anstieg der Müttererwerbsquote weitgehend auf der starken Zunahme von Teilzeitbeschäftigung. So übten im Westen Deutschlands im Jahr 2001 drei von vier berufstätigen Müttern eine Teilzeittätigkeit aus.

---

[13] Walper (2001)

[14] Walper (1999)

Tabelle 1: Erwerbsbeteiligung und übliche Wochenarbeitszeit von Müttern im Alter von 15 bis 65 Jahren in Abhängigkeit vom Alter des jüngsten Kindes

Alter des jüngsten Kindes (von ... bis unter ... Jahren)	Mütter im Alter von 15 bis 64 Jahren insgesamt	davon:				Erwerbs-lose
		Erwerbstätige[1]				
		insgesamt	mit einer üblichen Erwerbsarbeitszeit von ... Stunden pro Woche			
			bis 20	21–35	36 u. mehr	
	Tsd.	%	%	%	%	
Früheres Bundesgebiet 2001						
unter 3	1 701	30	17	4	9	3
3–6	1 298	56	35	10	11	7
6–10	1 502	66	39	14	13	5
10–15	1 771	71	34	18	20	4
15–18	935	74	28	19	26	4
zusammen unter 18	**7 207**	**58**	**30**	**12**	**15**	**5**
darunter: unter 6	2 999	41	25	6	10	4
darunter: 6–15	3 273	69	36	16	17	5
Neue Länder und Berlin-Ost 2001						
unter 3	267	41	8	10	23	13
3–6	199	66	10	20	36	27
6–10	207	69	11	19	39	24
10–15	593	78	7	18	53	17
15–18	331	79	6	17	56	16
zusammen unter 18	**1 597**	**69**	**8**	**17**	**45**	**18**
darunter: unter 6	466	52	8	15	29	19
darunter: 6–15	800	76	8	18	50	19
Früheres Bundesgebiet 1995						
unter 3	1 826	39	13	4	21	5
3–6	1 401	47	27	8	12	8
6–15	3 094	61	28	13	20	6
15 und mehr	1 004	56	19	12	25	4
zusammen unter 18	**7 325**	**53**	**23**	**10**	**20**	**7**
Neue Länder und Berlin-Ost 1995						
unter 3	222	50	5	8	36	25
3–6	353	69	4	18	47	26
6–15	1 126	78	4	16	58	19
15 und mehr	898	68	3	12	53	17
zusammen	2 598	71	4	14	53	20
Früheres Bundesgebiet 1972						
unter 6	4 022	34	8	8[2]	18[3]	–[4]
6–15	3 683	44	10	12[2]	22[3]	–[4]
15–18	919	47	8	12[2]	28[3]	–[4]
zusammen unter 18	**8 624**	**40**	**9**	**10[2]**	**21[3]**	**–[4]**

Anmerkungen:
Daten für 1972 und 1995 entstammen Engstler (1997); Daten für 2001: Statistisches Bundesamt (2002b), eigene Berechnungen
[1] 2001: Nicht eingerechnet sind hier die Mütter, die ihre Erwerbstätigkeit vorübergehend nicht ausüben, weil sie sich bspw. in der Elternzeit befinden. Höhere Erwerbsquoten von Müttern in anderen Publikationen (z. B. DJI, 2002) kommen durch den Einbezug von Müttern, die sich in Elternzeit befinden ohne tatsächlich einer Erwerbstätigkeit nachzugehen, zustande. 1995 und

1972: Engstler weist darauf hin, dass die Zahlen, die die Mütter mit Kindern unter drei Jahren betreffen, möglicherweise fehlerbehaftet sind. Vor 1996 wurden im Mikrozensus Mütter, die sich im Erziehungsurlaub befanden, manchmal mit den beruflichen Merkmalen ihrer letzten Berufstätigkeit geführt. Wie häufig dies der Fall ist, lässt sich laut Engstler jedoch nicht genau feststellen.
[2] 21 bis 39 Stunden
[3] 40 und mehr Stunden
[4] keine getrennte Erfassung von Erwerbslosen und Nichterwerbspersonen

Anders sieht die Situation im Osten Deutschlands aus, sowohl was die Erwerbsquote als auch was den Umfang der Erwerbstätigkeit angeht. Ostdeutsche Mütter sind – trotz rückläufiger Erwerbsquote – häufiger berufstätig als westdeutsche Mütter. 52 % dieser Mütter steigen in den ersten sechs Lebensjahren ihres Kindes wieder in den Beruf ein. Bezieht man die erwerbslosen Mütter mit ein, ist die Kluft zwischen Ost und West noch größer. Je älter das jüngste Kind ist, je weniger die Mütter also auf Betreuungsangebote angewiesen sind, desto stärker nähern sich die Erwerbsquoten der westdeutschen Mütter denen der ostdeutschen an. Im Gegensatz zum Westen ist im Osten Deutschlands die Vollzeiterwerbstätigkeit die Norm. So waren 2001 in den östlichen Bundesländern zwei von drei (berufstätigen) Müttern Vollzeit beschäftigt.

Die unterschiedlichen Erwerbsmuster ost- und westdeutscher Frauen sind nun nicht darauf zurückzuführen, dass ostdeutsche Paare eine partnerschaftlichere Gestaltung der Aufgabenteilung pflegen. In beiden Landesteilen hängt die Erwerbsbeteiligung und die Arbeitszeit der Männer nicht davon ab, wie viele Kinder sie haben, wie alt diese sind und ob die Frau erwerbstätig ist. Sofern Männer mit Kindern im Haushalt nicht arbeitslos oder bereits verrentet sind, gehen sie in der Regel einer Ganztagestätigkeit nach.[15] Ob Mütter einer Erwerbstätigkeit nachgehen, hängt ganz entscheidend von der Verfügbarkeit von Kinderbetreuungsangeboten ab. Da in unserer räumlich mobilen Gesellschaft zunehmend die Möglichkeiten innerfamiliärer Kinderbetreuung (durch Großeltern) wegfallen, spielen öffentliche Angebote eine zentrale Rolle.

Stellt man die Erwerbsquoten der Mütter dem Angebot an öffentlicher Kinderbetreuung gegenüber, offenbart sich insbesondere für den Westen Deutschlands eine große Versorgungslücke:[16] Hier standen laut DJI im Jahr 1998 nur für 3 % der Kinder im Alter bis zu drei Jahren ein Platz in einer Kindertageseinrichtung zur Verfügung, weitere 6 % wurden laut dem Familiensurvey des DJI von Tagesmüttern betreut.[17] Im Osten ist die Lücke – bisher noch – weniger groß: Hier betrug 1998 der Versorgungsgrad[18] öffentlicher Angebote immerhin noch 36 %, allerdings mit rückläufiger Tendenz.[19] Andere europäische Länder weisen einen wesentlich höheren Versorgungsgrad auf: So werden in Schweden 48 Prozent der Kinder unter drei Jahren außerhalb der Familie betreut, in Dänemark sind es sogar 68 Prozent.[20]

Bei den 3- bis 6-jährigen hat die Versorgungsquote in Deutschland mit 90 % inzwischen zwar ein hohes Niveau erreicht. Sie ist aber immer noch niedriger als in anderen europäischen Ländern wie Dänemark, Belgien oder

---

[15] Statistisches Bundesamt (2002b)
[16] Eine detaillierte Darstellung der Versorgungslage mit Kindertageseinrichtungen erfolgt in Kapitel 2.
[17] DJI (2002)

[18] Der Versorgungsgrad (oder die Versorgungsquote) bezeichnet den Anteil von Kindern, für die ein Platz zur Verfügung steht.
[19] DJI (2002)
[20] Bertelsmann Stiftung (2002)

Frankreich. Zudem besteht zumindest in den alten Bundesländern das Betreuungsangebot überwiegend (zu 81 %) aus Halbtagesplätzen, deren Betreuungsdauer für eine Berufstätigkeit der Mutter zu gering ist. In den neuen Bundesländern überwiegen Ganztagesangebote (98%).[21]

Auch im Hinblick auf die Angebotsstruktur für Schulkinder besteht in Deutschland, insbesondere in Westdeutschland, ein hoher Ausbaubedarf. Während im Osten immerhin für 68 % der Grundschulkinder ein Hortplatz existiert, ist der Westen Deutschlands mit einer Quote von 6 % unterversorgt.[22]

Laut DJI erweisen sich insbesondere im Westen Deutschlands die mangelnden Betreuungsmöglichkeiten für Kinder im Krippen- und Hortalter sowie die knappen Öffnungszeiten in Einrichtungen für Kinder im Kindergartenalter als große Barriere für eine Erwerbsbeteiligung von Müttern.[23]

Die schlechte Versorgungslage mit öffentlichen Kinderbetreuungsangeboten weckt bei den betroffenen Müttern in hohem Maße den Eindruck, systematisch von zentralen Lebensbereichen ausgeschlossen zu werden. Und sie erzwingt von Frauen eine Entscheidung zwischen Kind und Karriere – obwohl die meisten von ihnen beides möchten. Die Belege für ein Auseinanderklaffen von Wunsch und Realität sind inzwischen zahlreich: Das Gutachten zur Kinderbetreuung und Müttererwerbstätigkeit für das Bundesministerium für Familie, Senioren, Frauen und Jugend ergab, dass im Osten nur 4 %, im Westen nur 23 % der Mütter freiwillig nicht erwerbstätig sind.[24] Der OECD Employment Outlook zeigt, dass im Jahr 1998 in Deutschland 52 Prozent der Paare mit Kindern unter sechs Jahren das traditionelle Einverdiener-Modell praktizieren, obwohl sich nur knapp 6 Prozent diese Konstellation tatsächlich wünschen.[25]

Zunahme allein Erziehender[26]

Eine weitere Entwicklung betrifft die wachsende Anzahl von Kindern, die nur mit einem Elternteil zusammenleben und die wachsende Anzahl von Eltern, die nicht mit einem Partner zusammenleben und die alleinige oder hauptsächliche Verantwortung sowohl für den Lebensunterhalt als auch für die Kindererziehung tragen (müssen). So war in Deutschland im Jahr 2001 etwa jede sechste Eltern-Kind-Gemeinschaft eine Ein-Eltern-Familie,[27] wobei

---

[21] DJI (2002)

[22] DJI (2002)

[23] vgl. auch Hank, Tillmann & Wagner (2001)

[24] Büchel & Spieß (2002)

[25] OECD (2001a)

[26] Die allein Erziehenden stellen eine sehr heterogene Gruppe dar, was die tatsächliche Lebensform und den Grund für ihre Lebensform angeht (vgl. Geißler, 2002).

[27] Nicht eingeschlossen sind hierbei unverheiratete Mütter, die zwar mit dem Vater ihres Kindes in einer Lebensgemeinschaft leben, in amtlichen Statistiken gemäß dem traditionellen Familienkonzept aber häufig noch als allein Erziehende aufgeführt werden.

Mütter mit 87 Prozent gegenüber den Vätern deutlich in der Mehrzahl waren.[28] Im Westen wuchs jedes achte Kind, im Osten jedes fünfte Kind bei einer allein erziehenden Mutter oder einem allein erziehenden Vater auf. Die sozioökonomische Lage der allein Erziehenden, vor allem die der allein erziehenden Mütter, ist deutlich schlechter als die der Paare mit Kindern. Zwar sind allein erziehende Mütter häufiger berufstätig als verheiratete Mütter, ihre Nettoeinkommen liegen jedoch häufig in den unteren Einkommensklassen und ihr Risiko, arbeitslos zu werden, ist überdurchschnittlich hoch. So war im Jahr 2000 knapp ein Drittel der allein Erziehenden von relativer Armut betroffen,[29] jede sechste allein erziehende Mutter war auf Sozialhilfe angewiesen.[30] Die Aufnahme einer Erwerbstätigkeit ist für allein Erziehende häufig mit großen Schwierigkeiten verbunden, da sie in hohem Maße auf Möglichkeiten zur Teilzeitarbeit und flexible Arbeitszeiten sowie auf umfängliche und finanzierbare Kinderbetreuungsangebote angewiesen sind. Eine zeitweilige Fremdbetreuung des Kindes stellt für allein Erziehende außerdem häufig die einzige Möglichkeit dar, sich angesichts der Dreifachbelastung durch Berufs-, Erziehungs- und Hausarbeit Freiräume und Erholungspausen zu schaffen. Dementsprechend rangieren unter den Wünschen zur Verbesserung ihrer Situation bedarfsgerechte, finanzierbare und flexible Kinderbetreuungsangebote ganz oben.[31]

Mobilität, Migration und kulturelle Diversität

Wanderungsbewegungen sind in zwei Formen zu beobachten, als Binnenwanderung und als Zuwanderung. Infolge veränderter wirtschaftsstruktureller Bedingungen sehen sich Personen in Deutschland zunehmend mit der Notwendigkeit einer höheren geografischen Mobilität konfrontiert. So ist 1999 jeder 20. Einwohner innerhalb Deutschlands von einer Gemeinde in eine andere umgezogen.[32]

Der häufig mit einem Umzug einhergehende Verlust existierender sozialer Netze hat zur Folge, dass es Eltern am neuen Wohnort an (informellen) Möglichkeiten der Kinderbetreuung mangelt. Dies wiegt besonders schwer, wenn das Kind bzw. die Kinder in einem Alter sind, für das kaum institutionelle Angebote der Kinderbetreuung bestehen. Vor allem Mütter mit Kleinkindern laufen Gefahr, in soziale Isolation zu geraten. Ein Ausbau von Betreuungsangeboten, verbunden mit Kontaktmöglichkeiten für Eltern, stellt eine dringliche Maßnahme zur Integration solcher Mütter dar.

Infolge der Zuwanderungsbewegungen der vergangenen Jahrzehnte hat sich Deutschland – wie viele andere europäische Länder – zu einer multiethnischen Gesellschaft entwickelt. Ende 2001 machten Ausländer knapp neun

---

[28] Statistisches Bundesamt (2002b)
[29] Statistisches Bundesamt (2002a)
[30] Statistisches Bundesamt (2002b)

[31] Schneider u. a. (2001)
[32] Statistisches Bundesamt (2002a)

Prozent der Wohnbevölkerung in Deutschland aus,[33] wobei sie vorwiegend in den Ballungszentren der alten Bundesländer lebten.[34] Inzwischen ist jede zehnte Familie mit Kindern eine ausländische Familie. Zwar zeichnet sich auch bei den in Deutschland lebenden ausländischen Paaren ein Trend in Richtung Ein-Kind-Familie ab, im Schnitt bekommen sie jedoch mehr Kinder als deutsche Paare. Infolgedessen nimmt der Anteil ausländischer Kinder an der Gesamtbevölkerung zu. Sowohl deutsche als auch in Deutschland lebende ausländische Kinder werden somit zunehmend mit einer wachsenden kulturellen und lingualen Diversität konfrontiert, was Herausforderungen ganz eigener Art für die Heranwachsenden mit sich bringt und Entwicklungschancen, aber auch Entwicklungsrisiken, in sich birgt. Entscheidend ist, dass Kinder so früh wie möglich lernen, die Unterschiede zu akzeptieren, mit ihnen umzugehen und sich die Vorteile dieser Vielfalt zu erschließen.

Migrantenkinder haben insgesamt schlechtere Entwicklungschancen als deutsche Kinder. Dies manifestiert sich am auffälligsten in den nach wie vor erheblichen Bildungsdefiziten von Migrantenkindern, für die in hohem Maße mangelhafte Deutschkenntnisse verantwortlich sind.[35] Ihre Eltern weisen im Vergleich zur deutschen Bevölkerung einen geringeren formalen Bildungsstand auf, gehören überproportional häufig zu den ökonomisch schlechter gestellten in der Bevölkerung und beherrschen oft die deutsche Sprache nicht (ausreichend). Eine frühzeitige Einbindung dieser Kinder in Kindertageseinrichtungen böte wertvolle Chancen vor allem zur Sprachvermittlung. Damit verknüpft könnten auch Angebote zum Spracherwerb für Mütter und Familien etabliert werden. Die Bildungs-, Erziehungs- und Betreuungsinstitutionen sind derzeit jedoch nur mangelhaft auf die spezifischen Probleme und Bedürfnisse von Migrantenkindern und deren Familien vorbereitet.[36] Dies betrifft die Angebotsstruktur, die Regulierung des Zugangs zu bestimmten Angeboten sowie die konzeptionelle Ausrichtung der Angebote und die Qualifikation des Personals. Die Förderung von Mehrsprachigkeit und interkultureller Erziehung, von der nicht nur Kinder mit Migrationserfahrung sondern auch deutsche Kinder profitieren könnten, gehört häufig nicht zum Kompetenzbereich des Personals und der Einrichtung.[37] In der klassischen Familienbildung überwiegt weitgehend die „Komm-Struktur", über die vorwiegend Mittelschichtmütter, nicht jedoch ausländische Mütter erreicht werden. Hier sind innovative Ansätze gefragt, über die spezifische Risikogruppen erreicht werden können. Ein weiteres Problem speziell für nicht-christliche Migranten ergibt sich daraus, dass sich ein großer Teil der Einrichtungen in konfessioneller Trägerschaft befindet.

[33] Statistisches Bundesamt (2003)
[34] Statistisches Bundesamt (2002a)
[35] BMFSFJ (2002)
[36] Geißler (2002)
[37] BMFSFJ (2002)

Gewandeltes Verständnis von Kindheit, Erziehung und Bildung

Neben dem tiefgreifenden gesellschaftlichen Wandel macht auch der pädagogische und entwicklungspsychologische Erkenntnisgewinn eine Weiterentwicklung des Systems der Tageseinrichtungen unabdingbar. Während die ersten Lebensjahre des Kindes lange Zeit als ein Entwicklungsabschnitt betrachtet wurde, dessen zentrale Entwicklungsaufgaben in der Loslösung von den primären Bezugspersonen, dem Aufbau von Beziehungen zu Gleichaltrigen und zu fremden Erwachsenen sowie der spielerischen Erkundung neuer Umwelt gesehen wurde, wurden zunehmend die große Bedeutung von Lernprozessen für die ersten sechs Lebensjahre hervorgehoben.[38] Erkenntnisse der Bildungsforschung und Entwicklungspsychologie machen deutlich, dass gerade in dieser frühen Lebensphase eine hohe Aufnahmebereitschaft und ein großer Erkundungsdrang vorhanden sind und grundlegende Dispositionen für späteres Lernverhalten gelegt werden.[39] Kompetenzdefizite in unterschiedlichen Bereichen, die in dieser frühen Phase entstehen, potenzieren sich im weiteren Entwicklungsverlauf und erhöhen die Wahrscheinlichkeit für schulischen und beruflichen Misserfolg. Sie können durch spätere Bildungsinstanzen, ungeachtet deren Qualität und Güte, nur (begrenzt) unter hohem finanziellen und personellen Aufwand kompensiert werden. Die Entwicklungsstufe des Vorschulalters kristallisiert sich somit zunehmend als die wichtigste im Bildungssystem heraus. Daher dürfen Kindertageseinrichtungen nicht länger nur als Betreuungseinrichtungen gesehen werden. Vielmehr müssen die Chancen zur Unterstützung früher Bildungsprozesse ausgebaut werden.

Die Entwicklungschancen dieses frühen Lebens- und Lernabschnittes werden jedoch nicht ausreichend genutzt. Inwieweit Kleinkinder die Gelegenheit bekommen, ihre Lernkapazitäten weiter zu entwickeln, hängt bis zum Eintritt in den Kindergarten fast ausschließlich von den persönlichen Kompetenzen und dem individuellen Engagement der Eltern ab. Diese verfügen in unterschiedlichem Ausmaß über das für eine optimale Förderung notwendige Wissen und die nötigen Kompetenzen, so dass Kinder oft schon beim Eintritt in den Kindergarten mit sehr unterschiedlichen Grundlagen ausgestattet sind. Angebote, die bereits im Kleinkindalter ansetzen und auf die Förderung der kindlichen Entwicklung sowie die Stärkung der elterlichen Kompetenzen abzielen, könnten die elterlichen Erziehungs- und Förderungsarbeit entscheidend stärken bzw. ergänzend. Derzeit fokussieren institutionelle Angebote für den Altersbereich zwischen 0 und 3 Jahren jedoch den Betreuungsaspekt und vernachlässigen den Bildungs- und Förderaspekt.

Nach Fthenakis stellt frühkindliche Bildung einen sozialen Prozess dar, der, eingebettet in einem Kontext, von den Kindern selbst, deren Fachkräften,

---

[38] z. B. Fthenakis (2003a)   [39] Singer (2003)

Eltern und anderen Erwachsenen co-konstruiert wird.[40] Daher werden im Kindergarten die größten Lernfortschritte dort erzielt, wo die kognitive, sozioemotionale und physische Entwicklung durch die Umweltbedingungen gefördert wird, wo vertrauensvolle und responsive Beziehungen zwischen Kindern, Fachkräften und Eltern wachsen können, wo Fachkräfte die Lernbegierde und die Lernfortschritte von Kindern fördern und wo Rahmenkonzepte ein kohärentes Lernen in verschiedenen Entwicklungsbereichen ermöglichen. Derartige Rahmenpläne wurden in einigen anderen europäischen Ländern bereits vor einigen Jahren mit Erfolg etabliert (z. B. Norwegen 1996, Finnland 1998, Schweden 1998, England 2000 bzw. 2002). In Bayern soll ein Bildungs- und Erziehungsplan ab 2005 verbindlich für alle Einrichtungen eingeführt werden.

Frühkindliche Bildung darf hierbei nicht auf die Vermittlung und Aneignung von Wissen und Fertigkeiten, die dem späteren schulischen und beruflichen Erfolg dienen, reduziert werden. Angesichts der zunehmenden Komplexität der gesellschaftlichen Verhältnisse, der rasanten kulturellen und technischen Entwicklungen, der fortschreitenden Zunahme von Wissen und des beschleunigten Wandels von Lebensbedingungen muss ein umfassender Bildungsbegriff umgesetzt werden, der lernmethodische, reflexive und soziale Kompetenzen einschließt und auf die Förderung kindlicher Autonomie und sozialer Mitverantwortung abzielt. Der Bildungsauftrag ist im Selbstverständnis der Kindergärten zwar fest verankert, die Qualifikation dieser Institutionen entspricht diesen Ansprüchen jedoch nicht.

Beim Ausbau des Angebotes im Krippen-, Kindergarten- und Hortbereich müssen daher neben den Aspekten der Betreuung verstärkt Bildungsgesichtspunkte berücksichtigt werden. Bildung muss als Prozess redefiniert werden, der mit der Geburt beginnt und alle Aspekte der frühen Entwicklung umfasst. Der Beruf des Erziehers bzw. der Erzieherin muss in seiner Bedeutung aufgewertet werden und die Fachkräfte müssen so qualifiziert werden, dass sie dieser bedeutungsvollen Zukunftsaufgabe auch gewachsen sind.

Um das Bildungspotential der Kindertageseinrichtungen ausschöpfen zu können, muss nicht zuletzt auch die Gesellschaft lernen und leisten. Zum einen muss sich in Deutschland die Erkenntnis durchsetzen – wie es bereits in anderen europäischen Ländern der Fall ist –, dass elementare Bildung sorgfältig bedacht und geplant sein muss und gut qualifizierter Pädagogen bedarf. Zum anderen muss die Gesellschaft bereit sein, in diesen Bereich so zu investieren, dass der Bildungsweg jedes einzelnen Kindes so gut wie möglich in seinen Anfängen gebahnt werden kann. Ausgaben für Bildung, Erziehung und Betreuung dürfen nicht länger als Belastungen für die Gesellschaft begriffen werden, sondern als Investitionen in die Zukunft unserer Gesellschaft.

---

[40] Fthenakis (2000a)

Empfehlungen an die Politik

01 | 01

Die Bildung, Erziehung und Betreuung von Kindern unter sechs Jahren muss zum politischen Thema höchster Priorität werden.

01 | 02

Das System der Tageseinrichtungen für Kinder bedarf dringend der deutlichen Verbesserung und Weiterentwicklung. Eine solche Reform muss umfassender Natur sein und sollte von allen gesellschaftlichen Gruppen (inklusive der Wirtschaft) getragen und gefördert werden.

01 | 03

Gesamtgesellschaftlich gilt es zu reflektieren, wie viel Wert wir der Bildung und Erziehung unserer Kinder beimessen und welchen Stellenwert wir der kindlichen Perspektive einräumen. Bei näherer Betrachtung der gegenwärtigen Debatte bezüglich der Weiterentwicklung des Systems der Tageseinrichtungen zeigt sich, dass das finanzielle Argument lediglich die Manifestation eines Bewertungsproblems darstellt, aus dem politisch ein Ressourcenverteilungsproblem entsteht. Dadurch werden letztendlich die erforderlichen Investitionen in diesen Bereich verhindert.

Der quantitative Ausbau des Systems der Tageseinrichtungen für Kinder

02

Zusammenfassung

Seit der Einführung des gesetzlich geregelten Anspruchs auf den Besuch eines Kindergartens im Jahr 1996 hat sich die Versorgungssituation mit Betreuungsplätzen für die 3- bis 6-jährigen Kinder deutlich verbessert. Für Kinder bis zum dritten Lebensjahr und für Kinder nach dem Schuleintritt existiert ein solcher Anspruch bislang nicht. Infolgedessen sind vor allem im Bereich der Betreuung von Kindern unter drei Jahren und der außerschulischen Betreuung von Grundschulkindern erhebliche Kapazitätslücken zu verzeichnen. Aufgrund der unterschiedlichen Traditionen im Hinblick auf eine außerfamiliale Betreuung von Kindern unterscheidet sich die Versorgungssituation in den alten und den neuen Bundesländern sehr stark. Im Hinblick auf den quantitativen Ausbau des Systems der Tageseinrichtungen von Kindern lässt sich Folgendes feststellen:

- Die Versorgungslage im Krippenbereich ist, quantitativ betrachtet, unzureichend. Dies gilt jedoch in erster Linie für die westlichen, nicht für die östlichen Bundesländer, die nach wie vor einen hohen Versorgungsgrad aufweisen. Zwar lassen sich exakte Bedarfszahlen nur schwer abschätzen, Bedarfsabschätzungen durch unterschiedliche Institutionen, die Entwicklungen in europäischen Nachbarländern, Erwerbsquoten von Müttern mit Kleinkindern sowie die hohe Unzufriedenheit von Eltern mit dem unzureichenden quantitativen Angebot an Kinderbetreuungsplätzen verdeutlichen die immense Dringlichkeit eines Ausbaus der Krippenversorgung im Westen. Im Osten ist ein Erhalt des hohen Betreuungsgrades bei Sicherung von Bildungs- und pädagogischer Qualität notwendig.

- In Bezug auf den Kindergartenbereich ist inzwischen zwar eine hohe Versorgungsquote erreicht, die aufgrund rückläufiger Kinderzahlen für den Westen Deutschlands in den kommenden Jahren noch weiter ansteigen wird. Ein Ausbau ist jedoch in zweierlei Hinsicht indiziert: Zum einen liegt die Versorgungsquote mit Plätzen für Dreijährige noch immer deutlich unter der Quote europäischer Nachbarländer. Zum anderen kann in Westdeutschland das Angebot an Ganztagesplätzen und Halbtagesplätzen mit Mittagessen derzeit noch nicht als bedarfsgerecht beurteilt werden. Die schlechte Versorgungslage mit Ganztagesplätzen wird auch von vielen Eltern bemängelt. Eine Betreuungsdauer von (maximal) vier Stunden am Tag reicht ihnen für eine gleichzeitige Berufstätigkeit nicht aus.

■ Die Versorgungslage im Hortbereich stellt sich zumindest für den Westen ähnlich schlecht dar wie im Krippenbereich. Neben der quantitativen Unterversorgung stellen insbesondere die fehlenden Betreuungsmöglichkeiten während der Schulferien eine nahezu unüberwindbare Barriere für berufstätige Eltern dar. Diese Frage muss auch beim derzeitigen Ausbau der Ganztagsschulen eine Rolle spielen. Dringend angezeigt ist daher – ähnlich wie im Krippenbereich – im Westen Deutschlands ein Ausbau der öffentlichen Angebote, im Osten ein Erhalt der hohen Versorgungsquote. Im Westen wie im Osten ist die Entwicklung eines fundierten pädagogischen Konzeptes, das den Bildungs- und Erziehungsauftrag dieser Einrichtung konkretisiert, dringend geboten.

Ein bedarfsgerechter Ausbau des Systems der Tageseinrichtungen für Kinder trägt in mehrfacher Hinsicht entscheidend zur Verbesserung der Lebensbedingungen von Familien bei: Der hohe Zugang zu Kindertageseinrichtungen erhöht die Chancen von Kindern auf eine umfassende Bildung und Erziehung. Er wirkt einer Selbstbetreuung von Schulkindern entgegen, die mit hohen individuellen und sozialen Kosten verbunden ist. Und er fördert die Qualität der Familienzeit: Eltern, die bei der Erziehung ihrer Kinder durch institutionelle oder semiformelle Betreuungsangebote Entlastung und Unterstützung erfahren, gestalten die gemeinsame Zeit mit den Kindern besonders intensiv.

Weiterhin erleichtert die Verfügbarkeit von Betreuungsangeboten die Vereinbarkeit von Familie und Beruf speziell für Frauen und trägt dazu bei, dass Paare auch als Eltern ihre individuellen Lebensentwürfe verwirklichen können – anstatt entgegen ihren Wünschen in traditionelle Muster der innerfamilialen Aufgaben- und Rollenverteilung gedrängt zu werden, was sich in wissenschaftlichen Studien als Risikofaktor für die langfristige Partnerschaftsentwicklung erwiesen hat. Schließlich gibt es auch Hinweise darauf, dass umfassende und zuverlässige Betreuungsmöglichkeiten das generative Verhalten positiv beeinflussen, da berufsorientierte Frauen nicht vor die Entscheidung „Familie oder Beruf?" gestellt werden.

Der quantitative Ausbau des Systems der Tageseinrichtungen für Kinder

Seit dem 1.1.1996 haben Kinder vom vollendeten dritten Lebensjahr an bis zum Schuleintritt einen gesetzlich geregelten Anspruch auf den Besuch eines Kindergartens. Für Kinder bis zum dritten Lebensjahr und für Kinder nach dem Schuleintritt existiert ein solcher Anspruch nicht. Infolgedessen sind vor allem im Bereich der Betreuung von Kindern unter drei Jahren und der außerschulischen Betreuung von Grundschulkindern erhebliche Kapazitätslücken zu verzeichnen, und zwar vorrangig in den westlichen Bundesländern. Für Kinder im Kindergartenalter ist die Versorgungslage insgesamt zwar relativ gut. Da der gesetzliche Anspruch auf einen Kindergartenplatz jedoch keinen Anspruch auf eine Ganztagsbetreuung beinhaltet, sind auch hier Mängel in Bezug auf den Umfang der Betreuungsangebote zu konstatieren.

Der Mangel an Kinderbetreuungsmöglichkeiten hat weit reichende Folgen: Er schränkt nicht nur die Chancen von Kindern auf eine umfassende Bildung und Erziehung ein. Er erschwert außerdem die Vereinbarkeit von Familie und Beruf speziell für Frauen und trägt so zur Einschränkung der Lebensperspektiven und zur Benachteiligung von Müttern bei.

In diesem Kapitel wird – getrennt für die drei Altersbereiche Krippenalter, Kindergartenalter und Hortalter – ein Überblick über die aktuelle Versorgungslage mit Kinderbetreuungsangeboten in Deutschland gegeben. Anschließend werden Vorausschätzungen der Entwicklung der Kinderzahlen in den einzelnen Altersgruppen dargestellt und das in Deutschland existierende System der Kindertageseinrichtungen den Entwicklungen in anderen europäischen Ländern gegenübergestellt.

1. Angebote für Kinder unter 3 Jahren

Versorgungslage mit Krippenplätzen

Auch wenn die Angaben zur Versorgung mit Krippenplätzen in Abhängigkeit von der Datenquelle leicht variieren,[1] lässt sich insgesamt ein gravierendes Defizit im Hinblick auf das Angebot an Krippenplätzen für Kinder unter drei Jahren konstatieren. So stand im Jahr 1998 nur für ca. 7 Prozent der Kinder im Alter zwischen null und drei Jahren ein Platz zur Verfügung, in der Mehrzahl handelte es sich dabei um Ganztagsplätze (siehe Abbildung 1).

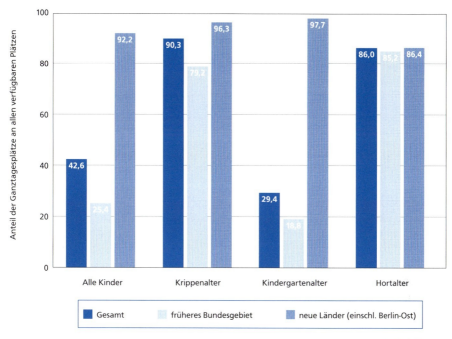

Quelle: DJI (2002)

Abbildung 1: Betreuungsumfang nach Altersbereichen und Bundesgebiet am
31.12.1998 (in Prozent)

Die im Schnitt schlechte Versorgungslage mit Krippenplätzen fällt für die einzelnen Bundesländer sehr unterschiedlich aus und reichte 1998 von unter 2 Prozent in Baden-Württemberg und Bayern bis 47 Prozent in Sachsen-Anhalt und 52 Prozent in Brandenburg.[2] Insgesamt schnitt Ostdeutschland mit einem Versorgungsgrad von immerhin 36 Prozent wesentlich besser ab als Westdeutschland mit knapp 3 Prozent, wobei im Westen die Stadtstaaten (Berlin, Bremen, Hamburg) die höchsten Quoten aufwiesen. Eine im Jahr 2000 vom Familienministerium durchgeführte Länderbefragung zeigt jedoch, dass einige westliche Flächenländer in der Zwischenzeit in den Ausbau der Kinderbetreuungsangebote für unter 3-Jährige investiert haben. So erreicht Bayern im Krippenbereich zwischenzeitlich eine Versorgungsquote von 3,5 Prozent, Baden-Württemberg sogar von 4,0 Prozent.[3]

---

[1] Während das Deutsche Jugendinstitut (2002), das sich auf die Kinder- und Jugendhilfestatistik des Statistischen Bundesamtes stützt, für das Jahr 1998 eine Versorgungsquote von 7,0 Prozent nennt, ergibt sich auf der Basis des Mikrozensus für das gleiche Jahr eine Versorgungsquote von 7,4 Prozent (Engstler & Menning, 2003).
[2] Deutsches Jugendinstitut (2002)
[3] Vorlage des Bayerischen Staatsministeriums für Arbeit und Sozialordnung, Familie und Frauen

Tageseinrichtungen für Kinder – Datenquellen

Die Darstellung zum quantitativen Ausbau des Systems der Kindertageseinrichtungen basiert auf mehreren Datenquellen:

- Eine grundlegende Datenquelle stellt die Kinder- und Jugendhilfestatistik des Statistischen Bundesamtes vom 31.12.1998 dar. Die Angaben hierzu entstammen dem Zahlenspiegel des Deutschen Jugendinstituts (DJI).[4] Die Berichte über die Versorgungslage mit Kinderbetreuungsangeboten, die auf dieser Datenquelle basieren, sind jedoch nie ganz aktuell, da diese Erhebung nur alle vier Jahre durchgeführt wird. Eine Veröffentlichung der Daten vom 31.12.2002 ist frühestens zwei Jahre nach der Durchführung der Erhebung zu erwarten. Die aktuellsten derzeit vorliegenden Daten beschreiben somit die Situation vom 31.12.1998. Ein weiteres Problem liegt dem DJI zufolge darin, dass die amtliche Kinder- und Jugendhilfestatistik nur die Zahl der verfügbaren Plätze erfasst, nicht aber die Nutzung dieser Plätze. Der Versorgungsgrad – als Anteil der Kinder, für die ein Platz zur Verfügung steht – gibt daher nur näherungsweise Auskunft über die tatsächliche Situation. Die Besuchsquote (oder auch Betreuungsquote), also der Anteil der Kinder, die tatsächlich eine Tageseinrichtung besuchen, kann niedriger oder höher ausfallen, je nachdem, ob alle vorhandenen Plätze gebraucht werden oder ob es zu einer Überbelegung kommt.
- Daten zur Betreuungssituation liefert weiterhin der Familiensurvey des Deutschen Jugendinstituts.[5] In der Erhebungswelle 2000 sind Fragen zur Kinderbetreuung enthalten. Diese ermöglichen Aussagen über die Nutzung verschiedener Angebotsformen.
- Eine weitere Datenquelle stellt der Mikrozensus dar, eine Erhebung des Statistischen Bundesamtes, die jedes Jahr auf der Basis einer repräsentativen Stichprobe von 1 % der Bevölkerung erhoben und auch die Gesamtbevölkerung hochgerechnet wird. Dieses Verfahren beinhaltet jedoch die Gefahr, dass hochgerechnete Daten von der Realität abweichen. Daten zu Kinderbetreuungssituation und der Berufstätigkeit von Frauen sind einer Publikation von Engstler und Menning[6] sowie der Publikation Grund- und Strukturdaten 2001/2002 entnommen.[7]
- Als Grundlage für den europäischen Vergleich wurden zwei Berichte der OECD genutzt. In der OECD-Studie „Starting Strong" wurden frühkindliche Bildungs- und Erziehungssysteme von zehn europäischen und zwei außereuropäischen Ländern (Australien und USA) miteinander verglichen.[8] Der OECD Employment Outlook liefert Daten zu Erwerbsquoten und Kinderbetreuung in einer Reihe von europäischen Ländern.[9] Diese Berichte können auf der Homepage der OECD abgerufen werden (www.oecd.org).
- Eurydice, ein Informationsnetz zum Bildungswesen in Europa, liefert Daten über die nationalen Bildungssysteme in Europa, die in vielen Ländern auch den Elementarbereich umfassen (www.eurydice.org).
- Die Aussagen über künftige Bedarfe an Kinderbetreuungseinrichtungen basieren auf Arbeiten des Deutschen Instituts für Wirtschaftsforschung,[10] die sich auf Daten des Statistischen Bundesamtes sowie auf Analysen von Rauschenbach und Schilling stützen.[11]
- Im Zeitraum 05/2003 – 08/2003 wurde außerdem vom Staatsinstitut für Frühpädagogik (IFP) in München eine Befragung der Bundesländer zur Versorgungssituation mit Kinderbetreuungseinrichtungen durchgeführt. An dieser Befragung haben die folgenden Bundesländer teilgenommen (Stichtag: 31.08.2003): Baden-Württemberg, Bayern, Berlin, Bremen, Brandenburg, Hessen, Mecklenburg-Vorpommern, Niedersachsen, Nordrhein-Westfalen, Saarland, Sachsen, Sachsen-Anhalt. Die Sichtung der Daten hat gezeigt, dass die Erhebungsmodi der einzelnen Bundesländer stark voneinander abweichen[12] und eine Vergleichbarkeit der Angaben nicht gegeben ist. Daher wird auf eine Darstellung der Ergebnisse der Befragung verzichtet. Eine Zusammenstellung der Ergebnisse ist beim Staatsinstitut für Frühpädagogik (IFP) erhältlich.

---

[4] Deutsches Jugendinstitut (2002)
[5] Deutsches Jugendinstitut (2002)
[6] Engstler & Menning (2003)
[7] Bundesministerium für Bildung und Forschung (2002)

[8] OECD (2001b). Deutschland hat sich an dieser ersten Phase der Studie nicht beteiligt, wird sich aber voraussichtlich an der zweiten Phase, die für den Zeitraum 2003/2004 geplant ist, teilnehmen.
[9] OECD (2001a; 2002)

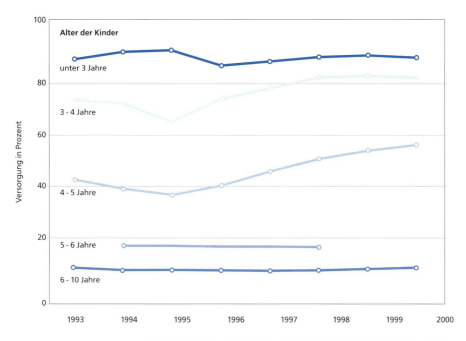

Quellen: Altersbereich 0–6 Jahre: Engstler & Menning (2003); Bundesministerium für Bildung und Forschung (2002); Altersbereich 6–10 Jahre: DJI (2002)

Abbildung 2: Entwicklung der Versorgung im Kinderbetreuung im Zeitraum
1993–2000 nach Alter der Kinder

Die Versorgungslage mit Krippenplätzen hat sich, trotz des gestiegenen Be-
darfs junger Eltern, in den vergangenen Jahren nicht verbessert. In den östlichen Bundesländern ist der Versorgungsgrad zwischen 1991 und 1998 um
10 bis 20 Prozent gesunken, im Westen im gleichen Zeitraum um ein Prozent
gestiegen. Dieser geringfügige Anstieg geht in erster Linie auf den Rückgang
der Zahl der Kinder unter drei Jahren in Westdeutschland zurück, nicht auf
einen Ausbau des Angebots. Nach Angaben des BMBF,[13] das im Vergleich zum
DJI[14] etwas höhere Werte nennt, stagniert die Versorgungsquote im Krippenbereich seit Jahren auf einem niedrigen Niveau von unter 10 Prozent. Abbil-

---

[10] Spiess (2001)
[11] Rauschenbach & Schilling (2001)
[12] (1) Stichtage: Während die angegebenen Stichtage mehrheitlich zwischen dem 31.12.2002 und dem
01.04.2003 lagen, stammten die Daten von zwei Bundesländern aus dem Jahr 2001. Außerdem nann-
ten einige Länder keinen genauen Stichtag, sondern gaben nur das Jahr der Erhebung an. (2) Angaben
zum Betreuungsumfang: Einige Bundesländer geben lediglich die gesamte Platzzahl für den jeweiligen
Altersbereich an, ohne Angaben zum Betreuungsumfang oder dem Vorhandensein eines Mittagstischs zu
machen. (3) Kategorisierung: Einige Länder erfassen Tagespflegeplätze getrennt für die Altersbereiche
0–3 und 3–6 Jahre, andere erfassen sie für den gesamten Altersbereich, von wiederum anderen werden
Tagespflegeplätze gar nicht erfasst. (4) Unklar bleibt generell, ob Tagespflegestellen ergänzend oder als
Alternative zur Krippen-, Kindergarten- oder Hortbetreuung genutzt werden.
[13] BMBF (2002)

dung 2 zeigt die Entwicklung der Versorgungssituation mit Krippenplätzen in den vergangenen Jahren.

Das unzureichende Angebot an Krippenplätzen manifestiert sich auch im subjektiven Urteil der Bürger. Dies zeigen die Ergebnisse der im Jahr 2001 durchgeführten Online-Umfrage „Perspektive Deutschland",[15] an der rund 170.000 Personen teilnahmen.[16] In dieser Umfrage bewerten 46 Prozent der Eltern mit Kindern im Kindergartenalter das Angebot an Krippenplätzen als unzureichend.[17] Unzufrieden sind vor allem die westdeutschen Eltern. Nur 38 Prozent der Westdeutschen, denen dieses Thema wichtig ist, bezeichnen das Angebot als ausreichend, bei den Ostdeutschen sind es 60 Prozent.[18] Besonders deutlich fällt der Unterschied zwischen Ost und West bei den Alleinerziehenden aus: Immerhin 83% der ostdeutschen Alleinerziehenden sind zufrieden mit den Kinderbetreuungsangeboten, aber nur 32% der westdeutschen.

Versorgungslage mit Tagespflegeplätzen

Aufgrund der Unterversorgung mit Angeboten institutioneller Kinderbetreuung für unter Dreijährige und der oftmals geringen Flexibilität der Öffnungszeiten solcher Einrichtungen weichen Eltern häufig auf Tagesmütter aus. Tagespflege ist vor allem in Westdeutschland weit verbreitet; in Ostdeutschland hat diese Betreuungsform, mit Ausnahme von Mecklenburg-Vorpommern, nur marginale Bedeutung. Die vergleichsweise stärkere Inanspruchnahme von Tagespflege im Westen Deutschlands hängt zum einen mit dem Mangel an institutionellen Betreuungsangeboten zusammen, der ein Ausweichen auf privat organisierte Betreuungsverhältnisse erzwingt. Zum anderen scheinen Eltern in Westdeutschland für Kleinkinder nach wie vor privat organisierte Tagespflegeverhältnisse gegenüber institutionellen Betreuungsarrangements zu bevorzugen.

Genaue Statistiken über die Zahl der in Tagespflege befindlichen Kinder existieren jedoch nicht. Dies liegt zum einen an der definitorischen Unschärfe des Begriffs der Tagespflege und der Schwierigkeit bei der Abgrenzung von Tagespflege gegenüber anderen Formen nichtinstitutioneller Betreuung. Hinzu kommt, dass dem Jugendamt Tagespflegestellen in der Regel nur dann bekannt sind, wo diese eine Bezuschussung durch die Kommune oder das Land erhalten oder sich die Tagesmutter registrieren ließ. Ein erheblicher Teil der Tagespflegeverhältnisse ist jedoch rein privat organisiert und wird daher nicht in der Jugendhilfestatistik erfasst.

[14] Deutsches Jugendinstitut (2002)
[15] McKinsey, stern.de & T-Online (2002a)
[16] Nach Angaben der Autoren sind die Ergebnisse repräsentativ für die Bevölkerung zwischen 18 und 59 Jahren, da selektionsbedingte Verzerrungen der Online-Befragung durch Gewichtungsverfahren bereinigt wurden.
[17] McKinsey, stern.de, T-Online (2003)
[18] McKinsey, stern.de & T-Online (2002b)

Schätzungen, die auf einer Integration unterschiedlicher Datenquellen basieren, gehen davon aus, dass auf eine dem Jugendamt bekannte Pflegestelle drei[19] bis vier[20] weitere rein privat organisierte Tagespflegeverhältnisse kommen. Rein quantitativ betrachtet leistet in Westdeutschland die Tagespflege einen größeren Beitrag zur Kinderbetreuung als die Krippenbetreuung. So kommen Berechnungen auf der Basis des Familiensurveys des DJI zu dem Schluss, dass in Westdeutschland knapp sechs Prozent der Kinder unter drei Jahren in Tagespflegeverhältnissen betreut werden. Gut die Hälfte dieser Kinder wird durch Tagesmütter betreut, der Rest durch andere nicht-verwandte Personen. Der durchschnittliche wöchentliche Betreuungsumfang durch Tagesmütter liegt mit 14 Stunden deutlich unter der Betreuungsdauer in Krippen, die im Schnitt 27 Stunden beträgt. Tagesmütter sind im Vergleich zu institutionellen Angeboten allerdings relativ teuer. Eine Alternative stellen sie daher nur für gut verdienende Eltern dar.

Aussagen im Hinblick auf die Qualität der Tagespflege sind kaum möglich. Da Tagesmüttern häufig eine entsprechende Aus- bzw. Weiterbildung fehlt, wird

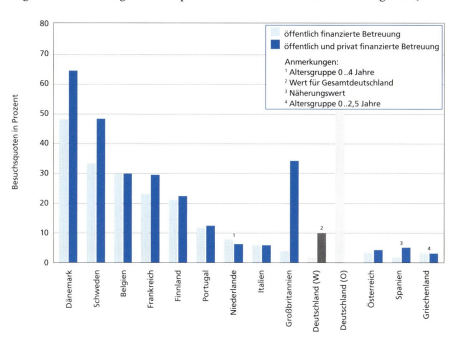

Quellen: öffentlich finanzierte Betreuung: Engstler & Menning (2003) (Angaben für den Zeitraum 1990–1995), öffentlich und privat finanzierte Betreuung: OECD (2001a) (Angaben für den Zeitraum 1997–2000)

Abbildung 3: Öffentlich und privat organisierte Betreuung von Kindern unter drei Jahren in Europa

[19] Seckinger & van Santen (2000)
[20] Deutsches Jugendinstitut (2002)

immer wieder der Vorwurf einer mangelnden Qualität laut. Inzwischen gibt es allerdings zunehmend Bestrebungen, Tagesmütter in Fortbildungen einzubinden und so ihr fachliches Niveau anzuheben. Einige Länder (z. B. Brandenburg, Sachsen-Anhalt) verlangen inzwischen vor der Aufnahme einer Tätigkeit als Tagesmutter den Besuch eines Vorbereitungskurses. In einem Projekt des DJI wurde inzwischen ein Curriculum für die Aus- und Fortbildung von Tagesmüttern entwickelt.[21]

Vorausschätzungen der Versorgungsquoten

Aufgrund rückläufiger Kinderzahlen ist in Westdeutschland im Zeitraum von 1998 bis 2006 – bei gleich bleibender Platzzahl – mit einer Zunahme der Versorgungsquote im Krippenbereich zu rechnen. Diese fällt jedoch sehr gering aus: von 3,4 Prozent auf 4,4 Prozent. In Ostdeutschland ist aufgrund wieder ansteigender Kinderzahlen im gleichen Zeitraum mit einem deutlichen Rückgang der Versorgungsquote zu rechnen, und zwar von 35 Prozent auf 30 Prozent.[22]

Dem gegenüber stehen Schätzungen, die bereits Mitte der 90er Jahre von einem Bedarf an öffentlicher Kinderbetreuung für Kleinstkinder von 12 Prozent[23] bzw. sogar von 20 bis 40 Prozent ausgingen.[24] Spieß nimmt vor dem Hintergrund der Entwicklungen in den europäischen Nachbarländern wie Frankreich und Dänemark einen Bedarf an Krippenplätzen von 20 Prozent an.[25] Dieser Wert dürfte allerdings die untere Grenze darstellen, worauf auch die hohe Unzufriedenheit insbesondere der westdeutschen Eltern hindeutet.

Die Versorgungslage mit Kinderbetreuungsangeboten im europäischen Vergleich

Andere europäische Länder weisen einen wesentlich höheren Versorgungsgrad mit Kinderbetreuungsangeboten auf (siehe Abbildung 3), wobei die Angebote häufig gegen Ende des ersten oder im Laufe des zweiten Lebensjahres des Kindes einsetzen. Führend ist Dänemark mit einer Abdeckung von 64 Prozent, gefolgt von Schweden (48 Prozent), Belgien (30 Prozent), Frankreich (29 Prozent) und Finnland (22 Prozent).[26] Die meisten europäischen Länder bieten eine Ganztagsbetreuung mit mindestens 30 Wochenstunden an.

Die vergleichsweise bessere Versorgungslage geht im Wesentlichen auf zwei Faktoren zurück. Zum einen sehen sich viele europäische Staaten in der Pflicht, dem Wunsch von Frauen nach einer Vereinbarkeit von Familie und Beruf zu entsprechen. Zum anderen hängen andere europäische Länder in

---

[21] Keimeleder, Schumann, Stempinski & Weiß (2001); Weiß, Stempinski, Schumann & Keimeleder (2002)
[22] Spieß (2001)
[23] BMFSFJ (1992)
[24] Tietze (1996)
[25] Spieß (2001)
[26] OECD (2001a)

geringerem Maße als (West-) Deutschland einer Mutterideologie an, die eine durchgängige Anwesenheit der Mutter als optimale Entwicklungsbedingung für das Kind sieht. Vielmehr begreifen sie die außerfamiliale frühkindliche Erziehung als Lern- und Entwicklungschance für Kinder. Infolgedessen wird durch entsprechende gesetzliche Verpflichtungen eine Ausweitung der Kinderbetreuung gefördert. In Schweden besteht seit 1995 ein gesetzlicher Anspruch berufstätiger bzw. sich in Ausbildung befindlicher Eltern auf einen Betreuungsplatz für ihr Kind, sofern dieses mindestens ein Jahr alt ist. Dieser Anspruch muss innerhalb von drei Monaten nach Antragstellung von der Kommune erfüllt werden. Das Anrecht auf einen Betreuungsplatz wurde im Jahr 2002 auf arbeitslose Eltern und Eltern im Elternurlaub ausgeweitet und beinhaltet einen Anspruch auf mindestens drei Stunden öffentlicher Kinderbetreuung pro Tag.

Das Betreuungsangebot besteht in vielen Ländern aus einer Mischung von institutionellen Angeboten (z. B. Krippen, altersgemischten Einrichtungen), privaten Einrichtungen und Tagespflegeplätzen. Die Vielfalt der parallel existierenden Angebote ermöglicht den Eltern eine Wahl von Betreuungsformen, die ihren Vorstellungen und den Bedürfnissen ihrer Kinder am besten entsprechen.

Im Vergleich mit anderen europäischen Ländern fällt in Deutschland die Betreuungsquote im Bereich der Tagespflege ähnlich niedrig aus wie für die institutionelle Kinderbetreuung. Einige Beispiele: In Frankreich werden 15 Prozent aller unter 3-Jährigen durch eine staatlich anerkannte Tagesmutter und weitere 3 Prozent durch eine eigene Kinderfrau betreut.[27] Im französischen Teil Belgiens beträgt die Betreuungsquote bzgl. der Familientagespflege bei Kindern im Alter zwischen einem und drei Jahren 12 Prozent, im flämischen Teil Belgiens sogar 18 Prozent.[28] In Dänemark – das über ein besonders gut ausgebautes System der Tagespflege verfügt und wo Eltern einen gesetzlichen Anspruch auf einen Betreuungsplatz für ihr Kind haben, der innerhalb von drei Monaten nach Antragsstellung erfüllt werden muss – werden 22 Prozent der Kinder bereits im ersten Lebensjahr in Familientagespflege betreut, im Alter zwischen einem und drei Jahren sind es sogar 45 Prozent.

Ein weiterer Unterschied zu Deutschland besteht darin, dass diese Länder durch verschiedene Regelungen die Qualität der Familientagespflege zu verbessern suchen. So wird die Nutzung registrierter und anerkannter Pflegestellen statt informeller Betreuung gefördert. Beispielsweise ist in Belgien die steuerliche Absetzbarkeit der Kinderbetreuungskosten nur bei Inanspruchnahme staatlich anerkannter und registrierter Betreuungsplätze möglich, so dass Eltern bevorzugt auf anerkannte Angebote zurückgreifen. In Dänemark sind Zuschüsse an die Bereitschaft der Anbieter zur Zusammenarbeit mit den Behörden und die Einhaltung kommunaler Richtlinien gebunden. Außerdem müssen

---

[27] Letablier (2002)   [28] OECD (2001b)

Auswirkungen außerfamilialer Betreuung auf die (früh-)kindliche Entwicklung

Während die öffentliche Debatte um die Auswirkungen außerfamilialer Betreuung in den ersten drei Lebensjahren des Kindes im Osten Deutschlands in erster Linie unter dem Aspekt der Erziehung und Bildung von Kindern geführt wurde, drehte sich die Debatte im Westen Deutschlands bislang vor allem um die Frage, ob bzw. inwieweit eine frühe außerfamiliale Betreuung von Kindern zu Entwicklungsbeeinträchtigungen führt. Mit dem wachsenden Wunsch junger (westdeutscher) Mütter, Beruf und Familie zu vereinbaren, und mit der daraus resultierenden Forderung nach einem stärkeren Ausbau von Betreuungseinrichtungen für unter Dreijährige ist diese Debatte erneut aufgelebt.

Die Annahme, dass eine frühe außerfamiliale Betreuung einen schädlichen Einfluss auf die Entwicklung eines Kindes hat, geht auf die Bindungstheorie zurück.[29] Diese Theorie besagt, dass die erste Beziehung im Leben eines Kindes – in der Regel handelt es sich um die Beziehung zur Mutter – ein Fundament für die weitere soziale Entwicklung des Kindes darstellt. Kinder, die eine so genannte „sichere Bindung" an ihre Mutter ausgebildet haben, empfinden sich dieser Theorie zufolge als liebenswert und sind im Verlauf ihrer weiteren Entwicklung auch in der Lage, enge Beziehungen zu anderen Personen aufzubauen. Kinder, bei denen sich eine solche sichere Bindung an die Mutter nicht besteht, sollten langfristig sozial weniger kompetent sein und in geringerem Maße in der Lage, enge Beziehung zu anderen Personen zu unterhalten. Als eine wesentliche Bedingung für die Entwicklung einer sicheren Mutter-Kind-Bindung wird die Verfügbarkeit der Mutter für das Kind und eine kontinuierliche Betreuung des Kindes durch die Mutter angesehen. Eine Berufstätigkeit der Mutter wird – so die Annahme der Bindungstheorie – aufgrund der regelmäßigen mehrstündigen Abwesenheit der Mutter den Aufbau einer sicheren Mutter-Kind-Bindung erschweren und daher einen Risikofaktor für die langfristige Entwicklung des Kindes darstellen. Dass Kinder auch zu familienexternen Betreuungspersonen eine Bindung aufbauen können, wurde insbesondere für den institutionellen Betreuungskontext lange Zeit angezweifelt. In den vergangenen Jahrzehnten hat jedoch eine Weiterentwicklung der Bindungstheorie stattgefunden, die die Fähigkeit des Kleinkindes, Beziehungen auch zu anderen Personen als der eigenen Mutter (und dem eigenen Vater) aufzubauen, berücksichtigt und den Gesamtkontext der Betreuungssituation stärker in den Blick nimmt.

Da in den ersten Lebensjahren des Kindes nicht nur die Grundlagen für seine soziale Entwicklung, sondern auch für seine weitere sprachliche und kognitive Entwicklung geschaffen werden, interessiert auch der Effekt einer außerfamilialen Betreuung auf diese Bereiche.

Welches Bild zeichnen nun die Ergebnisse aktueller wissenschaftlicher Studien? Ist Fremdbetreuung für Kleinkinder schädlich bzw. unter welchen Voraussetzungen ist sie schädlich? Oder hat eine außerfamiliale Tagesbetreuung womöglich sogar förderliche Effekte? Diesen Fragen wurde seit den frühen 70er Jahren vor allem in den USA und Skandinavien mit Hilfe empirischer Studien nachgegangen. Erst in den vergangenen Jahren hat dieses Thema auch im deutschen Sprachraum verstärktes Forschungsinteresse auf sich gezogen.

Die bislang wohl umfassendste Studie zu den Auswirkungen einer frühen Tagesbetreuung stellt die Studie des National Institute of Child Health and Human Development (NICHD) Early Child Care Research Network dar, die in den USA durchgeführt wurde. In dieser Studie wurde die Entwicklung von mehr als 1000 Kindern vom ersten Lebensmonat an über inzwischen mehr als sieben Jahre hinweg erforscht. Die teilnehmenden Familien stammen aus 10 unterschiedlichen Regionen der USA und stellen einen Querschnitt der US-amerikanischen Bevölkerung dar. Bei der Studie wurde ein sehr komplexer Erhebungsansatz realisiert, anhand dessen sich überprüfen lässt, inwieweit Merkmale der Betreuungssituation (Art, Umfang und Qualität der Betreuung), familiale Merkmale (soziodemographischer Status, Persönlichkeits- und Verhaltensmerkmale der

[29] Bowlby (1969)

Mutter), aber auch Merkmale des Kindes (Geschlecht, Temperament) Auswirkungen auf seine Bindungssicherheit und seine langfristige emotionale, soziale, kognitive und Sprachentwicklung haben. Die beschriebenen Merkmale wurden zu mehreren Zeitpunkten und anhand unterschiedlicher Verfahren erhoben. Dieser Ansatz ermöglicht nicht nur, den relativen Einfluss familialer Faktoren und Merkmale der Tagespflege auf die Entwicklung des Kindes abzuschätzen, sondern auch das Zusammenspiel familialer und institutioneller Faktoren nachzuzeichnen und mögliche Wechselwirkungen aufzudecken. Die Ergebnisse der Studie wurden in mehreren renommierten Fachzeitschriften publiziert.[30] Die zentralen Erkenntnisse über die Auswirkungen einer frühen Tagesbetreuung werden im Folgenden dargestellt:

Mutter-Kind-Beziehung:
Nicht ein bestimmtes Betreuungsarrangement, sondern eine mangelnde Feinfühligkeit und Responsivität von Müttern stellt den zentralen Risikofaktor für die Entwicklung einer unsicheren Mutter-Kind-Bindung dar. Weder das gewählte Betreuungsarrangement als solches noch der Umfang der Fremdbetreuung hatten einen Einfluss auf die Bindungssicherheit. Eine außerfamiliale Betreuung des Kindes erwies sich in dieser Studie jedoch dann als nachteilig für die Mutter-Kind-Beziehung, wenn die Mutter wenig feinfühlig und responsiv im Umgang mit ihrem Kind war. Dieser Effekt wurde weiter verstärkt, wenn nicht nur die Mutter, sondern auch die außerfamiliale Betreuungsinstanz sich durch eine mangelnde Sensitivität gegenüber dem Kind auszeichnete. Außerfamiliale Betreuung konnte allerdings die negativen Effekte einer mangelnden Sensitivität der Mutter kompensieren, wenn sie von hoher Qualität war. Sprich: Liegen auf Seiten der Mutter Risikofaktoren für die Entwicklung der Mutter-Kind-Beziehung vor, kann eine qualitativ hochwertige Betreuung einen kompensatorischen Effekt haben. Allerdings scheinen insensitive Mütter häufiger eine qualitativ schlechte Tagesbetreuung für ihr Kind zu akzeptieren, wodurch die Wahrscheinlichkeit kompensatorischer Effekte geringer ausfällt.

Soziale Entwicklung:
Im Hinblick auf die soziale Entwicklung zeigte sich ein leicht negativer Effekt einer frühen außerfamilialen Betreuung. Je mehr Zeit Kinder in den ersten Lebensjahren in außerfamilialer Betreuung verbrachten, desto mehr externalisierendes Problemverhalten zeigten sie im Alter von vier Jahren und desto mehr Konflikte hatten sie mit Erwachsenen, und zwar sowohl mit den eigenen Eltern als auch mit den Erzieherinnen. Die Werte lagen jedoch für die meisten Kinder im Normbereich; nur 17 % der Kinder, die in den ersten Lebensjahren im Schnitt 30 oder mehr Stunden pro Woche von anderen Personen als der eigenen Mutter betreut wurden, lagen über dem kritischen Grenzwert. Im Übrigen galt dies auch für 6 % der Kinder, die nur von der eigenen Mutter betreut wurden. Weiterhin zeigte sich, dass der Effekt des Betreuungsumfangs deutlich schwächer ausfiel als der Effekt der mütterlichen Sensitivität und des sozioökonomischen Status' der Familie.

Sprachentwicklung und kognitive Entwicklung:
Für die Sprachentwicklung zeigte sich, dass nicht die Art oder der Umfang der außerfamilialen Betreuung, sondern deren Qualität einen Einfluss auf die kognitive und die Sprachentwicklung in den ersten sechs Lebensjahren des Kindes hat. Hohe Qualität bedeutet in diesem Zusammenhang, dass Kinder ein hohes Ausmaß an Stimulation im jeweiligen Bereich erhalten und dass sich die Stimulation an den Interessen des Kindes orientiert. Inwieweit eine hohe Qualität bei der institutionellen Betreuung verwirklicht werden kann, hängt – neben anderen Faktoren – wiederum ab von strukturellen Rahmenbedingungen, wie der Gruppengröße, dem Personalschlüssel und der Qualifikation des Personals.

Die Ergebnisse der Studie machen weiterhin deutlich, dass es häufig zu einer Akkumulation von Risikofaktoren kommt. Eltern mit niedriger Bildung und niedrigem Einkommen weisen gegenüber Eltern mit besserer Bildung und hohem Einkommen im Allgemeinen nicht nur ein deutlich schlechteres Befinden auf und verfügen in geringerem Ausmaß über die Kompetenzen und Mittel, um ihr Kind angemessen zu fördern. Sie akzeptieren außerdem häufiger Betreuungsarrangements von mangelnder Qualität, wobei finanzielle Gründe eine wesentliche Rolle spielen.

---

[30] Clarke-Stewart et al. (2002); NICHD (1997a; 1997b; 1998; 2002; 2003a; 2003b)

Zusammenfassend lässt sich feststellen, dass den Befunden der NICHD Early Child Care Research Network Studie zufolge eine außerfamiliale Betreuung als solche weder positive noch negative Auswirkungen auf die Entwicklung von Kindern hat. Diese Erkenntnis erscheint auch vor dem Hintergrund von wissenschaftlichen Studien plausibel, die die Auswirkungen der Berufstätigkeit von Müttern auf das Interaktionsverhalten untersuchen. Zwar verbringen berufstätige Mütter weniger Zeit mit ihren Kleinkindern als nicht berufstätige Mütter; die berufstätigen Mütter versuchen jedoch, die Zeiten ihrer berufsbedingten Abwesenheit zu kompensieren indem sie sich in der Zeit vor und nach dem Kindertagesstättenbesuch besonders intensiv mit ihrem Kind beschäftigen[31] und verbringen in ihrer Freizeit und am Wochenende besonders viel Zeit mit ihm.[32] Insbesondere im Hinblick auf die verbale Stimulation zeigen berufstätige Mütter außerdem ein größeres Engagement als nicht berufstätige Mütter.

Die gegenüber der Familienbetreuung unterschiedliche Gesamtsituation von fremdbetreuten Kindern hat jedoch zur Folge, dass Kinder, die Betreuungseinrichtungen besuchen, andere Erfahrungen machen und sich dementsprechend auch etwas anders entwickeln als Klein(st)kinder, die ausschließlich in der Familie betreut werden. So scheinen Krippenkinder oftmals sozial kompetenter, selbstbewusster, durchsetzungsfähiger und hilfsbereiter zu als Kinder, die zu Hause betreut werden. Sie sind aber häufig auch ungehorsamer und aggressiver, wobei die Ausprägung dieser externalisierenden Verhaltensweisen in der Mehrzahl der Fälle im Normbereich liegt. Negative Effekte einer außerfamilialen Betreuung auf die Entwicklung des Kindes gehen im Allgemeinen auf eine geringe Qualität der Betreuung zurück, nicht auf die Tagesbetreuung als solche. Bei hoher Qualität kann eine außerfamiliale Betreuung bis zu einem gewissen Grad sogar ungünstige innerfamiliale Entwicklungseinflüsse kompensieren. Den größten Einfluss auf die Entwicklung des Kindes hat letztendlich die Familie. Kinder entwickeln sich dann gut, wenn sie feinfühlige und responsive Eltern haben, die aktiv Anteil an der Entwicklung ihres Kindes nehmen und in einer glücklichen Partnerschaft leben.

[31] Ahnert, Rickert & Lamb (2000)   [32] Hoffmann (2002)

in Dänemark Tagesmütter mindestens eine dreiwöchige Schulung absolvieren und haben Zugang zu intensiver Supervision und Fortbildungsangeboten.

2. Angebote für Kinder zwischen 3 und 6 Jahren[33]

Versorgungslage mit Kindergärtenplätzen

Betreuungsangebote für Kinder im Kindergartenalter sind in sehr viel größerem Umfang vorhanden als für Kinder unter drei Jahren. Und die Versorgungssituation hat sich in den letzten Jahren deutlich verbessert. Dies gilt insbesondere für die Altersgruppe der 3- bis unter 5-Jährigen. Während 1995 nur 36 Prozent der Kinder im Alter zwischen 3 und 4 Jahren einen Kindergarten besuchten, waren es 2000 bereits 56 Prozent. Bei den 4- bis 5-Jährigen fiel die Zunahme von 65 Prozent im Jahr 1995 auf 83 Prozent im Jahr 2000 ähnlich hoch aus. Bei den Kindern zwischen 5 und 6 Jahren kam es hingegen zu einem leichten Rückgang von 93 Prozent auf 90 Prozent.[34]

Im Bundesdurchschnitt kamen Ende 1998 laut DJI-Zahlenspiegel[35] auf 100 Kinder im Alter zwischen 3 und 6,5 Jahren 89,5 Kindergartenplätze.[36] Der Versorgungsgrad reichte von 65 Prozent in Hamburg bis 129 Prozent in Thüringen. Im Schnitt zeichnen sich die östlichen Bundesländer mit 112 Prozent durch einen höheren Versorgungsgrad aus als die westlichen Länder mit 87 Prozent. In Westdeutschland weisen lediglich Baden-Württemberg und Rheinland-Pfalz einen Versorgungsgrad von über 100 Prozent auf. Allerdings bedeutet ein durchschnittlicher Versorgungsgrad von 100 Prozent nicht, dass auch alle Kinder tatsächlich einen Platz bekommen. Infolge der regionalen Ungleichverteilung kann es auch in den Bundesländern mit einem hohen Versorgungsgrad zu lokalen Engpässen kommen.

Die Ausgestaltung der Betreuung für Kinder im Kindergartenalter ist in Deutschland – trotz der insgesamt positiven Entwicklung – nach wie vor häufig problematisch. Einen zentralen Kritikpunkt stellt die geringe Verfügbarkeit von Ganztagsbetreuung und Mittagsbetreuung dar. Dies betrifft vor allem den Westen Deutschlands: Der Anteil an Ganztagsplätzen lag Ende 1998 hier bei nur 19 Prozent. Im Osten ist betrug der Versorgungsgrad mit Ganztagsplätzen hingegen 98 Prozent (s. o., Abbildung 1).

[33] bzw. bis zur Einschulung
[34] Engstler & Menning (2003)
[35] Deutsches Jugendinstitut (2002)
[36] Höhere Quoten, die in manchen Veröffentlichungen genannt werden – beispielsweise geben Engstler & Menning (2003) eine Versorgungsquote mit Kindergartenplätzen von 105 Prozent an – kommen dadurch zustande, dass die Platzzahl nur auf die Gesamtheit aller Kinder im Alter von 3 bis 6 Jahren bezogen wird. Da in Deutschland Kinder im Schnitt 6,5 Jahre alt sind (und nicht 6 Jahre), wenn sie in die Schule kommen, führt dieses Vorgehen zu einer Überschätzung der tatsächlichen Versorgungslage in den einzelnen Bundesländern um bis zu 25 Prozent (DJI, 2002).

Das geringe Angebot an Ganztagesplätzen wird auch von vielen Familien als Mangel erlebt. So bewerteten in der Online-Umfrage „Perspektive Deutschland" 51 Prozent der Familien mit einem Kindergartenkind das Angebot an Ganztagesplätzen als unzureichend.[37]

Vorausschätzungen der Versorgungsquoten

Im Kindergartenbereich ist in Westdeutschland infolge des Rückgangs der Kinderzahlen im entsprechenden Altersbereich (bei gleich bleibender Platzzahl) mit einem Anstieg der Versorgungsquote zu rechnen. Die Vorausschätzungen prädizieren eine Zunahme von 87 Prozent (1998) auf 100 Prozent im Jahr 2006. Allerdings bleibt das Problem eines unzureichenden Angebots an Ganztagesplätzen trotz dieser Entwicklung weiter bestehen. In Ostdeutschland ist im Gegensatz dazu infolge zunehmender Kinderzahlen im gleichen Zeitraum mit einem Rückgang der Versorgungsquote um 14 Prozent auf 97 Prozent im Jahr 2006 zu rechnen.[38]

Europäischer Vergleich

Die meisten europäischen Länder haben die Verantwortung des Staates anerkannt, Kindern im Alter zwischen 3 und 6 Jahren (bzw. bis zum Eintritt in die Schule) möglichst ausnahmslos Zugang zu Einrichtungen der Betreuung und Bildung zu ermöglichen. Als Minimalforderung werden zwei Jahre vorschulischer Bildung und Betreuung angesehen. Ziel ist einerseits die Förderung der Chancengleichheit von Kindern, andererseits die Erleichterung der Vereinbarkeit von Familie und Beruf für Frauen.

Im europäischen Vergleich befindet sich Deutschland mit seiner Versorgungsquote von 89,5 Prozent (bezogen auf die 3- bis 6,5-Jährigen) im Mittelfeld des Länderspektrums. Die Versorgungsquoten für die jüngeren Kindergartenkinder liegen allerdings unter dem EU-Durchschnitt.[39] Während 1998/1999 EU-weit 67 Prozent der Dreijährigen eine Kindertageseinrichtung besuchten, waren es in Deutschland im gleichen Jahr nur 53 Prozent.[40] Auch bei den Vierjährigen lag die Besuchsquote in Deutschland mit 78 Prozent unter dem EU-Durchschnitt, der 89 Prozent betrug. Länder, die der frühen Bildung und Erziehung große Bedeutung zumessen, demonstrieren ein großes Entwicklungspotential (siehe Abbildung 4). In Belgien, Dänemark, Schweden, Italien und Frankreich besuchten 1998/1999 zwischen 67 Prozent (Dänemark) und 100 Prozent (Frankreich) der Dreijährigen und über 90 Prozent der 4-

---

[37] Mc Kinsey, Stern.de & T-Online (2003)
[38] Spieß (2001)
[39] Engstler & Menning (2003)
[40] Im Jahr 2000 betrug die Besuchsquote der Dreijährigen in Deutschland bereits 56 Prozent. Allerdings hat auch in den anderen europäischen Staaten der Anteil der Kinder, die einen vorschulische Einrichtung mit Bildungsfunktion besuchen, in den vergangenen Jahren stetig zugenommen, so dass sich an der relativen Position Deutschlands nichts verändert haben wird.

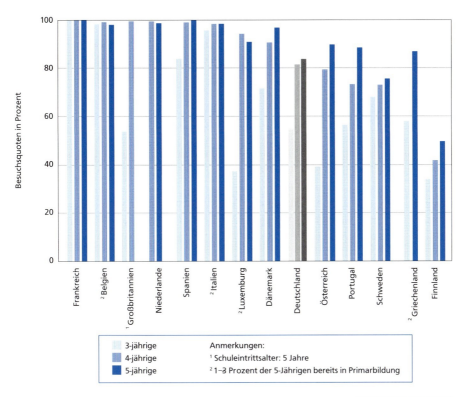

Quellen: Eurydice (2002)

Abbildung 4: Besuchsquoten an Vorschuleinrichtungen mit Bildungsfunktion im europäischen Vergleich

und 5-Jährigen eine Kindertageseinrichtung.[41] Viele Länder, insbesondere die skandinavischen Länder (Belgien, Dänemark, Finnland, Norwegen, Schweden) bieten außerdem erweiterte Betreuung mit mindestens 30 Wochenstunden oder sogar eine Ganztagsbetreuung an.[42]

3. Angebote für Kinder im Grundschulalter

Im Kontext der seit Mitte der neunziger Jahre auch in unserem Lande geführten Debatte um die Qualität der Bildungs-, Erziehungs- und Betreuungsangebote für Kinder in Kindergärten rückt auch das System der außerunterrichtlichen Angebotsformen für Schulkinder in den Mittelpunkt des pädagogischen und politischen Interesses. Mit unterschiedlicher Argumentation weist man auf die Bedeutung einer angemessenen Betreuung von Schulkindern hin.

[41] Engstler & Menning (2003)
[42] OECD (2001b)

Wird Schulkinderbetreuung von einigen als arbeitspolitische bzw. sozialpolitische Maßnahme befürwortet, die kompensierend zwischen Familie und Arbeitswelt wirken soll, so betonen andere ihre schulpolitische und jugendpolitische Bedeutung und integrieren sie in ein umfassendes Betreuungsangebot für Kinder von 0 bis 14 Jahren. Eine dritte Perspektive betrachtet diese Form der außerunterrichtlichen Betreuung als eine familienergänzende Maßnahme und setzt sie in Verbindung zu anderen Maßnahmen wie z. B. den Ferien- und Erholungsprogrammen für Familien.

Versorgungslage mit Hortplätzen

Der Versorgungsgrad mit Hortplätzen fällt in Deutschland eher niedrig aus. Im Jahr 1998 stand laut DJI-Zahlenspiegel[43] nur für jedes sechste Schulkind unter 10 Jahren ein Hortplatz zur Verfügung.[44] Die Versorgungssituation in Ost und West klafft – ähnlich wie im Krippenbereich – extrem auseinander. Während im Osten für 68 Prozent der Kinder im Alter zwischen 6 und 10 Jahren ein Hortplatz existiert, beträgt die Quote im Westen lediglich 6 Prozent. Bezogen auf den Altersbereich zwischen 6 und 14 Jahren stehen Hortplätze nur für 19 Prozent der ostdeutschen und nur für 3 Prozent der westdeutschen Kinder zur Verfügung.[45] Stellt man diesen Zahlen die Erwerbsquoten von Müttern gegenüber – im Westen waren im Jahr 2001 66 Prozent der Mütter mit einem Kind im Alter zwischen 6 und 10 Jahren erwerbstätig, im Osten 69 Prozent[46] – tritt die tiefe Kluft zwischen Bedarf und Angebot vor allem im Westen Deutschlands, zutage.[47] Selbst wenn man in Rechnung stellt, dass viele Mütter „nur" halbtags berufstätig sind, ist es ein Rätsel, wie diese Familien die Betreuung ihrer Kinder organisieren.

Während die Versorgungssituation im Osten Deutschlands unabhängig von der Bevölkerungsdichte einer Region ist, steigen im Westen Deutschlands die Chancen auf einen Hortplatz mit zunehmender Bevölkerungsdichte. So ist in den westdeutschen Großstädten die Versorgungsquote mit 16,6 Prozent gut zehnmal so hoch wie in den ländlichen Gebieten, die einen Versorgungsgrad von 1,4 Prozent aufweisen.[48] Keine Daten existieren bislang zum Angebot an schulverbundenen Betreuungsformen, die entweder als Alternative oder als Ergänzung zum traditionellen Hortangebot konzipiert sind und in den westlichen Bundesländern zunehmend an Boden gewinnen (z. B. verlässliche Grundschule, Mittagsbetreuung u. ä.).

[43] Deutsches Jugendinstitut (2002)

[44] Hochrechnungen auf der Basis des Mikrozensus kommen zu einer noch geringeren Quote: demzufolge gab es sogar nur für jedes achte Kind in diesem Altersbereich einen Betreuungsplatz (Platz in einem Hort oder einer altersgemischten Gruppe; BMBF, 2002).

[45] Kreyenfeld, Spieß & Wagner (2001)

[46] Engstler & Menning (2003)

[47] Diese Kluft wird vermutlich nur unwesentlich geringer ausfallen, wenn man die (noch nicht veröffentlichten) Daten zur Versorgungssituation mit Hortplätzen im Jahr 2002 berücksichtigen würde, da die Entwicklung der vergangenen Jahre im Westen nur einen geringfügigen Anstieg der Versorgungsquoten erwarten lässt.

[48] Deutsches Jugendinstitut (2002)

Problematisch sind dem DJI zufolge, neben der generellen Unterversorgung, vor allem drei weitere Punkte: Erstens handelt es sich bei den Angeboten im Hortbereich häufig um lokale Angebote in einzelnen Schulen bzw. in deren Umfeld, für die es keine zuverlässige Finanzierung gibt und auf die Eltern nicht mit Sicherheit zählen können. Zweitens ist die Qualität der Angebote sehr unterschiedlich und das im Kinder- und Jugendhilfegesetz festgehaltene Fachlichkeitsgebot oft nicht gesichert. Und drittens sind in Deutschland, wie in anderen Ländern auch, die Schulferien wesentlich länger als der Jahresurlaub von Arbeitnehmern. Das Betreuungsangebot ist in Deutschland gerade während der Schulferien oftmals unzureichend,[49] so dass berufstätige Eltern sämtliche verfügbare informelle Unterstützungs- und Betreuungsnetze heranziehen müssen, um eine Betreuung ihrer Kinder sicherzustellen.

Vorausschätzungen der Versorgungsquoten

Im westdeutschen Hortbereich ist – bei gleich bleibender Platzzahl – aufgrund der rückläufigen Entwicklung der Kinderzahlen mit einem leichten Anstieg der Versorgungsquote für die 6- bis 13-jährigen von 3,9 Prozent im Jahr 1998 auf 4,1 Prozent im Jahr 2006 zu rechnen.[50] In Ostdeutschland wird aufgrund des starken Rückgangs der Schülerzahlen im Zeitraum von 1998 bis 2002 (trotz einer erneuten Zunahme bis 2006) insgesamt ein Anstieg der Versorgungsquote erwartet, und zwar von 25 Prozent (1998) auf 47 Prozent (2006) – wiederum natürlich unter der Voraussetzung einer gleich bleibenden Platzzahl.

Selbstbetreuung – Konsequenzen eines unzureichenden Betreuungsangebots

Es gibt in den USA eine Reihe von wissenschaftlichen Untersuchungen, die sich mit den verschiedenen Formen der Selbstbetreuung von Kindern im Schulalter und deren Auswirkungen beschäftigen.

1997 waren in den USA 78 % der Mütter mit Kindern im Alter zwischen 6 und 13 Jahren erwerbstätig. Da die Differenz zwischen Arbeitszeit und Schulzeit Lösungen im Hinblick auf die Betreuung insbesondere der jüngeren Schulkinder verlangt, sind viele Mütter in Teilzeitarbeitsverhältnissen beschäftigt oder haben einen Arbeitsplatz mit verschiedenen Schichten (Früh-, Spät- bzw. Nachtschicht). Zahlreiche Kinder wachsen in verschiedenen Formen der Selbstbetreuung auf oder besuchen ein After-school-Programm. Die Frage ist, welche Bedeutung diese Betreuungsalternativen für die Entwicklung der Kinder haben.

Belle[51] zeigte in einer qualitativ orientierten Längsschnittsstudie, die einen Zeitraum von vier Jahren abdeckte, die Vielfalt der Formen von Selbstbetreu-

[49] Engelbrech & Jungkunst (2001b); Ludwig & Schlevogt (2002)

[50] Spieß (2001)
[51] Belle (1997)

ung von Kindern auf. Je nach Alter und Geschlecht der Kinder, ihrem Entwicklungsstand und ihren vorherigen Erfahrungen, ihrer Situation und Familienstruktur, der Sicherheit der Wohnumgebung lassen sich verschiedene Formen der Selbstbetreuung beobachten. Hierzu zählen…

- die Betreuung durch Geschwister;
- die Anwesenheit zuhause ohne Eltern;
- der Besuch von Freunden (ohne Anwesenheit der Eltern);
- der Aufenthalt in einer öffentlichen Einrichtung ohne Kinderbetreuung (z. B. einer Bibliothek) nach der Schule bis zum Abholen durch die Eltern.

Wenn Eltern anwesend sind, den Kindern aber nicht zur Verfügung stehen (z. B. während der Ruhezeit nach Schichtarbeit), sollte Belle zufolge ebenfalls von Selbstbetreuung gesprochen werden. Ein erheblicher Teil der selbstbetreuten Kinder verbringt die Zeit nach der Schule auf der Straße oder aber zuhause mit Fernsehen. Nach den Angaben von Harms[52] sind 35 % der zwölfjährigen Kinder regelmäßig allein zuhause, während die Eltern erwerbstätig sind. Einige Kinder haben am Nachmittag telefonischen Kontakt mit den Eltern und übernehmen Pflichten bei der Haushaltsführung. Selbstbetreuung kann also einerseits Einsamkeit bedeuten, andererseits bietet sie aber auch Möglichkeiten zu selbständigem Verhalten und zur Übernahme von Verantwortung. Pettit und Laird[53] untersuchten in einer Längsschnittsstudie, an der 585 Familien teilnahmen, die Auswirkungen unterschiedlicher Betreuungsarrangements (vom Eintritt in den Kindergarten an bis zur 5. Klasse) auf die kindliche Entwicklung. Die Ergebnisse zeigten, dass Kinder, die während der 1. bzw. 3. Schulklasse mehr als vier Stunden pro Woche selbstbetreut waren, als Sechstklässler sozial weniger kompetent waren und schlechtere schulische Leistungen zeigten als diejenigen Kinder, bei denen die Betreuung in stärkerem Maße durch Erwachsene (Nachbarschaft, Programme) erfolgte. Dieser Zusammenhang war auch dann vorhanden, wenn die soziale Zugehörigkeit und die bisherigen Erfahrungen der Kinder (z. B. im Kindergarten) berücksichtigt wurden. Außerdem ergab die Studie, dass Verhaltensprobleme, die bereits während der Kindergartenzeit bestanden, durch eine fehlende außerschulische Betreuung während des ersten Schuljahres weiter verstärkt wurden.

In einer anderen Längsschnittstudie,[54] an der 206 Kinder von der 1. bis zur 4. Klasse teilnahmen, berichteten Mütter mit niedrigem Einkommen von größeren Verhaltensproblemen, wenn ihre Kinder außerhalb der Schule keine Betreuung erfuhren. Konnten die Kinder nach der Schule ein Betreuungsprogramm besuchen, waren die Verhaltensprobleme hingegen deutlich geringer. Die Teilnahme an einemaußerschulischen Betreuungsangebot führte vor allem bei Kindern aus einkommensschwachen Familien zu mehr Interaktionen mit Gleichaltrigen und zu einer Reduzierung des Fernsehkonsums.

[52] Harms (1999)
[53] Pettit & Laird (1997)
[54] Marshall, Garcia Coll, Marx, McCartney, Keefe & Ruh (1997)

Vandell und Su[55] kommen nach Durchsicht der verschiedenen Studien zu dem Schluss, dass sich Selbstbetreuung vor allem dann ungünstig auf die Entwicklung von Schulkindern auswirkt, wenn …

- die Kinder jünger sind (1. bis 4. Klasse);
- bereits Entwicklungsverzögerungen und Verhaltensprobleme bestehen;
- die Familien ein niedriges Einkommen haben;
- das Erziehungsverhalten der Eltern inkonsequent ist und
- wenn die Wohnumgebung/Nachbarschaft Risiken für die Kinder in sich birgt.

Qualität von außerschulischen Betreuungsangeboten

Viele Untersuchungen zu den Auswirkungen von außerschulischen Kinderbetreuungsangeboten auf die kindliche Entwicklung berücksichtigen bislang nicht oder nur unzureichend die Qualität der Angebote. Dies hat zur Folge, dass sich die Ergebnisse der unterschiedlichen Studien zum Teil widersprechen.

Im Bereich der vorschulischen Erziehung gibt es eine Reihe von Studien, die einen Einfluss der strukturellen Rahmenbedingungen und der Qualifikation der Fachkräfte auf die pädagogische Qualität belegen.[56] So ist gut belegt, dass ein günstiger Erzieher-Kind-Schlüssel, eine kleine Gruppengröße, sowie eine hohe fachliche Qualifikation der ErzieherInnen die Häufigkeit positiver Interaktionen zwischen Fachkraft und Kind fördern. Im Bereich der außerschulischen Betreuungsangebote liegen bislang jedoch nur wenige Untersuchungen zu den Bedingungen und Auswirkungen der Qualität der Angebote vor.

Rosenthal und Vandell[57] gingen in ihrer Studie zu den Determinanten und Konsequenzen einer hohen pädagogischer Qualität von außerschulischen Betreuungsangeboten, an der 180 Kinder aus der dritten, vierten und fünften Klasse sowie deren Familien teilnahmen, drei zentralen Fragen nach:

1. In welchem Zusammenhang stehen „regulierbare" strukturelle Faktoren (wie Merkmale des Programms/Angebotes; Schulbildung und Ausbildung von Fachkräften; Merkmale des Curriculums) und prozessuale Merkmale (wie die Qualität der Erzieher-Kind-Interaktionen; Aktivitäten)?
2. Welche Zusammenhänge zeigen sich zwischen den genannten Merkmalen eines Programms (strukturelle Faktoren und prozessuale Merkmale) und dem individuellen Erleben sowie der Entwicklung der teilnehmenden Kinder?
3. Welche Faktoren beeinflussen das Urteil der Eltern über das Betreuungsprogramm/-angebot?

---

[55] Vandell & Su (1999)

[56] vgl. Rosenthal & Vandell (1996)
[57] Rosenthal & Vandell (1996)

Die zentralen Ergebnisse dieser Untersuchung werden im folgenden Kasten im Überblick dargestellt.

Auch eine Untersuchung von Pierce und Kollegen[58], an der 150 Kinder aus der ersten Schulklasse teilnahmen, belegt die große Bedeutung der Qualität der Interaktion zwischen Fachkraft und Kind für die kindliche Entwicklung: Positive Interaktionen zwischen Kindern und Fachkräften standen im Zusammenhang mit geringen Verhaltensproblemen von Jungen; negative Interaktionen waren häufig mit schlechten Schulleistungen (Lesen und Mathematik) verbunden. Insgesamt kamen die Autoren zu dem Schluss, dass Programmvielfalt und -flexibilität die Entwicklungsozialer Kompetenzen vor allem bei Jungen unterstützt.

Einen weiteren wichtigen Aspekt der Qualität von Programmen für Schulkinder stellt die (geringe) Fluktuation der Fachkräfte dar. Diese scheint jedoch oftmals hoch. Vandell und Su[59] weisen auf eine Untersuchung von Halpern hin, die ergab, dass 40 % der Fachkräfte weniger als ein Jahr lang in der Einrichtung waren.

Positive Auswirkungen der Betreuungsprogramme für Schulkinder konnten bisher vor allem bei Kindern aus einkommensschwachen Familien, weniger bei Kindern aus Familien mit mittlerem Einkommen gefunden werden. Posner und Vandell[60] berichten, dass unterschiedliche Angebote (z. B. community centers, schulorientierte Programme) im Vergleich zur Betreuung durch die Eltern oder andere Erwachsene und im Vergleich zu fehlender Betreuung durch Erwachsene (self-care) zu besseren Kompetenzen (Lesen, Rechnen, Arbeitsverhalten, emotionale Anpassung, Peerbeziehungen) bei Kindern in der dritten Schulklasse beitrugen. Diese positiven Auswirkungen konnten jedoch nur bei guter Qualität der Programme beobachtet werden.

Die Bedeutung von außerschulischen Betreuungsangeboten für die kindliche Entwicklung lässt sich nach den vorliegenden Untersuchungsergebnissen ferner an den Aktivitäten erkennen, die den Kindern ermöglicht werden. Außer schulbezogenen Aktivitäten spielt die Vielfalt der „extracurricularen" Angebote in den Bereichen Musik, Kunst oder Bewegung eine große Rolle für die Entwicklung der Kinder.

Vandell und Su[61] ziehen aus den Ergebnissen der Untersuchungen zu den Auswirkungen von Selbstbetreuung und der Bedeutung der Qualität der Betreuungsangebote und -programme eine Reihe von Schlussfolgerungen, die auch für die gegenwärtige Diskussion in der Bundesrepublik Deutschland von Interesse sind:

---

[58] Pierce, Hamm u. Vandell (1999)
[59] Vandell u. Su (1999)
[60] Posner u. Vandell (1994)
[61] Vandell u. Su (1999)

Qualität der außerschulischen Betreuung – zentrale Befunde der Studie von Rosenthal & Vandell (1996)

1. Zusammenhänge zwischen strukturellen und prozessualen Dimensionen
Negative Erzieher-Kind-Interaktionen treten umso häufiger auf, …
- je größer die Anzahl der Kinder ist, für die eine Fachkraft zuständig ist;
- je geringer der Anteil von älteren Kindern in der Gruppe ist;
- je geringer die Qualifikation der Fachkräfte ist.

Mehr und vielfältige Aktivitätsmöglichkeiten stehen in Zusammenhang mit …
- einer Zunahme von positiven Interaktionen zwischen Fachkräften und Kindern;
- einer Verbesserung der Altersangemessenheit und Flexibilität der Betreuungsprogramme.

2. Auswirkungen auf das Wohlbefinden der Kinder in der Einrichtung
- Die Bewertung des sozialen Klimas in der Betreuungseinrichtung durch die Kinder ist abhängig von der Gruppengröße.
- Das soziale Klima in der Einrichtung wird von den Kindern als umso schlechter empfunden, je häufiger negative Erzieher-Kind-Interaktionen auftreten.
- Negative Erzieher-Kind-Interaktionen und eine große Gruppengröße haben zur Folge, dass die Kinder sich von den Fachkräften in geringerem Maße emotional unterstützt fühlen
- Je größer die Vielfalt der angebotenen Aktivitäten ist, desto positiver fallen die Urteile der Kinder über das Betreuungsprogramm aus.
- Ältere Kinder fühlen sich in geringerem Maße von den Fachkräften emotional unterstützt als jüngere Kinder.
- Jungen fühlen sich in ihrem Autonomiestreben und ihren Wünschen nach Privatheit weniger von den Fachkräften unterstützt als Mädchen.

3. Auswirkungen auf die Entwicklung der Kinder
- Positive Interaktionen zwischen Fachkräften und Kindern tragen dazu bei, dass seltener Verhaltensprobleme auftreten.
- Negative Erzieher-Kind-Interaktionen gehen häufig mit schlechteren Schulleistungen einher.
- Programmvielfalt und -flexibilität unterstützen die Entwicklung sozialer Kompetenzen bei den Kindern.
- Im Vergleich zu fehlender oder mangelhafter Betreuung tragen qualitativ gute Betreuungsangebote zu einer Verbesserung der schulischen Leistungen, der emotionalen Anpassung und der Beziehungen zu Gleichaltrigen bei.
- Die beschriebenen positiven Auswirkungen einer hohen pädagogischen Qualität sind vor allem bei Schulkindern aus einkommensschwachen Familien zu beobachten.

4. Bewertung der Einrichtung durch die Eltern
- Die Bewertung der Angebote durch die Eltern hängt mit den Einschätzungen der Kinder und dem Erzieher-Kind-Schlüssel zusammen: Je günstiger der Erzieher-Kind-Schlüssel ausfällt und je positiver die Kinder das soziale Klima des Betreuungsangebotes einschätzen, desto positiver bewerten die Eltern das Betreuungsangebot und desto mehr sind sie der Ansicht, dass das Angebot den Bedürfnissen ihres Kindes entspricht.

- Selbstbetreuung von Schulkindern sollte möglichst vermieden werden. Wenn Kinder häufig unbetreut sind, kann dies negative Auswirkungen auf ihre Entwicklung haben.
- Betreuungsprogramme für Schulkinder sind in verschiedener Hinsicht eine lohnende Alternative.

- Derartige Programme können eine wertvolle Bereicherung insbesondere für Kinder aus benachteiligten Familien darstellen.
- Die Qualität der Betreuungsprogramme muss gesichert und weiterentwickelt werden, wenn diese Programme die Entwicklung der Kinder fördern sollen.
- Betreuungsangebote müssen so gestaltet werden, dass sie auch den Bedürfnissen älterer Kinder entsprechen. Wichtig ist in diesem Zusammenhang vor allem eine Beteiligung der Kinder.

Aktivitäten der Kinder außerhalb der Schule, wie die Teilnahme an Kursen, selbstverwalteten Clubs oder sportlichen Aktivitäten, können Modelle für die Entwicklung von (offenen) Angeboten für ältere Kinder sein.

Schulkinderbetreuung als Bestandteil der Jugendhilfe

Horte als wichtigste Angebotsformen der außerunterrichtlichen Schulkinderbetreuung sind Bestandteil der Jugendhilfe. Sie sollen „die Entwicklung des Kindes zu einer eigenverantwortlichen und gemeinschaftsfähigen Persönlichkeit" fördern und ihre Aufgabe „umfasst die Betreuung, Bildung und Erziehung des Kindes" (vgl. § 22 Sozialgesetzbuch (SGB). Achtes Buch (VIII) Kinder- und Jugendhilfe). Zugleich stellt sie jenen Teil der Jugendhilfe dar, der im Höchstmaß darauf angewiesen und dazu aufgefordert ist, eng mit der Bildungspolitik zu kooperieren (vgl. § 81, a. a. O.). Eine solche Kooperation umfasst inhaltliche und organisatorische Aspekte.

Jedoch sollte das Denken in voneinander abgegrenzten Zuständigkeiten, das vielfach als Regulativ zwischen Jugend- und Bildungspolitik galt, zugunsten eines integrativen Ansatzes überwunden werden. Ermutigende Beispiele findet man in Schweden, in einem Land, in dem Fachkräfte beider Bereiche eng kooperieren: Fachkräfte des Hortes sind teilweise in der Schule tätig, übernehmen dort Verantwortung und setzen ihre Tätigkeit nach der Schule fort.[62] Wir benötigen noch weitere kooperative Modelle, die Bildungspolitik und Jugendhilfe in positive wechselseitige Beeinflussung zu setzen vermögen.

Eine enge Konzeptualisierung der Schulkinderbetreuung in unserem Land, die primär auf Betreuung und Hausaufgabenerledigung aufbaute, scheint weitgehend überwunden. Die Bildung und Erziehung von Schulkindern in Tageseinrichtungen hat über die Vermittlung von schulbezogenem Wissen und über den Kanon schulischer Leistungen hinaus einen wichtigen Beitrag zu leisten, der von dem bestehenden Schulsystem bisher kaum wahrgenommen werden kann. Die Schulorganisation lässt die Einleitung pädagogischer Prozesse nur begrenzt zu.

[62] Maijvogel & Petrie (1996)

Da die Zeit, die Kinder mit der Fachkraft des Hortes während eines Tages verbringen, den längsten zusammenhängenden Zeitraum ausmacht, den die meisten Kinder mit einer erwachsenen Person tagsüber gemeinsam zusammen sind, erhalten Horte einen besonderen Auftrag, pädagogisch tätig zu werden, also die Entwicklung der Kinder zu unterstützen. Betrachtet man die pädagogischen Zielsetzungen dieser und ähnlicher Betreuungsformen in anderen europäischen Ländern, so findet man eine Vielzahl von charakteristischen Bildungs- und Erziehungszielen. Neben einer auf die Stärkung kindlicher Kompetenzen ausgerichteten Orientierung der pädagogischen Arbeit in den Horten wird deren sozialintegrative Funktion betont. In etlichen Konzepten wird die sozialpräventive Bedeutung des Hortes hervorgehoben, während in anderen der Hort als genuiner Ort für eine Behandlung spezifischer, kontextuell bedingter Probleme betrachtet wird. Auch wenn es bis heute noch nicht gelungen ist, ein umfassendes Erziehungs- und Bildungskonzept der Schulkinderbetreuung zu erarbeiten, so liegen doch einige Ansätze zur Begründung der Eigenständigkeit dieses Bildungs- und Erziehungsbereichs vor.

Eine wichtige Aufgabenstellung der kommenden Jahre ist daher darin zu sehen, diese Konzeption zu präzisieren, ihre pädagogisch-inhaltlichen Schwerpunkte explizit darzulegen und die organisatorisch-strukturellen Maßnahmen näher zu beschreiben, die eine engere Kooperation zwischen Bildungseinrichtungen im engeren Sinne und den Einrichtungen der Jugendhilfe fördern können.

Bildung und Erziehung von Schulkindern als gemeinsame Aufgabe von Bildungspolitik und Jugendhilfe

Im Bemühen, die Vereinbarkeit von Erwerbstätigkeit und Kinderbetreuung und -erziehung speziell für Mütter zu fördern, hat mancherorts die Bildungspolitik mit der Einführung der so genannten „verlässlichen Grundschule" reagiert. Abgesehen von der Fragwürdigkeit dieser Terminologie liegt der Schwerpunkt dieses Ansatzes darin, einen zuvor nicht betreuten Zeitraum von (in der Regel) einer Stunde in der Mittagszeit abzudecken. Gleichzeitig wird mit der Einführung einer solchen Maßnahme häufig das Nachmittagsbetreuungssystem abgebaut und Betreuungsstunden für die Fachkräfte des Hortes bzw. die finanzielle Förderung der Hortbetreuung reduziert. Solche Entwicklungen belegen eindrucksvoll, wie eng Betreuungskonzeptionen für Schulkinder oftmals gefasst werden. Ihnen muss entgegen gehalten werden, dass eine familien- und vor allem kindgerechte Antwort auf die Bildungs- und Erziehungsbedürfnisse von Schulkindern Veränderungen sowohl in der Schule als auch in den Tageseinrichtungen erfordert.

Das Schulsystem hat in unserem Lande bisher zögerlich und relativ spät auf gesellschaftliche Veränderungen reagiert. Durch halbherzige Maßnahmen werden die anstehenden Probleme kaum gelöst, sondern allenfalls neue Fragen aufgeworfen. Betrachtet man die Betreuungssysteme in anderen europäischen Ländern, so findet man eine Vielfalt von Kinderbetreuungsangeboten in den Schulen.[63] Die Öffnungszeiten der Schulen sind ausgeweitet: Manche Schulen schließen um 15.00 Uhr, andere sind sogar bis 17.00 Uhr geöffnet. Weiterhin beteiligen sich unterschiedliche Institutionen der Jugendhilfe an der Erziehung und Bildung von Kindern im Schulalter. Auch vor dem Hintergrund der europäischen Entwicklung muss die singuläre Maßnahme einer Gewährleistung der Betreuung von Schulkindern innerhalb der Schule bis 13.00 Uhr als unzureichend bewertet werden. Die dringend benötigten qualitativen und. quantitativen Antworten auf die zahlreichen zu bewältigenden Probleme der Schulkinderbetreuung sind nicht in Sicht.

Die gemeinsame Aufgabe, die Formen der außerschulischen Bildung, Erziehung und Betreuung der Kinder weiterzuentwickeln und diese durch enge Kooperation zu einem kohärenten System auszubauen, stellt eine zentrale Aufgabe für Bildungspolitik und Jugendhilfe dar. Zu diesem Zweck sollte ein Teil (mindestens jedoch 1%) jener vier Milliarden Euro verwendet werden, die der Bund den Ländern für den Aufbau von Betreuungsangeboten zur Verfügung stellt.

Europäische Perspektiven

Der Betreuung von Grundschulkindern außerhalb der Schulstunden ist in vielen europäischen Ländern bislang wenig Aufmerksamkeit geschenkt worden.[64] Im Vergleich zu Deutschland verbringen Grundschulkinder in anderen Ländern (z. B. Frankreich, Großbritannien, Dänemark, Belgien) jedoch einen größeren Teil des Tages in der Schule. Die Anzahl der Schulstunden und die Schulzeiten für Grundschulkinder variieren in den Ländern der EU stark. Während sich in den skandinavischen Ländern, in Deutschland, Österreich und Griechenland die Unterrichtszeit sehr häufig auf den Vormittag beschränkt, ist der Schulalltag in anderen Ländern in zwei Blöcke (Vormittag/ Nachmittag) geteilt. In diesen Ländern existieren häufig Betreuungsangebote, die zum Teil von der Schule, zum Teil von den Eltern organisiert und finanziert werden und die den Mittag und/oder die Nachmittagsstunden abdecken. Die Palette des Betreuungsangebotes in der Schule reicht von einer reinen Beaufsichtigung bis zu Spielangeboten und warmen Mahlzeiten.

Außerschulische Betreuungsangebote

Während die Arbeit von Kindergärten, Kindertagesstätten und Einrichtungen der Vorschulerziehung in der Öffentlichkeit, bei den Eltern sowie in den Augen der Politik einen hohen Stellenwert hat, gibt es „viele politische Einstellungen gegenüber Schulkinderbetreuung – einschließlich der, nichts zu unternehmen – und große Unterschiede zwischen nationaler und regionaler

---

[63] Näheres hierzu findet sich im folgenden Abschnitt.

[64] OECD (2002b)

Politik".[65] Dänemark, Frankreich und Schweden betreiben nach Einschätzung des EC-Berichts eine umfassende und positive Politik der Schulkinderbetreuung, während in anderen Ländern (Irland, Italien, Spanien) immer noch nur geringe Initiativen in diesem Bereich zu finden sind.

Die Palette der Betreuungsangebote für Schulkinder in den europäischen Ländern ist groß: Es gibt Horte und hortähnliche Einrichtungen, altersübergreifende Zentren, Clubs und Freizeitprogramme, organisierte Familientagespflege und eine Betreuung von Schulkindern in Kindergärten. Es gibt Angebote für jüngere und ältere Schülerinnen und Schüler, integrierte Angebote für Kinder und Jugendliche, Angebote mit starkem Bezug zur Schule und auch solche, die als von dem Schulbereich unabhängige Angebotsformen konzipiert sind.

In einigen Mitgliedsstaaten gab es in den vergangenen Jahren Veränderungen hinsichtlich der Zuordnung der Angebote zum Bildungs- oder Sozial- bzw. Wohlfahrtssystem. Bemerkenswert ist die in einigen Ländern (dazu gehören Österreich, Belgien, Deutschland, Portugal) zu beobachtende Tendenz, „eine Integration oder Koordination von Schulsystem und Schulkinderbetreuung zu versuchen, um für die Kinder ganzheitlichere Erfahrungsräume zu schaffen".[66]

Große Unterschiede bestehen zwischen den Ländern im Hinblick auf die Versorgung mit Betreuungsplätzen und das Bildungs-, Ausbildungs- und Qualifikationsniveaus der in den Einrichtungen tätigen Fachkräfte. Eine Reihe von Ländern legt der Tätigkeit von Einrichtungen zur Schulkinderbetreuung „Standards" zugrunde. Im Vereinigten Königreich gelten für alle Einrichtungen nationale Richtlinien und in Dänemark sind die Kommunen für die Definition von Standards zuständig. Allerdings ist im Vergleich zum Kindergarten der Grad der Reglementierung im Bereich der Schulkinderbetreuung eher gering.

Zwei Beispiele der Schulkinderbetreuung in der Europäischen Union

DÄNEMARK

Bereits 1964 wurde in Dänemark gesetzlich festgelegt, dass außerfamiliale Kinderbetreuung eine „gesamtgesellschaftliche Aufgabe ist – und nicht ein Problem, das individuell von den Familien zu lösen ist".[67] Ein interministerieller Ausschuss für Kinderfragen, dem Vertreter aus 15 Ministerien angehören, thematisiert ressortübergreifend Kinder- und Familienfragen, entwickelt Aktionsprogramme für Kinder und vergibt Forschungsaufträge hinsichtlich der Lebenssituation von Kindern und Familien. Die familienunterstützenden

---

[65] Maijvogel & Petrie (1996), S. 23
[66] Maijvogel & Petrie (1996), S. 24

[67] Oberhuemer & Ulich (1997), S. 67

Beispiel: Varlose, Dänemark

Für ältere Schülerinnen und Schüler stehen am häufigsten Clubs zur Verfügung, wie der fritidsklub in Varlose, der ein Angebot für junge Heranwachsende darstellt. Obwohl es sich nach Angaben des Berichts des EC-Netzwerks nicht um „Kinderbetreuung im eigentlichen Wortsinn" handelt, schließt der Club mit seinem Angebot die Lücke zwischen dem Ende des Schultages und der Rückkehr der Eltern von der Arbeit. Eine grundlegende Orientierung des Clubpersonals besteht in dem „Respekt gegenüber Jugendlichen".

Die Einrichtung ist während der Schulzeit montags bis freitags von 12.00 bis 18.00 Uhr geöffnet. Während der Schulferien öffnet der Club bereits um 10.00 Uhr. Das Alter der Kinder und Jugendlichen, die den Freizeitclub besuchen, liegt in dem Bereich von 10 bis 13 Jahren. Im gleichen Gebäude gibt es auch einen Miniclub für Schüler im Alter von etwa 9 Jahren mit einem eigenen Wohnraum und ein Angebot für 13- bis 14-jährige Schüler (Juniorclub) und für ältere Jugendliche. Es gibt im Klubben Gasvaerket, der in einem umgebauten ehemaligen Gaswerk untergebracht ist, keine feste Gruppenzuordnung der Kinder und Jugendlichen.

Es stehen insgesamt 125–130 Plätze zur Verfügung. Im Club sind ca. 11 JugendarbeiterInnen angestellt. Der Club wird überwiegend von der Kommune und vom Staat unterstützt. Eltern leisten ihre Beiträge in Form von Monatstickets, die sie in Postämtern kaufen können.

Die Räumlichkeiten des Clubs erstrecken sich über 500 Quadratmeter Fläche. Der Club verfügt über ein eigenes Fußballfeld. Die Räume stehen für sehr unterschiedliche Aktivitäten bereit: Es gibt eine Küche, ein Büro, eine Diskothek mit Lightshow und eine Bühne für Theateraufführungen, einen Werkraum, einen Nähraum (u. a. für Leder- und Schmuckarbeiten), einen Raum für Metall- und Holzarbeiten, in dem z. B. Fahrräder oder Mopeds repariert werden können, einen Raum für Modellbau, einen Billard- und Kickerraum und ein Musikzimmer mit Gitarren, Trommeln und Klavier. Der Club hat außerdem eine Snack-Bar. Neben dem Gebäude hat der Club eigene Hühner- und Hasenställe, für die die Jugendlichen verantwortlich sind. Es gibt für den Besuch der Einrichtung zwar eine Anwesenheitsliste, die Kinder und Jugendlichen können aber selbst festlegen, wann sie kommen und wann sie gehen.

Beschäftigungen dürfen frei gewählt werden. Für Rat und Information steht das Personal zur Verfügung.

Die Zielsetzungen des Klubben Gasvaerket reichen über die sichtbaren Produkte der verschiedenen Aktivitäten hinaus: Den Pädagogen geht es um die Prozesse, an denen die Kinder und Jugendlichen einzeln bzw. in Gruppen beteiligt sind. Der Club wird als Ausgangspunkt für die Kinder und Jugendlichen der Wohnumgebung verstanden. Sie sollen lernen, Verantwortung für ihr Handeln und dessen Folgen zu übernehmen. Im Bericht werden noch einige weitere Zielsetzungen genannt wie die ...

- gemeinsame Beteiligung der Schülerinnen und Schüler an ihren Altersgruppen entsprechenden Aktivitäten;
- Vorbereitung auf das Leben als junge Erwachsene;
- Gewährung eines Erfahrungsraums für Abenteuer;
- Schaffung einer warmherzigen Atmosphäre.

Maßnahmen (wie der Erziehungs- bzw. Kinderbetreuungsurlaub) gelten als vorbildlich. Für die Betreuung von Kindern vor und nach der Schule stehen zahlreiche Angebote zur Verfügung:

- Angebote in Zentren außerhalb der Schule (fritidshjem – Freizeitheime), die hortähnlichen Charakter haben;
- Angebote in schulnahen Freizeitprogrammen (skolefritidsordninger – Schulfreizeitprogramme), die sowohl ganztägig als auch stundenweise angeboten werden;
- Angebote für Schulkinder von 0–14 Jahren in altersintegrierten Zentren (aldersintegrerede institutioner).

Im Jahr 1995 hatten 71 % der Kinder zwischen sechs und neun Jahren einen Platz in einer öffentlich finanzierten Betreuungseinrichtung für Schulkinder, 85 % der Kinder über neun Jahren besuchten Freizeitclubs bzw. Freizeitaktivitäten (durchschnittlich 3 Stunden wöchentlich). Es gibt Modellversuche, die darauf abzielen, Betreuungs-, Bildungs- und Freizeitaktivitäten zu integrieren. Der durchschnittliche Personalschlüssel ist ein Pädagoge für acht Kinder. Alle Tageseinrichtungen haben einen gewählten Beirat, in dem Eltern und das pädagogische Personal vertreten sind. Die Eltern bilden die Mehrheit. Der Beirat trifft wichtige Entscheidung beispielsweise bei der Verwaltung des Etats und bei pädagogischen Zielsetzungen und Aktivitäten.

SCHWEDEN

Die Bereitstellung von Angeboten für Schulkinder ist in Schweden als ein Teil der verschiedenen Maßnahmen zur Vereinbarkeit von Arbeit und Familienleben zu verstehen.[68] Gesetzliche Bestimmungen verpflichten die Gemeinden und Städte, Betreuungsangebote für Kinder im Alter von sechs bis zwölf Jahren zu schaffen, deren Eltern erwerbstätig sind oder studieren. Kinder mit besonderen Bedürfnissen müssen grundsätzlich in die Regelgruppen aufgenommen werden. Der EC-Bericht unterscheidet vier Angebotsformen der Schulkinderbetreuung in Schweden:

1) Einrichtungen für jüngere Schulkinder in Freizeitzentren, die sich zwar auf dem Schulgelände oder in der Nähe befinden, aber ein Teil des Wohlfahrtssystems sind (Ministerium für Gesundheit und soziale Angelegenheiten) und zum großen Teil in kommunaler Verantwortung stehen. Diese Einrichtungen nehmen Kinder bis zu 12 Jahren, immer häufiger aber nur bis zum Alter von 9 Jahren auf.
2) Für ältere Kinder (Zehn- bis Zwölfjährige) gibt es Freizeitclubs, in denen Kinder Mitglieder sind.
3) Es gibt von Kommunen organisierte Familientagespflege.
4) Eine weitere Angebotsform stellen kostenlose offene Aktivitäten für diese Altersgruppe am Nachmittag dar.

40 % der sieben- bis neunjährigen Kinder besuchten 1993 ein Freizeitheim und weitere 12 % dieser Altersgruppe waren in Familientagespflege. In eini-

---

[68] Maijvogel & Petrie (1996), S.52

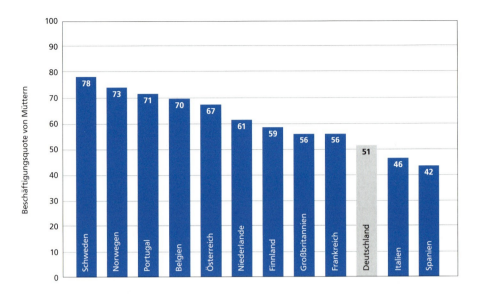

Quellen: OECD (2001a)

Abbildung 5: Beschäftigungsquoten von Müttern mit Kindern unter sechs Jahren in den europäischen Ländern, 1999

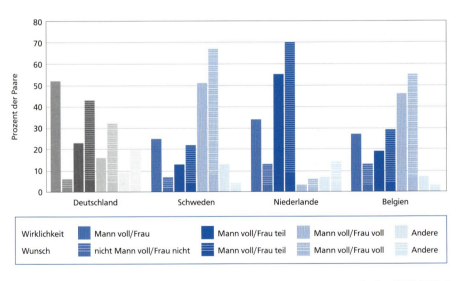

Quellen: OECD (2001a)

Abbildung 6: Von Paaren mit Kindern unter 6 Jahren gewünschte und tatsächlich praktizierte Erwerbsmuster, 1999

Beispiel: Lindome, Schweden

Das Skanhalläskolans Fritidshem gehört zur Skanhallä Schule. Der Rektor dieser Schule ist für das Freizeitheim in pädagogischer und verwaltungsmäßiger Hinsicht verantwortlich. Das Personal – Freizeitpädagogen – ist auch für etwa acht Stunden in der Woche in der Schule tätig (in den ersten und zweiten Klassen) und vor allem für Projektarbeit, praktische und künstlerische Aktivitäten zuständig, die gemeinsam mit den KlassenlehrerInnen vorbereitet werden. Das Freizeitheim ist von 6.30 bis 18.00 Uhr geöffnet, und zwar außer zwei Wochen im Sommer während des ganzen Jahres. Das Alter der Kinder liegt im Bereich von sieben bis neun Jahren. 40 Plätze stehen zur Verfügung, die auf zwei Gruppen aufgeteilt sind. Für je eine Gruppe sind zwei Pädagogen als Vollzeitkräfte verantwortlich. Die Eltern zahlen 3–4 % des Familieneinkommens als Beitrag für die Finanzierung des Freizeitheims. Alle Imbisse und Mahlzeiten, auch das Mittagessen, sind in diesem Beitrag enthalten.

Die Wohnräume des Freizeitheims sind in zwei früheren Klassenräumen der Schule untergebracht und sehr wohnlich mit kleinen Sofas, niedrigen Tischen und Regalen gestaltet. Morgens werden die Kinder entweder von ihren Eltern gebracht oder sie kommen allein mit dem Schulbus bzw. zu Fuß. Die Hälfte der Kinder frühstückt zu Hause, ist aber bereits vor Schulbeginn (8.10 Uhr) im Freizeitheim. Nach der Schule kommen die Kinder in der Zeit von 11.00 Uhr bis 13.30 Uhr wieder zurück ins Heim. Die meisten Kinder werden in der Zeit von 16.00 Uhr bis 17.30 Uhr abgeholt.

Die Kinder können über ihre Aktivitäten im Freizeitheim frei entscheiden. Allerdings gibt es auch Pflichten wie Blumengießen oder Tischdecken. Jeden Tag findet eine Zusammenkunft im Wohnraum mit einer Besprechung der Tagesereignisse, der Probleme und Konflikte, der künftigen Unternehmungen usw. statt. Im EC-Bericht werden Ziele des pädagogischen Personals erwähnt wie ...

1) der Aufbau von warmherzigen Beziehungen zu den Kindern;
2) die Berücksichtigung der entwicklungsrelevanten Bedürfnisse jedes einzelnen Kindes;
3) das Angebot positiver Modelle für ein konstruktives Sozialverhalten in der Gruppe;
4) die Erarbeitung von Möglichkeiten der Konfliktlösung zwischen Gleichaltrigen.

gen Städten gibt es für bis zu 90 % der Kinder Plätze in einer der verschiedenen Einrichtungen, während das Angebot in ländlichen Gebieten wesentlich geringer ist. Insgesamt hatten 1993 29 % der Sieben- bis Zwölfjährigen öffentlich finanzierte Plätze.

Zahlreiche Kommunen sind bestrebt, die Betreuungsangebote in den Schultag zu integrieren und eine engere Kooperation zwischen Lehrkräften und Pädagogen (fritids pedagog) zu entwickeln. Die als „Freizeitpädagogen" tätigen Beschäftigten haben eine dreijährige universitäre Ausbildung mit den Bestandteilen Lehrausbildung und Vorschulbetreuung. Etwa 15 % dieser Pädagogen sind männlich.[69]

Die Freizeitheime sind vor und nach der Schule sowie während der Ferien geöffnet.

---

[69] Zum gegenwärtigen Stand der Entwicklung der Ausbildung der Fachkräfte in Schweden vergleiche Karlsson Lohmander (2003).

Die pädagogischen Programme der Freizeiteinrichtungen enthalten folgende Prinzipien:

- Familienergänzung und Kooperation mit den Eltern;
- Betreuung als Bestandteil des Bildungsanspruchs der Kinder, denen eine umfassende und ganzheitliche Annäherung an Themen in „Natur, Kultur und Gesellschaft" ermöglicht werden soll;
- Lernen durch Aktivierung aller Sinne in Rollenspiel, Tanz, Bewegung, kreativen Aktivitäten.

4 Kinderbetreuung und die Vereinbarkeit von Familie und Beruf

Eine Berufstätigkeit von Frauen mit kleinen Kindern setzt voraus, dass Kinderbetreuungsmöglichkeiten zur Verfügung stehen. Da in unserer räumlich mobilen Gesellschaft zunehmend die Möglichkeiten innerfamiliärer Kinderbetreuung (vor allem durch Großeltern) wegfallen, spielen öffentliche Angebote eine immer wichtigere Rolle. Der chronische Mangel an Kinderbetreuungsangeboten schränkt in Deutschland die Vereinbarkeit von Familie und Beruf für Frauen jedoch stark ein.

Zwar ließ sich auch in Deutschland – entsprechend dem europäischen Trend – in den vergangenen Jahrzehnten ein Anstieg der Erwerbstätigkeit von Müttern beobachten. Die Erwerbsquote von Müttern mit Kindern unter sechs Jahren weist jedoch nach wie vor einen Rückstand gegenüber den meisten anderen europäischen Staaten auf. Abbildung 5 veranschaulicht dies. Während die Spitzenreiter Schweden, Norwegen, Portugal und Belgien Müttererwerbsquoten von über 70 Prozent erreichen, liegt Deutschland mit 51 Prozent im unteren Bereich des Spektrums.

Sicherlich strebt nicht jede Mutter einer Erwerbstätigkeit an. Unbestritten ist jedoch, dass immer mehr junge Frauen ihre Berufstätigkeit auch nach der Familiengründung fortsetzen möchten, sich dieser Wunsch aber sehr häufig nicht realisieren lässt. Das Gutachten zur Kinderbetreuung und Müttererwerbstätigkeit für das Bundesministerium für Familie, Senioren, Frauen und Jugend kommt zu dem Schluss, dass im Osten nur 4 %, im Westen nur 23 % der Mütter freiwillig nicht erwerbstätig sind.[70] Der OECD Employment Outlook stellt in Deutschland große Diskrepanzen zwischen den gewünschten und den praktizierten Erwerbsmustern fest (siehe Abbildung 6).[71]

Im Jahr 1999 praktizierten in Deutschland 52 Prozent der Paare mit Kindern unter sechs Jahren das traditionelle Einverdiener-Modell, obwohl nur knapp

---

[70] Büchel & Spieß (2002)　　　　　[71] OECD (2001b)

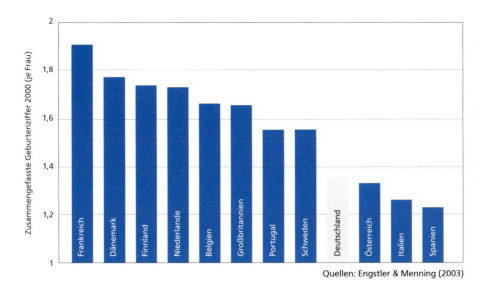

Quellen: Engstler & Menning (2003)

Abbildung 7: Geburtenziffern im europäischen Vergleich

6 Prozent diese Konstellation tatsächlich bevorzugten. Die Mehrzahl der Paare wünschten sich eine Lösung, bei der beide Partner berufstätig sind, entweder die Frau Teilzeit und der Mann Vollzeit (43 Prozent) oder aber beide Partner Vollzeit (32 Prozent). Nur etwa der Hälfte der Paare gelang es, ihren Wunsch zu verwirklichen. In vielen anderen europäischen Ländern – beispielhaft dargestellt sind Schweden die Niederlande und Belgien – klaffen Wunsch und Wirklichkeit weniger stark auseinander.

Die schlechte Versorgungslage mit öffentlichen Kinderbetreuungsangeboten in Deutschland weckt bei den betroffenen Müttern in hohem Maße den Eindruck, systematisch von zentralen Lebensbereichen ausgeschlossen zu werden. Und sie erzwingt von Frauen eine Entscheidung zwischen Kind und Karriere – obwohl die meisten von ihnen beides möchten. Immer mehr Frauen, insbesondere solche mit hoher Qualifikation,[72] entscheiden sich in dieser Situation gegen die Familiengründung oder zögern diese so lange hinaus, bis sich der Kinderwunsch schließlich nicht mehr erfüllen lässt. Angesichts dessen überrascht kaum, dass Deutschland innerhalb der europäischen Union zu den Ländern mit den niedrigsten Geburtenziffern und den höchsten Anteilen dauerhaft kinderloser Paare zählt (siehe Abbildung 7).

[72] Engelbrech (2002)

Die Bedeutung der Vereinbarkeit von Familie und Beruf für die Familienentwicklung

Im öffentlichen Bewusstsein hat sich in den vergangenen Jahrzehnten eine Idealvorstellung von Partnerschaft und Familie durchgesetzt, die die Gleichberechtigung von Mann und Frau und die egalitäre Verteilung elterlicher und beruflicher Rechte und Pflichten betont. Frauen streben immer häufiger eine Vereinbarkeit von Familie und Beruf an; viele Männer möchten sich nicht mehr auf die Rolle des Brotverdieners beschränken, sondern einen wollen einen aktiveren Part bei der Erziehung ihrer Kinder spielen.[73] Trotz dieser gewandelten Vorstellungen stellt die Geburt des ersten Kindes die Weichen für eine Umverteilung der Aufgaben und Rollen, die traditionellen Mustern folgt. Die Frauen ziehen sich vorübergehend oder völlig aus dem Berufsleben zurück und sind verantwortlich für die Aufgaben, die mit dem Haushalt und der Sorge um das Kind verbunden sind. Die Männer konzentrieren sich nach der Geburt verstärkt auf den Beruf und haben im familiären Bereich allenfalls eine unterstützende Funktion. Die Auswirkungen dieses so genannten Traditionalisierungseffektes wurden in der LBS-Familien-Studie „Übergang zur Elternschaft" erforscht.[74] In dieser Studie wurde die Entwicklung einer Ausgangsstichprobe von 175 Familien über einen Zeitraum von inzwischen mehr als sieben Jahren mitverfolgt. Zusammenfassend werden im Folgenden zentrale Befunde zum den Auswirkungen des Traditionalisierungseffekts dargestellt.

Auswirkungen auf die individuelle Zufriedenheit:
Die Traditionalisierung der Aufgabenteilung nach der Geburt des ersten Kindes führt bei Mann und Frau häufig zu Unzufriedenheit. Frauen sind umso unzufriedener und berichten umso mehr Anzeichen einer depressiven Verstimmung, je mehr die Hausarbeit und die Sorge um das Kind fast ausschließlich in ihren Zuständigkeitsbereich fallen. Männer sind insbesondere in den ersten beiden Lebensjahren umso unzufriedener und frustrierter in ihrer Rolle als Vater, je weniger es ihnen gelingt, ihre Vaterrolle aktiv auszugestalten. Ein ganz entscheidender Faktor für den Grad der Beteiligung des Vaters stellt seine Wochenarbeitszeit dar. Väter die 50 oder mehr Stunden pro Woche arbeiten, haben kaum die Möglichkeit, sich während der Woche mit ihrem Kleinkind zu beschäftigen.

Auswirkungen auf die Paarbeziehung:
Die individuelle Unzufriedenheit mit der Aufgabenteilung schlägt sich auch auf die Paarbeziehung durch. Langfristig stellt allerdings weniger eine bestimmte Form der Rollenverteilung, sondern Diskrepanzen zwischen den individuellen Rolleneinstellungen der Partner und der sich langfristig etablierenden Rollenverteilung einen Risikofaktor für die Entwicklung der Partnerschaft dar.[75] Männer sind fünf Jahre nach der Geburt des ersten Kindes umso unzufriedener mit ihrer Partnerschaft und der Person ihrer Partnerin, je weniger die praktizierte Aufteilung der Aufgaben und Rollen ihren Vorstellungen entspricht. Während also traditionell orientierte Männer mit der traditionellen Lösung durchaus zufrieden sind, leidet die Beziehungszufriedenheit der egalitär orientierten Väter in hohem Maße, wenn das Paar auf eine traditionelle Aufteilung der Aufgaben- und Rollen festgelegt wird. Auch für die Frauen gilt: Die Zuneigung für den Partner leidet umso mehr, je mehr die Mütter in den Jahren nach der Familiengründung in eine Rolle gedrängt werden, die ihren Vorstellungen und Lebensplänen zuwider läuft.

Das Auseinanderklaffen der Lebenswelten von Mann und Frau infolge der starken Trennung der Aufgaben- und Rollenbereiche begünstigt außerdem eine zunehmende Entfremdung der Partner.[76]

Auswirkungen auf die Beziehung zum Kind:
Die positiven Effekte väterlichen Engagements auf die kognitive und soziale Entwicklung des Kindes werden durch zahlreiche Studien belegt.[77] Die Ergebnisse der LBS-Familien-Studie machen deutlich, dass Maßnahmen zur Förderung einer aktiven Vaterschaft frühzeitig einsetzen müssen, da sich Verhaltens- und Rollenmuster beider Eltern bereits in den ersten Wochen und Monaten

[73] Fthenakis & Minsel (2002)
[74] Fthenakis, Kalicki & Peitz (2002)
[75] Peitz, Kalicki & Fthenakis (2003)
[76] Peitz (2002)
[77] zum Überblick: Parke (1995)

der Elternschaft einschleifen und zunehmend verfestigen. Die Annahme, der Vater werde sich verstärkt um das Kind kümmern, sobald es älter und verständiger ist, wird durch die Ergebnisse der LBS-Familien-Studie nicht bestätigt.

Auswirkungen auf die Generativität:
In der LBS-Familien-Studie wurde auch der Frage nachgegangen, welche Faktoren einen Einfluss darauf haben, ob Paare ein zweites Kind bekommen oder es bei einem Kind belassen. Die Ergebnisse zeigen, dass die Geburt eines zweiten Kindes – neben einer Reihe von weiteren Faktoren – in hohem Maße von der Berufsorientierung der Frau abhängt. Je mehr Befriedigung die Frau in der Vergangenheit aus ihrem Beruf gezogen hat und je weniger sie bereits vor der Familiengründung der Hausfrauenrolle abgewinnen konnte, desto größer ist die Wahrscheinlichkeit, dass das Paar es bei einem Kind belässt.[78] Dies bedeutet jedoch nicht, dass die sich vormals beruflich engagierten Frauen von vornherein auf ein Kind festlegen. Der Wunsch nach einem zweiten Kind ist bei ihnen in den ersten Monaten nach der Familiengründung ebenso groß wie bei den Frauen, die bereits vor der Familiengründung weniger Zeit und Energie in den Beruf investiert hatten. Es ist jedoch anzunehmen, dass die Erfahrung einer mangelnden Vereinbarkeit von Familie und Beruf die berufsorientierten Frauen in der Folgezeit von weiteren Kindern absehen lässt.

Zusammenfassend lässt sich aus einer familienpsychologischen Perspektive feststellen, dass die Traditionalisierung der Aufgaben- und Rollenverteilung – eine starre Festlegung der Frau auf die Rolle der Hausfrau und Mutter und die Zuordnung der Brotverdienerfunktion zum Vater – gewisse Risiken für die Entwicklung der Familie in sich birgt. Negative Auswirkungen sind vor allem dann zu erwarten, wenn die Eltern aufgrund ungünstiger Rahmenbedingungen zu einer Rollenverteilung gezwungen werden, die nicht ihren Vorstellungen von Familie, Partnerschaft und Elternschaft entspricht. Die derzeit existierenden Rahmenbedingungen, die junge Eltern häufig entgegen ihren Wünschen in traditionelle Rollenmuster drängen, sind daher im Hinblick auf die Familienentwicklung als Risikofaktoren zu werten. Angezeigt sind Maßnahmen, die es den Paaren ermöglichen, ihre Vorstellungen von Familie und Elternschaft zu verwirklichen.

---

[78] Diese Aussagen stellen natürlich Schätzungen dar, da nur die ersten drei Jahre nach der Familiengründung betrachtet wurden. Um völlig zuverlässige Aussagen treffen zu können, müsste der Untersuchungszeitraum auf den gesamten zeugungsfähigen Lebensabschnitt ausgedehnt werden.

Empfehlungen an die Politik

Altersbereich 0 bis 3 Jahre:

02 | 01
Mit Blick auf die bislang unbefriedigende Situation in den alten Bundesländern wird der weitere quantitative Ausbau des Systems der Tageseinrichtungen für Kinder unter drei Jahren dringend empfohlen.

02 | 02
Es wird empfohlen, dem Beispiel anderer europäischer Länder zu folgen und mittelfristig Betreuungsangebote für etwa 20% bis 30% der Kinder eines Jahrgangs bereit zu stellen.

02 | 03
Dieses Angebot soll in erster Linie der Förderung (d. h. der Erziehung und Bildung) des Kindes dienen und muss deshalb von hoher pädagogischer Qualität sein. In zweiter Linie soll es die Vereinbarkeit von Beruf und Familie für Mütter und Väter erleichtern.

02 | 04
Die Prinzipien, die dem Aufbau und der Organisation dieses Angebots zugrunde liegen sollten, sind: Das Wohl des Kindes, die Wahlfreiheit der Eltern, soziale Gerechtigkeit und hohe pädagogische Qualität..

02 | 05
Betreuungsangebote sollten prinzipiell ab dem Ende des ersten bzw. mit dem Beginn des zweiten Lebensjahres eines Kindes bereitgestellt werden. Die tägliche Betreuungszeit muss entwicklungsangemessen und unter Berücksichtigung der Individualität des Kindes sowie der Bedingungen seines Aufwachsens gestaltet werden.

02 | 06
Soweit institutionelle Betreuungsangebote (z. B. Kinderkrippen) den Bedürfnissen von Familien nicht gerecht werden können, sind semiformelle Betreuungsformen (z. B. Tagesmütter) zu empfehlen, vorausgesetzt, sie erfüllen die Qualitätsstandards für eine kindgerechte und qualitativ hochwertige Bildung, Erziehung und Betreuung.

02 | 07
Die Entwicklung eines pädagogischen Konzeptes für die außerfamiliale Bildung, Erziehung und Betreuung von Kindern unter drei Jahren ist in Deutschland dringend notwendig. Ein solches Konzept stellt die Voraussetzung und die Legitimationsgrundlage für den Ausbau des Systems in diesem Bereich dar.

02 | 08
Eine Lizenzierung der semiformellen Betreuungsformen erweist sich mittelfristig als unverzichtbar. Rechtliche Anbindungsmöglichkeiten an § 23, § 44 oder §§ 78a ff SGB VIII sind zu prüfen.

02 | 09
Die Professionalisierung der Tagesmütter muss durch entsprechende Ausbildungs- und Supervisionsangebote gewährleistet werden.

02 | 10
Es wird angeregt, den gesetzlich verankerten Anspruch auf einen Kindergartenplatz für Kinder mit einem anderen kulturellen Hintergrund und für Kinder aus Risikofamilien mittelfristig auf das zweite Lebensjahr des Kindes vorzuverlegen und dies als Recht des Kindes zu kodifizieren.

Empfehlungen an die Politik

Altersbereich 0 bis 3 Jahre (Fortsetzung)

02 | 11
Das quantitativ befriedigende Angebot an Kinderbetreuungsplätzen in den neuen Bundesländern sollte, bei Weiterentwicklung der pädagogischen Qualität, erhalten bleiben.

Altersbereich 3 bis 6 Jahre:

02 | 12
Das Angebot an Betreuungsplätzen für dreijährige Kinder bedarf generell eines weiteren Ausbaus. Im Hinblick auf das Angebot für die 4- bis 6jährigen Kinder sollte eine Beseitigung der regional existierenden Unterversorgung angestrebt werden. Es soll sichergestellt werden, dass alle Kinder eine faire Chance erhalten, den Kindergarten mindestens drei Jahre lang besuchen zu können.

02 | 13
Das Angebot in den Kindergärten soll die Chancengleichheit von Kindern fördern, die kindliche Entwicklung stärken und die Vereinbarkeit von Beruf und Familie ermöglichen.

02 | 14
Im Westen Deutschlands besteht nach wie vor ein ungedeckter Bedarf an Ganztagsplätzen mit einem Betreuungsumfang von mehr als 30 Wochenstunden. Daher wird ein Ausbau von Ganztagsplätzen dringend empfohlen. Generell sollte, bei Beachtung des Kindeswohls, eine stärkere Flexibilisierung der Öffnungszeiten angestrebt werden.

Altersbereich 6 bis 14 Jahre:

02 | 15
Der Ausbau der außerunterrichtlichen Betreuung von Kindern zwischen 6 und 14 Jahren stellt eine nicht mehr aufschiebbare Aufgabe dar, die in erster Linie die westlichen Bundesländer betrifft. Es wird empfohlen, langfristig Betreuungsangebote für mindestens 40% der Kinder eines Jahrgangs bereitzustellen.

02 | 16
Da die außerunterrichtliche Betreuungsform (etwa in einem Hort) den längsten während eines Tages zusammenhängenden Zeitraum bietet, den ein Kind tagsüber mit einer Fachkraft gemeinsam verbringt, empfiehlt es sich, pädagogische sowie schulergänzende Bildungsprozesse damit zu verknüpfen.

02 | 17
Es wird ein Bildungs- und Erziehungskonzept für die außerunterrichtliche Betreuung von Schulkindern benötigt, dessen Entstehung eine enge Kooperation zwischen den Bundesländern erfordert und entsprechende Entwicklungen im Bereich der Bildung und Erziehung von unter 6-Jährigen und von Schulkindern berücksichtigen muss.

Empfehlungen an die Politik

Altersbereich 6 bis 14 Jahre (Fortsetzung)

02 | 18
Die Ergebnisse der Nationalen Qualitätsinitivative sollten genutzt werden, um die pädagogische Qualität in diesen Betreuungsformen zu sichern und weiter zu entwickeln. Eine Evaluation mittels selbst- und fremdevaluativer Verfahren sollte die Weiterentwicklung dieses Betreuungsbereiches begleiten.

02 | 19
Für die Weiterentwicklung zeitgemäßer außerunterrichtlicher Betreuungsformen sowie für eine länderübegreifende Verständigung und Entwicklung eines Bildungs- und Erziehungskonzepts sollte ein Teil jener vier Milliarden Euro verwendet werden, die der Bund den Ländern für den Aufbau von Betreuungsangeboten zur Verfügung stellt.

02 | 20
In Anlehnung an andere europäische Länder sollten Schulangebote mit unterschiedlichen Öffnungszeiten (bis 13 Uhr, bis 15 Uhr, bis 17 Uhr) entwickelt werden, so dass eine angemessene Betreuung der Schulkinder gewährleistet wird, bei Maximierung der Verfügbarkeit ihrer Eltern.

02 | 21
Die präventive Funktion außerunterrichtlicher Betreuungsangebote sowie deren Rolle bei der Reduktion sozialer Kosten und der Vermeidung kindlicher Fehlentwicklung (z. B. jugendliche Delinquenz) sind stärker als bisher hervorzuheben und als Argument für den Ausbau dieser Angebote heranzuziehen.

Allgemeine Empfehlungen:

02 | 22
Generell sollte der eingetretene bzw. der erwartete Rückgang der Kinderzahlen nicht zu einer Reduktion von Ressourcen und Investitionen in diesem Bereich führen. Vielmehr sollten diese Ressourcen erhalten und für den Ausbau des Angebots und eine Verbesserung der Rahmenbedingungen genutzt werden.

02 | 23
Es wird dringend empfohlen, Maßnahmen einzuleiten, um die Zuverlässigkeit und Aussagekraft der Kinder- und Jugendhilfestatistik im Hinblick auf die Quantität und Qualität der Betreuungsangebote, deren regionale Verbreitung sowie deren Nutzung zu erhöhen.

02 | 24
Die Bereitstellung von Mitteln zum Ausbau außerfamilialer Betreuungsangebote in Deutschland ist in hohem Maße abhängig von der gesamtgesellschaftlichen Einstellung und Bewertung der Frage, wie notwendig und wünschenswert solche Angebote sind. Zur Überwindung diesbezüglich noch vorhandener Vorbehalte empfiehlt sich, die Bildung, Erziehung und Betreuung, auch von Kleinstkindern, zum Gegenstand öffentlicher Debatten und Kampagnen zu machen und dabei die Einsicht zu vermitteln, dass die Gewährleistung eines qualitativ hochwertigen Angebots eine gesamt gesellschaftliche Aufgabe darstellt und bei hoher Qualität in der Regel sowohl zur kindlichen Entwicklung als auch zur Stärkung der Eltern-Kind-Beziehung beitragen kann.

Die Forderung nach Bildungsqualität

03

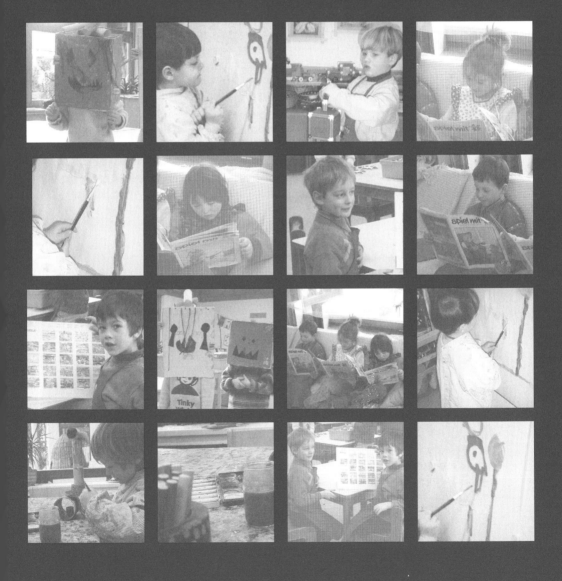

Zusammenfassung

Die Berichte aus den beiden Delphi-Befragungen aus dem Jahre 1998, die im Dezember 2001 vorgelegten Ergebnisse der PISA-Studie, sowie die wenig später präsentierten Empfehlungen des „Forum Bildung" haben eine Debatte über den Stellenwert der Tageseinrichtungen für Kinder im Bildungsverlauf sowie über die Angemessenheit der Förderung von Lernprozessen im frühen Kindesalter motiviert. Fachliche nationale und internationale Entwicklungen legen eine Modernisierung und Neugewichtung der Bedeutung der frühkindlichen Förderung, Bildung und Erziehung in Deutschland nahe. Während traditionelle Konzepte Bildung in einem individuumszentrierten Ansatz, unabhängig vom historischen und sozialen Kontext, definieren, begreifen moderne Konzeptionen von Bildung Lernen als sozialen und interaktionalen Prozess: Lernen findet in der Regel in einer konkreten sozialen Situation und in Interaktion mit Eltern, Fachkräften und anderen Kindern und Erwachsenen statt.

Die Funktion von vorschulischen Bildungsprozessen wird weniger in einer Vermittlung von Wissen gesehen als in der Vermittlung von lernmethodischen Fähigkeiten („lernen zu lernen") und von Basiskompetenzen, die es dem Kind ermöglichen, im sozialen Kontext verantwortlich zu handeln. Dazu gehören sowohl personale (z. B. Orientierungskompetenz; Fertigkeiten zum Umgang mit Veränderungen, Krisen und kulturellen Differenzen) als auch soziale Kompetenzen (z.B. Fähigkeit zum Aufbau von guten Beziehungen zu Erwachsenen und Kindern; Empathie und Perspektivenübernahmefähigkeit; Fähigkeit, verschiedene Rollen einzunehmen; Kommunikations- und Kooperationsfähigkeit; Konfliktmanagement).

Moderne Bildungspläne sind diesem Verständnis von Bildung verpflichtet. Sie zielen einerseits auf die Stärkung kindlicher Autonomie ab, andererseits auf die Entwicklung der Fähigkeit zu sozialer Mitverantwortung. Solche Bildungs- und Erziehungspläne werden derzeit von mehreren Bundesländern eingeführt. In diesen Plänen ist die Förderung zentraler kindlicher Basiskompetenzen und Ressourcen verankert. Dazu gehören die Stärkung von Selbstwertgefühl, Selbstwirksamkeit und Selbstregulation; die Förderung von Neugier und Kreativität; die Entwicklung von Werten und Orientierungskompetenz (z. B. Werthaltungen; Fähigkeit zu moralischer Urteilsbildung; Unvoreingenommenheit; Sensibilität und Achtung von Andersartigkeit und Anderssein; Solidarität), der Fähigkeit und Bereitschaft zur Verantwortungsübernahme (Verantwortung für das eigene Handeln; Verantwortung anderen Menschen gegenüber; Verantwortung für Umwelt und Natur) und zur demokratischen Teilhabe (Erwerb von Grundkenntnissen über Staat und Gesellschaft; Akzeptieren und Einhalten von Gesprächs- und Abstimmungsregeln; Einbringen und Überdenken des eigenen Standpunkts).

In den Bildungscurricula zahlreicher europäischer und außereuropäischer Länder werden Kinder und Pädagogen als aktive Co-Konstrukteure von Wissen und Kultur und als Bürger mit Rechten, Pflichten und Möglichkeiten definiert. Die Bedeutung der Partizipation von Kindern und der Kooperation von Familie und Institution wird betont und kulturelle und linguale Diversität als gewünschte und bereichernde Elemente anerkannt. Eine große Herausforderung für die nächsten 10 Jahre stellt die Entwicklung länderübergreifender Bildungsstandards und deren Konkretisierung in Bildungs- und Erziehungsplänen der Länder dar.

Die Forderung nach Bildungsqualität

Die aktuelle Bildungsdebatte

Die Berichte aus den beiden Delphi-Befragungen aus dem Jahre 1998, die im Dezember 2001 vorgelegten Ergebnisse der PISA-Studie[1] sowie die wenig später präsentierten Empfehlungen des „Forum Bildung" haben eine Debatte über den Stellenwert der Tageseinrichtungen für Kinder im Bildungssystem sowie über die Angemessenheit der Förderung von Lernprozessen im frühen Kindesalter motiviert. Die PISA-Studie versetzte das Land über Nacht in einen nationalen Bildungsschock. Diese Studie konstatiert u. a. unterdurchschnittliche Werte bezüglich der Lesekompetenz vor allem bei den 15-jährigen Jungen. Einer „frühen Förderung dieser Kompetenz" misst sie „eine große Bedeutung zu" und empfiehlt, den Aspekt „der frühen Leseförderung dezidiert [als] Gegenstand von vorschulischen Programmen" anzusehen. „Von besonderer Bedeutung ist hierbei die Förderung von Kindern aus Migrationsfamilien und aus anregungsarmen und lesefernen Elternhäusern."[2] Das Forum Bildung, das am 9. und 10. Januar 2002 seine zwölf Empfehlungen als Ergebnis einer zweijährigen Arbeit und als konsensuale Grundlage für Bildungsreformen präsentiert hat, hebt ebenfalls die Bedeutung von Bildungsprozessen in den frühen Jahren der kindlichen Entwicklung hervor und fordert an vorderster Stelle die frühe, individuelle Förderung des kindlichen Lernens. Es weist auf die Notwendigkeit hin, „Motivation und Fähigkeit zu kontinuierlichem und selbstorganisiertem Lernen früh zu wecken", „Möglichkeiten der Kindertageseinrichtungen zur Unterstützung früher Bildungsprozesse besser zu nutzen" und eine „Verbesserung der Bedingungen für individuelle Förderung [in der Grundschule] einzuleiten".[3]

Der derzeit in Deutschland geführten, vorwiegend politisch-gesellschaftlich motivierten Bildungsdebatte gingen Diskussionen voraus, die sich mit frühkindlichen Bildungsprozessen, mit der Qualität des Bildungscurriculums, der pädagogischen Qualität und den Rahmenbedingungen befassten. Diese Beiträge legen eine Modernisierung und Neugewichtung der Bedeutung von Bildung für Kinder unter sechs Jahren nahe. Im Kapitel 1 wurden die Gründe angeführt, die nach der Bildungsreform der siebziger Jahre erneut die Frage nach der Bildungsqualität in Tageseinrichtungen für Kinder im vorschulischen Alter aus unterschiedlichen Perspektiven aufwerfen lassen. Man kann mit Recht behaupten, dass dem Land noch nie zuvor die defizitäre Lage der Betreuung von Kleinkindern so bewusst wurde, wie dies in der aktuellen Diskussion zum Ausdruck kommt. Und noch nie hat die Argumentation eine solche Komplexität erreicht, wie dies gegenwärtig der Fall ist.

[1] Deutsches PISA-Konsortium (2001)
[2] Deutsches PISA-Konsortium (2001), S. 134
[3] Arbeitsstab Forum Bildung (2001)

Konsequenzen für die Bildungskonzeption aus gesellschaftlicher Perspektive

Es ist das Verdienst von Dahlberg und Kollegen, die Konsequenzen, die sich aus einem veränderten Weltverständnis für die Konstruktion von Bildungs- konzepten und für die Definition von Bildung ergeben, aufgezeigt zu haben.[4] Von daher wird deutlich, dass bisherige Bildungskonzepte in Deutschland ei- ne Weltsicht implizieren, die es zu hinterfragen gilt: Diese setzten lange Zeit nämlich voraus, dass die Welt wohlgeordnet und strukturiert sei und in ihren Abläufen und Gesetzmäßigkeiten prinzipiell erfasst werden könne. Die Er- kenntnisbildung erfolge mit Rückgriff auf Wissen mit wertfreiem und univer- sellem Charakter, das mittels der empirischen Wissenschaft gewonnen wurde. Das Individuum sei autonom und existiere unabhängig vom jeweiligen Kon- text. Entwicklung werde in Reife, Autonomie und Rationalität manifest – Ei- genschaften, die der menschlichen Vernunft zu dienen hätten. Lernen wird als vom Kontext unabhängiger, vorwiegend individueller Prozess aufgefasst. Das Kind bilde sich selbst. Daher wird ein einheitliches Bildungskonzept für alle Kinder befürwortet. Kulturelle und ethnische Diversität bleibt unberück- sichtigt, kontextuelle Aspekte werden nicht thematisiert.

Solche dekontextualisierten Bildungskonzepte legen nahe, Bildung in ei- nem individuumzentrierten Ansatz, unabhängig vom historischen und so- zialen Kontext, zu definieren. Man bedient sich zu diesem Zweck entwick- lungspsychologischer Argumentationslinien, die der konstruktivistischen Tradition Piaget'scher Prägung entstammen. Die zentrale These lautet hier: Frühkindliche Bildung ist in erster Linie Selbst-Bildung. Das wesentliche entwicklungspsychologische Argument, das dieser Behauptung zugrunde liegt, besagt, dass alles Wissen vom Kinde nach Maßgabe seiner kognitiven Fähigkeiten konstruiert werde. Zwar ist in dieser These der allgemein ak- zeptierte Grundsatz enthalten, dass Wissen und Bildung dem Kind nicht un- mittelbar vermittelt – gewissermaßen „eingetrichtert" – werden könnten, es werden jedoch soziale Prozesse des Bildungsgeschehens vernachlässigt. Ma- yall argumentiert, dass ein konstruktivistisches Verständnis von Bildung das Handlungsfeld des Kindes einschränke, den Fokus auf das Individuum le- ge und dass eine Beschreibung des „universell dekontextualisierten Kindes" angestrebt werde.[5]

Demgegenüber wird aus postmodernistischer Perspektive die Auffassung ver- treten, dass wir Kinder auf eine Welt hin zu bilden und zu erziehen haben, die in hohem Maß kulturell divers und sozial komplex geworden ist. Plurali- tät wird als konstitutives Element unserer Existenz betrachtet. Komplexität, Diversität, Unsicherheit, Nichtlinearität und Subjektivität gelten als genuine

[4] Dahlberg, Moss & Pence (1999)
[5] Mayall (1994), S. 2

Charakteristika dieser Welt. Dieser Auffassung zufolge gibt es keine universellen Gesetzmäßigkeiten. Ein objektives Wissen, das darauf wartet, entdeckt zu werden, wird zunehmend in Frage gestellt. Unterschiedliche Perspektiven, zeitliche und räumliche Besonderheiten sind kennzeichnend für diese Welt. Komplexität und Unsicherheit werden als reichhaltige Quellen für Lernen bejaht. Lernen wird als sozialer Prozess definiert, an dessen Konstruktion das Kind selbst, die Fachkräfte, die Eltern und andere beteiligt sind. Lernen findet im Kontext statt. Das Lernen außerhalb des Kontextes stellt keine ernsthafte Option mehr dar. Bildungspläne haben demnach den sozialen, kulturellen und ethnischen Hintergrund des Kindes in hohem Maße zu berücksichtigen. Dem Lernprozess in einer kulturell divers und sozial komplex gewordenen Welt kommt eine hohe sozialintegrative Funktion zu. Bildungskonzepte haben aus dieser Perspektive zusätzlich die Aufgabe, dem Kind Orientierungskompetenz sowie Fertigkeiten zum Umgang mit Krisen, Brüchen und Diskontinuität zu vermitteln. Es wird die Auffassung vertreten, dass frühkindliche Bildungsprozesse auf den Kontext auszurichten seien, in dem sie stattfinden, also der heutigen Gesellschaft mit ihren spezifischen Möglichkeiten und Anforderungen Rechnung tragen.

In Übereinstimmung mit internationalen Entwicklungen, sowohl in den Grundlagendisziplinen (z. B. Entwicklungs- und Lernpsychologie) als auch in den Anwendungsdisziplinen (z. B. pädagogische Lernkonzepte, Instruktionspsychologie) wird gegenwärtig bei der Definition von frühkindlicher Bildung und bei der Entwicklung von Bildungs- und Erziehungsplänen im Kern ein anderer, nämlich ein sozialkonstruktivistischer Ansatz herangezogen.[6] Im Sozialkonstruktivismus wird das Kind als von Geburt an in soziale Beziehungen eingebettet betrachtet. Lernen und Wissenskonstruktion werden als interaktionaler und co-konstruktiver Prozess aufgefasst.

Ein klassisches Beispiel für die Co-Konstruktion findet sich in den Beobachtungsstudien des Entwicklungspsychologen Jerome Bruner.[7] Er hat aufgezeigt, wie Kleinkinder in der Sprachentwicklungsphase in der Interaktion mit der Mutter lernen, Bilderbücher zu betrachten. Ohne interaktionalen, co-konstruktiven Kontext, in dem die Mutter auf die Äußerungen des Kindes eingeht und die Bilder verbalisiert, wären sie für das Kleinkind bedeutungslos.

In den vor kurzem vorgelegten Bildungsplänen stehen die Interaktionsprozesse zwischen Kind und Erwachsenem von Geburt an im Mittelpunkt. Es geht zentral darum, pädagogische Leitlinien zu finden, die den Interaktionsprozess so gestalten, dass Entwicklung sich überhaupt vollziehen kann. Entwicklung ist nicht etwas, das im Kind eo ipso voranschreitet, sondern ein Prozess, der nicht von der sozialen Lebenswelt des Kindes getrennt werden kann. Bildung

[6] z. B. Palincsar (1998)
[7] Bruner (1987)

muss daher notwendigerweise entwicklungs- und kompetenzfördernde Interaktionen enthalten, die gezielt zu gestalten sind. Es reicht deshalb nicht aus, in Bildungskonzepten für die Kinder von heute auf selbstbildende Potenziale zu bauen. Die Forschung hat gezeigt, dass der Kontext für die Entwicklung des Kindes und für das kindliche Lernen von zentraler Bedeutung ist, dass Entwicklungsverläufe nicht universal sind und dass die Auffassung, Lehren in der frühen Kindheit sei das Vermitteln von einzelnen Wissenskomponenten, keine Gültigkeit mehr hat.[8] Auch McNaughton vertritt die Ansicht, dass „der Lernende aktiv im Sinne der Rekonstruktion von sowohl inter- wie intrapsychologischer Aktion" ist.[9] Dass diese Auffassung gegenwärtig international die Grundlage für Bildungskonzepte darstellt, steht außer Zweifel und soll im Folgenden kurz erläutert werden.

Konsequenzen für das Bildungskonzept

Die Wahrnehmung des Kindes, die bisherigen Bildungscurricula zugrunde lag, impliziert ein gewissermaßen „armes" Kind: schwach und passiv, unfähig und unterentwickelt, abhängig und isoliert.[10] Diese Position wird international kaum noch vertreten. Stattdessen wird versucht, ein anderes Bild zu entwerfen: Kinder und Pädagogen werden als aktive Co-Konstrukteure von Wissen und Kultur und als Bürger mit Rechten, Pflichten und Möglichkeiten verstanden. Diese Idee eines Kindes als aktiver Co-Konstrukteur von Wissen und Kultur basiert auf einer respektvollen Haltung gegenüber dem Kind. Dieses wird als neugierig und mutig beschrieben, als ein Kind, das aus eigenem Antrieb heraus lernen, erkunden und sich in aktivem Dialog mit anderen Menschen entwickeln will. Dies ist das Bild eines „kompetenten" Kindes, welches an den Vorgängen in unserer Welt teilhat und dadurch sein Lernen selbst in die Hand nimmt. Lernen in diesem Sinne wird als kooperative und kommunikative Aktivität verstanden, wobei sich Kinder zusammen mit Anderen Wissen erschließen und den Vorgängen in der Welt Sinn verleihen. Das Kind ist hier nicht ein leeres Gefäß, welches langsam mit Wissen gefüllt wird. Vielmehr ist das Kind aktiv und kompetent, mit eigenen Ideen und Theorien, denen es sich auf der einen Seite lohnt zuzuhören, die aber auch auf der anderen Seite geprüft und in Frage gestellt werden sollten.

Dahlberg betont, dass das Bild des Kindes als Co-Konstrukteur von Wissen und Kultur einen ebenso ausgerichteten Pädagogen sowie einen professionellen pädagogischen Bezug voraussetzt. Diese Beziehungsgestaltung sollte sich auszeichnen durch Dialog und Kommunikation sowie – auf Seiten des Pädagogen – durch eine reflexive und fragende Haltung gegenüber den eigenen wie auch den Lernprozessen des Kindes. Eine solche Perspektive setz-

[8] Carr (1998), S. 323
[9] McNaughton (1996), S. 191
[10] Dahlberg (in Druck)

te eine neue politische Kultur voraus, welche den aktiven Bürger als eine ihrer Grundfesten versteht. Freiheit und Emanzipation dienten hier dazu, dass wir uns selbst kultivieren, indem wir uns als Co-Konstrukteure verstehen und dadurch in der Lage sind, im Dialog mit anderen ein Bild von uns selbst zu entwerfen.[11]

Entwicklungen dieser Art sind z. B. im schwedischen Bildungsplan enthalten, wobei aus inhaltlicher Sicht Demokratie das Hauptthema speziell dieses Curriculums ist. Sie werden im Konzept des Lernens sowie in den formulierten Werten und Normen deutlich wie auch im Stellenwert, der der Partizipation und Mitbestimmung der Kinder und der Kooperation in Elternhaus und Schule beigemessen wird.[12] Aber auch in den Bildungsplänen, die seit Mitte der neunziger Jahre aus Norwegen, England, Finnland, Kanada und zunehmend auch aus Deutschland (z. B. Bayern, Berlin, Nordrhein-Westfalen, Rheinland-Pfalz) vorgelegt werden, finden sich diese Positionen mehr oder weniger explizit vertreten.

Vor dem Hintergrund einer zu bejahenden kulturellen Diversität können im Weiteren Entwicklungen in Neuseeland nachvollzogen werden, wo seit Beginn der neunziger Jahre die Entwicklung eines neuen Bildungscurriculums, „Te Whäriki", initiiert wurde. „Te Whäriki" – in etwa zu übersetzen als „gewobene Matte" – ist ein gutes Beispiel neuerer Curriculumentwicklung, in der kulturelle und linguale Diversität als gewünschte und bereichernde Elemente in der Curriculumkonstruktion berücksichtigt werden, wobei die Sprache, die Kultur und die Werte von Maori und Pakeha Eingang in das Curriculum finden. Damit liefert dieses Curriculum ein exzellentes Beispiel eines Bildungskonzeptes, in dem die Vision der Umsetzung einer bikulturellen Perspektive und eines antirassistischen Ansatzes in Verbindung mit einer respektvollen gegenseitigen Beziehung zu den Maori vollzogen wird.[13] Auch dieses Curriculum betont die kritische Rolle von sozial und kulturell vermitteltem Lernen sowie der gegenseitigen, interdependenten Beziehungen von Kindern zu Menschen, Orten und Dingen. Kinder lernen durch Zusammenarbeit mit Erwachsenen und Gleichaltrigen, durch angeleitete Partizipation wie am Beispiel anderer und durch individuelle Erkundung und Reflexion.

Dass es Differenzen durch das Bildungssystem nicht zu beseitigen gilt, sondern dass diese im Bildungsplan als eine Quelle der Bereicherung reflektiert werden sollten, lässt sich auch an einigen weiteren Ansätzen frühkindlicher Erziehung und Bildung aufzeigen. McNaughton hat in ihrem Buch „Rethinking Gender in Early Childhood Education" auf die Notwendigkeit hingewiesen, die Erziehung und Bildung von Jungen und Mädchen neu zu konzeptualisieren, indem die Differenzen beider Geschlechter betont und nicht eliminiert werden.[14] Vergleichbare Entwicklungen lassen sich auch in

---

[11] Dahlberg & Lenz-Taguchi (1994)
[12] Pramling Samuelson (in Druck)
[13] Ritchie (1996)

[14] McNaughton (in Druck); vgl. auch Gurian et al. (2001)

Deutschland nachzeichnen, wie z. B. die sich etablierende Forschungsrichtung einer geschlechtsbezogenen Erziehung.[15]

Kulturelle, geschlechtsbezogene und sonstige Diversität in der Curriculumkonstruktion so zu reflektieren, dass sie als zu bejahendes konstitutives Merkmal eines Bildungskonzeptes gilt, kann vor dem angedeuteten Hintergrund nachvollzogen werden. Die richtungweisende Arbeit von Derman-Sparks,[16] die in Deutschland durch Christa Preissing und ihr Team weitergeführt wird, sowie generell die Bewegung von „Cultural Diversity" in der vorschulischen und schulischen Erziehung und Bildung deuten in die gleiche Richtung: Wir benötigen ein Bildungskonzept, in dem, auf der Grundlage sozialkonstruktivistischer Annahmen, Bildung als sozialer Prozess definiert wird, dem das Bild eines kompetenten Kindes zugrunde liegt, eines Kindes, das seine Lernumwelt aktiv mitkonstruiert. Wir benötigen ein Bildungskonzept, das den kulturellen, sozialen und ethnischen Hintergrund des Kindes reflektiert, kontextuelle Faktoren einbezieht und in hohem Maße sozialintegrativ ist. Der zuletzt genannte Aspekt ist gerade in Deutschland von zentraler Bedeutung, da die PISA-Studie dem deutschen Bildungssystem soziale Ausgrenzung und eine weitere internationale Studie deutschen Kindern weltweit den höchsten Wert an Xenophobie bescheinigt hat.[17]

Schwerpunkte des Bildungskonzeptes

Die Situation der frühkindlichen Bildung und Erziehung in Deutschland lässt sich gegenwärtig im vorschulischen Bereich durch eine auffallende Inkonsistenz charakterisieren: So finden sich auf der einen Seite eine starke Regulierung hinsichtlich der Finanzen und Verwaltungsvorschriften und eine nahezu totale Deregulierung des Bildungs- und Erziehungsauftrags auf der anderen Seite. Es gibt nur wenige Länder in der Welt, in denen das Vertrauen in die individuelle Fachkraft einer Tageseinrichtung so unbegrenzt ist, dass man ihr, je nach Standpunkt, zumutet bzw. anvertraut, die letzte Entscheidung für die Qualität der Bildung und Erziehung unserer Kinder autonom zu treffen und zu verantworten.

Betrachtet man die Situation aus internationaler Perspektive, so lässt sich eine zunehmende Tendenz in Richtung (gemäßigter) Regulierung des Bildungssystems beobachten, die darauf hinausläuft, einen Bildungsplan zu entwerfen, der nicht wie ein schulisches Curriculum konzipiert, sondern so weit gefasst ist, dass er der einzelnen Fachkraft Orientierung, aber auch Raum für Kreativität bietet. Beispielhaft dafür ist Schweden, wo 1998 für alle staatlichen

[15] vgl. auch Rohrmann & Thoma (1998)
[16] Derman-Sparks (1989)

[17] Torney-Purta, Schwille & Amadeo (1999)

Einrichtungen ein verbindlich geltender Bildungsplan verabschiedet wurde. Vergleichbare Entwicklungen lassen sich in Schottland, in Neuseeland, in Nigeria und vielen anderen Ländern beobachten. England hat drei aufeinander aufbauende Bildungspläne vorgelegt, die Bildung für Kinder von 0 Jahren bis zum Ende der Grundschule auf einer einheitlichen Bildungskonzeption aufbauen. Professor Sylva von der University of Oxford hat im Februar 2001 in London die Auffassung vertreten, dass wir sowohl eine starke Deregulierung wie auch eine starke Regulierung im Bildungssystem benötigen. Regulierung ist in Deutschland m. E. erforderlich bezüglich der Ausbildung und weiterer Qualifizierung des pädagogischen Personals, der Entwicklung eines Bildungskonzeptes und der Steuerung der Evaluation der pädagogischen Qualität.[18]

Es ist deshalb höchste Zeit, auch in Deutschland die Debatte aufzunehmen, auf welcher konzeptuellen Grundlage Erziehung und Bildung von Kleinkindern künftig zu gestalten sind und auf welcher Ebene eine solche Verständigung – auch angesichts des Föderalismus – bundesweit erfolgen kann. Die PISA-Studie hat bereits eine Bildungsdebatte eingeleitet, die sehr stark auf die konzeptuelle Dimension von Bildung in Deutschland verweist. Diese Debatte konstruktiv aufzunehmen und weiterzuführen, bietet auch in Bezug auf die Bildungseinrichtungen für Kinder unter sechs Jahren eine einzigartige Chance, die nicht auf dem Tableau von Zuständigkeiten verspielt werden darf. Dabei kann man von internationalen Entwicklungen profitieren. Bildung wird heute nur international zu konzipieren sein. Diesbezüglich zeigt sich eine konsistente Entwicklung, die darauf abzielt, die Rolle von Wissen neu zu definieren, wobei nunmehr auch Körpersprache, Emotionen u.ä. einzubeziehen sind. Zudem muss Wissensvermittlung zugunsten des reinen Erwerbs von Lernkompetenz relativiert werden. Ziel ist es, dem Kind die Kompetenz zu vermitteln, Wissen zu organisieren, es zur Lösung komplexer Problemsituationen einzusetzen und seine Erkenntnisse auch sozial zu verantworten. Insgesamt gilt es, Kinder zu befähigen, Lernprozesse in ein auf die gesamte Lebensspanne orientiertes Konzept des Lernens einzubetten.

Die PISA-Studie regt aber auch an, darüber nachzudenken, welche Schwerpunkte künftige Bildungskonzepte haben sollten. Hier zeichnet sich gleichfalls international eine Entwicklung ab, in der Bildung im vorschulischen Alter mit Lernen und Entwicklung des Kindes insgesamt verbunden wird. Der Schwerpunkt liegt auf der Förderung von kindlicher Entwicklung und der Stärkung von Kompetenzen. Beide Aspekte, Lernen und Stärkung von Basiskompetenzen, stellen zwei der fünf zentralen Schwerpunkte des schwedischen Bildungsplanes dar: Demnach stehen Basiskompetenzen zur Bewältigung des täglichen Lebens in engem Zusammenhang mit den Entwicklungs- und Lernzielen. Dazu gehören z. B. Kooperationsbereitschaft, Verantwortungsbewusstsein, Eigeninitiative, Flexibilität, Reflexivität, proaktives Verhalten, Kommunikation, die Fähigkeit zur Problemlösung, eine kritische Haltung, Kreativität

---

[18] Näheres hierzu in Kapitel 5

sowie die Fähigkeit, das Lernen zu lernen. Weitere Ziele fokussieren auf Fragen der Sinnkonstruktion mit Bezug zur Kultur, zu den Naturwissenschaften, zu Lesen, Schreiben und Mathematik.[19]

Dass in neueren Curricula eine enge Verknüpfung von Spiel und Lernen vorgenommen wird, sei im Übrigen als Argument an die Adresse jener Skeptiker gerichtet, die befürchten, dass mit der Modernisierung des Curriculums und der Betonung von Bildungsprozessen der Verlust spielerischer und kreativer Aspekte frühkindlicher Erziehung einhergehen würde.

Abschließend ist festzuhalten, dass wir keine Zeit mehr zu verlieren haben. Wir können es uns nicht leisten, um das Thema Bildung als einem umstrittenen Terrain einen großen Bogen zu schlagen. Wir müssen die Diskussion aufnehmen und unter Einbeziehung der relevanten Perspektiven der Frage nach einer zeitgemäßen Bildungskonzeption für unsere Kinder nachgehen. Denn – und dies wird erneut mittelbar durch die PISA-Studie und noch mehr durch eine vergleichende Analyse internationaler Bildungskonzepte bestätigt[20] – die deutsche Frühpädagogik weist erhebliche Defizite auf, wenn es darum geht, Kinder entwicklungsangemessen zu fördern. So bleiben Bereiche wie das Lesevermögen („Literacy") bislang weitgehend unbeachtet und die daraus zu ziehenden Konsequenzen lassen noch auf sich warten.[21] Vergleichbares gilt für die Förderungsschwerpunkte mathematisches Verständnis,[22] naturwissenschaftliches Wissen[23] und (immer noch) kulturelle Aufgeschlossenheit.[24]

Wir haben von daher eine doppelte Debatte über zwei zentrale Fragestellungen zu führen: Welcher Bildungsphilosophie und welchem Bild des Kindes fühlen sich zeitgemäße Bildungskonzepte verpflichtet? Und wie sind in den Kindertageseinrichtungen Lernprozesse zu organisieren, die den Kindern dabei helfen, ihre eigene Entwicklung mitzugestalten, Verantwortung für sich und andere zu übernehmen und in ihrem Lernprozess einen Sinn zu erkennen?

Prinzipien und Grundsätze in den neueren Bildungsplänen

Es erweist sich als von zentraler Bedeutung, die Grundsätze und Prinzipien, auf denen ein solcher Bildungs- und Erziehungsplan aufbaut, zu konkretisieren. Sie stellen die bildungsphilosophische und bildungspolitische Grundlage dieses gemeinsamen Projektes dar.

An erster Stelle gilt es, das Kind als Subjekt im Bildungsprozess anzuerkennen, es von Anfang an als ein kompetentes Kind zu betrachten, das seine Erziehung- und Bildung co-konstruiert. Kinder gestalten dabei von Anfang an

[19] Pramling Samuelson (in Druck)
[20] Fthenakis & Oberhuemer (in Druck)
[21] Whitehead (in Druck)
[22] van Oers (in Druck)
[23] Lück (in Druck)
[24] Ulich, Oberhuemer & Soltendieck (2001)

ihre Bildung und Entwicklung mit und übernehmen entwicklungsangemessen Verantwortung. Ein solches Bild vom Kind verlangt von allen Erwachsenen eine volle Akzeptanz und Respektierung des Kindes. Kinder sollten niemals beschämt werden; ihr Selbstwertgefühl ist nachhaltig zu stärken. Erforderlich ist auch, eine angemessene Beteiligung des Kindes am Leben in der Tageseinrichtung sicherzustellen. Rechte bedingen Pflichten, demgemäß sollten Kinder auch ihrem Alter entsprechend Verantwortung übernehmen können. Entsprechend dem Demokratieprinzip sind alle, die in das Bildungs- und Erziehungsgeschehen in der Tageseinrichtung eingebunden sind, an den sie betreffenden Entscheidungen angemessen zu beteiligen, also die Kinder, die Eltern und das Einrichtungsteam.

Angestrebt wird eine Stärkung kindlicher Autonomie und sozialer Mitverantwortung. Es gilt, jedem Kind die größtmöglichen Freiräume für seine Entwicklung zu bieten, aber auch gleichzeitig dafür zu sorgen, dass es lernt, in sozialer Verantwortung zu handeln, d. h. die Konsequenzen seiner eigenen Handlung für die anderen und für sich selbst zu reflektieren. Dabei kommt der Vermittlung christlicher und verfassungskonformer Werte in der frühen Bildung ein zentraler Stellenwert zu.

Es sind auch jene Basiskompetenzen und Ressourcen zu fördern, die das Kind befähigen, mit Belastungen, Veränderungen und Krisen so umzugehen, dass es darin Herausforderungen sieht und seine Kräfte mobilisiert bzw. jene Ressourcen nutzt, die ihm eine erfolgreiche Bewältigung ermöglichen.

Im Mittelpunkt von Bildung im vorschulischen Alter steht nicht der Wissenserwerb, sondern die Vermittlung lernmethodischer Kompetenz. Schon das Kleinkind soll das Lernen lernen und so auf ein Leben vorbereitet werden, in dem beständiges Lernen unverzichtbar ist. Nach dem Prinzip der Entwicklungsangemessenheit sind Bildungs- und Erziehungsangebote so zu gestalten, dass sie der sozialen, kognitiven und emotionalen Entwicklung des Kindes entsprechen. Überforderung des Kindes ist ebenso zu vermeiden wie Unterforderung. Individuelle Unterschiede im Hinblick auf Geschlecht, Herkunft, Religion, Lebensweise sowie Stärken und Schwächen sind anzuerkennen. Dies bedeutet auch, dass allen Tendenzen sozialer Ausgrenzung angemessen zu begegnen ist. Pädagogische Angebote sollen allen Kindern faire und gleiche Entwicklungs- und Lernchancen bieten.

Grundlagen der Bildung und Erziehung von Kindern bis zur Einschulung sind sinnliche Wahrnehmung, Bewegung und Spiel. Darauf beruht auch das Prinzip der ganzheitlichen Förderung: Spielen und Lernen werden als zwei unterschiedliche Seiten derselben Medaille verstanden. Dabei herrscht im Kleinkindalter spielerisches bzw. informelles Lernen vor. Herkömmlicher formeller Unterricht ist deshalb kein adäquates Instrument. Schulisches Lernen muss entwicklungsangemessen und dem Individuum angemessen sein und ist deshalb nicht für Kleinkinder geeignet.

Bildung im frühkindlichen Alter wird als sozialer Prozess definiert. Lernen findet in der Regel in einer konkreten sozialen Situation und in Interaktionen mit Eltern, Fachkräften, anderen Kindern und Erwachsenen statt. Bildung in diesem Sinne verlangt eine aktive Beteiligung des Kindes, aber auch der Fachkräfte und Eltern am Bildungs- und Erziehungsgeschehen; sie findet im partnerschaftlichen Zusammenwirken aller Beteiligten statt.

Bildungsstandards für Tageseinrichtungen für Kinder unter sechs Jahren

Die pädagogisch wie politisch vordringliche Aufgabe besteht in der Entwicklung und Verabschiedung von Bildungsstandards für Tageseinrichtungen für Kinder von 0 Jahren bis zum Schuleintritt. Der Beschluss der Jugendministerkonferenz vom Mai 2003, bestehende Bildungspläne zu dokumentieren und den Versuch zu unternehmen, einheitliche Bildungsstandards zu entwickeln, stellt einen Schritt in die richtige Richtung dar. Auch Bemühungen einzelner Bundesländer, gemeinsam diese Aufgabe anzugehen, zeigen eine bislang einzigartige Bereitschaft, über Landesgrenzen hinweg gemeinsam Bildungsstandards zu vereinbaren. Die zentrale Frage jedoch lautet nach wie vor: Welches sind die Ebenen, entlang derer Bildungsstandards zu entwickeln sind? Hierzu gibt es nicht einmal Vorüberlegungen. Betrachtet man die inzwischen vorgelegten Bildungspläne, so wird man trotz mancher Übereinstimmungen nicht unbedingt eine gemeinsame Ebene identifizieren können. Der Bayerische Bildungs- und Erziehungsplan folgt den oben angedeuteten Grundsätzen und versucht, einen Orientierungsplan für die Fachkräfte in den Kindertageseinrichtungen, die Eltern und die Grundschulen bereit zu stellen und mit geeigneten Angeboten die kindliche Entwicklung zu stärken und kindliche Meta-Kompetenzen zu fördern. Hierzu zählen sowohl individuumsbezogene Kompetenzen und Ressourcen als auch Kompetenzen, die Kinder befähigen, im sozialen Kontext verantwortungsvoll zu handeln: Selbstwertgefühl, positives Selbstkonzept, Autonomieerleben, Selbstwirksamkeit, Selbstregulation, Neugier und individuelle Interessen, Denkfähigkeit und Problemlösefähigkeit sowie Kreativität. All dies sind Kompetenzen, die sich im Wesentlichen in den ersten acht Jahren entwickeln. Ferner werden die Übernahme von Verantwortung für die eigene Gesundheit und für das eigene Wohlergehen, grob- und feinmotorische Kompetenzen wie auch die Fähigkeit zur Regulierung von körperlicher Anspannung vermittelt. Zu den Kompetenzen, die ein Kind befähigen, verantwortungsvoll im sozialen Kontext zu handeln, zählen u. a. soziale Kompetenzen (Aufbau von guten Beziehungen zu Erwachsenen und zu anderen Kindern; Empathie und Perspektiveübernahme; Fähigkeit, verschiedene Rollen einzunehmen; Kommunikations- und Kooperationsfähigkeit sowie Konfliktmanagement); Entwicklung von Werten und Orientierungskompetenz (z.B. Werthaltungen, moralische Urteilsbildung; Unvoreingenommenheit; Sensibilität und Achtung von Andersartigkeit und

Anderssein; Solidarität); Fähigkeit und Bereitschaft zur Verantwortungsübernahme (Verantwortung für das eigene Handeln; Verantwortung anderen Menschen gegenüber, Verantwortung für Umwelt und Natur) sowie Verantwortung zur demokratischen Teilhabe (Erwerb von Grundkenntnissen über Staat und Gesellschaft; Einbringen und Überdenken des eigenen Standpunktes etc.).

Zu den zentralen Aufgaben des Bildungs- und Erziehungsplanes zählt die Vermittlung von Kompetenzen zur Erschließung und Aneignung von Wissen – Kernkompetenzen, die zur Nutzung verfügbarer Informationen qualifizieren. So ist die Vermittlung lernmethodischer Kompetenz – der Fähigkeit zu wissen, wie man lernt, wie man Wissen erwirbt und organisiert, wie man es zur Lösung komplexer Problemsituationen einsetzt und es sozial verantwortet – unerlässlich für eine Aktualisierung des Wissens und das Ausfiltern des Unwichtigen oder Überflüssigen. Die Förderung von Lern- und Entwicklungsprozessen gehört ebenso zu den neuen Bildungsstandards: Förderung der Widerstandsfähigkeit (Resilienz), d. h. jener Kompetenz, die es dem Kind erlaubt, mit Risikosituationen so umzugehen, dass es zu einer Minimierung von Risiken und zu einer Maximierung des Nutzens kommt. In einer Zeit, in der Kinder zunehmend und akzeleriert verlaufende Veränderung zu verarbeiten haben, erweist sich die Förderung der Bewältigung von Übergängen als zentral.

Schließlich werden im Bildungs- und Erziehungsplan Förderperspektiven themenübergreifender Art (z. B. Beteiligung von Kindern; Lernfelder gelebter Demokratie; interkulturelle Erziehung; geschlechtsbewusste Erziehung; Förderung von Kindern mit Entwicklungsrisiken bzw. [drohender] Behinderung; Förderung von Kindern mit Hochbegabung) systematisch behandelt, so dass jede Fachkraft die pädagogischen Möglichkeiten, die darin enthalten sind, erkennt und zur Stärkung der kindlichen Entwicklung nutzen kann.

Hinzu kommen themenbezogene Förderschwerpunkte, zu denen sowohl traditionelle als auch neue Themen zählen: sprachliche Bildung und Förderung; ethische und religiöse Bildung und Erziehung; mathematische Bildung; naturwissenschaftliche und technische Bildung; Medienbildung und -erziehung, elementare informationstechnische Bildung; ästhetische, bildnerische und kulturelle Bildung und Erziehung; musikalische Bildung und Erziehung; Umweltbildung und Umwelterziehung; Bewegungserziehung und -förderung, Sport; gesundheitsfördernde Bildung und Erziehung.

Ansätze zur Beobachtung und Dokumentation der Lern- und Entwicklungsprozesse des Kindes, ein verändertes Verständnis von Kooperation zwischen Familie und Tageseinrichtung im Sinne einer Bildungs- und Erziehungspartnerschaft mit den Eltern sowie Angaben zur Gemeinwesenorientierung, Kooperation und Vernetzung und zur Abwendung von Gefährdungen des Kindeswohls runden die Inhalte des Bildungs- und Erziehungsplanes ab.

In den kommenden zwei Jahren sollten der Prozess der Verständigung bezüglich der Bildungsstandards für die Tageseinrichtungen mit Kindern bis zum Schuleintritt vorangebracht und bestehende Bildungspläne analysiert und implementiert werden. Es müsste gelingen, im Jahre 2005 eine konkrete Diskussionsvorlage zum Gegenstand einer über die Bundesländer hinweggehenden Debatte zu machen, mit dem Titel „Wer betreut und bildet unsere Kinder?". Es ist von zentraler Bedeutung, diese Fragestellung zu einer nationalen Frage zu erheben und gemeinsame Anstrengungen für ein kohärentes Bildungssystem zu unternehmen, dessen Fundament die Bildung von Kindern im vorschulischen Alter ist.

Empfehlungen an die Politik

03 | 01
Es wird empfohlen, die Tageseinrichtungen für Kinder zwischen 0 Jahren bis zum Schuleintritt als die erste Stufe im Bildungssystem anzusehen.

03 | 02
Für eine zeitgemäße Bildung und Erziehung von Kindern in den Tageseinrichtungen ist die Entwicklung von Bildungsstandards und deren Konkretisierung in Bildungs- und Erziehungsplänen erforderlich.

03 | 03
Bildungs- und Erziehungspläne für Tageseinrichtungen sind Orientierungspläne, die unter Berücksichtigung der lokalen Bedingungen den verbindlichen Referenzrahmen für die Organisation von Bildung und Erziehung in der Einrichtung bieten.

03 | 04
Es empfiehlt sich, eine länderübergreifende Verständigung über Bildungsstandards für Kindertageseinrichtungen anzustreben.

03 | 05
Im Sinne eines produktiven Wettbewerbs sollten die Bundesländer ihre Möglichkeiten bei der Implementierung solcher Bildungsstandards ausschöpfen.

03 | 06
Bildungsstandards beinhalten und bejahen Vielfalt. Sie sind als das Ergebnis eines dialogischen Prozesses zu verstehen, an dessen Ende eine gesellschaftliche Verständigung darüber erreicht wird, wie unsere Kinder am besten und individuell in ihrer Entwicklung gefördert werden.

03 | 07
Bildungspläne sind primär daran auszurichten, was Kinder in ihrer Entwicklung brauchen, nicht an Bildungsinstitutionen und deren gesellschaftlicher Funktionen. Bildungspläne sind so verstanden institutionenübergreifender Natur und dürfen nicht nur für eine Bildungsinstitution entworfen werden.

03 | 08
Bildungs- und Erziehungspläne sind eine notwendige, aber allein genommen keine hinreichende Vorbedingung zur Weiterentwicklung des Systems der Tageseinrichtungen für Kinder. Vielmehr ist ihre Bedeutung im Kontext aller Maßnahmen zu betrachten, die es für die Weiterentwicklung des gesamten Systems der Tageseinrichtungen in Deutschland zu ergreifen gilt.

03 | 09
Die Entwicklung und Implementierung von Bildungsplänen ist ein Prozess, der genügend Zeit benötigt. Es kann nicht genug davor gewarnt werden, Bildungspläne unter politischem Druck zu entwerfen und umzusetzen. Bildungspläne als Teil eines mittelfristigen Projekts müssen offen bleiben für Weiterentwicklungen und Revisionen. Zudem ist die Evaluation Voraussetzung für Aussagen über deren Effizienz. Für eine Entwicklungs-, Implementations- und Evaluationsphase erweist sich ein Zeitraum von mindestens 10 Jahren als realistisch.

03 | 10
Bildung findet in der Familie, im sozialen Nahnetz und in anderen sozialen Kontexten statt. Sie liegt in der gemeinsamen Verantwortung von Eltern, öffentlicher Hand und Bildungsinstitutionen. Es gilt daher, bei Beachtung des verfassungsmäßig garantierten Elternprimats, innerfamiliale Bildungsprozesse stärker mit den in den Tageseinrichtungen organisierten Bildungsprozessen zu verknüpfen.

Die Forderung nach
pädagogischer Qualität

04

Zusammenfassung

Forderungen nach pädagogischer Qualität und nach ihrer Überprüfung und Gewährleistung rücken zunehmend in den Mittelpunkt des Interesses. Grundlegend für alle Ansätze zur Feststellung und Sicherung der pädagogischen Qualität ist das jeweils zugrunde gelegte Verständnis von Qualität. Vorliegende Modelle von pädagogischer Qualität heben eine Reihe von Faktoren hervor, die sich in einer Vielzahl von Studien als bedeutsam für das Wohlergehen der Kinder erwiesen haben. Zu diesen fachlich begründeten Konstituenten pädagogischer Qualität zählen v. a. die Sicherheit und Gesundheit der Kinder, normative Prinzipien der Gleichberechtigung und Gleichbehandlung aller Kinder, die Erzieher-Kind-Relation, die Gruppengröße sowie Aspekte der Erzieher-Kind-Interaktion und der Interaktionen unter den Kindern. Die gängigen Qualitätskonzepte vernachlässigten bislang kontextuelle Faktoren, deren Bedeutsamkeit ebenfalls belegt ist: den Führungsstil der Leitung, das Arbeitsklima in der Einrichtung, Vergütung und Arbeitsbedingungen des Fachpersonals, die Trägerschaft der Einrichtung, aber auch die angewendeten Finanzierungs- und Regulierungsmodalitäten.

Die im Rahmen der „Nationalen Qualitätsinitiative im System der Tageseinrichtungen für Kinder" (NQI) der Bundesregierung während der letzten drei Jahre durchgeführten Projekte haben zum Ziel, pädagogische Qualität zu definieren, Qualitätskriterien für die Arbeit der Kindertageseinrichtungen bzw. für die Arbeit der Rechtsträger solcher Einrichtungen zu bestimmen und entsprechende Instrumente und Verfahren der Qualitätsfeststellung und -sicherung zu entwickeln. Der Entwicklungsphase, in die Länder und Träger einbezogen waren, ist nun eine Umsetzungsphase anzuschließen.

Die Forderung nach pädagogischer Qualität

In den zurückliegenden Jahren erreichte die Frage nach der Qualität unterschiedlichste Dienstleistungsprozesse. Im Zuge der schrittweisen Ausweitung der Kindertagesbetreuung von Kindern ab etwa drei Jahren, der Konkurrenz unterschiedlicher pädagogischer Ansätze sowie der gleichzeitigen Verknappung öffentlicher Mittel rückte auch die Forderung nach pädagogischer Qualität bzw. nach ihrer Überprüfung und Gewährleistung in den Mittelpunkt des Interesses. Grundlegend für alle Ansätze zur Feststellung und Sicherung der pädagogischen Qualität ist das jeweils zugrunde gelegte Verständnis von Qualität.

Die verschiedenen Konzeptualisierungen von pädagogischer Qualität lassen sich prototypisch drei differierenden Perspektiven zuordnen: einem relativistischen Modell, einem dynamischen Verständnis und einem struktural-prozessualem Konzept,[1] von denen zwei Positionen näher beleuchtet werden sollen.

Das relativistische Modell der Erziehungsqualität

Pädagogische Qualität lässt sich wohl kaum entlang objektiver und allgemein gültiger Kriterien bestimmen. Die Beurteilung, was unter qualitativ hochwertiger Kinderbetreuung zu verstehen sei, ist vielmehr kulturspezifisch und gründet sich auf historisch gewachsenen Ziel- und Wertsetzungen, aber auch auf den Wissensbeständen und Techniken einer Kulturgemeinschaft sowie den jeweils verfügbaren kontextuellen Ressourcen. Dem relativistischen Modell von Erziehungsqualität zufolge werden die unterschiedlichen Perspektiven in einem Diskurs ausgehandelt. Die so vereinbarte Definition von Qualität trägt im Idealfall den unterschiedlichen Interessen und Bedürfnissen Rechnung. Um dies sicherzustellen, sollte die Sicht von Experten, Kindern, Eltern, Erzieherinnen und Leiterinnen der Betreuungseinrichtungen sowie der Gesellschaft insgesamt Berücksichtigung finden.[2] Um zu einer konsensfähigen Bestimmung der Qualitätsansprüche zu kommen, sollte (a) eine Entscheidung darüber getroffen werden, welche Beteiligte in diesen Diskurs einbezogen werden sollen und in welchem Ausmaß sie mitwirken (z. B. von der Definition der pädagogischen Qualität bis zur Operationalisierung der

[1] Fthenakis & Textor (1997)
[2] Katz (1992)

Qualitätsziele) und sollten (b) effektive Mechanismen etabliert werden, die eine breite Mitwirkung bei der Definition und Implementierung von Qualitätsstandards sicherstellen. Daneben sollten (c) Strategien zur Lösung auftretender Interessenkonflikte verfügbar sein, um (d) letztlich einen Ausgleich zu erreichen zwischen universellen Konstituenten pädagogischer Qualität und den Bedürfnissen, Potentialen und Charakteristika der Kinder sowie den Interessen der Familie, der Erzieherinnen und Einrichtungsleitungen und der gesamten Gesellschaft.

Die verschiedenen beteiligten Gruppen setzen unterschiedliche Schwerpunkte bei der Bestimmung und konkreten Ausformulierung pädagogischer Qualität. So sind Experten interessiert an objektivierbaren, quantifizierbaren und damit überprüfbaren Qualitätsmerkmalen, die einer möglichst weiten Spannbreite von Situationen angemessen sind. Der Fokus liegt auf solchen Aspekten der Betreuung und Erziehung, denen eine die kindliche Entwicklung fördernde Wirkung zugesprochen wird (z. B. Betreuerschlüssel, Gruppengröße, pädagogischer Ansatz, Merkmale der Betreuer-Kind-Interaktion). Entlang dieser Gesichtspunkte werden Qualitätskriterien definiert, Forschungsfragen formuliert, Daten gesammelt und interpretiert und schließlich Schlussfolgerungen gezogen. Demgegenüber stellen für Erzieherinnen und Einrichtungsleitung die Arbeitsbedingungen in der Einrichtung ein zentrales Qualitätskriterium dar (Bezahlung, Betreuerschlüssel, Teamklima, berufliche Entwicklungsmöglichkeiten, Partizipationsmöglichkeiten bei Programmänderungen und -entscheidungen). Die Eltern legen besonderen Wert darauf, mit ihren Zielsetzungen, Bedürfnissen und Wünschen respektiert und beachtet zu werden. Die Wünsche der Eltern betreffen dabei ganz allgemein den Anspruch, in der Erziehung des Kindes unterstützt zu werden (z. B. durch zuverlässige und responsive Erzieher), aber auch die Forderung, durch die Fremdbetreuung entlastet zu werden (Öffnungszeiten, Flexibilität der Bring- und Abholzeiten). Eine besondere Herausforderung bildet dabei die enorm angestiegene Heterogenität der Elternschaft, etwa in Hinblick auf ethnische und religiöse Zugehörigkeiten und entsprechend divergierende Überzeugungen, Erwartungen und Normen. Dann ist auch die Perspektive der Kinder zu nennen, die gleichwohl erst in jüngster Zeit zunehmende Beachtung findet. Exemplarisch zitierbare qualitative Daten weisen darauf hin, dass für die befragten fünfjährigen Kinder die „Anwesenheit anderer Kinder" am wichtigsten ist. Die Erzieherinnen werden danach beurteilt, wie häufig sie „Spaßaktivitäten" organisieren oder auch Unterstützung und Zuneigung bieten. Geschätzt wird außerdem ein breites und vielfältiges Angebot an Spielzeug, Einschränkungen in der Entscheidungs- und Handlungsfreiheit werden nicht gemocht.[3] Die Bedürfnisse und normativen Überzeugungen einer Gesellschaft spiegeln sich ebenfalls in den Anforderungen an die pädagogische Qualität der Kindertagesbetreuung. Dies wird im Ländervergleich deutlich. So werden in skandinavischen Ländern beispielsweise die sozioemotionalen Entwicklungsaspek-

[3] Langsted (1994)

te bei der Erziehung von Kindern besonders betont,[4] während in Frankreich die kognitive Entwicklung der Kinder Priorität erhält.[5]

Die Ergebnisse von Untersuchungen aus vielen verschiedenen Ländern zeigen als Quintessenz, dass sich auch einige universell gültige Wert- und Zielsetzungen ausmachen lassen, die als so wichtig für das Wohlergehen der Kinder angesehen werden, dass sie in jeder Definition von pädagogischer Qualität enthalten sein sollten. Hierunter fallen …

- die Sicherheit der Kinder – gewährleistet durch eine Aufsicht durch Erwachsene und eine sichere Ausstattung;
- die Gesundheit der Kinder – gewährleistet durch grundlegende Hygienestandards, gesunde und wertvolle Ernährung, angemessene Möglichkeiten zur Erholung und Entspannung für das Kind, Möglichkeiten zur Sauberkeitserziehung;
- normative Prinzipien der Gleichberechtigung und Gleichbehandlung der Kinder – verstanden als die Vorgabe, dass alle Kinder unabhängig von deren Geschlecht, Kultur, sozialer Klasse, ethnischer Herkunft oder spezifischen Fähigkeiten gleichwertig geschätzt, gleichberechtigt behandelt und individuell gefördert werden;
- positive Interaktionen mit Erwachsenen – also gezeigte Zuneigung der Erzieherinnen für die Kinder und ein Betreuungsumfeld, in dem Kinder lernen können, Erwachsenen zu trauen, von ihnen zu lernen und mit ihnen Spaß zu haben;
- emotionales Wachstum – gefördert durch ein Betreuungsumfeld, das es den Kindern erlaubt, unabhängig, sicher und kompetent zu handeln;
- positive Beziehungen zu anderen Kindern – gefördert durch ein Betreuungsumfeld, das den Kontakt mit Gleichaltrigen ermöglicht und aktiv unterstützt.

Das relativistische Konzept der Erziehungsqualität ist demnach dynamisch; seine Interpretation ist von den unterschiedlichen Perspektiven der Beteiligten und vom jeweiligen kulturellen Kontext abhängig. Aufgrund der Kulturspezifität und Relativität entsprechender Werte, Überzeugungen und Interessen lassen sich objektive und übergreifende Qualitätsstandards nur begrenzt postulieren. Auch ist die Vorstellung, die Bestimmung pädagogischer Qualität gelinge stets im vollständigen Konsens aller beteiligten Interessengruppen, unrealistisch. Qualität ist vielmehr zu verstehen als ein dynamischer und kontinuierlicher Entwicklungsprozess. Die Definition, Feststellung und Sicherung von pädagogischer Qualität sollte durch die Teilnahme möglichst vieler Nutzer an diesem Aushandlungsprozess garantiert werden.

---

[4] Bush & Phillips (1994)   [5] McMahan (1992)

Das struktural-prozessuale Modell der Erziehungsqualität

Dieses Modell unterscheidet strukturelle, prozessuale und kontextuelle Dimensionen von pädagogischer Qualität. Zu den strukturellen Faktoren, die nachgewiesenermaßen die pädagogische Qualität beeinflussen, zählen insbesondere ...

■ **die Gruppengröße:** Als gut dokumentiert gelten die Beziehungen der Gruppengröße zur Qualität der Interaktionsmuster und zu den Entwicklungsverläufen der Kinder. Kinder in kleineren Kindergartengruppen sind kooperativer, beteiligen sich an differenzierteren sozialen Spielen, zeigen mehr soziale Kompetenz und ein adäquateres Problemlöseverhalten bei der Bewältigung sozialer Probleme als Kinder in größeren Gruppen. Differenziertere Studien deuten darauf hin, dass diese Zusammenhänge durch das Verhalten der Erzieherinnen vermittelt werden. So sind die Erzieherinnen, die kleine Gruppen betreuen, responsiver, weniger restriktiv, häufiger in Interaktion mit den Kindern und anregender mit Blick auf die soziale und sprachliche Entwicklung der Kinder. Vor dem Hintergrund dieser empirischen Befunde wurden Obergrenzen für die Gruppengröße definiert. In der nachfolgenden Tabelle sind die pädagogischen Standards aus der US-amerikanischen Forschung wie auch die Empfehlungen des Kinderbetreuungsnetzwerkes der EU dargestellt. Sie zeigen, dass die in Deutschland aktuell vorzufindenden, administrativ-politisch festgelegten Standards um etliches höher liegen. Ganz allgemein wäre eine Verringerung der Gruppengrößen um etwa ein Drittel notwendig, um pädagogische Standards auf dieser Qualitätsdimension zu erreichen.

Pädagogische Standards für die Gruppengröße		
	Alter der Kinder	Gruppengröße
Amerikanische Standards (Howes et al. 1992)	0 bis 24 Monate 25 bis 36 Monate 37 bis 60 Monate	6 Kinder 12 Kinder 18 Kinder
Die Standards des Kinderbetreuungsnetzwerkes der EU (1996)	24 bis 36 Monate 36 bis 48 Monate 48 bis 60 Monate	5 bis 8 Kinder 8 bis 12 Kinder 12 bis 15 Kinder

aus: Fthenakis, 2003b, S. 219

■ **der Personalschlüssel:** Ein günstiger Betreuerschlüssel wirkt sich zunächst vorteilhaft auf das Verhalten der Erzieherinnen aus. Sie verhalten sich fürsorglich, sensibel, nicht-restriktiv und auch responsiv. Sie bieten den Kindern zudem mehr Möglichkeiten zur Verbesserung ihrer sozialen, verbalen und kognitiven Fähigkeiten. Dieses optimierte Erzieherinnenverhalten bewirkt seinerseits eine verbesserte Qualität der Beziehung zu den Kindern.

Auch bezüglich des Personalschlüssels in den Einrichtungen sind Standards vorgeschlagen worden, die nachfolgend wiedergegeben sind.

Pädagogische Standards für den Perschlüsselsonal		
	Alter der Kinder	Gruppengröße
Amerikanische Standards (Howes et al. 1992)	0 bis 24 Monate 25 bis 36 Monate 37 bis 60 Monate	1 Fachkraft: 3 Kinder 1 Fachkraft: 6 Kinder 1 Fachkraft: 8 Kinder
Die Standards des Kinderbetreuungsnetzwerkes der EU (1996)	0 bis 24 Monate 24 bis 36 Monate 36 bis 48 Monate 48 bis 60 Monate	1 Fachkraft: 3 Kinder 1 Fachkraft: 3 bis 5 Kinder 1 Fachkraft: 5 bis 8 Kinder 1 Fachkraft: 6 bis 8 Kinder

aus: Fthenakis, 2003b, S. 221

- **die Qualität der Ausbildung von Fachkräften:** Das Niveau der Ausbildung der pädagogischen Fachkräfte steht in engem Zusammenhang zu den in der Betreuungssituation erreichten Entwicklungszielen. Die fachliche Kompetenz der Erzieherinnen wirkt sich demnach etwa auf die soziale Kompetenz der Kinder aus. Auch wurde die Wirkung spezifischer Betreuertrainings für die Erzieherinnen auf die Leistungsfähigkeit und das Kooperationsverhalten der Kinder nachgewiesen. Mehrere Studien kommen überdies zu dem Ergebnis, dass das Niveau der Ausbildung in positiver Beziehung zu der Gesamtqualität einer Einrichtung steht.
- **die Stabilität der Betreuung:** Stabilität meint einerseits die Kontinuität der Betreuung einer Gruppe durch dieselben Erzieherinnen, andererseits aber auch die Kontinuität der Betreuer-Kind-Beziehungen durch Verbleib der Kinder in derselben Gruppe bzw. Einrichtung. Stabile Betreuungsbeziehungen kommen dem Bedürfnis der Kinder nach einer dauerhaften Beziehung entgegen. Langfristig erleichtert eine frühe Stabilität der Betreuung die Anpassung des Kindes an die Schule. Eine hohe Fluktuation der Betreuer kann eine unsicherere Mutter-Kind-Bindung und einen niedrigeren Komplexitätsgrad im Spiel mit Erwachsenen und Gleichaltrigen bewirken. Dauerhafte und stabile Betreuungsverhältnisse ermöglichen auch, dass die Erzieherinnen die Kinder besser kennen und angemessener mit ihnen umgehen. Sophistiziertere Studien weisen darauf hin, dass die Anwesenheit derselben Erzieherin bei der morgendlichen Übergabe des Kindes für das Kind stressreduzierend wirkt und mehr Erzieherin-Kind-Interaktionen evoziert. Kinder in einer kontinuierlichen Betreuungssituation sind auch aktiver in Peer-Interaktionen involviert und zeigen deutlich seltener aggressive Verhaltensweisen.
- **Gesundheit und Sicherheit:** Sanitäre Maßnahmen und Hygienestandards in den Einrichtungen stehen nachweislich im Zusammenhang mit den Infektionsraten der betreuten Kinder.[6] Gerade große Einrichtungen müssen

[6] Halder & McFarland (1986)

in besonderer Weise auf die Gesundheit und Sicherheit achten, denn mit der Größe der Einrichtung steigt die Ansteckungsgefahr.

■ **Aspekte der Raumgestaltung:** Auch die Raumgestaltung trägt zur pädagogischen Qualität bei. Großzügig gestaltete Kindergartenräume fördern das Einzelspiel der Kinder. Das Problemlöseverhalten der Kinder lässt sich durch eine altersgemäße Ausstattung und die Möglichkeit, Kindergruppen unterschiedlicher Größe räumlich zu integrieren, fördern. Kinder entwickeln bessere kognitive und soziale Fähigkeiten, wenn ihnen eine stimulierende Lernumgebung und vielfältige Aktivitätsbereiche geboten werden. Klar definierte räumliche Strukturen (z. B. klare Abgrenzung der Gruppenräume, spezifische Aktivitätsbereiche, großflächige Bereiche für Gruppenaktivitäten, Abstellmöglichkeiten) fördern positivere Interaktionen zwischen Erzieherinnen und Kindern, steigern das Explorationsverhalten der Kinder und verbessern die Kooperation zwischen den Kindern.

■ **die Strukturierung des Betreuungsablaufs:** Die Betreuungssituation kann primär auf das freie Spiel der Kinder ausgerichtet sein oder aber auf ein strukturiertes Lernen. Freies Spiel trägt generell nicht so stark zur kognitiven Entwicklung der Kinder bei wie strukturiertes Lernen. Förderprogramme, in denen von der Erzieherin gelenkte Lernaktivitäten überwiegen, führen zu einer adäquateren sozialen Anpassung der Kinder als Lernaktivitäten, die in einem von der Erzieherin vorstrukturierten Umfeld von den Kindern selbst initiiert und durchgeführt werden sollen. Als besonders positiv mit Blick auf die sprachliche und kognitive Entwicklung der Kinder erweist sich die Kombination von vorhersehbaren Ablaufroutinen im Tagesprogramm der Kinder und spezifischen Aktivitäten und Programmangeboten. Die Betätigungen selbst sollten dem Entwicklungsstand der Kinder angemessen sein, ihre Erfahrungen und Interessen berücksichtigen und dazu anregen, die Umwelt aktiv zu erkunden.

Die prozessualen Dimensionen von pädagogischer Qualität beziehen sich auf Aspekte der sozialen Interaktion zwischen Erzieherin und Kind. Im Einzelnen lassen sich unterscheiden …

■ **die Erzieherin-Kind-Interaktion:** In internationalen Studien konnten deutliche Zusammenhänge zwischen dem Ausmaß dieser Interaktion und Indikatoren der kindlichen Entwicklung festgestellt werden. Auch ist die adäquate Gestaltung der sprachlichen Kommunikation zwischen Betreuerin und Kind ein Prädiktor für Entwicklungsfortschritte des Kindes. Eine emotionale und informative Kommunikation fördert die Entwicklung verbaler und kognitiver Fähigkeiten. Engagierte und sensible Betreuer fördern das Explorationsverhalten und stimulieren Peer-Kontakte des Kindes. Auch spielt der Umfang der Betreuer-Kind-Interaktion eine Rolle. Der Schlüssel zur Förderung der sprachlichen Entwicklung liegt jedoch in einer gemeinsamen Fokussierung von Erwachsenem und Kind auf eine Aktivität bzw. auf ein Objekt und in dem wechselseitigen Austausch von Informationen und Ideen. Kinder, deren Kontakt mit der Erzieherin eingeschränkt ist, erkunden demgegenüber ihre Umwelt weniger und verbringen mehr Zeit in ziellosem Herumwandern. In ihrem Spielverhalten und in ihrer Sprachentwicklung zeigen sie gewisse Rückstände.

- **Sensitivität und Responsivität der Erzieherin:** Sensitivität der Erzieherin äußert sich in einem einfühlsamen und unterstützenden Verhalten dem Kind gegenüber. Responsivität bezeichnet demgegenüber die aktive Beteiligung an reziproken Interaktionen (z. B. durch soziale Spiele, Nachfragen, Ermunterung zum Audruck von Ideen und Gefühlen, situationsangemessene Reaktion auf verbale und nonverbale Signale des Kindes). Sensitives und responsives Erzieherverhalten fördert den Aufbau einer sicheren Bindung zur Betreuungsperson. Eine sichere und fürsorgliche Betreuungssituation bildet jedoch eine wichtige Voraussetzung für kindliches Lernen. Diese Ergebnisse gelten übrigens für institutionelle und familiäre Betreuungsformen gleichermaßen.
- **reziproke Interaktionen:** Wechselseitige Kommunikation zwischen Erzieherin und Kind, etwa eine Diskussion darüber, was das Kind in einer spezifischen Situation tun möchte oder tun könnte, erfordert einen intensiveren verbalen Austausch als eine entsprechende direktive Interaktion (die Erzieherin gibt dem Kind eine Anweisung, was es tun soll). Reziproke Interaktionen fördern insbesondere die Entwicklung sozialer Kompetenzen und die Sprachentwicklung des Kindes. Direktive bzw. restriktive Interaktionsmuster der Erzieherin zeigen demgegenüber negative Effekte, was sich z. B. in schlechteren kognitiven Leistungen der Kinder äußert.
- **Interesse und Involvierung der Erzieherin:** Kinder, deren Erzieherinnen ihnen aktives Interesse entgegenbringen und viel Unterstützung bieten, zeigen Vorteile im Explorationsverhalten, im imitierenden Spiel, in ihrer kognitiven und emotionalen Entwicklung und in der Qualität der Gleichaltrigenkontakte und in ihrem Sozialverhalten. Auch fällt bei diesen Kindern die Aufgabenorientierung höher aus und sie zeigen mehr Rücksichtnahme im Umgang mit anderen Kindern.

Kontextuelle Dimensionen von Erziehungsqualität

Die vorliegenden Modelle von pädagogischer Qualität berücksichtigen nur unzureichend kontextuelle Faktoren, die jedoch nachweislich bedeutsam sind. Die Darstellung der qualitätsrelevanten Faktoren ist also um folgende Punkt zu ergänzen …

- **den Führungsstil der Leitung:** Erste Befunde zur Wirkung des Führungsstils auf die pädagogische Qualität deuten darauf hin, dass ein effektiv geführter Kindergarten mit klaren Erwartungen an die Mitarbeiter, einem persönlichen Führungsstil der Leitung, einer Beteiligung der Leiterinnen an der Curriculumplanung zur Gesamtqualität beiträgt.

■ **das Betriebsklima in der Einrichtung:** In Einrichtungen von hohem Qualitätsstandard berichten die Erzieherinnen über eine hohe Arbeitszufriedenheit, hier fällt die Personalfluktuation entsprechend gering aus. Weitere positive Merkmale solcher Einrichtungen sind Innovationsfreude, Zielübereinstimmung, Förderung der beruflichen Weiterbildung und eine klare Definition von Verantwortlichkeiten und Abläufen.

■ **die Vergütung des Fachpersonals:** Die Höhe der Vergütung ist eng verwoben mit Maßen der pädagogischen Qualität. Eine niedrige Bezahlung ist nicht selten Grund für das Ausscheiden der Mitarbeiter aus der Einrichtung. Eine angemessene Vergütung wird als Wertschätzung der pädagogischen Arbeit verstanden und erhöht die Identifikation mit der Einrichtung.

■ **die Arbeitsbedingungen:** Persönliche Unzufriedenheit der Erzieherinnen mit den Arbeitsbedingungen führt leicht zu rüden und restriktiven Interaktionsmustern im Kontakt mit den Kindern. Ein separates Bad, ein Konferenzraum für die Mitarbeiter, Stauraum für persönliche Dinge sowie Angebote zur beruflichen Weiterbildung kennzeichnen zufrieden stellende Arbeitsbedingungen.

■ **die Trägerschaft der Einrichtung:** Die internationale Forschung zur Bedeutung der Trägerschaft für die Erziehungsqualität, bei der üblicherweise zwischen profitorientierten und nicht profitorientierten Trägern unterschieden wird, kann wegen der einzigartigen Trägerlandschaft in Deutschland – freie und öffentliche Träger übernehmen die Trägerschaft von Kindertageseinrichtungen – nicht herangezogen werden, um Rückschlüsse für die Situation in Deutschland zu ziehen. Die Träger von Kindertageseinrichtungen und die Qualität von deren Arbeit („Trägerqualität") sind Gegenstand eines Projektes der „Nationalen Qualitätsinitiative im System der Tageseinrichtungen für Kinder" (NQI).

■ **staatliche Finanzierung und Regulierungsmodalitäten:** In großen Teilen Westeuropas ist die Kinderbetreuung staatlich reguliert und öffentlich (mit-) finanziert. Damit fällt auch die Definition und Etablierung von Qualitätsstandards in den politisch-administrativen Verantwortungsbereich. Tatsächlich zeigen die Ergebnisse kanadischer und US-amerikanischer Studien, dass Maßnahmen der Regulierung nur dann greifen, wenn auch ihre Einhaltung kontrolliert wird. In Deutschland werden Fragen der Regulierung bzw. Deregulierung des Systems der Kindertagesbetreuung erst in jüngster Zeit diskutiert. Offenbar ist eine Kombination von Schritten der Regulierung und Deregulierung sinnvoll, wobei vier Steuerungs- und Regulierungsmaßnahmen unverzichtbar sind: (1) verbindliche Bildungs- und Erziehungspläne; (2) eine Professionalisierung der Fachkräfte durch Aus-, Fort- und Weiterbildung; (3) die Steuerung des Systems durch Evaluation; (4) Forschungsförderung und die Dissemination von Forschungsergebnissen. Alle weiteren Aspekte können dann dereguliert werden, sofern Mechanismen zur Sicherung einer hohen pädagogischen Qualität verfügbar sind.

Die Nationale Qualitätsinitiative (NQI) – ein Ansatz zur Steuerung der pädagogischen Qualität

Ein Ansatz, die pädagogische Qualität von Kindertageseinrichtungen sicherzustellen und zu steuern, ist die „Nationale Qualitätsinitiative im System der Tageseinrichtungen für Kinder" (NQI). Diese Initiative wurde Ende 1999 vom Bundesministerium für Familie, Senioren, Frauen und Jugend in Form eines Projektverbunds gestartet mit der Zielsetzung, erstmals Qualitätskriterien sowohl für die Arbeit der Kindertageseinrichtungen als auch für die Arbeit der Rechtsträger solcher Einrichtungen zu bestimmen und entsprechende Instrumente und Verfahren der Qualitätsfeststellung zu entwickeln. Die fünf Teilprojekte dieses Verbunds decken unterschiedliche Bereiche im System der institutionellen Tagesbetreuung ab. Die einzelnen Projekte befassen sich mit der Qualitätssicherung in Tageseinrichtungen des Krippen-, Kindergarten- und Hortbereichs. Dem pädagogischen Konzept des Situationsansatzes ist ein eigenes Projekt gewidmet.

Alle Teilprojekte des Projektverbunds werden durch einen Nationalen Beirat begleitet und unterstützt, dem neben Vertretern des Bundesministeriums für Familie, Senioren, Frauen und Jugend auch Vertreter der freien und kommunalen Spitzenverbände sowie Vertreter der Ministerien jener Länder angehören, die sich an den Projekten finanziell beteiligen.

Ergebnisse und Produkte der Teilprojekte I und II

Leitung: Prof. Dr. Wolfgang Tietze, Freie Universität Berlin[7]

Die Teilprojekte hatten den Auftrag, einen Qualitätskriterienkatalog für die Arbeit in Kindertageseinrichtungen für Kinder von 0 bis 6 Jahren sowie darauf abgestimmte Verfahren interner und externer Qualitätsfeststellung zu entwickeln.

Der Kriterienkatalog

Im Herbst 2002 erschien der Kriterienkatalog der Teilprojekte I und II.[8] In differenzierter und konkreter Weise werden hier die wesentlichen Aspekte der pädagogischen Arbeit mit Kindern von 0–6 Jahren in Tageseinrichtungen beschrieben. Dadurch ermöglicht der Qualitätskriterienkatalog Fachkräften in den Einrichtungen wie auch Fachberatern, Trägervertretern und Fortbildnern einen Einstieg in eine Qualitätsdebatte sowie in die Qualitätsentwicklung.

Der Katalog präsentiert in 20 Qualitätsbereichen (z. B. Tagesgestaltung; Sicherheit; Bewegung) detaillierte Kriterien, die in ihrer Gesamtheit „best practice" in der Betreuung, Bildung und Erziehung in Kindertageseinrichtungen wiedergeben und konzeptionsübergreifend angelegt sind. Kriterien für die Arbeit mit Kindern unter drei Jahren sind systematischer Bestandteil des Katalogs. Sie erläutern und veranschaulichen die altersgruppenübergreifenden Kriterien und ergänzen sie im Hinblick auf spezifische Bedürfnisse und Entwicklungsbesonderheiten von Kindern unter drei Jahren. So ist sicher gestellt, dass der Qualitätskriterienkatalog für die gesamte Altersspanne von 0–6 Jahren einsetzbar ist.

Verfahren und Instrumente zur internen Evaluation und Qualitätsentwicklung

Interne Evaluation kann verschiedene Ziele verfolgen, u. a. die Verbesserung der systematischen Selbstreflexion hinsichtlich des beruflichen Selbstverständnisses und des fachlichen Handelns; eine kontinuierliche Reflexion und Abstimmung über handlungsleitende Ziele im Team, zwischen Träger und Mitarbeiterteam, zwischen Mitarbeiterinnen und Eltern usw.; oder auch die (Selbst-) Kontrolle der betriebsinternen Arbeitsabläufe sowie die Professionalisierung in einem ausgewählten Teilbereich. Sie dient jedoch immer einem doppelten Zweck: der Qualitätsfeststellung und der Qualitätsentwicklung. Interne Evaluation wird eingesetzt zur Qualitätsfeststellung, also der IST-Analyse der Arbeit und deren Bedingungen. Diese wiederum bildet die Basis für gezielte Qualitätsentwicklungsschritte. Aus dieser Überlegung heraus wurden in diesen Teilprojekten nicht nur Instrumente zur Selbstevaluation entwickelt und erprobt, sondern ebenso ein Modell, das die systematische Einbindung der Instrumente zur Selbstevaluation in einen fortlaufenden Prozess der Qualitätsentwicklung und -sicherung gewährleistet.

Das resultierende Verfahren zur internen Qualitätsfeststellung und -entwicklung beinhaltet die folgenden Prozessschritte:

1) Situationsanalyse mit Hilfe von Checklisten zur internen Evaluation;
2) Erstellen eines gemeinsamen Qualitätsprofils für die Einrichtung auf der Grundlage der vorangegangenen Situationsanalyse;
3) Lesen und Diskutieren entsprechender Kategorien des Qualitätskriterienkatalogs, von Fachartikeln und weiterführender Literatur;
4) Diskussion von gemeinsamen Veränderungszielen;
5) Treffen von Zielvereinbarungen;
6) Planung von Umsetzungsschritten bezüglich zeitlicher, organisatorischer und inhaltlicher Aspekte.

Diese Prozessschritte sowie zusätzliche fachliche bzw. methodische Materialien zu den einzelnen Schritten sind in einem Arbeitshandbuch dokumentiert. Es führt durch den Prozess der Qua-

---

[7] PädQuis gGmbH/Kooperationsinstitut der Freien Universität Berlin
[8] Tietze & Viernickel (2002)

litätsentwicklung und vermittelt in konkreter Weise die zentralen Aspekte des Systems. Dabei ist es in hohem Maße selbsterklärend konzipiert. Weitere Unterstützung bei der Umsetzung des Modells bieten von Projektmitarbeiterinnen moderierte Arbeitskreise, in denen Inhalte und Methoden diskutiert werden und die Möglichkeit für den Austausch der Leitungskräfte untereinander besteht.

Als zentrales Instrument der internen Qualitätsfeststellung wurden Checklisten zur Selbstevaluation entwickelt. Sie bilden die Inhalte des jeweiligen Qualitätsbereichs des Kriterienkatalogs, differenziert nach den sechs fachlichen Leitgesichtspunkten pädagogischer Arbeit, ab.

Externes Evaluationsverfahren

Als externe Evaluation bezeichnen wir die Feststellung eines IST-Zustandes in Bezug auf ein gegebenes (definiertes) System von Qualitätsindikatoren. Die Feststellung erfolgt dabei durch eine unabhängige und neutrale Außen-Instanz. Externe Evaluationen können unterschiedlichen Zwecken dienen. Im Kontext von Qualitätsentwicklung können die Ergebnisse einer externen Evaluation die der internen Evaluation ergänzen und evtl. korrigieren (Optimierungsgrundlage). Externe Evaluationen erlauben darüber hinaus die Einschätzung im Vergleich mit anderen Einrichtungen (Vergleichsbasis) und können der Rechenschaftslegung und öffentlichen Ausweisung erreichter Qualität gegenüber verschiedenen Außeninstanzen wie Eltern, Trägern oder der allgemeinen Öffentlichkeit dienen.

Das Verfahren besteht aus mehreren standardisierten Teilen:

- einem Beobachtungsteil, bei dem die Erfassung des Geschehens in der Gruppe, die Ausgestaltung und Nutzung der Gruppenräume und das Verhalten der Gruppenerzieherin im Mittelpunkt steht;
- einem Befragungsteil, in dem die Gruppenerzieherin Fragen zur pädagogischen Planung, zur Dokumentation sowie zu weiteren Aspekten ihrer pädagogischen Arbeit beantwortet, die nicht beobachtbar sind bzw. nicht beobachtet werden konnten;
- einer Befragung der Leitungskraft, in der es um Aspekte der Leitungsqualität als auch um übergreifende organisatorische Fragen in Bezug auf einzelne Qualitätsbereiche (z. B. Zusammenarbeit mit Familien, Sicherheit, Eingewöhnung) geht und wo Fragen zu strukturellen Merkmalen der Kindertageseinrichtung (Kapazität, Trägerschaft, Qualifikation des Personals etc.) enthalten sind;
- einer Dokumentenanalyse, bei der das Vorhandensein und die Anwendung ausgewählter Dokumente überprüft werden.

Teilprojekt III:
„Qualität für Schulkinder in Tageseinrichtungen – „QUAST"

Leitung: Dr. Rainer Strätz, Sozialpädagogisches Institut, Köln

Die Materialien, die im Teilprojekt III entwickelt wurden,[9] sind bundesweit die einzigen, die speziell die Altersgruppe der Schulkinder im Blick haben. Es stellt sich nunmehr die Aufgabe, diese Materialien für die notwendige umfassende qualitative Weiterentwicklung aller Angebote für Schulkinder zu nutzen.

Qualitäts-Kriterienkatalog

Im Katalog von Qualitätskriterien wird ...

- das Verständnis von Bildung, Erziehung und Betreuung von Kindern im Schulalter dargelegt;
- die Bedeutung der Strukturen bzw. Rahmenbedingungen erläutert;
- auf die zentrale Bedeutung von entwicklungsfördernden Interaktions- und Kommunikationsprozessen im pädagogischen Alltag verwiesen;
- die Notwendigkeit der permanenten Weiterentwicklung einer Einrichtung begründet;
- die Bedeutung von Strukturen, die eine Weiterentwicklung sichern, beschrieben;
- die Bedeutung der Entwicklung von pädagogischen Zielen und ihrer systematischen Überprüfung herausgestellt.

Diese Aspekte sind zentral für die Beurteilung von Angeboten für Schulkinder – im Bereich der Jugendhilfe sowie der Schule. Sie sind in den beiden Evaluationsverfahren entsprechend operationalisiert worden.

Der Kriterienkatalog wird auf der SPI-Homepage (www.spi.nrw.de) zum Download angeboten und inzwischen u. a. als Instrument der Fachberatung, als Nachschlagewerk oder auch für den Unterricht an Fachschulen genutzt. Eine Veröffentlichung im Beltz-Verlag wird vorbereitet.

Internes und externes Qualitäts-Feststellungsverfahren

Beide Verfahren gehen davon aus, dass Qualitätsfeststellung kein Selbstzweck ist. Nur im Verlauf eines Entwicklungsprozesses sind Maßnahmen sinnvoll, die einer Einrichtung Hinweise auf die Stärken und Schwächen geben und bei der Festlegung der nächsten Entwicklungsschritte helfen. Entsprechend haben die Verfahren folgenden Ablauf:

1. Durch Bestandsaufnahmen vergewissert sich die Einrichtung ihrer Ressourcen und beschreibt den „Ist-Zustand" ihres Angebots.
2. In der Auseinandersetzung mit Qualitätskriterien, die im jeweiligen Handlungsfeld oder Aufgabengebiet „best practice" beschreiben, wird das Angebot unter qualitativen Gesichtspunkten analysiert.

Bei der internen Evaluation findet die Einrichtung neben einem verbindlich zu evaluierender Bereich (mit den Schwerpunkten „Organisation und Steuerung", „Planung und Reflexion" und „Weiterentwicklung") einen Bereich von „Handlungsfeldern", in dem sie nach vorgegebenen Regeln eine Auswahl treffen kann, und zusätzlich einen „Methodenkoffer", der Vorschläge für Methoden enthält, mit deren Hilfe Selbsteinschätzung und Weiterentwicklung fundiert werden können. Die Verlässlichkeit der geforderten Selbsteinschätzungen wird durch verschiedene Maßnahmen erhöht. So sind die Qualitätskriterien verhaltensnah formuliert, zentrale Einschätzungen müssen durch Beispiele belegt werden und die methodische Grundlage der jeweiligen

---

[9] in Zusammenarbeit mit Fachkräften und Einrichtungen aus Bremen, Nordrhein-Westfalen und Sachsen; Strätz u. a. (2003)

Einschätzung ist zu benennen. Außerdem werden weitere methodische Hilfen angeboten („Methodenkoffer").

Bei der externen Evaluation wird ein Methodenmix aus Dokumentenanalyse, Befragung und Beobachtung eingesetzt. Sie wurde als Korrektiv zur internen Evaluation konzipiert.

3. In den beiden letzten Schritten („Handlungsbedarf" und „Zielentwicklung") ist die Einrichtung aufgefordert, diejenigen nächsten Entwicklungsschritte zu definieren und gemeinsam im Team festzulegen, die angesichts der Ergebnisse der vorhergehenden Arbeitsschritte und der einrichtungsspezifischen Zielsetzungen notwendig und angesichts der Rahmenbedingungen realistisch sind.

Die Rückmeldungen aus den Erprobungseinrichtungen zeigen eine hohe Akzeptanz und eine überwiegend positive Bewertung der Verfahren. Den Verfahren wird ein großer Nutzen nicht nur im Hinblick auf die Feststellung, sondern auch in Bezug auf die Weiterentwicklung von Qualität attestiert.

Die Einrichtung erhält dadurch auch den notwendigen kritischen Blick von außen. Dessen korrigierende Funktion ist gewährleistet, weil sich die externe Evaluation ausschließlich auf Qualitätskriterien bezieht, die das Team auch intern evaluiert hat, und weil der Einrichtung nicht nur die Endergebnisse der externen Evaluation mitgeteilt werden, sondern das Team auch jeden einzelnen Schritt nachvollziehen kann.

Gleichzeitig wurde bei der Erprobung deutlich, dass beide Verfahren mit erheblichem, unter derzeitigen Regelbedingungen kaum leistbarem Aufwand verbunden sind. Der Aufruf an die Einrichtungsträger muss daher sein, bei einer Evaluation die Rahmenbedingungen bereit zu stellen, die notwendig sind, um diese Evaluation tatsächlich gewinnbringend durchführen zu können.

Mit der Erprobung der Materialien wurde zugleich eine Einsatzform konzipiert und erprobt, die unserem Verständnis von „Evaluationskultur" entspricht. Diese zeigt sich z. B.

- in der Verwendung von verbindlichen Kontrakten und Zielvereinbarungen;
- in der Bedeutung, die Rückmeldungen und Abstimmungsprozessen im Team eingeräumt wird sowie
- in der Offenlegung aller Ergebnisse auch der externen Evaluation gegenüber der Einrichtung.

Teilprojekt IV: „Qualität im Situations-ansatz – QuaSi"[10]

Leitung: Dr. Christa Preissing, Internationale Akademie, Berlin

Gemäß dem Auftrag hat das Teilprojekt IV Qualitätskriterien der Arbeit in Tageseinrichtungen für Kinder auf der Basis des pädagogischen Konzeptes Situationsansatz im Dialog mit profilierter Praxis entwickelt und Verfahren und Instrumente zur internen und externen Evaluation erarbeitet und erprobt.

Qualitätskriterien für Tageseinrichtungen auf der Basis des Situationsansatzes

Qualität und Qualitätsentwicklung können nicht unabhängig von konzeptionellen Überlegungen und Entscheidungen gedacht werden. Wer immer Qualität entwickeln und bewerten will, muss seine Leitvorstellungen von Bildung und Erziehung, seine Ziele und pädagogischen Grundsätze offen legen und fachlich begründen. Es muss klar sein, was entwickelt, überprüft und bewertet werden soll. Der inhaltlich-konzeptionelle Hintergrund und Bezugspunkt sowohl für die Erarbeitung der Qualitätsansprüche und -kriterien als auch der Evaluationsinstrumente im Teilprojekt IV ist das pädagogische Konzept Situationsansatz.

Auf der Grundlage des Leitbildes und der weiter entwickelten konzeptionellen Grundsätze des Situationsansatzes sind die Qualitätsansprüche und Qualitätskriterien für die Arbeit von Erzieherinnen erarbeitet. Fünf übergreifende theoretische Dimensionen – Lebensweltorientierung, Bildung, Partizipation, Gleichheit und Differenz, Einheit von Inhalt und Form – begründen die Qualitätskriterien und ordnen sie in die aktuelle fachwissenschaftliche Diskussion ein.

Der „Qualitätskatalog" wurde im Eigendruck aufgelegt. Zahlreiche Rückmeldungen von Praktikerinnen, Vertretern der verschiedenen Träger sowie der Aus- und Weiterbildung unterstreichen den Nutzen der Qualitätskriterien für die Schärfung des Profils des Situationsansatzes. Die Qualitätskriterien bilden zugleich die Grundlage für die Erarbeitung der Instrumente und der Verfahren der internen und externen Evaluation und damit für die weitere Qualitätsentwicklung.

Verfahren und Instrumente der internen Evaluation

Die im Projekt erarbeiteten Evaluationsverfahren und die dazu gehörenden Instrumente sollen ErzieherInnen unterstützen, die Qualität der Erziehung, Bildung und Betreuung zu verstehen, fachlich begründet einzuschätzen und kritisch zu bewerten, mit dem Ziel, qualitätsfördernde Prozesse zu initiieren.

Die interne Evaluation, verstanden als Selbstevaluation der ErzieherInnen, des Teams und der Leitung, stehen im Mittelpunkt der Evaluationsbemühungen. Die Überprüfung und Bewertung der Arbeit entlang der Qualitätskriterien erfolgt intern, im Austausch mit Eltern, dem Träger und – wo möglich und sinnvoll – mit Beteiligung der Kinder. Sie wird von den MitarbeiterInnen selbst initiiert und durchgeführt. Bei dieser Innensicht geht es vorrangig darum, die subjektiven Einschätzungen und Wertungen des Erreichten mit anderen Beteiligten zu erörtern und innovative Veränderungen einzuleiten.

Folgende Verfahren und Instrumente für die interne Evaluation liegen vor:

- die strukturierte Selbsteinschätzung, bei der jede Erzieherin ihr fachliches Handeln reflektiert und bewertet;
- die kollegiale Beobachtung der Erzieherin durch eine Kollegin ihres Vertrauens;
- einen Elternfragebogen für Einschätzung der Eltern bezüglich der Erziehungspartnerschaft, ihrer Beteiligung im Alltag und der Transparenz der pädagogischen Arbeit;

[10] Das Teilprojekt wird durch folgende Stellen gefördert: Bundesministerium für Familie, Senioren, Frauen und Jugend, Bonn; Senatsverwaltung für Schule, Jugend und Sport, Berlin; Hessisches Sozialministerium, Wiesbaden; Ministerium für Bildung, Kultur und Wissenschaft des Saarlandes, Saarbrücken; Stadt Wolfsburg, Geschäftsbereich Jugend; Landesjugendamt Baden, Amt für Familie, Jugend und Soziales der Stadt Villingen-Schwenningen; Vereinigung Hamburger Kindertagesstätten e.V.; Dezernat für Soziales und Kultur der Stadtverwaltung Jena.

- Qualitätseinschätzungen auf der Grundlage von Dokumentenanalysen (z. B. Konzeption der Einrichtung, Planungs- und Dokumentationsunterlagen, Protokolle von Teambesprechungen, Elternbriefe, Kitazeitungen);
- die strukturierte Gruppendiskussion, bei der die subjektiven Perspektiven und Deutungen der verschiedenen Beteiligten mit den Meinungen und Einschätzungen des Teams verglichen werden.

Abschließend und zusammenfassend wird das erreichte Qualitätsniveau bei der Umsetzung des jeweiligen konzeptionellen Grundsatzes des Situationsansatzes in der Kindertageseinrichtung eingeschätzt. Hierbei geht es vor allem darum, Perspektiven für die Weiterentwicklung der Arbeit zu beraten und konkrete Schritte dazu festzulegen.

Verfahren und Instrumente der externen Evaluation

Die internen Evaluationsprozesse werden durch die externe Evaluation unterstützt, indem von der Einrichtung unabhängige EvaluatorInnen die Ergebnisse durch eine wertende Außenperspektive ergänzen. Ziel ist es, in wechselseitigem Aushandeln der Perspektiven zu fundierten Einschätzungen über die Qualität der Arbeit zu gelangen und Entwicklungsprozesse anzustoßen. Um ein aussagekräftiges Gesamtbild über die Kindertageseinrichtung zu erhalten, ist ein mehrperspektivischer Zugang erforderlich. Folgende Verfahren und Instrumente wurden erarbeitet und erprobt:

- ein Einrichtungsbogen zur Erhebung von Strukturdaten der Einrichtung;
- die Allroundbeobachtung anhand von Beobachtungskriterien für einen orientierenden Rundgang durch die Einrichtung;
- die Gruppendiskussion entlang eines Gesprächsleitfadens zum Austausch von Standpunkten, Einstellungen und Beurteilungen von ErzieherInnen zu ausgewählten Kriterien;
- die Beobachtung einer Erzieherin anhand ausgewählter Kriterien bezogen auf die Interaktion mit den Kindern;
- die Befragung einer weiteren Erzieherin entlang eines Gesprächsleitfadens;
- das Elterngespräch mit einer Gruppe von Eltern über ihre Perspektive bezüglich der Zusammenarbeit mit den Erzieherinnen;
- die Leitungsbefragung anhand eines Gesprächsleitfadens über den Beitrag der Leitung zur Qualitätsentwicklung in der Einrichtung, insbesondere zur Teamentwicklung;
- eine Trägerbefragung;
- die Dokumentenanalyse entlang von konkreten Analysefragen zur Sichtung und Einschätzung des fachlichen Hintergrundes der verschiedenen Dokumente in der Einrichtung.

Teilprojekt V: Das Trägerprojekt

Leitung: Prof. Dr. Wassilios E. Fthenakis, IFP München

IFP

STAATSINSTITUT
FÜR FRÜHPÄDAGOGIK

Das „Trägerprojekt" (Teilprojekt V der Nationalen Qualitätsinitiative im System der Tageseinrichtungen für Kinder) hatte zum Auftrag, Qualitätskriterien für die Arbeit der Rechtsträger von Kindertageseinrichtungen zu entwickeln und handhabbare Verfahren zur Qualitätsfeststellung zu erarbeiten. Es stellt insofern ein Pilotprojekt dar, als bislang keinerlei Regelwerke zur Qualitätssicherung vorlagen, die das vielfältige Aufgabenspektrum eines Trägers von Tageseinrichtungen systematisch und umfassend aufarbeiten.

In enger Zusammenarbeit mit Vertretern unterschiedlicher Trägerorganisationen wurde ein „Trägerprofil" entwickelt, das die zehn wichtigsten Aufgabenfelder von Trägern beschreibt:[11]

1) Organisations- und Dienstleistungsentwicklung:
Der gesellschaftliche Kontext der Bildungs- und Betreuungsarbeit sowie der aktuelle Bedarf der Familien in der Region sind einem ständigen Wandel unterworfen. Träger sind dafür verantwortlich, diese Entwicklungen im Blick zu haben und die Organisationsstruktur und das Dienstleistungsangebot der Kindertageseinrichtung entsprechend anzupassen und weiter zu entwickeln.

2) Konzeption und Konzeptionsentwicklung:
Die Verantwortung des Trägers liegt vorwiegend in der Sicherung der notwendigen zeitlichen, personellen und materiellen Rahmenbedingungen für eine gelingende Entwicklung und Umsetzung der einrichtungsspezifischen Konzeptionsziele und -vorhaben durch die pädagogischen Fachkräfte. Dazu gehören auch Strategien zur Beteiligung von Eltern in Konzeptionsfragen.

3) Qualitätsmanagement:
Grundlage des Qualitätsmanagements ist die Klärung und Entwicklung von Qualitätszielen für die Tageseinrichtung und die Formulierung von verbindlichen Standards. Auf diesem Weg werden Arbeitsabläufe transparenter gemacht und Prozesse der Qualitätsentwicklung gesichert.

4) Personalmanagement:
In den Aufgabenbereich des Trägers gehören Personalplanung, Personalentwicklung, Personalführung, Personalcontrolling und Personalverwaltung. Voraussetzung für ein gelingendes Personalmanagement ist ein Personalkonzept sowie verbindlich geregelte Formen der Kompetenzzuschreibung und Zusammenarbeit zwischen Träger und Einrichtung (Leitung, Mitarbeiterteam).

5) Finanzmanagement:
Zu den Trägeraufgaben gehören die Erstellung eines Finanzierungskonzepts, die effiziente Verwaltung der Gelder aus verschiedenen Finanzquellen sowie – soweit möglich – die Beschaffung zusätzlicher Mittel für den Betrieb der Kindertageseinrichtung.

6) Familienorientierung und Elternbeteiligung:
Es ist eine Aufgabe des Trägers, Rahmenbedingungen für die Zusammenarbeit zwischen Eltern und pädagogischem Personal zu sichern. Dazu gehört, dass die Eltern an möglichst vielen Entscheidungen teilhaben und zu diesem Zweck ein funktionierendes Kommunikationssystem zwischen Einrichtung und Familien besteht.

7) Gemeinwesenorientierte Vernetzung und Kooperation:
Aufgabe des Trägers ist es, sowohl die Tageseinrichtung in ihren Vernetzungsaufgaben mit Fachdiensten, Schulen und kulturellen Organisationen im Umfeld zielbewußt zu unterstützen als auch die Tageseinrichtung in relevanten regionalen Gremien zu vertreten und Kontakte zu Wissenschaft, Politik, Wirtschaft und Kultur zu pflegen.

[11] Fthenakis, Hanssen, Oberhuemer & Schreyer (2003)

8) Bedarfsermittlung und Angebotsplanung:

Zu den Aufgaben der einzelnen Träger gehört es, den Bedarf in ihrem Einzugsbereich durch Nutzung von Daten der (über-)örtlichen Jugendhilfeplanung und durch eigene Bedarfsanalysen zu ermitteln. Träger sind dazu aufgefordert, eigene Angebotsperspektiven für ihre Kindertageseinrichtungen zu entwickeln und sich für die Umsetzung einzusetzen.

9) Öffentlichkeitsarbeit:

Ziel aus Sicht des Trägers ist es vor allem, die Einrichtungen in seiner Verantwortung bekannt zu machen und sich in der Öffentlichkeit und in der Trägerlandschaft in kinder- und familien- und bildungspolitischen Fragen zu positionieren.

10) Bau und Sachausstattung:

In die Trägerverantwortung fällt (neben dem Bau von neuen Tageseinrichtungen) die Prüfung der vorhandenen baulichen Situation sowie die Planung und Durchführung von notwendig werdenden Umbaumaßnahmen und Sanierungen. Mit Blick auf Baumaßnahmen sowie auf die Sachausstattung ist die Einbindung von Personal, Eltern und Kindern in die Entscheidungsprozesse möglichst zu berücksichtigen.

Zu all diesen Aufgabendimensionen wurden – auf der Grundlage der fachwissenschaftlichen Diskussion sowie mit Hinweis auf relevante Rechtsvorgaben – Qualitätsziele formuliert. Daraus leiten sich zentrale Trägeraufgaben, Maßnahmen der Qualitätssteuerung sowie exemplarische Qualitätskriterien ab. In der Endfassung umfasst der Kriterienkatalog insgesamt 120 Qualitätsstandards. Die skizzierte theoretische und fachliche Fundierung der Qualitätskriterien wurde in einem Qualitätshandbuch für Träger von Kindertageseinrichtungen zusammengefasst. Auf der Grundlage der so validierten Qualitätskriterien wurde ein Selbstevaluationsinstrument entwickelt, das nicht allein der Qualitätsfeststellung dient, sondern das insbesondere auf die Weiterentwicklung der Trägerqualität abzielt, indem es unmittelbar überleitet in praktische Maßnahmen der Qualitätsentwicklung. Mit diesem Instrument können sich Träger die Methode der Selbstevaluation zur Qualitätsfeststellung und -entwicklung erschließen und sie selbstständig nutzen. Die im Qualitätshandbuch präsentierten Aufgabendimensionen und Qualitätskriterien bilden dabei das Grundgerüst des modular aufgebauten Selbstevaluationsinstruments.

Empfehlungen an die Politik

04 01

Pädagogische Qualität in den Tageseinrichtungen stellt, neben dem Bildungs- und Erziehungsplan, die Vorbedingung für eine Lizenzierung und für die Finanzierung dieser Einrichtungen dar.

04 02

Es empfiehlt sich, bei der Konzeptualisierung von pädagogischer Qualität auf ein umfassendes Konzept von Qualität zurückzugreifen, in dem neben strukturellen und prozessualen Dimensionen von Qualität auch kontextuelle Aspekte berücksichtigt werden.

04 03

Das Kindernetzwerk der Europäischen Union hat im Jahre 1996 insgesamt 40 Qualitätsstandards mit der Empfehlung an alle Mitgliedsstaaten verabschiedet, diese bis 2006 umzusetzen. Diese sind bei nationalen Überlegungen einzubeziehen.

04 04

Bei der Definition von Qualitätsstandards wird zwischen solchen administrativ-politischer und solchen pädagogischer Art unterschieden. Es wird empfohlen, eine progressive Annäherung der politischen-administrativen an die pädagogischen Standards anzustreben.

04 05

Die in den letzten Jahren geführte Qualitätsdebatte fokussierte primär strukturelle Dimensionen. Prozessuale Dimensionen von Qualität (z. B. Erzieherin-Kind-Interaktion; Interaktionen zwischen den Kindern bzw. zwischen den Erzieherinnen) erweisen sich jedoch als die wichtigsten, wenn es darum geht, pädagogische Qualität in den Tageseinrichtungen zu sichern. Da die Fachkräfte weder in der Ausbildung noch in der Praxis auf diesem Gebiet qualifiziert werden, bedarf es zusätzlicher Qualifizierungsmaßnahmen, die vorrangig auf der Ebene der Ausbildungsstätten einzuleiten sind.

04 06

Die Ergebnisse der Nationalen Qualitätsinitiative sollten in eine gemeinsam veranstaltete Implementationsphase münden, damit deren Verbreitung gesichert und die Grundlage für eine systematische Evaluation des Systems der Tageeinrichtungen geschaffen wird.

04 07

Die Entwicklung und Überprüfung geeigneter Skalen und Instrumente zur Feststellung pädagogischer Qualität stellt eine permanente Aufgabe dar. Es empfiehlt sich, im Rahmen der Forschungsförderung und bei der Vergabe von Projekten dieser Aufgabe Priorität einzuräumen.

04 08

Die Überprüfung pädagogischer Qualität hat in regelmäßigen Abständen stattzufinden. Es sollten Standards definiert werden, deren Unterschreitung die Lizenzierung in Frage stellt. Ferner sollte ein Anreizsystem zur Stärkung pädagogischer Qualität in den Tageseinrichtungen beitragen.

Evaluation von pädagogischer Qualität und Bildungsqualität

05

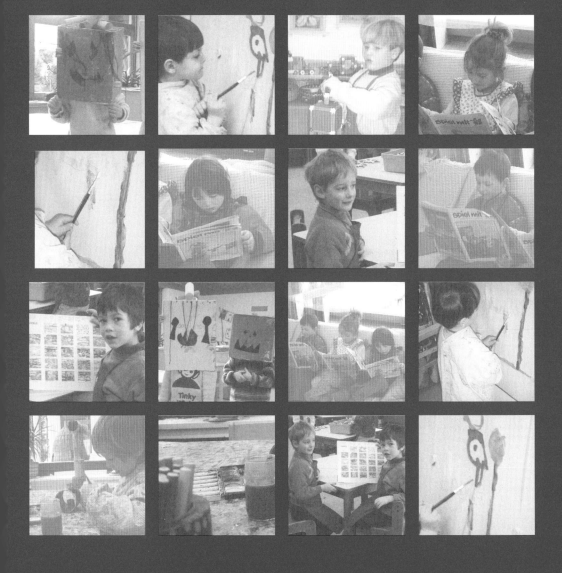

Zusammenfassung

Pädagogische Qualität und Bildungsqualität zu fordern und entsprechende Maßnahmen aufzuzeigen, die zur Erreichung dieser Ziele beitragen können, gewährleistet noch nicht, dass hohe pädagogische Qualität in den Tageseinrichtungen erreicht wird. Erst eine systematische Evaluation kann darüber Auskunft geben, ob bestimmte Qualitätsstandards erreicht werden. Qualitätskriterien und -standards kommen im Übrigen nicht nur bei der Durchführung der Evaluation zur Anwendung, auch für die Evaluationsmaßnahmen selbst wurden Qualitätsstandards festgelegt. Innerhalb des Systems der Tageseinrichtungen für Kinder wird das Thema der Feststellung und Steuerung von pädagogischer Qualität und Bildungsqualität an unterschiedlicher Stelle angegangen: Der Einsatz kindbezogener diagnostischer Verfahren liefert Aufschluss über die Notwendigkeit einer gezielten Förderung des Kindes bzw. über die Effektivität eingeleiteter Fördermaßnahmen. Einrichtungsbezogene Verfahren nehmen das Qualitätsmanagement der Tageseinrichtung in den Blick und identifizieren Optimierungs- und Entwicklungspotentiale. Erst in jüngster Zeit wird auch die Qualität der Arbeit von Trägern solcher Kindertageseinrichtungen fokussiert. Weithin unbeachtet blieb bislang eine systematische Evaluation des gesamten Systems der Tageseinrichtungen für Kinder, die zur Weiterentwicklung des Gesamtsystems der vorschulischen Betreuung und Bildung jedoch dringend erforderlich ist.

Evaluation von pädagogischer Qualität und Bildungsqualität

Pädagogische Qualität und Bildungsqualität zu fordern und entsprechende Maßnahmen aufzuzeigen, die zur Erreichung dieser Ziele beitragen können, gewährleistet noch nicht, dass Qualitätssteigerungen bewirkt werden. Erst eine systematische Evaluation gibt darüber Auskunft, ob bestimmte Qualitätsstandards erreicht werden.

Evaluationsbegriff und Evaluationsmodelle

Evaluation bezeichnet ganz allgemein eine Bewertung und umfasst Informationen über den bewerteten Gegenstand („Daten") und Standards für die Beurteilung („Werte"). Eine zentrale Rolle spielt die Evaluation im Rahmen des Qualitätsmanagements. Hierbei ist die Überprüfung der Qualität eines Produktions- oder Dienstleistungsprozesses (Qualitätskontrolle) in ein umfänglicheres System eingebettet, das zusätzlich die Festlegung von Qualitätskriterien und die Initiierung von Qualitätsverbesserungen umfasst. Die Evaluation dient dabei nicht nur der Feststellung oder vergleichenden Beurteilung eines Ist-Zustandes, sondern auch der Steuerung der Qualitätsentwicklung.[1]

Vorliegende Evaluationskonzepte unterscheiden sich u. a. darin, welche Rolle sie den Evaluatoren zuweisen. Der Evaluator kann z. B. als technischer oder methodischer Experte[2] auftreten, als neutraler Vorbereiter von Entscheidungen,[3] als Informator, Erzieher und Helfer aller Beteiligter[4] oder als Mediator und Konfliktlöser.[5] Diese verschiedenen Rollen- und Aufgabenschwerpunkte schließen sich keineswegs wechselseitig aus. Die Definition der Evaluatorenrolle hat einen unmittelbaren Einfluss auf die Ausgestaltung der Evaluation. Grundlegend ist in diesem Zusammenhang die Unterscheidung zwischen Selbst- und Fremdevaluation. „Eine Selbstevaluation liegt vor, wenn die Untersuchungen und Bewertungen des Evaluationsgegenstandes von Personen vorgenommen werden, die an der Gestaltung dieses Gegenstandes selbst beteiligt sind, eventuell sogar als wesentliche Mitarbeiter oder Verantwortungsträger." (Westermann, 2002, S. 11) Bei der Fremdevaluation werden Experten mit der Beschreibung und Bewertung beauftragt, die nicht zu der betreffenden Organisation gehören, die die zu evaluierende Maßnahme gestaltet oder verantwortet. Selbst- und Fremdevaluation besitzen ihre spezifischen Vorteile und Risiken. Eine Selbstevaluation birgt die Gefahr der Par-

---

[1] Kromrey (2003), Westermann (2002)
[2] Campbell (1969)
[3] Rossi, Freeman & Lipsey (1999)
[4] Cronbach (1982)
[5] Chen (1990)

teilichkeit und Urteilsverfälschung. Zudem benötigen Selbstevaluatoren bei der Planung und Durchführung dieser Maßnahme in stärkerem Maße der methodischen Instruktion und Anleitung als erfahrene Evaluationsexperten. Eine Evaluation durch außenstehende Experten ist u. U. weniger beeinflusst von Partikularinteressen und bietet eher die Chance, neue Sichtweisen einzubringen. Externe Evaluatoren übersehen jedoch leicht aufgrund mangelnder themenbezogener Expertise wichtige Aspekte und sind typischerweise eher an verallgemeinerbaren Aussagen interessiert als an konkreten Maßnahmen für den jeweiligen Einzelfall.

Bei der strategischen Planung von Evaluationsprogrammen sind die beteiligten Personengruppen zu identifizieren, die spezifische Interessen an der Gestaltung und an den Ergebnissen der Evaluation und der evaluierten Maßnahme haben.[6]

Folgende Interessengruppen lassen sich unterscheiden:

■ Personen, die Gegenstand der Evaluation sind oder die zu einer evaluierten Gruppe oder Institution gehören;
■ unmittelbare Zielpersonen der zu evaluierenden Maßnahme (z. B. Kunden, behandelte Patienten, betreute Kinder) oder ihre organisierten Vertretungen sowie indirekt Betroffene (z. B. Eltern, Angehörige);
■ Auftraggeber und Kostenträger der zu evaluierenden Maßnahme.

Die Fremdevaluation wird häufig vom Auftraggeber und Kostenträger der zu evaluierenden Maßnahme veranlasst. Eine Selbstevaluation, die primär der Weiterentwicklung der Qualität dient, sollte hingegen von der evaluierten Institution angeregt und eingeleitet werden.

Evaluationsstandards

Qualitätskriterien und Qualitätsstandards kommen nicht nur bei der Durchführung der Evaluation zur Anwendung – Qualitätsstandards können als Soll-Werte verstanden werden, mit denen der erhobene Ist-Wert verglichen wird –, auch an die Evaluationsmaßnahmen selbst sind Qualitätsstandards anzulegen. So hat das Joint Committee on Standards for Educational Evaluation einen Katalog solcher Evaluationsstandards vorgelegt, der vier Gruppen von Standards umfasst (siehe Kasten):

1. Nützlichkeitsstandards
Mit den Nützlichkeitsstandards soll gesichert werden, dass die Evaluation die Informationsbedürfnisse der Nutzer erfüllt. Die einzelnen Standards betref-

---

[6] Clarke (1999), Rossi et al. (1999), Scriven (1991)

Die Evaluationsstandards im Überblick

Nützlichkeitsstandards

N Die Nützlichkeitsstandards sollen sicherstellen, dass sich eine Evaluation an den Informationsbedürfnissen der vorgesehenen Evaluationsnutzer ausrichtet. Es handelt sich um folgende Standards:

N1 Ermittlung der Beteiligten und Betroffenen: Die an einer Evaluation beteiligten oder von ihr betroffenen Personen sollten identifiziert werden, damit deren Interessen und Bedürfnisse berücksichtigt werden können.

N2 Glaubwürdigkeit des Evaluators: Wer Evaluationen durchführt, sollte sowohl vertrauenswürdig als auch kompetent sein, damit bei den Evaluationsergebnissen ein Höchstmaß an Glaubwürdigkeit und Akzeptanz erreicht wird.

N3 Umfang und Auswahl der Informationen: Die gewonnenen Informationen sollten von einem Umfang und einer Auswahl sein, welche die Behandlung sachdienlicher Fragen zum Programm ermöglichen und gleichzeitig auf die Interessen und Bedürfnisse des Auftraggebers und anderer Beteiligter & Betroffener eingehen.

N4 Feststellung von Werten: Die Perspektiven, Verfahren und Gedankengänge, auf denen die Interpretationen der Ergebnisse beruhen, sollten sorgfältig beschrieben werden, damit die Grundlagen der Werturteile klar ersichtlich sind.

N5 Klarheit des Berichts: Evaluationsberichte sollten das evaluierte Programm einschließlich seines Kontextes ebenso beschreiben wie die Ziele, die Verfahren und Befunde der Evaluation, damit die wesentlichen Informationen zur Verfügung stehen und leicht verstanden werden können.

N6 Rechtzeitigkeit und Verbreitung des Berichts: Wichtige Zwischenergebnisse und Schlussberichte sollten den vorgesehenen Nutzern so zur Kenntnis gebracht werden, dass diese sie rechtzeitig verwenden können.

N7 Wirkung der Evaluation: Evaluationen sollten so geplant, durchgeführt und dargestellt werden, dass die Beteiligten und Betroffenen dazu ermuntert werden, dem Evaluationsprozess zu folgen, damit die Wahrscheinlichkeit steigt, dass die Evaluation genutzt wird.

Durchführbarkeitsstandards

D Die Durchführbarkeitsstandards sollen sicherstellen, dass eine Evaluation realistisch, gut durchdacht, diplomatisch und kostenbewusst ausgeführt wird. Es handelt sich um folgende Standards:

D1 Praktische Verfahren: Die Evaluationsverfahren sollten praktisch sein, so dass Störungen minimiert und die benötigten Informationen beschafft werden können.

D2 Politische Tragfähigkeit: Evaluationen sollten mit Voraussicht auf die unterschiedlichen Positionen der verschiedenen Interessengruppen geplant und durchgeführt werden, um deren Kooperation zu erreichen und um mögliche Versuche irgendeiner dieser Gruppen zu vermeiden, die Evaluationsaktivitäten einzuschränken oder die Ergebnisse zu verzerren respektive zu missbrauchen.

D3 Kostenwirksamkeit: Die Evaluation sollte effizient sein und Informationen mit einem Wert hervorbringen, der die eingesetzten Mittel rechtfertigt.

Korrektheitsstandards

K Die Korrektheitsstandards sollen sicherstellen, dass eine Evaluation rechtlich und ethisch korrekt durchgeführt wird und dem Wohlergehen der in die Evaluation einbezogenen und auch der durch die Ergebnisse betroffenen Personen gebührende Aufmerksamkeit gewidmet wird. Es handelt sich um folgende Standards:

K1 Unterstützung der Dienstleistungsorientierung: Die Evaluation sollte so geplant werden, dass Organisationen dabei unterstützt werden, die Interessen und Bedürfnisse des ganzen Zielgruppenspektrums zu berücksichtigen und ihre Tätigkeiten danach auszurichten.

K2 Formale Vereinbarungen: Die Pflichten der Vertragsparteien einer Evaluation (was, wie, von wem, wann getan werden soll) sollten schriftlich festgehalten werden, damit die Parteien verpflichtet sind, alle Bedingungen dieser Vereinbarung zu erfüllen oder aber diese erneut zum Gegenstand von formalen Verhandlungen zu machen.

K3 Schutz individueller Menschenrechte: Evaluationen sollten so geplant und durchgeführt werden, dass die Rechte und das Wohlergehen der Menschen respektiert und geschützt sind.

K4 Human gestaltete Interaktion: EvaluatorInnen sollten in ihren Kontakten mit Anderen die Würde und den Wert der Menschen respektieren, damit diese nicht gefährdet oder geschädigt werden.

K5 Vollständige und faire Einschätzung: Evaluationen sollten in der Überprüfung und in der Präsentation der Stärken und Schwächen des evaluierten Programms vollständig und fair sein, sodass die Stärken weiter ausgebaut und die Problemfelder angesprochen werden können.

K6 Offenlegung der Ergebnisse: Die Vertragsparteien einer Evaluation sollten sicherstellen, dass die Evaluationsergebnisse – einschließlich ihrer relevanten Beschränkungen – den durch die Evaluation betroffenen Personen ebenso wie all jenen, die einen ausgewiesenen Anspruch auf die Evaluationsergebnisse haben, zugänglich gemacht werden.

K7 Deklaration von Interessenkonflikten: Interessenkonflikte sollten offen und aufrichtig behandelt werden, damit sie die Evaluationsverfahren und -ergebnisse nicht beeinträchtigen.

K8 Finanzielle Verantwortlichkeit: Die Zuweisung und Ausgabe von Ressourcen durch die Evaluation sollte durch eine sorgfältige Rechnungsführung nachgewiesen werden und auch anderweitig klug sowie ethisch verantwortlich erfolgen, damit die Ausgaben verantwortungsbewusst und angemessen sind.

Genauigkeitsstandards

G Die Genauigkeitsstandards sollen sicherstellen, dass eine Evaluation über die Güte und/oder die Verwendbarkeit des evaluierten Programms fachlich angemessene Informationen hervorbringt und vermittelt. Es handelt sich um folgende Standards:

G1 Programmdokumentation: Das zu evaluierende Programm sollte klar und genau beschrieben und dokumentiert werden, so dass es eindeutig identifiziert werden kann.

G2 Kontextanalyse: Der Kontext, in dem das Programm angesiedelt ist, sollte ausreichend detailliert untersucht werden, damit mögliche Beeinflussungen des Programms identifiziert werden können.

G3 Beschreibung von Zielen und Vorgehen: Die Zwecksetzungen und das Vorgehen der Evaluation sollten ausreichend genau dokumentiert und beschrieben werden, so dass sie identifiziert und eingeschätzt werden können.

G4 Verlässliche Informationsquellen: Die in einer Programmevaluation genutzten Informationsquellen sollten hinreichend genau beschrieben sein, damit die Angemessenheit der Informationen eingeschätzt werden kann.

G5 Valide Informationen: Die Verfahren zur Informationsgewinnung sollten so gewählt oder entwickelt und dann umgesetzt werden, dass die Gültigkeit der gewonnenen Interpretationen für den gegebenen Zweck sichergestellt ist.

G6 Reliable Informationen: Die Verfahren zur Informationsgewinnung sollten so gewählt oder entwickelt und dann umgesetzt werden, dass die Zuverlässigkeit[7] der gewonnenen Interpretationen für den gegebenen Zweck sichergestellt ist.

G7 Systematische Informationsüberprüfung: Die in einer Evaluation gesammelten, aufbereiteten und präsentierten Informationen sollten systematisch überprüft und alle gefundenen Fehler sollten korrigiert werden.

G8 Analyse quantitativer Informationen:[8] Quantitative Informationen einer Evaluation sollten angemessen und systematisch analysiert werden, damit die Fragestellungen der Evaluation effektiv beantwortet werden.

G9 Analyse qualitativer Informationen:[9] Qualitative Informationen einer Evaluation sollten angemessen und systematisch analysiert werden, damit die Fragestellungen der Evaluation effektiv beantwortet werden.

G10 Begründete Schlussfolgerungen: Die in einer Evaluation gezogenen Folgerungen sollten ausdrücklich begründet werden, damit die Beteiligten und Betroffenen diese einschätzen können.

G11 Unparteiische Berichterstattung: Die Verfahren der Berichterstattung sollten über Vorkehrungen gegen Verzerrungen durch persönliche Gefühle und Vorlieben irgendeiner Evaluationspartei geschützt werden, so dass Evaluationsberichte die Ergebnisse fair wiedergeben.

G12 Meta-Evaluation: Die Evaluation selbst sollte formativ und summativ in Bezug auf die vorliegenden oder andere wichtige Standards evaluiert werden, so dass die Durchführung entsprechend angeleitet werden kann und damit die Beteiligten und Betroffenen bei Abschluss einer Evaluation deren Stärken und Schwächen gründlich überprüfen können.

Aus: Sanders, 2000

---

[7] Gemeint ist die Messgenauigkeit der Verfahren.
[8] Solche Verfahren sind etwa Surveys, standardisierte Beobachtungsverfahren oder Tests.
[9] Hierunter fallen bspw. Arbeitsproben, mündliche Befragungen/Interviews oder die Dokumentenanalyse.

fen u. a. die Identifikation von Beteiligten und Betroffenen, den Umfang der Informationssammlung und die Berichtlegung.

2. Durchführbarkeitsstandards
Diese Standards behandeln Aspekte der Handhabbarkeit, der politischen Tragfähigkeit und der Kostenwirksamkeit der Evaluationsmaßnahme. So wird beispielsweise gefordert, auf eine Kooperation der verschiedenen Interessengruppen hinzuwirken und mögliche Versuche einer dieser Gruppen abzublocken, die Evaluationsaktivitäten einzuschränken oder die Ergebnisse zu verfälschen oder zu missbrauchen.

3. Korrektheitsstandards
Die Maßstäbe bezüglich der rechtlich und ethisch korrekten Durchführung einer Evaluation beinhalten neben allgemeinen Forderungen auch konkrete Verfahrensvorschläge, etwa zu formalen Vereinbarungen über die Pflichten der Vertragsparteien einer Evaluation oder zur Behandlung auftretender Interessenkonflikte.

4.Genauigkeitsstandards
Mithilfe der Genauigkeitsstandards soll gesichert werden, dass die mit der Evaluation erzielten Erkenntnisse fachlich angemessen gewonnen und vermittelt werden. Zahlreiche dieser Standards behandeln methodische Probleme (Validität, Reliabilität), andere geben klare Verfahrensschritte vor (z. B. Programmdokumentation, Kontextanalyse, faire Berichterstattung).

Werden im Rahmen der Evaluation von pädagogischer Qualität und Bildungsqualität Testverfahren eingesetzt, so sind zusätzlich die „Standards für pädagogisches und psychologisches Testen" zu beachten, die gemeinsam von der American Educational Research Association (AERA), der American Psychological Association (APA) und dem National Council on Measurement in Education (NCME) erarbeitet wurden und inzwischen auch in einer deutschen Fassung vorliegen.[10]

Spezifische Verfahren zur Evaluation von pädagogischer Qualität und Bildungsqualität

Ein beliebtes Instrument zur Steuerung der pädagogischen Qualität sind Qualitätshandbücher. Ein gutes Beispiel für das Instrument des Qualitätshandbuchs liefert das Bundesrahmenhandbuch „Qualitätsmanagement für Evangelische Kindertageseinrichtungen", das von der Bundesvereinigung Evangelischer Tageseinrichtungen für Kinder (BETA) und dem Diakoni-

[10] vgl. Häcker, Leutner & Amelang, 1998

schen Institut für Qualitätsmanagement und Forschung (DQF) vorgelegt wurde.[11]

Das Handbuch stellt die Aufgabenbereiche von Tageseinrichtungen für Kinder systematisch und umfassend dar und orientiert sich dabei am Konzept des „Total Quality Management". Als Rahmenhandbuch bildet es ein Muster für die Entwicklung von Qualitätshandbüchern der einzelnen Kindertageseinrichtungen. Hierzu liefert das Werk fachliche Qualitätsstandards, methodisches Wissen und methodische Hilfen. Im Mittelpunkt steht das Qualitätsmanagement in der Tageseinrichtung; die Entwicklung der einzelnen Kinder findet demgemäß kaum Beachtung. Das Qualitätsmanagement „regelt, wer was wann im Unternehmen macht und wohin die Reise geht" (Antje Ahrens und Doris Beneke in den Hinweisen zur Nutzung des Handbuchs). So werden die Schlüsselprozesse einer Kindertageseinrichtung identifiziert (Führungsprozesse, Dienstleistungsprozesse in der Einrichtung, Unterstützungsprozesse des Trägers) und exakt beschrieben. Auch die Zuständigkeiten und Verantwortlichkeiten werden geregelt. Damit führt das Qualitätsmanagement zunächst zu einer Bestandsaufnahme und Dokumentation von Arbeitsprozessen. Mit der Selbstverpflichtung aller Mitarbeiter zu einer vereinbarten Qualitätspolitik, zu definierten Qualitätskriterien und zu Verfahren der Qualitätssicherung zielt es zusätzlich ab auf die Fehlervermeidung und auf die Korrektur erkannter Fehler.

Demgegenüber tritt der Aspekt der Qualitätsentwicklung eher in den Hintergrund, denn Verfahren zur Förderung der Qualitätsentwicklung[12] gehen über die verbindliche Festlegung von Qualitätszielen, Qualitätskriterien, Zuständigkeiten und anzuwendenden Verfahren hinaus, indem die Zielsetzungen fortlaufend reflektiert und ggf. revidiert werden. Das Qualitätsmanagement gleicht damit einem homöostatischen System, dessen Funktionsabläufe festgelegt sind und gegen Störungen abgesichert werden. Verfahren zur Qualitätsentwicklung ähneln demgegenüber heterostatischen Systemen, deren Funktionsziele („Soll-Werte") anwachsen.

Das skizzierte Rahmenhandbuch gibt jedoch ein überzeugendes Beispiel dafür, wie trägerspezifische Rahmenbedingungen und Voraussetzungen in ein Regelwerk zum Qualitätsmanagement eingearbeitet werden sollten. Damit bietet es die Grundlage für die Umsetzung der spezifischen Ausrichtung evangelischer Tageseinrichtungen. Dies spiegelt sich auch in den konkreten Handlungsanweisungen wider, etwa in der Vorgabe, nur faire und sozialrechtlich abgesicherte Arbeitsverhältnisse einzugehen.

Der Niederländer Jef van Kuyk hat mit dem Pyramide-Projekt einen pädagogischen Ansatz zur Entwicklungsförderung im Vorschulalter vorgelegt,

---

[11] Bundesvereinigung Evangelischer Tageseinrichtungen für Kinder (2002)
[12] z.B. Fthenakis, Hanssen, Oberhuemer & Schreyer (2003)

der z. Z. implementiert wird. Im Rahmen dieses Gesamtkonzeptes spielen Diagnostik und Evaluation eine zentrale Rolle. Das Programm unterscheidet drei Bereiche der kindlichen Entwicklung und demgemäß drei Bereiche der Entwicklungsförderung bzw. -diagnostik:

- In den Bereich der kognitiven Intelligenz fallen die Entwicklung der Wahrnehmung, die Sprachentwicklung, das Denken sowie die räumliche und zeitliche Orientierung.
- Unter dem Konzept der emotionalen Intelligenz werden die Persönlichkeitsentwicklung und die soziale und emotionale Entwicklung zusammengefasst.
- Dem Bereich der physischen Intelligenz werden schließlich die motorische Entwicklung und die Entwicklung der körperlichen Geschicklichkeit („artistische" Fähigkeiten) zugeordnet.

Das Programm unterscheidet drei aufeinander aufbauende Interventionsniveaus. Auf einem niedrigen Niveau der pädagogischen Intervention werden die Methoden des freien Spiels und des themengebundenen Spielens innerhalb von Spielprojekten eingesetzt. Lernprozesse werden kaum systematisch unterstützt. Der Erwerb bzw. Aufbau von Wissen und Symbolsystemen geschieht jedoch auch auf diesem Niveau nicht allein durch das Kind, vielmehr greifen bereits hier Prozesse der Co-Konstruktion, etwa im Kontakt des Kindes mit anderen Kindern. Auf einem mittleren Interventionsniveau kommen Gruppenexplorationen und kursorische Aktivitäten zum Einsatz. Kindliche Lernprozesse werden von den pädagogischen Fachkräften nur begrenzt unterstützt. Spiele werden jedoch angereichert, etwa komplexer gestaltet oder thematisch stärker eingebunden. Auf dem hohen Interventionsniveau wird schließlich die systematische und intensive Anleitung des Kindes (Tutoring) praktiziert. Spielen wird explizit gelehrt, indem etwa Aufgabenstellungen und Zielsetzungen erläutert oder Regeln eingeführt werden. Auf dieser Ebene sind die pädagogischen Fachkräfte eng in die Co-Konstruktion eingebunden.

Innerhalb dieses Gesamtkonzeptes kommen unterschiedliche Formen der Evaluation zum Tragen, die in ein Mehrebenen-Modell der Evaluation integriert sind (siehe Abbildung). Entwicklungsfortschritte in den einzelnen Bereichen werden von den Erzieherinnen bei der alltäglichen Evaluation beobachtet und dokumentiert. Diese Evaluation des Kindes ist in hohem Maße ökologisch valide und individuell. Zur Dokumentation dient ein Portfolio, also eine Mappe zum Sammeln von Kinderzeichnungen, Aufgabenlösungen oder anderen Dokumenten. Im halbjährlichen Turnus erfolgt die Evaluation einer ganzen Reihe von Entwicklungsbereichen. Diese Evaluation geschieht systematisch und gemeinsam für die gesamte Gruppe. Für die kognitiven Bereiche werden Testverfahren eingesetzt, für andere Bereiche Beobachtungsskalen. Wo es im Einzelfall angezeigt ist, wird eine diagnostische Evaluation durchgeführt, bei der ebenfalls standardisierte Erhebungsinstrumente genutzt werden.

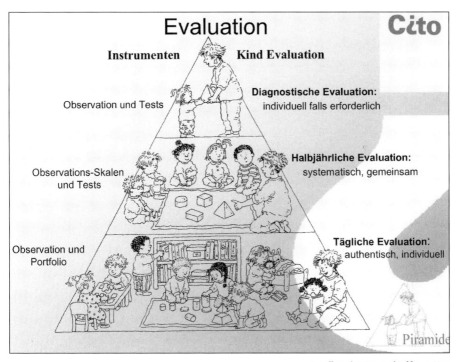

Quelle: CitoGroep/Jeff van Kuy

Systematisch evaluiert wird auch die Tätigkeit der Lehrkraft. Während der Qualifizierung der Erzieherinnen zu Pyramide-Lehrkräften erfolgt die Evaluation anhand eines hierzu entwickelten diagnostischen Instruments („Pyramide Implementation Assessment" PIA), nach diesem Training anhand eines Selbstevaluationsinstrumentes („Pyramide Fähigkeits-Spiegel" PFS). Die erworbenen Kompetenzen, deren Einsatz kontinuierlich überprüft wird, betreffen die Vorbereitung des Lernprogramms, die Gestaltung der Spiel- bzw. Lernumgebung, das Klassenmanagement, die Erklärung von Begriffen, die Betreuung von Aufgabenbearbeitung bzw. Spiel sowie die didaktische Evaluation. Die Implementierung des Pyramide-Projekts wird durch intensive Programmforschung begleitet, bei der auch die entwickelten Evaluationsinstrumente validiert werden.[13]

In Neuseeland entwickelten Margaret Carr und Mitarbeiter mit dem „Rahmenkonzept Lerngeschichten" einen Ansatz zur Dokumentation und Evaluation von Lernprozessen, der auf die Anwendung des frühpädagogischen Curriculums „Te Whäriki" abgestimmt ist (siehe Kasten).[14] Seit 1998 ist sowohl die Ausrichtung der pädagogischen Arbeit an diesem Curriculum als auch der Einsatz der entsprechenden Evaluationsverfahren in Neuseeland verbindlich. Die entsprechende ministerielle Verordnung fordert, dass die pädago-

---

[13] van Kuyk (2002)   [14] Carr (2001)

gischen Fachkräfte Curriculum und Evaluationsmethoden so einsetzen, dass a) die Prinzipien kindlicher Lernprozesse berücksichtigt werden; b) die Beziehungen zwischen Kindern, Menschen und Lernumwelt beachtet werden; c) die Eltern bzw. Erziehungsbevollmächtigten, u. U. auch die erweiterte Familie einbezogen werden; und d) das Selbstbild des Kindes als kompetenter Mensch und Lernender gefördert wird.[15]

Das Curriculum „Te Whäriki" fußt auf folgenden fünf zentralen Dimensionen der Entwicklungsförderung:

1. Zugehörigkeit
Eine Kernannahme des Bildungsplans lautet, dass Kinder Mut und Neugier mitbringen, was sich in gezeigtem Interesse äußert. Diese Lerndispositionen sollen genutzt und gefördert werden.

2. Wohlbefinden
Auch das Vertrauen der Kinder, dass die Einrichtung ein sicherer Platz ist, und ihre Spielfreude bilden Grundvoraussetzungen für Lernprozesse und müssen gefördert werden.

3. Exploration
Kinder zeigen auch angesichts von Schwierigkeiten und Hindernissen die Bereitschaft zu Ausdauer. Auf dieser Lerndisposition kann weiter aufgebaut werden.

4. Kommunikation
Eigene Ideen, Ansichten und Gefühle mitzuteilen, ermöglicht das Lernen in der Gruppe und im Kontakt zu den Fachkräften. Die Förderung der kommunikativen Kompetenzen ist daher Bestandteil der Entwicklungsförderung.

5. Partizipation
Schließlich wird die Verantwortlichkeit für Gerechtigkeit und Fairness als eine weitere Lerndisposition angeführt, die auch die Bereitschaft und Fähigkeit einschließt, einen eigenen Standpunkt einzunehmen.

Über die Methode der Lerngeschichten wird der Lernende in seinem Lernkontext erfasst. Die Lerngeschichte dokumentiert, was das Kind mit welchen Hilfestellungen erreicht. Die Lerngeschichten werden auch den Familien zur Verfügung gestellt, um Familie und Gemeinde in den Lernprozess einzubinden. Das Selbstbild des Kindes als eines interessierten und interessanten Menschen wird dadurch gestützt, dass das Kind gut etablierte Lerngeschichten und Alltagstheorien aufbaut.

---

[15] May, Carr & Podmore (2003)

**Einschätzung kindlicher Lern- und Entwicklungsprozesse
über „Lerngeschichten"**

Lerngeschichte 1
Louise und Bruce haben auf dem Hügel Matratzen in der Sonne ausgelegt und streiten darüber,
wer auf welcher liegen soll.
   Bruce: Ich bin der Papa.
   Louise: Nein, Jeanie ist der Papa.
Bruce geht zu Jeanie, sein Gesicht ganz nah zu ihrem.
   Jeanie: Ich bin der Papa.
   Bruce: Es können auch zwei Papas da sein.
   Jeanie: Nein.
   Bruce: Ich kann der Freund sein, oder?
Dies scheint für Louise und Jeanie akzeptabel zu sein (sie sagen nicht „Nein") und sie spielen für
eine Weile freundschaftlich miteinander.

Abgesehen davon, dass Louise und Jeanie jetzt gelernt haben, zu Bruce „Nein" zu sagen, verdeutlicht diese Geschichte Bruce' Fähigkeit zum Verhandeln („Es können auch zwei Papas da
sein" und „Ich kann der Freund sein, oder?"). Zunächst beschränkt sich dies auf Geschichten
über Rollenspiele mit Louise, aber das Team ist optimistisch, dass Bruce diese Fähigkeit auch
in anderen Situationen weiterentwickelt. Früher hatte er seinen Standpunkt dadurch gezeigt,
dass er andere gestoßen oder geschlagen hat.

Lerngeschichte 2
Bruce glaubt (vielleicht zu Recht), dass Amy ihn gekratzt hat: er sagt ihr, dass er das nicht mag,
jagt ihr nach und erklärt Milly (einer Erzieherin), dass er sie (Amy) nicht geschlagen hat. [Sowohl
Milly als auch eine andere Erzieherin loben ihn hierfür.]
Das war eins der ersten Male, dass Bruce offenbar freiwillig sein Verhalten kontrolliert hat: er
übernahm die Art von Verantwortung, die von ihm in dieser Situation erwartet wurde. Die
Rückmeldung der Erzieher beinhaltete auch, dass sie das gemerkt haben.

Lerngeschichte 3
Bruce bittet Annie, auf seine Klotz-und-Tier-Konstruktion zu achten, und sie versucht , das zu tun.
Nach einer Weile sagt er zu ihr: „Annie, jetzt ist es gut, es hat selbst auf sich aufgepasst."
Bruce fängt an, es auszusprechen oder zu einem Erwachsenen zu gehen, wenn er Aufmerksam-
keit fordert, statt einen nicht hinnehmbaren Vorfall zu liefern.

Lerngeschichte 4
An diesem Morgen ruft Bruce: „Ich bin ein guter Pirat." „Und ich rette Leute."

Aus: Carr, 2001, S. 98–99 [Übersetzung: Bernhard Kalicki]

Die Vorteile von Lerngeschichten werden darin gesehen, dass sie der Un-
vorhersehbarkeit von Entwicklungsprozessen Rechnung tragen, die Lernbe-
reitschaften der Kinder fördern, die vorschulische Umgebung als eine Lern-
gemeinschaft schützen und bereichern und dass sie Lernprozesse besser
abbilden, als es reine Leistungsindikatoren können. Lerngeschichten werden
als ein pädagogisches Werkzeug verstanden, um ein weitergehendes und vertiefendes Lernen zu fördern, ohne dabei Lernprozesse einzugrenzen. Außerdem helfen Lerngeschichten bei der Vermittlung der Gruppen-Kultur an die
Teilnehmer und bei der Neubewertung von Geschichten, etwa bei der Aus-

legung ursprünglich pessimistischer und defizitorientierter Erzählungen in Richtung Optimismus und Kompetenzorientierung.

Nicht nur die Arbeit, die in den Tageseinrichtungen geleistet wird, sollte einer Evaluation unterzogen werden. Auch die Träger dieser Einrichtungen sind dazu angehalten, Qualitätsfeststellung zu betreiben, Entwicklungspotentiale zu identifizieren und ihre eigene Arbeit fortlaufend zu optimieren. Wie eine Evaluation der Trägerqualität methodisch umgesetzt werden kann und welches Evaluationskonzept hierzu genutzt werden sollte, wurde im Rahmen eines Praxisprojektes aufgezeigt (s. o.). Interessant an diesem Ansatz ist das Verhältnis von Selbst- und Fremdevaluation, die so kombiniert werden, dass die Vorteile beider Evaluationsstrategien innerhalb eines kohärenten Gesamtkonzeptes genutzt werden können (siehe folgender Kasten).[16]

Zur institutionellen Verankerung von Evaluationsmaßnahmen

Die Nutzung von Evaluation zur Steuerung der pädagogischen und Bildungsqualität setzt voraus, dass die entsprechenden Evaluationsmaßnahmen nicht nur zufällig eingesetzt werden, sondern institutionell verankert sind. Auch hierfür gibt es überzeugende Vorbilder.

In Dänemark verzichtete man bisher auf ein nationales Curriculum für Kindertageseinrichtungen, praktiziert jedoch die Qualitätskontrolle auf kommunaler Ebene und auf der Ebene der Einrichtungen.[17] Schweden kennt einen sehr knappes Bildungsplan, der sich jedoch stark zurückhält mit der Vorgabe spezifischer Lernziele für bestimmte Themengebiete oder Entwicklungsbereiche. Auch gibt es hier keine Benotung oder sonstige formelle Bewertungen. Verschiedene Evaluationsmethoden werden von staatlicher Seite empfohlen, doch keine wird verbindlich gefordert.[18] In den Niederlanden finden wir das Modell einer nationalen Evaluationsagentur verwirklicht. Das Dutch National Institute for Educational Measurement „Citogroep" liefert Beratung und Training zu Evaluationsfragen und wendet sich an Regierungsbehörden, Kommunen, Bildungseinrichtungen und Lehrer. Als Zentrum für die Entwicklung von Evaluationsverfahren und Tests stellt es auch die entsprechenden Methoden bereit. Für den Bereich der Frühpädagogik wurde das Pyramide-Projekt entwickelt, ein Trainings- und Beobachtungssystem für drei- bis sechsjährige Kinder. Citogroep wird primär aus öffentlichen Mitteln finanziert, arbeitet jedoch unabhängig.

Methodische und fachliche Expertise stellen auch einzelne wissenschaftliche Organisationen bereit, die sich dem Thema der Evaluation widmen. Bekannt

[16] Eingehender hierzu: Kalicki (2003); Schreyer et al. (2003)
[17] Jensen & Langsted (in Druck)
[18] Pramling Samuelsson (in Druck)

Evaluation der Trägerqualität durch Selbst- und Fremdeinschätzungen

Die Selbstevaluation umfasst vier Arbeitsschritte: die Planung der Selbstevaluation, die Qualitätsfeststellung, die Auswertung und Interpretation dieser Einschätzungen sowie die Ableitung praktischer Schlussfolgerungen und Entscheidungen. Bei jedem dieser Durchführungsschritte kann Bedarf an Unterstützung, Anleitung oder Beratung bestehen. In der Planungsphase kann die Unterstützung darin bestehen, allen Beteiligten den Sinn und die Vorteile der Selbstevaluation vor Augen zu führen und sie zur Mitarbeit zu motivieren. Bei der Qualitätsfeststellung benötigen die Trägermitarbeiter u. U. weitere Bearbeitungshinweise und Instruktionen. Die Auswertung und Interpretation der Qualitätsfeststellung kann in diesem Beratungsprozess kritisch reflektiert und diskutiert werden. Und schließlich können auch Hilfestellungen bei der konkreten Handlungsplanung geboten werden. Diese Beratung wird als ein im Ablauf und im Ergebnis offener Prozess angelegt. Je nach Unterstützungsbedarf des Trägers bzw. seiner Mitarbeiter werden einzelne Schritte angeleitet und begleitet.

Der Prozess der Selbstevaluation	Externe Validierung der Selbstevaluation	Unterstützung und Beratung
Planung		Stimulation und Motivation
Qualitätsfeststellung	Informationssammlung und unabhängige Qualitätsfeststellung	Instruktion
Auswertung und Interpretation		Kritische Reflexion und Diskussion
Praktische Schlussfolgerungen und Entscheidungen		Unterstützung der konkreten Handlungsplanung

Die im Zuge der Selbstevaluation von den Trägermitarbeitern vorgenommenen Qualitätseinschätzungen werden extern validiert. Diese Variante nutzt die Vorteile einer Fremdevaluation (Perspektivenwechsel, relative Unabhängigkeit und Objektivität), vermeidet gleichzeitig aber deren Nachteile und Gefahren (Kontrollfunktion, Akzeptanzprobleme, möglicher Missbrauch der Daten). Dabei gründen sowohl die Selbstevaluation als auch die externe Validierung der Selbsteinschätzungen des Trägers auf demselben Katalog an Qualitätskriterien, was einen Vergleich beider Urteile ermöglicht. Selbstevaluation und externe Validierung sind nicht voll standardisiert, werden jedoch durch Manuale und durch entsprechende Einschätzungs- und Auswertungsbögen unterstützt und formalisiert.

Die Ergebnisse der externen Validierung, also die unabhängigen Qualitätseinschätzungen, fließen im Idealfall in den umfassenderen Prozess der Unterstützung und Beratung ein, werden also wie die Selbsteinschätzungen des Trägers gemeinsam reflektiert und diskutiert. Besonders diskussionswürdig sind auftretende Divergenzen zwischen der Selbst- und Fremdeinschätzung der Trägerqualität. Um eine konstruktive Analyse der Trägerqualität zu ermöglichen, die den Träger zur Optimierung der eigenen Arbeit motiviert und ihn hierbei aktiv unterstützt statt ihn zu kontrollieren oder zum bloßen Ausführungsorgan zu machen, wird keinem der Beteiligten ein Urteils- und Deutungsmonopol zugeschrieben.

sind etwa die International Association for Educational Assessment (IAEA) oder die Association for Educational Assessment in Europe (AEA-Europe). Sie dienen jedoch eher dem wissenschaftlichen Austausch. Ihr Praxis- und Anwendungsbezug zeigt sich fallweise, so etwa, als sie die benannten Evaluationsstandards formulierten.

Die Evaluation des gesamten Systems der Tageseinrichtungen für Kinder

Innerhalb des Systems der Tageseinrichtungen für Kinder wird das Thema der Feststellung und Steuerung von pädagogischer Qualität und Bildungsqualität an unterschiedlicher Stelle angegangen. Kindbezogene Diagnostik und einrichtungsbezogene Verfahren des Qualitätsmanagements stehen weitgehend unverbunden nebeneinander, erst in jüngster Zeit wird auch die Trägerqualität fokussiert. Weithin unbeachtet blieb jedoch – mit Ausnahme einzelner Analysen des deutschen Bildungssystems, die jedoch häufig stark programmatischen und weniger einen systematischen Charakter haben[19] – die Evaluation des gesamten Systems der Tageseinrichtungen für Kinder. Zur Weiterentwicklung des Gesamtsystems der vorschulischen Betreuung und Bildung müssen sämtliche Teile dieses Systems systematisch evaluiert werden. Die vorliegende Expertise zeigt auf, wie breit ein solches Evaluationsprogramm angelegt werden sollte. Um die Evaluation des Systems der Kindertageseinrichtungen systematisch zu betreiben, bietet es sich an, eine zentrale Evaluationsagentur einzurichten, deren fachliche Kompetenz und politisch-administrative Unabhängigkeit gesichert sein müssen.

[19] z. B. Kluge (2003)

Empfehlungen an die Politik

05 | 01
Die bisherige Abstinenz bezüglich einer Evaluation der pädagogischen Arbeit und der Leistungsfähigkeit von Tageseinrichtungen in Deutschland muss überwunden werden. Es wird deshalb empfohlen, dem Bereich Evaluation, als dem stärksten Instrument zur Weiterentwicklung des Systems der Tageseinrichtungen in Deutschland, besonders große Aufmerksamkeit zu schenken.

05 | 02
Evaluationsmaßnahmen gleich welcher Art dienen in erster Linie der Qualitätsentwicklung und, wenn erforderlich, nachrangig einer Qualitätskontrolle. Sie haben in erster Linie das Ziel zu verfolgen, das pädagogische Angebot kindgerechter zu gestalten bzw. weiterzuentwickeln und dessen Auswirkungen auf das einzelne Kind zu überprüfen. Die Leistungsfähigkeit einer Einrichtung sollte zudem Gegenstand von Evaluationsstudien sein.

05 | 03
Es werden sowohl Instrumente zur Selbst- als auch zur Fremdevaluation benötigt. Sie entfalten ihre Wirkung in einer gezielten und interdependenten Anwendung. Dabei dient Fremdevaluation vorrangig der Reflexion und Optimierung von Selbstevaluation. Erst in zweiter Linie kann sie zur Überprüfung von Daten herangezogen werden, die mittels Selbstevaluation gewonnen wurden.

05 | 04
Evaluationsmaßnahmen dürfen nicht als administrativ-politisches Durchsetzungs- bzw. Disziplinierungsinstrument missbraucht werden.

05 | 05
Evaluationsinstrumente müssen in Beziehung zu der pädagogischen Konzeption gesetzt werden, die in der jeweiligen Einrichtung besteht. Insbesondere haben sie die Normen und Werte der Bildungs- und Erziehungspläne zu respektieren. Ferner haben sie die kulturelle Diversität der Kinder in der Einrichtung zu berücksichtigen.

05 | 06
Evaluation muss reflektiert werden mit Blick auf kindliche Entwicklung und kindliche Lernfortschritte. Zu diesem Zweck empfiehlt es sich, Erfahrungen aus anderen Ländern stärker bei der Entwicklung geeigneter Evaluationsverfahren einzubeziehen. Die Entwicklung bzw. Adaptation von Evaluationsansätzen zur Erfassung und Dokumentation kindlicher Lernprozesse kann nicht länger auf sich warten lassen.

05 | 07
In Deutschland fehlt es nicht nur weithin an Evaluationsverfahren, sondern auch an geeigneten Instrumenten zur Erfassung der Kind-Erzieherin- sowie der Kind-Peers-Interaktion. Ferner fehlt es an Verfahren zur Beobachtung von Kindern in der Einrichtung wie auch in anderen Situationen. Generell ist das Defizit auf diesem Gebiet beachtlich, was trotz mancher Anstrengungen in den Ausbildungsstätten, nicht kompensiert wird. Die Entwicklung bzw. Adaptation solcher Instrumente und Skalen ist unverzichtbar.

05 | 08
Es fehlt auch an Verfahren zur Dokumentation kindlicher Lernprozesse, wie dies vielfach die neuen Bildungs- und Erziehungspläne verlangen. In diesem Zusammenhang ist auch das Defizit an Ansätzen der Gruppenführung zu beklagen: Classroom-Management ist in den Tageseinrichtungen so gut wie nicht existent, ist aber für die Organisation von Lernprozessen unverzichtbar.

Empfehlungen an die Politik

05 | 09

Die Durchführung von Evaluationsmaßnahmen muss in weitaus stärkerem Maß als bisher üblich auf den pädagogischen bzw. Bildungsprozess sensibel und angemessen reagieren. Dabei sollte einer Methodenvielfalt und nicht einer Begrenzung auf einen Evaluationsansatz Priorität eingeräumt werden.

05 | 10

Das bei der Implementierung von Bildungsplänen, pädagogischen Programmen oder spezifischen Lehr- und Vermittlungsmethoden gewinnbare Wissen muss durch eine geeignete, den Implementierungsprozess begleitende Evaluation gesichert werden. Nur so ist sicherzustellen, dass aus Innovationen gelernt werden kann.

05 | 11

Die im Rahmen der Nationalen Qualitätsinitiative entwickelten Evaluationsverfahren können, bei Berücksichtigung der formulierten Grundsätze, die Grundlage für die Einlösung des Anspruchs auf Evaluation liefern. Diese sollten jedoch ergänzt werden durch die von den Spitzenverbänden entwickelten Ansätze. Deren Weiterentwicklung und Ergänzung muss als permanente Aufgabe betrachtet werden.

05 | 12

Da Glaubwürdigkeit und Kompetenz für die Durchführung von Evaluationsmaßnahmen conditio sine qua non sind, sollte dieser Bereich nicht einzelnen Instituten oder sogar kommerziell ausgerichteten Agenturen überlassen werden. Vielmehr wird empfohlen, ein von Bund und Ländern gemeinsam getragenes Institut für Qualitätsentwicklung, Qualitätssicherung und Evaluation ins Leben zu rufen, das von den für diesen Bereich Verantwortlichen begleitet und dessen Arbeit von unabhängigen Experten aus Wissenschaft und Praxis geleistet wird. Das Institut sollte an vergleichbare internationale und europäische Institutionen angeschlossen und zur Einhaltung deren fachlicher und ethischer Standards verpflichtet werden.

05 | 13

Evaluation darf sich nicht nur auf das konkrete Angebot und dessen Auswirkungen auf das Kind, auch nicht allein auf die Leistungsfähigkeit einer Einrichtung beschränken. Darüber hinaus sind auch Evaluationsmaßnahmen erforderlich, die auf die Weiterentwicklung und die Leistungsfähigkeit des Systems von Tageseinrichtungen in Deutschland bzw. einzelner Leistungsträger (Spitzenverbände, kommunale Träger etc.) ausgerichtet sind. Es sollte sichergestellt werden, dass die Entwicklung und Leistungsfähigkeit des Systems der Tageseinrichtungen von einer systematischen wie kontinuierlichen Evaluation begleitet wird.

Berücksichtigung von Kindern mit besonderen Bedürfnissen

06

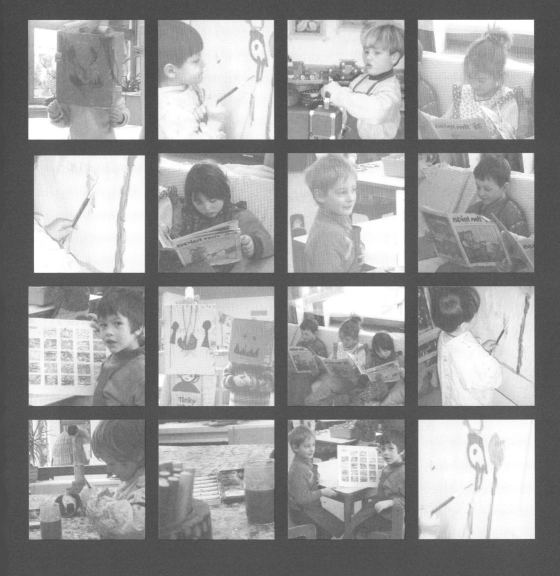

Zusammenfassung

In den Kindertageseinrichtungen findet sich eine nicht unbeträchtliche Zahl von Kindern, die Entwicklungsauffälligkeiten zeigen oder von unterschiedlichen Entwicklungsrisiken betroffen sind. Ein solcher Risikofaktor mit nachhaltigen, aber auch sehr komplexen Auswirkungen auf die kindliche Entwicklung ist die Armut. Eingetretene oder drohende Behinderungen bilden einen eigenen Förderungsbedarf. Während die bereitgestellten Hilfeleistungen für Kinder mit besonderen Bedürfnissen lange Zeit mit einer Aussonderung dieser Kinder verbunden waren, orientieren sich die derzeit konzipierten Fördermaßnahmen am Konzept der „integrativen" Erziehung. Nach einer Phase von Modellversuchen zur Integration behinderter Kinder und zur Unterstützung von Risikokindern in Kindertageseinrichtungen fanden solche Ansätze in der Zwischenzeit Eingang in staatliche Planungsgrundlagen und in die Gesetzgebung.

Flankiert wird diese Entwicklung durch transnationale Vereinbarungen und Deklarationen wie die UN-Konvention über die Rechte des Kindes, die UN-Standards zur Gleichberechtigung Behinderter oder die Erklärung der Weltkonferenz über die Erziehung von Kindern mit besonderen Bedürfnissen. Ungeachtet internationaler Trends und nationaler Vorgaben dominieren in manchen Bundesländern jedoch weiterhin segregierende Formen der Bildung und Erziehung. Obwohl es Konzepte und Strategien zur primären, sekundären und tertiären Prävention gibt, bleibt es in Deutschland bis heute im Wesentlichen einzelnen Einrichtungen, Arbeitskreisen und Trägerverbänden überlassen, inhaltliche Konzepte für integrative Erziehung auszuarbeiten. Eine wissenschaftlich fundierte und begleitete Praxis ist die Ausnahme.

Berücksichtigung von Kindern mit besonderen Bedürfnissen

Eine beträchtliche Anzahl von Kindern in Kindertageseinrichtungen ist von verschiedenartigen und auch unterschiedlich schweren Entwicklungsrisiken betroffen:

■ Zum Ersten sind dies „behinderte" und „von Behinderung bedrohte" Kinder mit schweren, zum Teil dauerhaften Beeinträchtigungen, etwa geistigen Behinderungen. Diese Gruppe der im engeren Sinn „behinderten" Kinder umfasst insgesamt etwa 3 bis 4 Prozent aller Kinder.

■ Zum Zweiten gibt es eine – zahlenmäßig wesentlich größere – Gruppe von Kindern mit leichteren Störungen und Auffälligkeiten. Inhaltlich geht es hier vor allem um Entwicklungsrückstände und Verhaltensauffälligkeiten; beide Störungskreise überlappen sich. Wie viele Kinder betroffen sind, ist nur schwer exakt zu ermitteln: Deutsche und internationale Untersuchungen über das Vorkommen von Verhaltensauffälligkeiten ergeben für das Alter von 3 bis 6 Jahren Störungsraten zwischen 13 % und 35 %. Auch was die Verbreitung von Teilleistungsstörungen und Entwicklungsrückständen (Kognition, Sprache, Sensorik, Motorik) bei Kindern in diesem Alter betrifft, gibt es, abhängig vor allem von Art und Ausmaß der Beeinträchtigungen, z. T. stark divergierende Zahlen. Angaben, wonach etwa 10 % aller Vorschulkinder unter Teilleistungsschwächen leiden, dürften dabei aber eher eine Untergrenze markieren. Sehr häufig sind Entwicklungsverzögerungen in den Bereichen Sprechen und Sprache: Erhebungen fanden hier zum Teil Störungsraten von weit über 20 Prozent.

■ Zum Dritten gibt es eine ebenfalls relativ große Gruppe von Kindern mit außergewöhnlichen Belastungen im familiären und sozialen Umfeld (z. B. psychische Erkrankung eines Elternteils, chronische Konflikte zwischen Eltern, soziale Benachteiligung). Armut stellt ein besonderes Entwicklungsrisiko dar (siehe Kasten). Ein Teil der von den verschiedenen Belastungen betroffenen Kinder hat bereits faktisch Schädigungen erlitten, bei einem anderen Teil besteht ein relativ großes Risiko, dass sich Behinderungen oder Entwicklungsauffälligkeiten noch einstellen. Entscheidend dafür, ob es tatsächlich zu Schädigungen kommt sind u. a. Schwere und Anzahl der einwirkenden Belastungsfaktoren.

Was die Versorgungssituation betrifft, besteht in Deutschland für „behinderte" und „von Behinderung bedrohte" Kinder ein gesetzlicher Anspruch auf Eingliederungshilfe. Kinder mit Entwicklungsauffälligkeiten und mit großen Risiken im Umfeld („Risikokinder") haben dagegen derzeit kein vergleichbares Recht auf Unterstützung; dennoch haben auch sie spezifische Bedürfnisse,

Auswirkungen von Armut auf die Entwicklung von Kindern

Prä- und peripartal wirkt sich Armut zunächst vor allem auf die Gesundheit von Kindern aus. Faktoren wie inadäquate Erziehung und erhöhter Stress der Mütter, die geringere Nutzung von Vorsorgemaßnahmen sowie ein häufigerer Konsum legaler und illegaler Drogen durch die Mütter bedingen u. a. ein im Schnitt niedrigeres Geburtsgewicht, mehr Geburtskomplikationen und mehr Frühgeburten; insgesamt kommt es so bereits zu einer höheren konstitutionellen Anfälligkeit der Babys. Die negativen gesundheitlichen Auswirkungen setzen sich im Säuglings- und Kleinkindalter fort (z. B. mehr Mittelohrentzündungen und andere Erkrankungen, mehr Unfälle und höhere Belastungen durch Umweltgifte). Daraus resultierende Probleme, wie z. B. ein Eisenmangel oder eine erhöhte Bleikonzentration im Blut, beeinträchtigen sowohl die körperliche als auch die geistige Entwicklung und sind längerfristig Risikofaktoren für künftige Schulprobleme.

Gut dokumentiert sind die Auswirkungen auf die kognitive Entwicklung: Kinder, die unter Armutsbedingungen aufwachsen, erfahren – bedingt u. a. durch den niedrigen Bildungsstand der Mütter, mehr kritische Lebensereignisse und schlechtere Wohnverhältnisse – im familiären Bereich weniger kognitive und sprachliche Anregungen (weniger sprachliche Interaktion, eingeschränkter Wortschatz, häufigeres Unterbinden verbaler Äußerungen, weniger anregendes Spielzeug). Die Auswirkungen mangelnder familiärer Anregungen werden in den USA zum Teil noch dadurch verstärkt, dass diese Kinder auch in Kinderbetreuungseinrichtungen schlechtere Betreuungs- und Förderbedingungen vorfinden. In der Folge gibt es bereits im Vorschulalter deutliche Rückstände in der kognitiven Entwicklung (IQ, Sprachverständnis, aktiver Sprachgebrauch, Schulreife).

Armut und soziale Benachteiligung beeinträchtigen, vor allem wenn sie chronisch sind, auch die sozioemotionale Entwicklung von Kindern und führen zu höheren Auffälligkeitsraten, sowohl bei ängstlich gehemmten Störungsbildern als auch bei ausagierend-aggressiven Verhaltensweisen. Langfristig besteht ein erhöhtes Risiko für delinquente Muster. Die Verhaltensprobleme werden von seiten der Eltern mit verursacht durch häufigeres inkonsistentes Erziehungsverhalten und häufigere harte Disziplinierungsmaßnahmen; eine Rolle spielen auch die geringere Bereitschaft, auf kindliche Bedürfnisse einzugehen, sowie die schlechten Wohnbedingungen. Die negativen Erziehungspraktiken stehen ihrerseits wieder im Zusammenhang mit einer erhöhten Belastung sozial benachteiligter Eltern, etwa durch eigene negative Lebenserfahrungen, psychiatrisch relevante Erkrankungen, chronische Familienkonflikte oder andere belastende Lebensumstände.

Deutliche Effekte von Armut zeigen sich schließlich im Bereich schulischer Leistungen: Sozial benachteiligte Kinder haben im Schnitt schlechtere Noten, schneiden bei Leistungstests schlechter ab, fallen häufiger durch, verlassen häufiger die Schule ohne Abschluss und weisen ein erhöhtes Risiko für die Zuweisung zu einer Sonderschule auf. Verantwortlich für die schulischen Defizite sind zum einen die Spätfolgen früher gesundheitlicher Beeinträchtigungen und fehlender familiärer Anregungen im Kleinkind- und Vorschulalter. Andere, eher aktuelle Ursachen liegen bei den Eltern und deren Verhältnis zu Schule und Leistung (mangelndes Interesse, fehlende Unterstützung, niedrige Erwartungen, negatives Rollenmodell); es besteht aber auch ein Mangel an materiellen Ressourcen (Bücher, Computer). Abträglich für die Schulleistungen sind zudem oft die Bedingungen in den Schulen, z. B. niedrige Erwartungen sowie diskriminierende Einstellungen und Umgangsweisen von Lehrern, welche die objektiv bestehenden Leistungsunterschiede noch vertiefen.

Aus: Mayr, T. (2000). Entwicklungsrisiken bei armen und sozial benachteiligten Kindern und die Wirksamkeit früher Hilfen. In H. Weiß (Hrsg.), Frühförderung mit Kindern und Familien in Armutslagen. München: Reinhardt, S. 142–143.

denen man im Sinn einer langfristigen Stabilisierung der Entwicklung seitens der Einrichtungen Rechnung tragen sollte.

Grundlage für frühe Hilfen: Von segregierenden zu integrativen Formen von Hilfe

Hilfen für „Kinder mit besonderen Bedürfnissen" waren lange Zeit mit Aussonderung verknüpft. Regeleinrichtungen, wie Kindergärten und Grundschulen, fühlten sich den Problemen zeitlich und inhaltlich nicht gewachsen, man war der Ansicht, „Kinder mit besonderen Bedürfnissen" seien in Sondereinrichtungen besser aufgehoben.

Parallel zu dieser Ausgrenzung nahmen sich andere Institutionen der Betreuung und Förderung dieser Kinder an: Es entstand über Jahrzehnte hinweg ein zum Teil sehr ausdifferenziertes System von Sondereinrichtungen – zunächst vor allem für behinderte Kinder, später zunehmend auch für Risikokinder.

In den letzten Jahren hat in der Sichtweise, wie Kindern mit besonderen Bedürfnissen am besten geholfen werden kann, in der Fachwelt, aber auch im allgemeinen Bewusstsein ein tief greifender Wandel stattgefunden. Ausgehend vor allem von den Vereinigten Staaten und den skandinavischen Ländern verbreitete sich auch in Deutschland die Idee einer „integrativen" Erziehung. Leitend waren drei Prinzipien:

- **Das Prinzip des Vorrangs präventiver Maßnahmen**
  Hilfen sollen nicht erst dann zur Verfügung gestellt werden, wenn „das Kind in den Brunnen gefallen ist" (KJHG) – es ist vielmehr darauf hin zu wirken, dass der Eintritt einer Behinderung oder chronischen Erkrankung vermieden wird (§ 3 SGB IX).
- **Das „Normalisierungsprinzip"**
  Hilfen dürfen die betroffenen Kinder nicht mehr als unbedingt notwendig in ihren normalen Lebensvollzügen einschränken.
- **Das „Prinzip der sozialen Inklusion"**
  Kinder mit besonderen Bedürfnissen dürfen und sollen an allen Aktivitäten und Angeboten für Kinder, die sich „normal" entwickeln, voll partizipieren.

Maßgeblich für diese Neuausrichtung waren moralische, rechtliche und pragmatische Überlegungen, aber auch neue wissenschaftliche Erkenntnisse. Wichtig in der Diskussion waren/sind vor allem folgende Argumente:

- Kinder mit besonderen Bedürfnissen lernen am positiven Vorbild der anderen Kinder.
- Hilfen für Kinder mit besonderen Bedürfnissen in integrativen Einrichtungen sind wirksam.
- Aussonderung begünstigt Stigmatisierung und soziale Ausgrenzung.

- In Sondergruppen kommt es zu einer Anhäufung von Problemen.
- Auch „normale" Kinder und ihre Eltern ziehen Gewinn aus der gemeinsamen Erziehung.
- Es ist wichtig, Hilfen dezentral und wohnortnah anzubieten (kurze Fahrwege, Einbeziehung der Eltern).

Modellversuche in Deutschland

In Deutschland wurde während der achtziger Jahre eine Reihe von Modellversuchen zur Integration behinderter Kinder und zur Unterstützung von Risikokindern in Kindertageseinrichtungen (z. B. „Pädagogisch-Psychologischer Dienst im Kindergarten") durchgeführt. Ihre Ergebnisse fanden mittlerweile Eingang in staatliche Planungsgrundlagen und in die Gesetzgebung: Das SGB IX betont im § 1 das Recht Behinderter auf gleichberechtigte Teilhabe am gesellschaftlichen Leben und auf Vermeidung von Benachteiligungen. In § 4 und § 19 wird gefordert, dass Leistungen für behinderte oder von Behinderung bedrohte Kinder so geplant und gestaltet werden, dass nach Möglichkeit Kinder nicht von ihrem sozialen Umfeld getrennt, sondern gemeinsam mit nicht behinderten Kindern erzogen werden.

Transnationale Vereinbarungen und Deklarationen

Die Neuorientierung bei der Erziehung und Bildung von Kindern mit besonderen Bedürfnissen fand ihren Niederschlag auch in verschiedenen transnationalen Vereinbarungen und Deklarationen. Wichtige internationale Dokumente sind…

- die UN-Konvention über die Rechte des Kindes von 1989;
- die UN-Standards zur Gleichberechtigung Behinderter von 1993;
- die Erklärung der Weltkonferenz über die Erziehung von Kindern mit besonderen Bedürfnissen in Salamanca von 1994;
- der OECD-Report über die inklusive Erziehung Behinderter von 1999.

Ungeachtet internationaler Trends und nationaler Vorgaben sind Prävention und Integration in Einrichtungen des Elementarbereichs innerhalb von Deutschland bisher immer noch sehr unterschiedlich entwickelt: In manchen Bundesländern dominieren weiterhin segregierende Formen der Bildung und Erziehung.

Ebenen der Hilfe für „Kinder mit besonderen Bedürfnissen"

Für Kindertageseinrichtungen ist es eine zentrale Herausforderung, wie sie der Entwicklung und der Lebenslage von Kindern, die in ihrer Entwicklung gefährdet oder beeinträchtigt sind, gerecht werden können und wie sie die Forderung nach Bildung und Erziehung solcher Kinder erfüllen.

Im Folgenden werden Funktionen und Leistungen von Kindertageseinrichtungen für „Kinder mit besonderen Bedürfnissen" reflektiert und Perspektiven für ihre Bildung und Erziehung in Kindertageseinrichtungen entwickelt.

Leitprinzipien sind das Normalisierungsprinzip, das Prinzip der Sozialen Inklusion und das Prinzip des Vorrangs präventiver Maßnahmen. Sie sollten Grundlage sein, zum einen für regionale und überregionale Planungsprozesse, zum anderen für die Arbeit der Einrichtungen vor Ort. Dabei ist zu beachten: Hilfsangebote haben der Unterschiedlichkeit der Problemlagen von Kindern mit besonderen Bedürfnissen Rechnung zu tragen. Sinnvoll erscheint deshalb ein abgestuftes Konzept von Unterstützung, das auf drei Ebenen wirksam wird:

- Ebene I: Primärprävention – verhindern, dass Probleme entstehen (Zielgruppe: alle Kinder)
- Ebene II: Sekundärprävention – frühzeitig eingreifen, wenn Risiken erkennbar sind (Zielgruppe: „Risikokinder")
- Ebene III: Rehabilitation – bei Behinderungen integrieren und angemessen unterstützen (Zielgruppe: „behinderte" und „von Behinderung bedrohte" Kinder)

Grundsätzlich sollte eine Kindertageseinrichtung auf jeder dieser Ebenen funktionsfähig sein und die hier anstehenden Aufgaben abdecken. Dabei ergibt sich aus dem Normalisierungsprinzip und dem Vorrang für präventives Handeln: Vorgelagerte, weniger stark eingreifende Formen der Hilfe haben grundsätzlich Priorität.

Im Folgenden werden künftige Zielsetzungen Aufgabenstellungen und Leistungen von Kindertageseinrichtungen für „Kinder mit besonderen Bedürfnissen", gegliedert nach den drei Ebenen Primärprävention, Sekundärprävention und Rehabilitation, idealtypisch beschrieben.

Ebene I: Primärprävention – verhindern, dass Probleme entstehen

Pädagogische Einrichtungen wie Kindergärten und Schulen sollen vorbeugend eine schützende und ausgleichende Funktion für die Entwicklung von Kindern entfalten. Auf einer ersten Ebene sollen sie primärpräventiv dazu beitragen, dass Probleme bei Kindern möglichst erst gar nicht entstehen, indem sie die körperliche und seelische Gesundheit der Kinder gezielt fördern und familiäre und soziale Belastungen kompensieren.

1. Die Einrichtung als positiver Entwicklungsrahmen

Als Querschnittsaufgabe betrifft primärpräventives Handeln zunächst die gesamte pädagogische Arbeit in der Einrichtung, aber auch die Gestaltung von Rahmenbedingungen. Letztere sind so zu verändern, dass optimale Entwicklungsbedingungen für Kinder realisiert und, bezogen auf körperliche und seelische Gesundheit, positive Entwicklungsanreize gesetzt werden können. Von besonderer Bedeutung sind dabei folgende Bedingungen:

- Gruppengröße und -zusammensetzung: Das Leben in größeren Gruppen wirkt – abhängig u. a. vom Alter und von bestimmten Verhaltensmerkmalen – für manche Kinder als Belastungsfaktor; Kinder reagieren darauf zum Teil mit Stresssymptomen und problematischen Verhaltensweisen. Dies ist bei der Entscheidung über Gruppengrößen und bei der Zusammenstellung von Gruppen zu berücksichtigen: Um sozialen Ausgrenzungsprozessen zwischen den Kindern vorzubeugen, sind Gruppen so zusammenzustellen, dass die Kinder nach Wesen und Entwicklungsstand möglichst gut zueinander passen und Problemballungen vermieden werden.
- Raumbedingungen und Raumausstattung: Kinder brauchen ein großes und übersichtliches Raumangebot mit genügend Platz für Bewegung, aber auch für Rückzug und Geborgenheit. Anzustreben ist eine Reduzierung von Großraumsituationen zugunsten einer kleinteiligen räumlichen Gliederung mit spezifischen Erfahrungs- und Lernangeboten. Dies erleichtert es Kindern, auch über längere Zeiträume individuellen Interessen und Neigungen nachzugehen, ohne von anderen gestört zu werden.
- Erziehungsstil, Gestaltung der Beziehung zu den Kindern: Wie Kinder sich entwickeln, wie gut und gerne sie lernen, hängt wesentlich davon ab, wie Fachkräfte ihre Beziehung zu den Kindern gestalten. Haltungen, die der psychosozialen Gesundheit von Kindern zuträglich sind, beinhalten emotionale Wärme, Einfühlungsvermögen, Klarheit, Echtheit, Verlässlichkeit, und Autonomieförderung; es soll klare Regeln und Grenzen geben.
- Unterstützung in Übergangssituationen: Ein Teil der Kinder reagiert auf sog. „Übergangssituationen", etwa den Eintritt in die Kindertageseinrichtung, mit Stresssymptomen. Die Einrichtung kann diesen Kindern bei der Bewältigung solcher Entwicklungsherausforderungen helfen. Besondere Beachtung erhält in diesem Zusammenhang eine angemessene Gestaltung der Eingewöhnungsphase; dies gilt insbesondere für die Aufnahme von Kindern unter 3 Jahren.
- Individualisierung und innere Differenzierung des pädagogischen Angebots: Das pädagogische Angebot in der Einrichtung soll ausreichend Freiraum für individuelle Lehr- und Lernprozesse bieten. Durch eine innere Differenzierung sollen die Voraussetzungen dafür geschaffen werden, dass Kinder sich entsprechend ihrem individuellen Entwicklungsstand in Lernprozesse einbringen können.

2. Förderung der körperlichen und der psychischen Gesundheit

Kindertageseinrichtungen sollen gezielt die körperliche und psychische Gesundheit von Kindern fördern. Besonders wichtig ist in diesem Kontext die systematische Stärkung von Lebenskompetenzen ("life skills"). Dies sind Fähigkeiten, die einen angemessen Umgang mit Mitmenschen, aber auch mit Anforderungen, Problemen und Stresssituationen im Alltag ermöglichen. In Anlehnung an die Grundkonzeption der Weltgesundheitsorganisation sind insbesondere die folgenden Kompetenzbereiche vertieft zu bearbeitet:

■ Selbstwahrnehmung
■ Einfühlungsvermögen
■ Umgang mit Stress und „negativen" Emotionen
■ Kommunikation
■ Kritisches, kreatives Denken
■ Problemlösen

3. Primärpräventive Projekte und Maßnahmen

Über die Berücksichtigung primärpräventiver Konzepte im Rahmen der allgemeinen pädagogischen Arbeit hinaus bieten Kindertageseinrichtungen Raum für primärpräventive bzw. „universelle" Projekte und Programme. Zielgruppe für solche Programme sind einmal Kinder (vgl. z. B. das sog. „Lebenskompetenztraining für Grundschulkinder"), es geht aber auch um die Zielgruppe der Eltern.[1] Solche Programme richten sich jeweils nicht an besonders gefährdete Gruppen, sondern an alle Kinder und Eltern einer Einrichtung.

Bei Vorbeugungsprojekten sollen Kindertageseinrichtungen eng mit Fachdiensten und Experten (z. B. in Gesundheitsämtern, Erziehungsberatungsstellen, Familienbildungseinrichtungen) zusammenarbeiten, die eine besondere Expertise im primärpräventiven Bereich haben.

Primärpräventive Programme, die in Kindertageseinrichtungen realisiert werden, haben den allgemeinen fachlichen Standards für Präventionsprogramme zu genügen:

■ Sie haben klare Ziele;
■ sind für die jeweiligen Zielgruppen leicht zugänglich;
■ finden hohe Akzeptanz bei den Adressaten;
■ sind theoretisch begründet;
■ sind im Hinblick auf ihre Wirksamkeit empirisch überprüft;
■ erzielen stabile Wirkungen.

---

[1] vgl. z. B. das sog. Triple-P-Programm (Sanders 1999) oder das Programm von Richard Abidin (1996)

Ebene II: Sekundärprävention – frühzeitig eingreifen, wenn Risiken erkennbar sind

Es gibt, wie bereits eingangs erläutert, in Kindertageseinrichtungen relativ viele „Risikokinder". Ein großer Anteil dieser Kinder erfährt gegenwärtig keine Hilfe: Zum Teil werden Probleme nicht erkannt, z. T. fehlt die Bereitschaft, Hilfe aufzusuchen; oft sind geeignete Hilfen auch nicht zugänglich.

Kindertageseinrichtungen müssen deshalb in die Lage versetzt werden, „Risikokindern" frühzeitig und effektiv zu helfen. Dabei sind vor allem vier Ansatzpunkte besonders zu beachten:

1. Verbesserung der Früherkennung von Entwicklungsproblemen in den Einrichtungen

Bei Entwicklungsgefährdungen wird häufig deshalb nicht früh genug eingegriffen, weil die Probleme von Eltern, aber auch von pädagogischen Fachkräften und von Ärzten nicht rechtzeitig erkannt werden. Schwierigkeiten werden oft erst zur Kenntnis genommen, wenn die Einschulung der Kinder ansteht.

Aus diesen Gründen ist die Früherkennung von Entwicklungsgefährdungen in Kindertageseinrichtungen systematisch auszubauen. Für die praktische Umsetzung bedeutet das:

■ Jede Fachkraft soll über fundierte und aktuelle Kenntnisse über die unterschiedlichen Entwicklungsprobleme verfügen; sie soll die einschlägigen Verfahren zur Erfassung solcher Probleme kennen und in der Lage sein, sie praktisch anzuwenden.
■ Jeder Kindergarten soll ein systematisches Screening auf Entwicklungsauffälligkeiten durchführen. Das Screening bezieht sich auf Entwicklungsrückstände (Sprechen/Sprache, kognitive Entwicklung, Wahrnehmung, Motorik), Verhaltensauffälligkeiten, die körperliche Gesundheit und das familiäre und soziale Umfeld.
■ Beobachtungsergebnisse sollen in Fallgesprächen in der Einrichtung reflektiert werden. Ausgehend von dieser Reflexion ist zu entscheiden, ob ein Problem im Gespräch mit den Eltern thematisiert wird und ob – wenn die Zustimmung der Eltern vorliegt – Kontakt zu einem Fachdienst oder Arzt hergestellt wird.

Ziel von Früherkennungsmaßnahmen durch Fachkräfte in Kindertageseinrichtungen ist es dabei nicht, festzustellen, ob eine Störung vorliegt, sondern zu klären und mit den Eltern zu besprechen, ob ein Kind von dafür zuständigen Experten genauer untersucht werden sollte.

2. Kooperation mit therapeutischen Fachdiensten

Bei vielen Risikokindern besteht ein Bedarf nach Diagnostik, Beratung und Förderung, der von Kindertageseinrichtungen allein weder zeitlich noch fachlich abzudecken ist. Die Einrichtungen sollen deshalb in Zukunft systematisch mit therapeutischen Fachdiensten kooperieren.

In der Kooperation von Tageseinrichtungen und Fachdiensten sind vier größere Aufgabenfelder abzudecken:

- **Früherkennung:** Der Fachdienst soll – aufbauend auf den Vorbeobachtungen der pädagogischen Fachkräfte – in Abstimmung mit Einrichtungen und Eltern vertiefende Früherkennungsmaßnahmen durchführen.
- **Beratung und Anleitung:** Fachdienste sollen Beratung und Anleitung für Eltern und für pädagogische Fachkräfte anbieten (z. B. Einzelberatung – auch anonym, die Vorbereitung schwieriger Elterngespräche, Beratungsgespräche gemeinsam mit Eltern und Erzieherinnen, Fallarbeit im Team).
- **Zusätzliche Fördermaßnahmen für Kinder:** Bei einem Teil der Kinder sind zusätzliche Fördermaßnahmen, z. B. im Sprachbereich, angebracht. Diese sollen von den Kräften des Fachdienstes in enger Abstimmung mit dem Personal der Einrichtung durchgeführt werden.
- **Weitervermittlung:** Wenn auch durch die Kooperation mit einem Fachdienst Probleme nicht gelöst werden können, vermitteln Tageseinrichtung und Fachdienst gemeinsam Kinder und Familien an andere, besser geeignete, Hilfsangebote weiter.

Die Zusammenarbeit zwischen Kindertageseinrichtungen und Fachdiensten hat bestimmten Qualitätskriterien zu genügen.

Auf der strukturellen Ebene sind folgende Punkte wesentlich:

- Jede Einrichtung hat einen Fachdienst als feste erste Anlaufstelle und Hauptkooperationspartner.
- Bevorzugte Kooperationspartner sind interdisziplinär arbeitende und sozialintegrativ orientierte Fachdienste.
- Der kooperierende Fachdienst bietet seine Leistungen vor Ort in der Einrichtung an.
- Die Kooperation erfolgt nicht nur anlassbezogen, sondern in einer gewissen Regelmäßigkeit.
- In der Zusammenarbeit wird eine Kontinuität von Personen und Arbeitskonzepten angestrebt.
- Die Fachdienstleistungen sind für Einrichtung und Eltern kostenlos; sie werden nicht einzelfallbezogen, sondern pauschal finanziert.

Um die gewünschten positiven Effekte von Zusammenarbeit zu realisieren, reicht es nicht aus, auf der strukturellen Ebene die notwendigen Voraussetzungen zu schaffen. Die Zusammenarbeit erfordert vielmehr ihrerseits spezifische Kenntnisse und Kompetenzen. In den Mittelpunkt rücken damit vor allem prozessuale Merkmale von Kooperation. Die Ergebnisse eines am Staatsinstitut für Frühpädagogik durchgeführten Modellprojekts zeigen: Es lassen sich empirisch bestimmte Grunddimensionen der Zusammenarbeit zwischen Kindertageseinrichtung und Fachdiensten identifizieren, die essentiell sind für das Gelingen von Kooperation.

- Die Entwicklung einer engeren „persönlichen" Beziehung in der Zusammenarbeit von Fachdienst und Einrichtung, d. h. einer Beziehung, die von Offenheit, Vertrauen und gegenseitiger Anerkennung getragen ist.
- Eine gute inhaltlich-fachliche Abstimmung, z. B. gute gegenseitige Information, wechselseitige Abstimmung der Arbeit mit Kindern und Eltern, gemeinsame Fallgespräche, Übereinstimmung im Förderkonzept.
- Ein konstruktiver Umgang mit Meinungsunterschieden; wesentlich erscheint hier, wie in der Zusammenarbeit mit diskrepanten Ansichten und Einschätzungen umgegangen wird: Ist man gezwungen, seine Meinung für sich zu behalten oder kann man sich darüber austauschen? Kann Kritik offen ausgesprochen werden?
- Eine faire Aufteilung von Aufgaben; konkrete Bezugspunkte sind vor allem eine gerechte Verteilung der Belastungen bei der Aufteilung, Übernahme und Koordination von Aufgaben.

3. Angemessener pädagogischer Umgang mit „Risikokindern", Durchführung von sekundärpräventiven Programmen

Die Situation von Risikokindern in Tageseinrichtungen ist in verschiedener Hinsicht oft bereits kritisch: Sie haben z. T. bereits ein „Störungsbewusstsein", sind im Selbstwertgefühl beeinträchtigt und gehen bestimmten Anforderungen systematisch aus dem Weg. Häufig gibt es auch schon negative Reaktionen und Ausgrenzungsprozesse durch andere Kinder und eine Beeinträchtigung der Beziehungen zu erwachsenen Bezugspersonen – Eltern oder pädagogischen Fachkräften.

Es ist zwar nicht die Aufgabe der Fachkräfte in Kindertageseinrichtungen, mit Risikokindern im engeren Sinn „therapeutisch" zu arbeiten, sie haben aber doch der besonderen Situation, in der sich viele Risikokinder befinden, Rechnung zu tragen, d. h. ...

- Fachkräfte machen sich kundig über einzelne Problembereiche und berücksichtigen spezifische fachliche Erkenntnisse in ihrem Umgang mit diesen Kindern und bei der Gestaltung des pädagogischen Angebots;
- es werden geeignete Maßnahmen ergriffen, um soziale Ausgrenzungen und Zurückweisungen durch andere Kinder zu verhindern;

- die persönliche Beziehung zwischen pädagogischen Fachkräften einerseits und den betreffenden Kindern und ihren Eltern andererseits wird vertieft reflektiert und bearbeitet;
- Übergangssituationen – insbesondere solche zur Schule – finden bei diesen Kindern besondere Beachtung und Unterstützung.

4. Durchführung sekundärpräventiver Programme

In Kindertageseinrichtungen sollen verstärkt präventive Programme mit Risikokindern durchgeführt werden; vordringlich sind hier vor allen Programme zur Prävention aggressiv-dissozialer Störungen und zur Prävention von Störungen, die den schulischen Erfolg von Kindern in Frage stellen (z.B. das Programm „Hören, Lauschen, Lernen" zur Prävention von LRS-Störungen).

Zu unterscheiden sind:

- „Selektive Präventivinterventionen": Sie wenden sich an Gruppen mit einem erhöhten Risiko für die Ausbildung von Störungen, z.B. Kinder aus Problemquartieren oder Kinder, die bereits in ihrem Verhalten leicht auffällig geworden sind. Um eine unnötige Stigmatisierung solcher Kinder zu vermeiden erscheint es sinnvoll, bei solchen Interventionen auch andere Kinder einzubeziehen, d.h. gemeinsame Trainingsgruppen zu bilden.
- „Indizierte Präventivinterventionen": Sie richten sich an Kinder oder Eltern mit einem sehr hohen Risiko; in der Regel sind bei diesen Gruppen bereits relativ deutliche Anzeichen für eine Störung beobachtbar.

Um stabile Wirkungen zu erreichen, sollten solche Interventionen früh einsetzen und intensiv, breit und flexibel angelegt sein. Sie sollten inhaltlich richtig konzipiert sein und gut implementiert werden, das Kind, seine Eltern und die Einrichtung einbeziehen und zeitlich übergreifend angeboten werden.

Ebene III: Rehabilitation und uneingeschränkte Teilhabe – bei Behinderungen angemessen unterstützen und fördern

Grundsätzlich hat integrative Erziehung heute auszugehen vom Grundsatz der uneingeschränkten Teilhabe („inclusion"): Danach werden Kinder mit Behinderung in Tageseinrichtungen gemeinsam mit Kindern ohne Behinderungen gebildet und erzogen; sie erhalten dort eine auf ihre individuellen Bedürfnisse abgestellte spezifische Förderung und Unterstützung. Die gemeinsame Erziehung ist dabei eingebettet in einen allgemeinen Prozess der Förderung einer vollen Teilhabe behinderter Kinder und ihrer Eltern an allen Sektoren gesellschaftlichen Lebens.

Im Folgenden werden – ausgehend von internationalen Forschungsergebnissen – sieben zentrale Perspektiven für die künftige fachlich-inhaltliche Weiterentwicklung integrativer Arbeit in Kindertageseinrichtungen genauer spezifiziert.

1. Eine gemeinsame pädagogische „Integrationsphilosophie"

Das Gelingen integrativer Prozesse hängt wesentlich davon ab, dass es in der Einrichtung eine gemeinsame Grundüberzeugung gibt, dass Integration notwendig und sinnvoll ist und behinderte Kinder ein Recht auf volle Teilhabe haben. Andere zentrale Einstellungen für das Gelingen von Integration beinhalten die Wertschätzung einer engen Zusammenarbeit (im Team, mit anderen Berufsgruppen) und die Wertschätzung einer Erziehungspartnerschaft zwischen Familien und pädagogischen Fachkräften.

Solche inneren Werthaltungen lassen sich nicht anordnen. Es gibt aber doch verschiedene Möglichkeiten, hier gezielt Einfluss zu nehmen, etwa im Rahmen der Personalauswahl oder durch eine gezielte Förderung inklusionsfördernder Haltungen, etwa…

- in der Ausbildung pädagogischer Fachkräfte;
- durch Hospitationen von Fachkräften und Eltern in integrativen Einrichtungen;
- durch gemeinsame Fortbildungen für Fachkräfte und Eltern zu diesem Thema;
- durch den regelmäßigen Austausch mit Kolleginnen und Eltern mit Integrationserfahrung.

2. Pädagogische Arbeit in integrativen Einrichtungen

Grundlage für die pädagogische Arbeit in integrativen Einrichtungen soll eine allgemeine Atmosphäre von gegenseitiger Akzeptanz und Zusammengehörigkeit sein. Unterschiedlichkeit wird hier nicht primär als Defizit gesehen, sondern als Chance, voneinander zu lernen und sich gegenseitig zu bereichern. Insbesondere die folgenden Punkte sind bei der Gestaltung der pädagogischen Arbeit in integrativen Einrichtungen zu beachten:

- **Zusammensetzung der Gruppe**
  Die Aufnahme von Kindern mit Behinderungen erfordert eine sorgfältige Reflexion der Gruppenzusammensetzung. Anzustreben ist eine gewisse Vielfalt der Kinder, bezogen auf Geschlecht und Alter; es wird aber auch die Persönlichkeit der Kinder und die Eigenart der jeweiligen Behinderung berücksichtigt.

■ **Gestaltung von Lehr-Lern-Prozessen**
Integrative Einrichtungen bieten ein gemeinsames pädagogisches Angebot für Kinder mit und ohne Behinderungen. Alle Kinder nehmen gleichermaßen an pädagogischen Angeboten, Projekten und Aktivitäten teil. Daraus ergeben sich folgende Konsequenzen für die Gestaltung von Lehr-Lern-Prozessen:

– Individualisierung: Der pädagogische Ansatz gibt ausreichend Raum für die Individualisierung von Lernprozessen. Jedes Kind soll sich entsprechend seinen individuellen Voraussetzungen und Neigungen in pädagogische Angebote einbringen und dabei auf seine Art auch Erfolg haben.

– „Naturalistische" Lehrmethoden: Das pädagogische Vorgehen nutzt stark Lehrmethoden, die anknüpfen an Initiativen von Kindern, an gemeinsamen Projekten, an Alltagssituationen und Routinen der Einrichtung und an der Lebenssituation von Familien.

– Prozessorientierung: Bei der Förderung von Lernprozessen liegt die Betonung auf dem „Hier und Jetzt". Pädagogisches Ziel ist es, die Engagiertheit von Kindern mit unterschiedlichen Entwicklungsvoraussetzungen bei aktuellen Lernprozessen zu fördern. Besonderes Gewicht haben hier spielorientierte Formen des Lernens.

– Orientierung an Stärken und Fähigkeiten: Kinder mit Behinderungen werden, wie die anderen Kinder, dabei unterstützt, Autonomie, Selbständigkeit, Kompetenz, Zuversicht und Stolz in die eigene Leistung zu entwickeln. Ausgangspunkt sind die Stärken und Fähigkeiten der Kinder.

– Geeignete Räumlichkeiten/Materialien/Ausstattung: Räumlichkeiten und Ausstattung integrativer Einrichtungen sollen den Kindern ein Gefühl von Sicherheit, Geborgenheit und Vorhersagbarkeit bzw. Überschaubarkeit geben. Die Materialien wecken Neugier, Phantasie und Interesse der Kinder, sie regen ihre Entwicklung an. Räume, Ausstattung und Materialien tragen den spezifischen Bedürfnissen von Kindern mit Behinderungen Rechnung und begünstigen gemeinsame Spiel- und Arbeitsprozesse.

■ **Individueller Erziehungsplan für jedes behinderte Kind**
Die Bildungs- und Erziehungsarbeit für Kinder mit Behinderungen erfolgt auf der Grundlage eines individuellen Erziehungsplans. In dem Plan werden individuelle Entwicklungsziele und Interventionen beschrieben und Erfahrungen und Ergebnisse festgehalten. Der Plan strukturiert und steuert die alltägliche Arbeit mit den Kindern und die Kooperation von Eltern, Fachdiensten und Einrichtung.

■ **Förderung sozialer Integrationsprozesse**
Das gemeinsame Lernen und die soziale Interaktion zwischen Kindern mit und ohne Behinderungen werden gezielt gefördert.

■ **Hilfe bei der Bewältigung von Übergängen**
Die spezifischen Bedürfnisse behinderter Kinder erfordern eine besonders
sorgfältige Planung und Begleitung bei der Bewältigung von Übergängen.
Dies bezieht sich vor allem auf die Phase der Eingewöhnung und auf die
Phase der Überleitung in die Schule.

3. Zusammenarbeit mit Eltern

Die Familie ist als einflussreichster und zeitlich dauerhaftester Einflussfaktor
für das Leben und für die Entwicklung von Kindern mit Behinderungen von
besonderer Bedeutung. Die Einrichtung soll deshalb eng mit den Eltern behinderter Kinder zusammenarbeiten. Die Unterstützung durch die Einrichtung orientiert sich am Lebensstil, den Werten und den Prioritäten der einzelnen Familie.

Zusammenarbeit erfolgt auf einer partnerschaftlichen Grundlage: Eltern werden als Experten für die Entwicklung und Erziehung ihres Kindes ernst genommen, sie sind gleichberechtigte Partner. Dabei wissen die Fachkräfte in
der Einrichtung um die spezifischen Probleme von Eltern mit behinderten
Kindern, sie haben Verständnis dafür und sind in der Lage, Eltern effektiv
zu unterstützen.

Bei der konkreten Ausgestaltung der Zusammenarbeit mit den Eltern behinderter Kinder sind folgende Punkte zu beachten:

■ Es finden regelmäßige Einzelgespräche mit den Eltern statt, in denen die
  Entwicklung des Kindes zu Hause und in der Einrichtung systematisch re-
  flektiert wird.
■ Alle diagnostischen, erzieherischen und therapeutischen Zielsetzungen
  und Maßnahmen erfolgen in enger Absprache mit den Eltern.
■ Die Eltern werden in die Arbeit mit ihrem Kind eingebunden (z. B. Mög-
  lichkeit zur Mitarbeit bei Fördermaßnahmen).
■ Eltern erhalten Einsicht in alle ihr Kind betreffenden Dokumente und
  Unterlagen.
■ Die Zusammenarbeit mit den Eltern wird zwischen Gruppenpersonal und
  Fachdienst abgestimmt.
■ Die Einrichtung fördert gezielt Kontakte und Verständnis der Eltern un-
  tereinander.
■ Die Einrichtung arbeitet mit Eltern gezielt an der Erschließung und Nut-
  zung familiärer Ressourcen (enpowerment-Konzept) und unterstützt im
  Rahmen ihrer Möglichkeiten Eltern bei der Bewältigung von spezifischen
  Belastungen.

Die Eltern von Kindern ohne Behinderung werden aktiv in die Integrations-
arbeit einbezogen (Kindergartenbeirat, Elternaktionen, Informationsveran-
staltungen).

4. Verschränkung von Therapie und Pädagogik

Kinder mit Behinderungen erhalten in integrativen Einrichtungen eine spezifische therapeutische Förderung und Unterstützung. Die Fördermaßnahmen sollen in der Regel nicht isoliert von den allgemeinen pädagogischen und sozialen Prozessen stattfinden. Es wird stattdessen angestrebt, alle therapeutischen Interventionen und sonderpädagogischen Fördermaßnahmen möglichst in die natürliche Umwelt des Kindes zu verlegen. Interventionen sind einzubauen in das allgemeine pädagogische Angebot der Einrichtung; sie sollen anknüpfen an individuellen Interessen und Vorlieben der behinderten Kinder und an ihren „normalen" Aktivitäten in der Einrichtung. Die therapeutischen Maßnahmen sind in ihren Zielsetzungen ganzheitlich angelegt, es geht also nicht in erster Linie um das Training isolierter Fertigkeiten. Fördermaßnahmen sollen die Kinder anregen und unterstützen beim Erwerb breiter, auch im Alltag sinnvoll einsetzbarer Fähigkeiten.

5. Teamarbeit und Zusammenarbeit mit Fachdiensten

Die Anforderungen in integrativern Einrichtungen lassen sich nicht von einer einzelnen Person oder Institution allein abdecken. Im Sinn einer optimalen Entwicklungsförderung ist es deshalb notwendig, dass alle Beteiligten eng kooperieren. Leitend für die Zusammenarbeit ist das Modell des sog. „transdisziplinären" Teams: Familie, Fachkräfte der Einrichtung und Spezialisten der Fachdienste planen gemeinsam die notwendigen diagnostischen Untersuchungen, das pädagogische Vorgehen in der Gruppe und die therapeutischen Leistungen. Entscheidungen werden für alle transparent vorbereitet und schließlich gemeinsam getroffen. Bei den Teammitgliedern gibt es keine starre Trennung der beruflichen Rollen. Jede Berufsgruppe bringt ihr spezifisches Wissen und ihre Kenntnisse ein, ist in ihrer Arbeit aber nicht ausschließlich auf ihr spezifisches Tätigkeitsfeld eingeengt.

6. Qualifikationen, Qualifizierungsprozesse

Die Arbeit in integrativen Einrichtungen stellt erhöhte Anforderungen an die Qualifikation und die Qualifizierungsbereitschaft der Fachkräfte. Dabei geht es zunächst um gute allgemeinpädagogische und heilpädagogische Fachkenntnisse. Gefragt ist aber auch die Fähigkeit, eigene persönliche Voraussetzungen zu reflektieren und in einen Kommunikationsprozess einzubringen. Wesentlich sind ferner Grundkenntnisse aus anderen hier relevanten Berufsfeldern und die Fähigkeit und Bereitschaft zur Zusammenarbeit.

Integrative Einrichtungen tragen dem Rechnung: Sie stellen einerseits entsprechende Anforderungen bei der Personalauswahl und bieten andererseits die Gelegenheit, dass ihre Fachkräfte in einem permanenten Qualifizierungsprozess solche Qualifikationen erwerben und weiterentwickeln können.

7. Öffentlichkeits- und Gemeinwesenarbeit

Ob eine sozialintegrative Bildung, Erziehung und Betreuung von Kindern mit Behinderungen in Kindertageseinrichtungen gelingt, hängt entscheidend ab vom weiteren Kontext, in den Einrichtungen eingebettet sind – den Kontakten zu anderen Einrichtungen, dem Wohnumfeld, der Gemeinde und den einschlägigen gesetzlichen und administrativen Regeln.

Integrative Einrichtungen sollen in diesen unterschiedlichen Kontexten aktiv die Zielsetzung einer integrativen Erziehung vertreten; sie informieren und sensibilisieren, nehmen Einfluss im Sinn einer Gestaltung guter Rahmenbedingungen und eines förderlichen Klimas, z. B. was die Bereitstellung von Geld und Personal betrifft. Konkrete Ansatzpunkte sind z. B.: Teilnahme an regionalen Arbeitskreisen; Kontaktaufnahme zu Ärzten, Beratungseinrichtungen und Schulen; der Kontakt zu Behörden, Gremien und Vereinigungen; die Präsentation der eigenen Arbeit in Veranstaltungen; die Präsenz in Medien.

Anmerkungen zum einschlägigen Forschungsstand

Bezogen auf Risikokinder gibt es in Deutschland – vor allem verglichen mit den Vereinigten Staaten, aber auch mit Großbritannien und den skandinavischen Ländern – große Defizite im Bereich der Epidemiologie und der Diagnostik; es gibt hier vergleichsweise wenige gute wissenschaftliche Studien über das Auftreten von Störungen und die hier relevanten Bedingungen – als Grundlage für die Planung und Gestaltung von entsprechenden Versorgungssystemen.

Ähnliches gilt für präventive Ansätze: Im Unterschied zu andern Ländern liegen in Deutschland bislang nur ganz wenige ausgereifte und wissenschaftlich abgesicherte Präventionsprogramme vor; dies gilt sowohl für den primärpräventiven Bereich wie für den sekundärpräventiven Bereich. Soweit solche Programme existieren, bestehen oft erhebliche Barrieren für deren Implementation und ihren Einsatz im Regelbetrieb von Kindertageseinrichtungen.

In der Praxis dominieren stattdessen mehr oder weniger vage Präventionskonzepte (z. B. „Spielzeugfreier Kindergarten" als Ansatz zur Suchtprävention), für die es weder eine klare theoretische Begründung noch einen empirischen Wirkungsnachweis gibt.

Es gibt – wiederum verglichen mit anderen Ländern – große Lücken im Bereich der Erforschung der Versorgungssysteme, die diagnostische und präventive Leistungen für Risikokinder in Kindertageseinrichtungen anbieten. Soweit es hierzulande überhaupt eine Begleitung einschlägiger Projekte durch Forschung gibt, ist diese überwiegend qualitativ ausgelegt und im Sinn von Handlungsforschung konzipiert. Empirische Begleituntersuchungen, in denen die Tätigkeit und die Effizienz solcher Systeme analysiert werden, und eine theoretische Aufarbeitung von entsprechenden Ergebnissen sind in diesem Bereich die absolute Ausnahme.

Was die integrative Erziehung behinderter Kinder in Kindertageseinrichtungen betrifft, hat es in Deutschland inhaltlich-konzeptuell seit der Phase der ersten Modellversuche – hier ging es primär darum, ob und unter welchen strukturellen Bedingungen integrative Erziehung überhaupt möglich bzw. realisierbar ist – kaum neue wissenschaftliche Impulse und Einsichten zum Thema Integration gegeben.

Eine der Entwicklung in den Vereinigten Staaten vergleichbare zweite Welle von Parameterstudien, in denen empirisch genauer die Bedingungen für das Gelingen integrativer Erziehung untersucht wurden, hat hierzulande bislang nicht stattgefunden.

Ähnliches gilt für die theoretische Einordnung integrativer Betreuungskonzepte: Eine wesentliche theoretische Entwicklung auf der internationale Ebene – die Verankerung der integrativen Erziehung in der ökologischen Systemtheorie Bronfenbrenners (die integrative Gruppe wird hier als ein „Mikrosystem" innerhalb der sozialen Gesamtökologie des Kindes gesehen) – wurde in Deutschland bislang kaum zur Kenntnis genommen.

Es bleibt in Deutschland bis heute im Wesentlichen einzelnen Einrichtungen, Arbeitskreisen und Trägerverbänden überlassen, inhaltliche Konzepte für integrative Erziehung auszuarbeiten – weitgehend abgekoppelt von einschlägigen Forschungsergebnissen.

Empfehlungen an die Politik

06 | 01

Der Umgang mit behinderten und von Behinderung bedrohten Kindern und generell mit Risikokindern hat im Rahmen des sog. Normalisierungsprinzips stattzufinden. Differenzen zwischen diesen und den Nicht-Risikokindern sollten keinen Anlass für Diskriminierung und Aussonderung bieten. Es ist Aufgabe der Politik, den besonderen Bedürfnissen dieser Kinder nicht nur im Bildungsbereich, sondern in allen Politikbereichen (z. B. Kommunal- und Wohnungsbaupolitik) Rechnung zu tragen und generell eine inklusive Politik zu befürworten, die Aussonderung und Ausgrenzung zurückweist.

06 | 02

Für alle präventiv und rehabilitativ orientierten Konzepte und Maßnahmen für Risikokinder gilt es, die Stärken dieser Kinder zu identifizieren und an der Schwächung deren Schwächen zu arbeiten. Das Prinzip der uneingeschränkten Teilhabe soll in vollem Umfang zur Anwendung kommen.

06 | 03

Ein systematischer Ausbau präventiver Angebote in Kindertageseinrichtungen muss Vorrang auf der politischen Agenda erhalten.

06 | 04

Der Ausbau mobiler Fachdienste für Kindertageseinrichtungen (Diagnostik, Prävention) sowie die Verlagerung von Familienbildungsmaßnahmen in Kindertageseinrichtungen soll auf Länderebene sichergestellt und gefördert werden.

06 | 05

Gerade in diesem Bereich ist die Entwicklung von Einrichtungsformen indiziert, die Angebote für Risikokinder und Angebote für deren Eltern integrieren.

06 | 06

Für die Bildung und Erziehung „behinderter" und „von Behinderung bedrohter Kinder" sind folgende Maßnahmen erforderlich:

- Ausbau integrativer Formen der Erziehung und Bildung in Kindertageseinrichtungen in den Bundesländern, in denen noch segregierende Betreuungsformen dominieren;
- Ausbau integrativer Einrichtungen für Kinder unter 3 Jahren (integrative Krippen) und für Kinder im Schulalter (integrative Horte);
- Ausarbeitung und Umsetzung fachlich-inhaltlicher Qualitätsstandards für integrative Einrichtungen;
- Entkoppelung von Sonderpädagogik und Sondereinrichtung;
- Öffnung sonderpädagogischer Einrichtungen für integrative Betreuungsformen;
- Qualifizierungsangebot für integrative Erziehung in der Erzieherausbildung und in Form von Weiterbildungsangeboten.

Empfehlungen an die Politik

06 | 07
Das System der Früherkennung und Behandlung von Risikokindern bedarf der Weiterentwicklung. Es werden Instrumente und Verfahren zur Verbesserung der Früherkennung und Behandlung benötigt.

06 | 08
Die Rahmenbedingungen in den Einrichtungen sollten im Interesse einer effizienteren Integration verbessert werden. Verbesserungen sind erforderlich bezüglich der strukturellen Dimensionen von Qualität (z. B. eine Gruppengröße von maximal 12 Kindern im Kindergartenalter), der Bereitstellung spezifischer Programme und der Etablierung von „interdisziplinären Teams". Verbesserte Formen der Kooperation zwischen den Diensten und den beteiligten Experten sind anzustreben wie auch die Professionalisierung der beteiligten Fachkräfte.

06 | 09
Die Forschung auf diesem Gebiet muss gezielt gefördert werden: Es werden Studien im Bereich der Epidemiologie und der (Früh-)Diagnostik sowie Forschung auf dem Gebiet der Entwicklung, Implementation und Evaluation von Präventions- und Interventionsprogrammen benötigt, wie auch Studien zur Erforschung der Versorgungssysteme, die diagnostische und präventive Leistungen für Risikokinder anbieten.

06 | 10
Es wird als Aufgabe der Bundesregierung betrachtet, die Entwicklung eines Programms für Risikokinder zu finanzieren und dieses in Kooperation mit den Bundesländern in den kommenden Jahren zu implementieren.

Förderung von Kindern mit einem anderen kulturellen Hintergrund

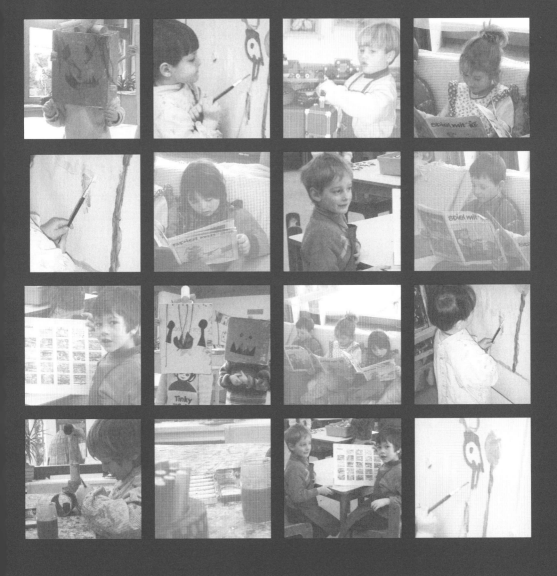

07

Zusammenfassung

Dass sich Deutschland in den vergangenen Jahrzehnten zu einer multiethnischen Gesellschaft entwickelt hat, spiegelt sich auch in den Tageseinrichtungen für Kinder wider. Für Migrantenfamilien kommt der institutionellen Tagesbetreuung eine besondere Bedeutung bei der Förderung und Integration ihrer Kinder zu. Bezogen auf die Entwicklung und Bildung von Migrantenkindern wird die schwerpunktmäßige Fokussierung auf die Sprachförderung als einseitig betrachtet, da interkulturelle Kompetenz mehr als dies beinhaltet. Sie umfasst die kulturelle sowie fremdsprachliche Aufgeschlossenheit und Neugierde, sprachlich-kulturelles Selbstbewusstsein und Flexibilität, perspektivisches Denken und die Toleranz von Bedeutungsvielfalt, ein Verständnis von Zweisprachigkeit und Mehrsprachigkeit als Entwicklungschance und Normalfall sowie die Handlungskompetenzen des Erkennens und aktiven Bekämpfens von Diskriminierung.

Ein weiteres Thema ist die Sprachstandserfassung bei Migrantenkindern, zu der allgemein Sprachtests mit spezifischen Beschränkungen verwendet werden. Eine kurzfristige und punktuelle Sprachförderung bei Migrantenkindern ist als ineffizient zurückzuweisen. Zur regelmäßigen, systematischen Begleitung und Dokumentation der Sprachentwicklung von Migrantenkindern wird der Einsatz von Beobachtungsverfahren empfohlen, die in jüngster Zeit entwickelt und erprobt wurden. Der Einbezug von Migranteneltern in die Gestaltung des pädagogischen Angebots stellt eine weitere Aufgabe dar, der bei der Förderung von Kindern mit einem anderen kulturellen Hintergrund zentrale Bedeutung zukommen sollte.

Förderung von Kindern mit einem anderen kulturellen Hintergrund

Die multikulturelle Tageseinrichtung

Der Kindergartenbesuch ist für die allermeisten Familien mit einem 3- bis 6-jährigen Kind der Normalfall.[1] Verlässliche Zahlen, die darüber Aufschluss geben könnten, wie stark Kinder ausländischer Herkunft in den Einrichtungen vertreten sind, liegen nicht vor. Regionalstatistiken weisen darauf hin, dass ihr Anteil je nach Einzugsgebiet einer Einrichtung zwischen 0 % und 95 % ausfallen kann.[2] Allerdings kommt für ausländische Familien der institutionellen Tagesbetreuung eine besondere Bedeutung als Bildungs- und Integrationsinstanz zu (siehe Kasten).

> „Die Bedeutung der Infrastrukturen als ein wichtiges Unterstützungssystem für die ausländischen Haushalte wird auch am Beispiel der Kindergartennutzung deutlich: Obwohl der Wunsch nach Kinderbetreuung bei ausländischen und deutschen Familien in etwa gleich groß ist (96 % und 98 %), werden 3- bis 6-jährige ausländische Kinder in geringerem Umfang regelmäßig in einer Kindertagesstätte oder von einer anderen Person betreut (79 % gegenüber 90 %). Der Betreuungsanteil innerhalb der Familie, durch Eltern und Großeltern ist deutlich höher. Andererseits sind die in Anspruch genommenen täglichen Betreuungszeiten deutlich länger als bei den deutschen Familien. Auch wünschen sich mehr ausländische Eltern eine regelmäßige ganztägige Betreuung (34 % gegenüber 26 %). Dabei steht weniger die Vereinbarkeit mit der Erwerbstätigkeit im Vordergrund – zumal knapp ein Drittel der ausländischen Mütter bzw. Väter arbeitslos ist. Die Begründung für die Inanspruchnahme der Kinderbetreuungsangebote für 3–6 Jährige zeigt, dass diese von den ausländischen Eltern vor allem als ein Weg der Sprachförderung und in der Erwartung einer Verbesserung der Bildungschancen genutzt werden. [...] Eine ähnliche Motivlage zeigt sich auch hinsichtlich der Nutzung der Kinderbetreuungsmöglichkeiten durch ausländische Kinder im Grundschulalter (6- bis 10-Jährige): Deutsche Eltern geben durchgängig die Erwerbstätigkeit als Betreuungsgrund an (93 % gegenüber 58 %). Die ausländischen Familien nennen dagegen häufiger die Vermittlung von Bildung, Wissen und Lernfähigkeit (50 % gegenüber 29 %), Sprachförderung (51 % gegenüber 11 %) und Hilfe bei den Hausaufgaben (51 % gegenüber 29 %) als Gründe für die Hort-Betreuung."
>
> Aus: Familien ausländischer Herkunft in Deutschand: Leistungen, Belastungen, Herausforderungen. Sechster Familienbericht. Berlin 2000: Bundesministerium für Familie, Senioren, Frauen und Jugend, S. 160

Trends in der aktuellen bildungspolitischen Diskussion

In der aktuellen Bildungsdiskussion ist die Integration von Kindern aus anderen Kulturen ein zentrales Thema – nicht zuletzt durch die Publikation der PISA-Studie im Dezember 2001. Diese Studie hat deutliche Unzulänglichkei-

---

[1] siehe auch Kapitel 2
[2] DJI-Projekt „Multikulturelles Kinderleben" (2000)

ten des deutschen Bildungssystems mit Blick auf den Ausgleich sozialer Unterschiede und die Bildungsbeteiligung von Kindern aus Migrantenfamilien aufgezeigt. Bezogen auf die Entwicklung und Bildung von Migrantenkindern wird nun insbesondere die „Sprachförderung" diskutiert und es werden entsprechende Sprachfördermaßnahmen eingeleitet – teilweise ohne wissenschaftlich fundierte Konzepte und langfristigere Perspektiven.

Dabei werden insbesondere die Sprachdefizite von Migrantenkinder in der deutschen Sprache hervorgehoben. Während für das europäische Bildungsbürgertum „Mehrsprachigkeit" und „Zweisprachigkeit" ein hohes Prestige als Bildungsideal haben, sieht das häufig – zumindest aus politisch-administrativer Sicht – bei der Erziehung von Migrantenkindern anders aus (und das betrifft nicht nur die Bildungsarbeit in Kindertageseinrichtungen). Es werden in der Regel nicht die spezifischen mehrsprachigen und interkulturellen Entwicklungsprofile von Migrantenkindern – mit den entsprechenden Förderungsmodellen – thematisiert. Der Blick richtet sich nur auf eine Sprache (Deutsch) und Erwerbsprozesse und Kenntnisse in der deutschen Sprache werden aus monolingualer Perspektive begutachtet. Niemand würde bestreiten, dass ein sicherer Umgang mit der deutschen Sprache für Kinder, die mit anderen Familiensprachen aufwachsen, wichtig ist. „Deutschlernen" wird aber ohne Bezug zur zwei- oder mehrsprachigen Realität und zu den besonderen Entwicklungsaufgaben von Migrantenkindern gesehen. Dies ist kein fundiertes Förderungskonzept und es zeigt eine diskriminierende Schere auf – nicht nur in den Bildungsidealen, sondern auch in der Bildungspraxis.

Interkulturelle Kompetenz als Bildungsaufgabe

Kulturelle Vielfalt in der Tageseinrichtung ist Realität. Neuere Bildungspläne – etwa von Neuseeland, Norwegen, in Deutschland der Bayerische Bildungs- und Erziehungsplan oder der Berliner Plan, aber auch die Early Excellence Centres in Großbritannien – tragen dieser veränderten Realität Rechnung, indem sie generell eine Neubewertung von Unterschieden vorschlagen. Galten Unterschiede zwischen den Kindern traditionell als ein Fehler des Erziehungs- und Bildungssystems, den es auszumerzen gilt, werden Unterschiede nun zunehmend als Chance erkannt, die den Bildungs- und Lernprozess bereichern kann.

Ein wesentliches Bildungsziel ist die Entwicklung von „interkultureller Kompetenz". Im Zuge von wachsender internationaler Mobilität und von zunehmend mehrsprachigen und multikulturellen Gesellschaften ist interkulturelle Kompetenz in doppelter Hinsicht heute eine Schlüsselqualifikation. Zum einen eröffnet sie individuelle Lebens- und Berufschancen; zum anderen ist sie eine Basiskompetenz für das produktive und friedliche Miteinander von Individuen, Gruppen und Regionen mit unterschiedlichen kulturellen und sprachlichen Traditionen. Die isolierte Förderung der deutschen Sprache bei

Migrantenkindern verkennt die interkulturelle Dimension von Bildungsprozessen und die Wichtigkeit von zwei- und mehrsprachiger Bildung.

Interkulturelle Kompetenz ist ein Bildungsziel, das Inländer und Migranten, Kinder und Erwachsene (Träger, pädagogische Fachkräfte, Eltern, Verwandte usw.) gleichermaßen betrifft. Es handelt sich um einen komplexen Entwicklungsprozess, der verschiedene Ebenen tangiert: Einstellungen, Emotionen und Handlungen. Interkulturelle Kompetenz ist ein mehrdimensionales Konstrukt, das sich in folgende Dimensionen auffächern lässt:

- **Kulturelle Aufgeschlossenheit und Neugierde**
  Hier gilt es, Distanz und Abgrenzungstendenzen abzubauen und selbstverständliche Kontakte zwischen den Kultur- und Sprachgruppen und vielfältige Formen des Kulturaustauschs einzuüben. Die Präsenz und Wertschätzung verschiedener Sprachen und Kulturen, innerhalb der eigenen Gruppe sowie im näheren und weiteren Umkreis, werden selbstverständlich.

- **Zweisprachigkeit und Mehrsprachigkeit als Entwicklungschance und Normalfall**
  Zweisprachiges und mehrsprachiges Aufwachsen werden hierzulande immer noch als etwas Außergewöhnliches betrachtet, obgleich mehr als die Hälfte der Weltbevölkerung zwei- und mehrsprachig aufwächst. Pädagogische Fachkräfte benötigen ein Konzept von Sprachförderung, das sich nicht nur auf Sprachdefizite fixiert, sondern auch die spezifischen Kompetenzen von mehrsprachig aufwachsenden Kindern fördert und diese als Chance für die ganze Kindergruppe nutzt. Zweisprachigkeit und Mehrsprachigkeit als Chance nutzen bedeutet radikales Umdenken in einer auch heute noch prinzipiell monolingual definierten Erzieher- und Lehrerrolle.

- **Sprachlich-kulturelles Selbstbewusstsein und Flexibilität**
  Kinder sollten bei der Entwicklung einer mehrsprachigen und multikulturellen Orientierung gefördert werden. Dazu gehören u. a. die Fähigkeit, sich in verschiedenen Sprachen und Sprachcodes zu bewegen, das Bewusstsein, dass Sprachen und Sprachcodes situativ und kulturell geprägt sind und die Fähigkeit zum situativ angemessenen Sprach- und Codewechsel.

- **Fremdsprachliche Neugierde und Offenheit**
  Sprache ist eine sehr konkrete interkulturelle Erfahrung – hier können Kinder (und Erwachsene) „Fremdartiges" hören und entsprechend abweisend oder neugierig darauf reagieren. Sie haben die Chance, eine unbeschwerte und „ausprobierende" Haltung zu anderen Sprachen einzuüben, eine Einstellung, die das Fremdsprachenlernen erleichtert. Neugierde und Offenheit gegenüber fremden Sprachen sind wesentliche Merkmale von interkultureller Kompetenz.

■ **„Kulturkonflikte" als Entwicklungschance**
Erwachsene – und auch Kinder – müssen lernen, das Leben in und mit
verschiedenen z. T. auch widersprüchlichen kulturellen Normen und Le-
bensgewohnheiten nicht prinzipiell als Belastung, sondern auch als Entwicklungschance zu sehen.

■ **Fremdheitskompetenz**
Diese beinhaltet perspektivisches Denken und Ambiguitätstoleranz. Die
eigene Sichtweise wird als eine Perspektive unter anderen möglichen gesehen. Unterschiede zwischen den verschiedenen Lebensformen werden
dann nicht mehr geleugnet, das Zusammenleben verschiedener Kulturen
wird selbstverständlich.

■ **Erkennen und aktive Bekämpfung von Diskriminierung**
Ein geschärftes Bewusstsein für Diskriminierung und deren aktive Bekämpfung bezieht sich nicht nur auf explizite Äußerungen von Rassismus
oder Fremdenfeindlichkeit, sondern auch auf subtilere Formen der Krän-
kung, des „Übersehens" im Umgang mit sozialen Randgruppen, sprachlichen und ethnischen Minderheiten.

Kindergartenbesuch und Chancengleichheit

Ein konsequent interkulturell und mehrsprachig orientiertes Vorschulwesen
wäre ein wichtiger Beitrag zur Verbesserung der Bildung, Erziehung und Integration von Migrantenkindern – und zur Erziehung und Bildung von deutschen Kindern. Der Kindergartenbesuch ist eine Bildungschance, die für
Migrantenkinder ganz besonders wichtig ist. Der Rechtsanspruch auf einen Kindergartenplatz war ein wichtiger Schritt, aber weitere Maßnahmen
sind notwendig um die erstrebenswerte annähernd 100-prozentige Versorgungsquote zu garantieren. Grundsätzlich wird hierzulande die Frage der
Chancengleichheit im frühpädagogischen Bereich eher selten thematisiert
und recherchiert. Es gibt bisher keine zuverlässige umfassende Statistik zur
Versorgungsquote von Migrantenkindern im Vergleich zu deutschen Kindern. Aus anderen europäischen Ländern ist bekannt, dass gerade sozial benachteiligte ethnische Gruppen, sog. Risikogruppen, in der Elementarerziehung unterrepräsentiert sind und damit ihre Bildungschancen noch geringer
sind. Gezielte Aktionen in sozialen Brennpunkten sollten den Kindergartenbesuch von allen Kindern in der Region fördern (im Sinne von „affirmative
action").

Darüber hinaus sollte die Einführung zumindest eines Kindergartenjahres als
Pflicht ernsthaft diskutiert werden (verbunden mit entsprechenden Umstruk-
turierungen im vorschulischen Bereich) – u. a. mit Blick auf die hohe Zahl von
Zurückstellungen und Wiederholern bereits in den ersten Grundschulklassen.
Ein fließenderer Übergang zwischen Kindergarten und Grundschule wäre für
Migrantenkinder besonders wichtig. Solche eher präventiv orientierte Maß-

nahmen sind langfristig sicherlich effizienter und kostengünstiger als die zahlreichen Interventionen, die zu einem späteren Zeitpunkt ansetzen.

„Migrantenkinder" anstelle von „ausländischen" Kindern: Begriffe und Statistiken

Der nach wie vor gängige Begriff „ausländische Kinder" ist zu eng und z. T. irreführend, insbesondere bei Statistiken über Besuchsquoten, Gruppenzusammensetzung und Förderbedarf in Kindertageseinrichtungen – oder in anderen Bildungs- und Betreuungseinrichtungen. Spricht man dagegen von Migrantenkindern (als Kürzel für „Kinder aus Migrantenfamilien") dann lenkt man den Blick auf die unterschiedlichen Migrationsbiographien und Herkunftskulturen von Kindern und deren Familien und bezeichnet damit nicht nur Kinder mit ausländischem Pass, sondern ebenso Aussiedlerkinder, Kinder aus bilingualen Ehen, Kinder mit doppelter Staatsangehörigkeit, „eingebürgte" deutsche Kinder, Minderheiten wie Sinti oder Roma, Flüchtlinge, Asylbewerber usw.

Interkulturell orientierte Träger- und Einrichtungsprofile

Neben der Förderung des Kindergartenbesuchs von allen Kindern ist auch das öffentliche Bekenntnis von Einrichtungen und Trägern zur interkulturellen Erziehung ein wichtiger Schritt. Für jede Einrichtung stellt sich die Frage wieweit die interkulturelle Dimension der Bildungs- und Erziehungsarbeit zum „sichtbaren" und schriftlich verankerten Profil des Trägers und der Einrichtung gehört.

Interkulturell orientierte Personalpolitik

Die Vorzüge von bilingualem und mehrsprachigem Personal in Betreuungs- und Bildungseinrichtungen sind angesichts der mehrsprachigen Kinderpopulation und der zunehmenden Bedeutung von Mehrsprachigkeit und Fremdsprachenerwerb unumstritten. Von besonderer Bedeutung sind bilinguale Fachkräfte, deren Familien Migrationserfahrung haben und die bereits länger in der Bundesrepublik leben. Insgesamt sollte der Anteil bilingualer oder mehrsprachiger Erzieherinnen erhöht werden.

Bei der Einstellung von bilingualen Fachkräften gibt es häufig Probleme wegen deren Zugehörigkeit zu nichtchristlichen Religionsgemeinschaften. Bei katholischen und z. T. bei evangelischen Trägern werden in der Regel keine Fachkräfte eingestellt, die einer nicht christlichen Religionsgemeinschaft angehören. Dieser Aspekt der Personalpolitik sollte bei einem hohen Anteil von muslimischen Familien in der Region erneut diskutiert werden.

Bei Gruppen mit einem hohen Anteil von nicht deutsch sprechenden Migrantenkindern gewinnen Einzelförderung und Kleingruppenarbeit eine ganz besondere Bedeutung. Aus der Forschung ist bekannt, dass gerade Kinder aus sozial und kulturell benachteiligten Minderheiten von angeleiteter, regelmäßiger Kleingruppenarbeit besonders profitieren. Diese sind als regelmäßiges Angebot nur bei einer geringeren Gruppenstärke oder mit zusätzlichem Personal möglich.

Die Familiensprachen der Kinder im pädagogischen Angebot

Zur Begegnung mit einer anderen Kultur gehört immer auch die Sprache. Erlebnisse der Fremdheit oder auch Gefühle der Zugehörigkeit sind ganz wesentlich an die Sprache gebunden. Welche Einstellungen Kinder zu anderen Sprachen und zu ihrer Familiensprache entwickeln ist heute keine Frage des Fremdsprachenunterrichts, sie gehört in den Alltag von Kindern in Tageseinrichtungen. In diesem Alltag sind die Familiensprachen der Kinder meist nur „informell" in der Kommunikation unter Kindern präsent, nicht aber im pädagogischen Angebot. Eine „öffentliche", für die ganze Kindergruppe konkret erfahrbare Wertschätzung der Familiensprachen der Kinder durch die Bezugspersonen ist eine wesentliche Aufgabe der interkulturellen Erziehung.

Intensivere und systematischere Sprachförderung

Ob in der Ausbildung oder in der Praxis, die spezifischen Merkmale von Mehrsprachigkeit und Zweitsprachenerwerb gehören in der Regel nicht zum „Wissensbestand" von pädagogischen Fachkräften, sie fühlen sich auf diese Aufgabe nicht vorbereitet. Insgesamt hatte der Bereich der Sprachförderung innerhalb der deutschen Kindergartenkultur bisher einen eher geringen Stellenwert. Sprachentwicklung und Zweitsprachenerwerb, oder die Förderung von „Lesebereitschaft" und Interesse an Schriftkultur (Literacy-Erziehung) spielen eine weit geringere Rolle als in anderen europäischen Ländern, wie z. B. Großbritannien oder Niederlanden.

Mit Blick auf die steigende Zahl von mehrsprachig aufwachsenden Kindern sowie von Kindern, die in der Familie wenig sprachliche Anregung bekommen, erscheint eine stärkere Betonung und Differenzierung von Sprachförderung in Kindertageseinrichtungen sinnvoll und notwendig. Diese umfasst…

- die Betonung und Ausdifferenzierung von Literacy-Erziehung;
- die Förderung von Zweitspracherwerb (Deutsch) und von Zweisprachigkeit bzw. Mehrsprachigkeit;
- die gezielte und regelmäßige Beobachtung und Einschätzung des Sprachverhaltens und der Sprachentwicklung von Kindern durch pädagogische Fachkräfte;
- die systematische und kontinuierliche Information und Einbeziehung der Eltern zum Thema Sprachentwicklung und Sprachförderung.

Im Staatsinstitut für Frühpädagogik (IFP) wurde eine ganze Reihe von Fachbüchern, Lesebüchern, Ton- und Videokassetten zur interkulturellen Erziehung entwickelt, die z. T. in der fünften Auflage erscheinen.[3]

Regelmäßige, systematische Begleitung und Dokumentation der Sprachentwicklung von Migrantenkindern

Im Rahmen der Diskussion um die Sprachkenntnisse und Bildungschancen von Migrantenkindern ist das Thema Sprachstandserfassung sehr aktuell geworden.

Bezogen auf die Elementarerziehung, geht es in dieser Diskussion bisher vor allem um das letzte Jahr im Kindergarten und den Übergang zur Schule. Gleichzeitig wird Sprachstandserfassung zur Zeit häufig mit Sprachtests assoziiert. Hier kann nicht ausführlicher auf die Problematik von Sprachtests für diese Altersgruppe eingegangen werden, im Folgenden seien nur einige kritische Punkte erwähnt:

- Die meisten anerkannten Sprachtests wurden für einsprachige deutsche Kinder entwickelt und normiert, sie erlauben also keine Aussagen über das Sprachvermögen von mehrsprachig aufwachsenden Kindern in der Zweitsprache Deutsch.
- Viele Sprachtests wurden ursprünglich zur Identifikation von Sprachstörungen entwickelt; so kommt es leicht zu einer „Pathologisierung" von sozial und sprachlich benachteiligten Kindern und von mehrsprachig aufwachsenden Kindern. Ein Beispiel: Die allmähliche Aneignung von Grammatik, ein ganz normaler Prozess im Zweitspracherwerb, wird häufig mit dem sog. „Dysgrammatismus" – eine Sprachstörung – assoziiert; gleichzeitig werden spezifische Probleme im Zweitspracherwerb (z. B. Fossilierung) nicht erkannt.
- Sprachtests versuchen den momentanen sprachlichen Output des Kindes zu erfassen in einer bestimmten und für viele Kinder durchaus problematischen Situation. Hier stellt sich zum einen die Frage: Wie repräsentativ ist diese Sprachprobe für das Sprachvermögen des Kindes insgesamt? Zum zweiten wird bei Sprachtests nicht erfasst: die Lerngeschichte des Kindes, die Lernmotivation des Kindes, das Bedürfnis nach Kommunikation, sein Interesse an sprachlichem Austausch. Gerade dies sind aber Aspekte von Sprache, die höchst relevant sind für die Frage: Wie wird der Spracherwerbsprozess dieses Kindes weiter verlaufen?
- Die meisten anerkannten Sprachtests sind für Praktiker/innen in Kindertageseinrichtungen nicht geeignet; sie sind schwierig anzuwenden und, was

---

[3] Behrens (1991); Hültner & Izberk (1991); Hüsler (1991; 2003); Luzzati, Gianini & Patané (1991); Okay (2003a; 2003b); Patané (1991); Ulich (2003a; 2003b); Ulich & Oberhuemer (1994; 1995); Ulich, Oberhuemer & Soltendieck (2000; 2001); vgl. auch Johann, Michely & Springer (1998); Militzer, Bougeois & Solbach (1998); Preissing (1998)

noch gravierender ist, sie geben keine konkreten Hinweise für die pädagogische Förderung.

Die Alternative zu Sprachtests ist keineswegs der Verzicht auf die systematische Erfassung von Sprachentwicklung, im Gegenteil. Es ist dringend notwendig die Entwicklung von Kindern systematisch zu begleiten und dies darf nicht erst im letzten Jahr oder ein paar Monate vor der Einschulung passieren, sondern viel früher. Am Staatsinstitut für Frühpädagogik wurde ein entsprechendes Verfahren entwickelt und an einer bundesweiten Stichprobe von mehr als 2.000 Migrantenkindern erprobt. Der Beobachtungsbogen Sismik deckt die Alters- und Entwicklungsspanne von ca. 3½ Jahren bis zum Schuleintritt ab. Praktikerinnen können also schon relativ früh beginnen, die Sprachentwicklung von Migrantenkindern gezielt zu beobachten und zu dokumentieren und diese bis zum Übergang in die Schule systematisch begleiten – und entsprechend fördern. Mit dieser langfristigen, klar fokussierten Perspektive auf die Sprachentwicklung können Erzieherinnen Aussagen machen über Lernfortschritte von Kindern und auch über deren sprachbezogene Schulfähigkeit.

Der Titel des Bogens (Sismik – Sprachverhalten und Interesse an Sprache bei Migrantenkindern in Kindertageseinrichtungen) deutet an, dass es hier nicht nur um den aktuellen Sprachstand, sondern auch um die Sprachlernmotivation des Kindes geht (siehe Kasten).

Zusammenarbeit mit Eltern

Migranteneltern sollten bei Gestaltung des pädagogischen Angebots regelmäßig miteinbezogen werden (und nicht nur beim Kochen für das Sommerfest). Auch mehrsprachige Informationen über die Ziele der Einrichtung und über die Vorstellungen des Personals sind wichtig für die Kooperation. Wesentlich für die Elternarbeit ist ein Verständnis von Tageseinrichtungen als offenem Kommunikationsort – dazu gehört u.a. die Bereitstellung von Räumen und die Entwicklung von Angeboten außerhalb der Betreuungszeiten (z. B. für Elterntreffs, Arbeitskreise, Sprachkurse). Die Familie wird gegenwärtig in den meisten Sprachförderungsmodellen im schulischen und außerschulischen Bereich nicht systematisch mit einbezogen. Sprachförderungsprogramme in den USA zeigen, dass vor allem im Vorschulalter die Einbeziehung der Eltern dringend erforderlich ist, – erst mit einem kombinierten Programm für Tageseinrichtungen und Eltern konnte die Sprachkompetenz von Kindern aus Risikogruppen signifikant verbessert werden.

Sismik

Der Bogen heißt SISMIK – Sprachverhalten und Interesse an Sprache bei Migrantenkindern in Kindertageseinrichtungen. Bereits der Titel soll andeuten, wie vielschichtig Sprachlernprozesse und Sprachstanderfassung sind.

„Normale" Sprachentwicklung und sprachliche Bildung
Zentral für den Bogen ist die Fragestellung „Wie verläuft die „normale" sprachliche Bildung und Entwicklung eines Kindes?" Häufig wird Sprache erst dann gezielt beobachtet, wenn sich eine Erzieherin oder eine Mutter fragt: „Hat dieses Kind vielleicht eine Sprachstörung?" Der Bogen sensibilisiert zwar für ungünstige Entwicklungen und Entwicklungsrisiken, er ist aber nicht für die Diagnostik von Sprachstörungen konzipiert. Uns geht es um etwas anderes: um die Begleitung von „normaler" kindlicher Sprachentwicklung (im Deutschen) durch gezielte und systematische Beobachtung.

Motivation und Interesse des Kindes
In diesem Bogen wird das „Deutsch Lernen" eines Kindes als Teil einer komplexen Entwicklung gesehen, die unterschiedliche Bereiche von Sprache umfasst. Ein Aspekt, den wir besonders betonen, ist die Sprachlernmotivation des Kindes, sein Interesse an Sprache. Leitfrage ist hier: Wie weit ist ein Kind bei sprachbezogenen Situationen und Angeboten aktiv beteiligt, wie weit engagiert es sich in solchen Situationen? Denn, vor allem wenn Kinder sich für etwas interessieren, wenn sie aktiv beteiligt sind, z. B. an Gesprächen oder Erzählungen, dann machen sie Lernerfahrungen.

Sprachentwicklung und „Literacy"
Wir haben bewusst auch Situationen im Zusammenhang mit Bilderbüchern, Erzählen und Schriftkultur ausgewählt. Kindliche Erfahrungen rund ums Buch gehören zur sog. Literacy-Erziehung. Diese Erfahrungen sind sehr wichtig für die sprachliche Bildung und Entwicklung eines Kindes im Vorschulalter, und sie haben darüber hinaus auch längerfristige Auswirkungen (z. B. auf die spätere Sprach- und Lesekompetenz).

Sprachliche Kompetenz
Neben diesen mehr auf kindliche Motivation und sprachliche Aktivität zielenden Fragen geht es in dem Bogen auch um sprachliche Kompetenzen (im Deutschen) – wie weit kann ein Kind sich einbringen im Gesprächskreis, eine Geschichte nacherzählen oder ein Gedicht aufsagen, spricht es deutlich, wie ist der Satzbau, der Wortschatz usw.

Die Familiensprache und die Familie des Kindes
Mit diesem Bogen wird vor allem die Sprachentwicklung des Kindes in der deutschen Sprache erfasst – denn Sismik ist für deutschsprachige Erzieherinnen konzipiert. Dennoch haben wir die Familiensprache und die Familie des Kindes zumindest ansatzweise einbezogen, denn diese sind für die Sprachentwicklung des Kindes sehr wichtig.

Verschiedene Bereiche – ein Gesamtbild
Unser Anliegen ist ein breit angelegter Zugang zum Spracherwerbsprozess von Migrantenkindern. Der Bogen soll Einblick geben in verschiedenen Teilaspekte von Sprachentwicklung – vom Gesprächsverhalten des Kindes am Frühstückstisch bis hin zum Kontakt zwischen Eltern und Kindertageseinrichtung. Wir haben versucht, diese ganz unterschiedlichen Bereiche, die in der Regel getrennt wahrgenommen werden, in einem Bogen zusammenzuführen, um so eine umfassende Sicht des Kindes zu ermöglichen.

Konkrete Anhaltspunkte für die Förderung
Dieser Bogen liefert – mehr als andere Beobachtungs- und Testverfahren – konkrete Anhaltspunkte für die pädagogische Förderung in der Einrichtung – und zwar nicht nur auf der Ebene des einzelnen Kindes. Er regt dazu an, das pädagogische Angebot im Bereich „Sprache" zu reflektieren, und kann auch die Arbeit im Team verändern.

Aus: Ulich, M. & Mayr, T. (2003). Sismik – Sprachverhalten und Interesse an Sprache bei Migrantenkindern in Kindertageseinrichtungen. Ein Beobachtungsbogen. Freiburg i. Br.: Herder.

Empfehlungen an die Politik

07 | 01
Es wird empfohlen, durchgängig die Begriffe „ausländische Kinder" und „ausländische Familien" durch die Begriffe „Migrantenkinder" bzw. „Migrantenfamilien" zu ersetzen.

07 | 02
Bei der Erziehung und Bildung von Migrantenkindern sind – wie bei der Erziehung und Bildung von Kindern generell – interindividuelle Differenzen grundsätzlich zu begrüßen und als eine Chance zu sehen, Bildungsprozesse zu initiieren und zu bereichern. Dieser Grundsatz zur Betrachtung von Differenzen wird durch den Grundsatz der gegenseitigen Anerkennung und Wertschätzung ergänzt.

07 | 03
Die Vermittlung interkultureller Kompetenz für alle Kinder stellt eine Grunddimension pädagogischen Handelns in den Tageseinrichtungen dar und ist zugleich eine der Grundkompetenzen, die bei der Umsetzung von Bildungs- und Erziehungsplänen allen Kindern vermittelt werden sollte.

07 | 04
Speziell bei Migrantenkindern gilt es, deren Stärken früh zu identifizieren und zu fördern.

07 | 05
Es ist nicht die Aufgabe der Fachkraft in den Tageseinrichtungen, den Blick nur auf „Sprachdefizite" zu fixieren. Vielmehr wird die Entwicklung eines pädagogisch-didaktischen Konzeptes der Sprachförderung empfohlen, das sprachliche Bildung anvisiert und auf den speziellen Kompetenzen zwei- bzw. mehrsprachig aufwachsender Kinder aufbaut und das diese als Chance für die ganze Gruppe nutzt.

07 | 06
Sprachförderung bei Migrantenkindern darf nicht erst kurz vor der Einschulung beginnen. Vielmehr muss sie die Entwicklung der Kinder, unter Einbeziehung ihrer Eltern, systematisch und von Anfang an begleiten.

07 | 07
An die Stelle einer sog. „Sprachstandsdiagnose" sollte eine mehrsprachige „Sprachstandserfassung" und an die Stelle punktueller Interventionen eine regelmäßige und systematische Beobachtung und Dokumentation des Sprachverhaltens treten. Eine systematische, regelmäßige und prozessorientierte Beobachtung durch Fachkräfte ist sinnvoller als eine punktuelle Testung von Kindern.

07 | 08
Die Förderung von Zwei- und Mehrsprachigkeit gehört wesentlich zur sprachlichen Bildung. Mehrsprachige Förderung und „Deutsch Lernen" sind kein Widerspruch, sie sind vielmehr komplementäre Zielsetzungen.

Empfehlungen an die Politik

07 | 09
Die Chancengleichheit für Migrantenkinder muss neu thematisiert werden. Es werden Studien benötigt, die Auskunft darüber geben, welche Faktoren Migrantenkinder benachteiligen, diese evtl. ausgrenzen und deren Partizipation an Bildungsangeboten beeinträchtigen. Zugleich sind Untersuchungen erforderlich, die speziell die Auswirkungen bestehender Bildungs- und Erziehungspläne auf Migrantenkinder erforschen.

07 | 10
Es wird empfohlen, ein Anreizsystem speziell für Migrantenfamilien zu entwickeln, um einen frühen Besuch der Tageseinrichtungen von Kindern mit Migrationserfahrung zu erreichen.

07 | 11
Es sind spezielle Angebote für Eltern von Migrantenkindern zu entwickeln, die auf die Migrationsgeschichte eingehen, den jeweiligen kulturellen und sprachlichen Hintergrund berücksichtigen und ihnen Partizipationsmöglichkeiten an den Tageseinrichtungen eröffnen.

07 | 12
Kindertageseinrichtungen sind Orte kultureller Begegnung. In diesem Sinne fördern sie den Dialog, die Kommunikation und Kooperation zwischen den Eltern mit unterschiedlichem kulturellen Hintergrund, und sie manifestieren dieses Qualitätsmerkmal auch in der Gestaltung der Einrichtung selbst, indem sie der kulturellen und sprachlichen Diversität angemessen Rechnung tragen und ein entsprechendes Träger- und Einrichtungsprofil entwickeln.

Professionalisierung der Fachkräfte

08

Zusammenfassung

Die Ausbildung und berufsbezogene Fort- und Weiterbildung der pädagogischen Fachkräfte sind zentrale Instrumente der Qualitätssicherung im System der Tageseinrichtungen für Kinder. Seit vielen Jahren herrscht in Fachkreisen Konsens darüber, dass das hiesige Qualifizierungssystem für Erzieherinnen und Erzieher in mehrerer Hinsicht ungemessen ist. Begründungsmuster für eine Reform beziehen sich im Kern auf drei Argumentationslinien: Erstens verändern neue Erkenntnisse über Kinder, Kindheit, Bildung und Erziehung die Qualifizierungsperspektive. Kinder und Pädagogen sind als Bildungspartner aufzufassen, die gemeinsam Verständnis und Wissen konstruieren. Diese partnerschaftliche Haltung setzt eine differenzierte Wahrnehmung von einzelnen Kindern und Praxisabläufen voraus. Beobachtung, Planung, die kritische Reflexion eigener Praxis sowie eine vielseitige Dokumentation von Lernprozessen sind damit Schlüsselmerkmale qualifizierter Praxis. Zweitens werden die Anforderungen an den Beruf der Erzieherin bzw. des Erziehers zunehmend komplexer und anspruchsvoller. Zahlreiche Aufgabenstellungen sind gleichzeitig zu erfüllen, etwa Kindorientierung und Familienorientierung, Bildungsauftrag und Dienstleistungsauftrag, individuelle Bedarfsorientierung und Gemeinwesenorientierung. Und drittens haben Erzieherinnen und Erzieher auf dem europäischen Arbeitsmarkt eingeschränkte Chancen zur beruflichen Mobilität. Bei einer Ausbildungsreform sollte auf eine engere Verzahnung von Ausbildung und frühpädagogischer Forschung geachtet werden. Auch sollten die Qualifizierungs- und Berufsperspektiven für Männer verbessert werden, um sie verstärkt in Erzieherberufe anzuwerben bzw. um sie in diesen Berufen zu halten. Schließlich besteht bei dem beruflichen Fortbildungssystem Steuerungsbedarf. Das jetzige System ist weithin unübersichtlich, unverbindlich und unkoordiniert.

Professionalisierung der Fachkräfte

Pädagogische Fachkräfte spielen eine unbestritten wichtige Schlüsselrolle in der Begleitung von Bildungs- und Erziehungsprozessen und in der innovativen Weiterentwicklung von Kindertageseinrichtungen. Die Ausbildung und berufsbezogene Fort- und Weiterbildung dieser Fachkräfte sind demnach zentrale Instrumente der Qualitätssicherung im System der Tageseinrichtungen für Kinder.

Während in fast allen europäischen Ländern die Ausbildungssysteme zumindest für den Elementarbereich sukzessiv seit den 70er Jahren strukturell und konzeptionell grundlegend reformiert wurden, kam es in Deutschland jenseits temporärer Innovationsschübe zu keiner nachhaltigen Reformstrategie mit Blick auf Professionalisierungsfragen.

Das Qualifizierungskonzept in Deutschland bedarf einer grundlegenden Reform.

Die erste OECD-Studie seit etwa 25 Jahren, die Systeme der vorschulischen Bildung und Kindertagesbetreuung in den Blick nimmt, nennt als Ergebnis einer 12-Länder-Studie acht Schlüsselelemente einer qualitätsorientierten Politik.[1] Eines davon ist ein „angemessenes Qualifizierungskonzept und angemessene Arbeitsbedingungen für das Personal in allen Bildungs- und Betreuungsformen".

Seit vielen Jahren herrscht in Fachkreisen Konsens darüber, dass das hiesige Qualifizierungssystem für Erzieherinnen und Erzieher (als Hauptbeschäftigte in Tageseinrichtungen für Kinder) in vieler Hinsicht nicht „angemessen" ist. Gefordert wurden u.a.: eine strukturelle und inhaltliche Reform der Ausbildung[2], eine Verbesserung der beruflichen Perspektiven und Entwicklungschancen[3], eine effektivere Verbindung zwischen Aus-, Fort- und Weiterbildung[4], eine stärkere Berücksichtigung der europäischen Dimension in der Ausbildung[5], eine Neukonzeptualisierung der theoretischen Grundlagen der Ausbildung[6] sowie ein systematisch konzipiertes und ausgebautes Fortbildungskonzept.[7] Die Jugendminister[8], die Arbeitsgemeinschaft für Jugend-

[1] OECD (2001b), S. 11
[2] Derschau (1984)
[3] Ebert et al. (1994)
[4] Oberhuemer (1996)
[5] Oberhuemer et al. (1999)
[6] Fthenakis (2002b)

[7] Becker (2002)
[8] Beschlüsse der Jugendministerkonferenz „Jugendhilfe in der Wissensgesellschaft" (17/18.05.2001) und „Bildung fängt im frühesten Kindesalter an" 14.04.2002

hilfe[9] sowie sämtliche Fach- und Berufsverbände haben sich in den letzten Jahren für ein verändertes Qualifizierungskonzept ausgesprochen. Auch die neueren Expertisen des Forum Bildung[10] und des Bundesjugendkuratoriums[11] mahnen eine verbesserte Ausbildung und ein reformiertes Stützsystem für den Erzieherinnenberuf an.

Begründungsmuster für eine Reform beziehen sich im Kern auf drei Argumentationslinien:

- neuere wissenschaftliche Erkenntnisse über Kinder, Kindheit, Bildung und Erziehung;
- die Vielfalt und Komplexität gesellschaftlicher Anforderungen an die berufliche Arbeit in Kindertageseinrichtungen;
- den Anspruch auf berufliche Mobilität und Beschäftigung in vergleichbaren Tätigkeitsfeldern innerhalb der Europäischen Union.

Neue Erkenntnisse über Kinder, Kindheit, Bildung und Erziehung verändern die Qualifizierungsperspektive.

Seit der Aufklärung wird das Weltbild in westlichen Gesellschaften durch Prämisse der Moderne geprägt.[12] Heute werden diesbezügliche Annahmen – z. B. ein Verständnis von Fortschritt als kontinuierlich und linear, eine Auffassung von Wissen als objektiv und nachweisbar – zunehmend in Frage gestellt. Heute gewinnen andere (postmodernistische) Sichtweisen an Bedeutung. Ungewissheit, Komplexität, Vielfalt, Multiperspektivität und kontextbezogenes Wissen sind dabei zentrale Erklärungsmodelle für unser Weltverständnis. Dieser Paradigmenwechsel eröffnet und erfordert einen neuen Blick auf pädagogische Theorie und Praxis – und damit auch auf die Aus- und Weiterbildung pädagogischer Fachkräfte.[13]

Nicht nur die Kinderrechtsbewegung in Folge der UN-Konvention von 1989 mahnt eine neue Sichtweise von Kindern und Kindheit an, auch eine wachsende Zahl sozio-kognitiver und kindheitssoziologischer Studien kommt zu dieser Schlussfolgerung. Das Bild des Kindes verschiebt sich dabei von einem unreifen, hilfsbedürftigen und erwachsenenabhängigen Wesen hin zu einem Verständnis von Kindern als eigenständige Individuen mit großem Entwicklungspotenzial und als Träger eigener Rechte. Das „reiche", kompetente Kind voller Möglichkeiten ist kein „Objekt« von Bildungsbemühungen seitens des Erwachsenen, sondern eigenaktives Subjekt im Bildungsprozess im Kontext sozialer Interaktionen und Beziehungen. Die Kinder selbst rücken in den Mittelpunkt der Betrachtung, die Kinder, wie sie sind und nicht, wie sie sein sollten. Eine Analyse internationaler Trends in der Curriculumentwicklung für

[9] AGJ/DNK (1998)
[10] Arbeitsgruppe Forum Bildung (2001)
[11] Bundesjugendkuratorium (2001)
[12] Dahlberg (1999)
[13] vgl. Fthenakis (2002b)

die frühen Kindheitsjahre weist auf eine wachsende Zahl von entsprechend soziokulturell orientierten Ansätzen (z. B. in Schweden, Neuseeland) hin.[14]

Internationale Forschungsergebnisse zeigen, dass gelingende Lernprozesse in Vorschuleinrichtungen auf drei Grundlagen aufbauen: (1) auf der Engagiertheit der beteiligten Kinder und Erwachsenen, (2) auf einem gemeinsamen Dialog und Prozess der Sinnkonstruktion sowie (3) auf Instruktion.[15] Kinder und Pädagogen sind demnach Bildungspartner, die gemeinsam Verständnis und Wissen konstruieren. Diese partnerschaftliche Haltung setzt eine differenzierte Wahrnehmung von einzelnen Kindern und Praxisabläufen voraus. Beobachtung, Planung, die kritische Reflexion eigener Praxis sowie eine vielseitige Dokumentation von Lernprozessen sind damit Schlüsselmerkmale qualifizierter Praxis. Forschungsarbeiten hierzulande haben aber gezeigt, dass die Förderung dieser grundlegenden beruflichen Kompetenzen in der bisherigen Ausbildung von Erzieherinnen und Erziehern nicht hinreichend berücksichtigt wurde.[16]

Die Anforderungen an den Beruf der Erzieherinnen und Erziehern werden komplexer und anspruchsvoller.

Das berufliche Anforderungsprofil von Erzieherinnen und Erziehern unterliegt auch aus anderer Perspektive einem grundsätzlichen qualitativen Wandel. Der soziokulturelle Kontext der Bildungs- und Erziehungsarbeit und die gegenwärtig sehr unterschiedlichen Bedingungen des Aufwachsens erfordern von den pädagogischen Fachkräften eine zunehmend individualisierende und präventive Arbeit mit Kindern und Familien. Darüber hinaus setzen die Zielvorgaben des Kinder- und Jugendhilfegesetzes (1990) ein Rollenverständnis voraus, das noch heute weit über das bisher gängige Berufsprofil in Ausbildung und Öffentlichkeit hinausgeht. Kindorientierung und Familienorientierung, Bildungsauftrag und Dienstleistungsauftrag, individuelle Bedarfsorientierung und Gemeinwesenorientierung gehören zum Aufgabenspektrum von Tageseinrichtungen für Kinder.[17]

Zudem werden in der aktuellen Bildungsdebatte weitergehende Forderungen an den Beruf formuliert: Erzieherinnen und Erzieher sollen die Sprachentwicklung der Kinder effektiver begleiten, die lernmethodische Kompetenz fördern, naturwissenschaftliche Kenntnisse vermitteln, und einiges mehr.

Demzufolge sind die Anforderungen an das Berufsprofil der pädagogischen Fachkräfte vielseitig und komplex. Dazu gehören:[18]

---

[14] Fthenakis & Oberhuemer (im Druck)
[15] vgl. Siraj-Blatchford & Moriarty (im Druck)
[16] Ulich & Mayr (1999)

[17] Oberhuemer (2001a), S. 5
[18] vgl. Oberhuemer (2000; 2001a)

- die Individualität der Kinder vor dem Hintergrund einer wachsenden Vielfalt von Entwicklungsbedingungen und Familienkulturen wahrnehmen und entsprechende Bildungs- und Lernprozesse anregen, begleiten und reflektieren;
- an der Entwicklung einer Einrichtungskonzeption mitwirken (gegebenenfalls auch mit Blick auf staatliche Bildungsvorgaben) und diese selbstbewusst nach außen darstellen;
- eine partnerschaftliche Beziehung zu den Eltern aufbauen, verbunden mit einem klaren Bild über die jeweils unterschiedlichen Kompetenzen, die beide Seiten in einen co-konstruktiven Bildungs- und Erziehungsprozess einbringen;
- die eigenen Einstellungen, pädagogischen Ziele und Arbeitsformen kontinuierlich und kritisch reflektieren;
- Mütter und Väter regelmäßig in Planungs- und Entscheidungsprozesse einbinden;
- zielgruppenorientierte Familienangebote organisieren sowie Elternnetzwerke unterstützen;
- Verbindungen zu Fach- und Beratungsdiensten, zu Ausbildungsstätten, Grundschulen und weiteren fachbezogenen und kulturellen Organisationen in der Region aufbauen und entsprechende Formen der Zusammenarbeit entwickeln;
- sich mit verschiedenen Ansätzen der Qualitätsentwicklung und Evaluation (Selbstevaluation, kollegiale Einzel- und Teamberatung, externe Evaluation) auseinandersetzen und diese für die eigene Professionalisierung sowie die Weiterentwicklung der Einrichtung nutzen;
- sich in kommunalpolitischen Gremien für die Belange von Kindern engagieren;
- das Profil der Einrichtung kontinuierlich mit den Beteiligten vor Ort (Eltern, Träger, Jugendamt, Kommunalpolitikern, interessierten Bürgern) reflektieren und weiterentwickeln.

Erzieherinnen und Erzieher in Deutschland haben die Möglichkeit, ihr Arbeitsfeld interessant und vielseitig zu gestalten. Sie sind nicht in einer eng geregelten Institutionskultur eingebunden (wie etwa die Lehrkräfte in den französischen écoles maternelles). Sie haben die Möglichkeit, auf die Nachbarschaft und Gemeinde einzuwirken und auch flexibel auf gesellschaftspolitische Veränderungen zu reagieren. Sie haben die Möglichkeit, Tageseinrichtungen als multifunktionale Einrichtungen zu gestalten: als Bildungseinrichtung, als Kommunikationszentrum und Dienstleistung für Familien, als Diskussionsforum für kinderpolitische Belange. Allerdings entspricht dieses Berufsprofil nicht dem aktuellen Ausbildungsprofil.

Kind- und Familienorientierung und vernetztes Arbeiten im Umfeld setzen analytische, kommunikative, organisatorische und selbstreflexive Fähigkeiten voraus. Sie setzen differenzierte Kenntnisse, Kommunikationsformen und Kooperationsstrategien voraus. Es gilt, Schlüsselkompetenzen, Erkenntnisse und pädagogische Grundhaltungen zu identifizieren, die für eine qualifizierte Arbeit mit Kindern, aber auch mit Erwachsenen in einer Vielfalt von Zuständigkeiten notwendig sind.

**Erzieherinnen und Erzieher haben am europäischen Arbeitsmarkt
nur eingeschränkte Mobilitätschancen.**

Mit der Verabschiedung in den Jahren 1988 und 1992 der zwei Richtlinien zur Anerkennung beruflicher Abschlüsse[19] wurde der Grundstein für eine vereinfachte berufliche Mobilität innerhalb der Europäischen Union gelegt. Für Erzieherinnen und Erzieher, die in Deutschland ausgebildet sind, sind jedoch die realen Chancen vor allem einer Anstellung in staatlichen Vorschuleinrichtungen in anderen Ländern nur gering. Denn in den EU-Staaten – mit Ausnahme von Deutschland und Österreich – werden die pädagogischen Fachkräfte, die Gruppen von Kindern im Alter von 3 Jahren bis zum Schuleintritt leiten, auf Hochschulniveau[20] ausgebildet. Dies schränkt die berufliche Mobilität von in Deutschland ausgebildeten Erzieherinnen und Erziehern erheblich ein. Weitere Hürden sind: die (trotz KMK-Rahmenvereinbarung) fehlenden bundeseinheitlichen Bestimmungen zur Ausbildungsstruktur; die weitere prekäre Zuordnung des Erzieher/innenberufs zum „Verzeichnis der besonders strukturierten Ausbildungsgänge" („Anhang C") der 92er EU-Richtlinie (92/51/EWG); die im Vergleich zum Hochschulbereich geringen Teilnahmemöglichkeiten an EU-Förderprogrammen für Fachschulen und Fachakademien sowie die fehlende Förderung von Auslandspraktika. Auch die wachsende Vielfalt von Initiativen in diesem Bereich kann nicht über einen systemimmanenten Reformstau hinwegtäuschen.

Die Auseinandersetzung mit europäisch-internationalen Entwicklungen ist aber nicht nur eine arbeitsmarktpolitische Angelegenheit, sie ist eine fachliche und fachpolitische Notwendigkeit. Im Kontext der Globalisierung und ihrer sozialen und kulturellen Folgen wird es auch für Pädagogen zunehmend wichtig, die kulturelle Linse, mit der sie die Welt sehen, bewusst wahrzunehmen und kritisch zu überprüfen. So gewinnen Kenntnisse von, und Erfahrungen mit anderen Systemen und Denkmodellen bereits in der Ausbildung an Bedeutung – nicht zuletzt auch, weil sich die Bildungs- und Erziehungsarbeit in Tageseinrichtungen schon längst an einer wachsenden Kulturenvielfalt orientieren muss. Eine reflektierende Grundhaltung anderen Vorstellungen und Sichtweisen gegenüber ist heute eine Basiskompetenz für Multiperspektivität und die Umsetzung einer „Pädagogik der Vielfalt".

---

[19] 89/48/EWG zur Anerkennung von Hochschulabschlüssen und 92/51/EWG zur Anerkennung beruflicher Abschlüsse unterhalb des Hochschulniveaus
[20] Oberhuemer & Ulich (1997)

Es gibt keine systemische Verknüpfung von Ausbildung und Forschung.

Die sozialpädagogischen Ausbildungsstätten in Deutschland waren in den letzten 30 Jahren nur wenig in Forschungs- und Entwicklungsvorhaben der Universitäten und wissenschaftlichen Institute eingebunden. Noch heute gibt es lediglich vereinzelt Untersuchungen und Modellprojekte im Ausbildungsbereich. In anderen europäischen Ländern ist die Einbindung in Forschungsprojekte viel selbstverständlicher. Die Dozenten an den Hochschuleinrichtungen haben nicht nur einen Lehrauftrag, sondern auch einen Forschungsauftrag. Nicht selten haben diese Lehrkräfte auch einen berufsbiographischen Bezug zum Praxisfeld. Diese Berufsgruppe – praxiserfahrene Hochschullehrkräfte, die zugleich in der Ausbildung und Forschung tätig sind, – fehlt nahezu in Deutschland. Dabei stärkt diese Verknüpfung die Sensibilität für praxisrelevante Forschungsfragen und für Handlungsforschung als Methode der Selbstevaluation und reflexiven Praxis. Beides sind wichtige Voraussetzungen für Innovation und Erneuerung innerhalb des Feldes.

Qualifizierungs- und Berufsperspektiven für Männer fehlen.

Eines der 40 Qualitätsziele des Expertennetzwerks Kinderbetreuung der Europäischen Union (1996) – mit der Aufforderung zur Umsetzung bis 2006 – ist, dass 20 % des Personals in Kindertageseinrichtungen Männer sein sollten. In Norwegen und Dänemark zum Beispiel wird davon ausgegangen, dass Kinder in den ersten Lebensjahren vom Umgang mit beiden Geschlechtern profitieren, dass sie nicht nur weibliche, sondern auch männliche Rollenmodelle brauchen. In beiden Ländern wurden von Regierungsseite geförderte Maßnahmen durchgeführt, um junge Männer auf den Beruf aufmerksam zu machen und um die wenigen Männer, die im Beruf sind, zu unterstützen. Entsprechende Tagungen, Netzwerke für männliches Personal, Berichte und Videos tragen dazu bei, eine informierte, fachöffentliche Diskussion über diese Frage anzuregen. In Norwegen wurde beispielsweise ein „Aktionsplan für die Anwerbung und Erhaltung von Männern in Kindertageseinrichtungen" verabschiedet. Diese Initiative sieht Aktionen auf der national-staatlichen, der regionalen (Land/Bezirk/Provinz), der lokalen (Kommune) und der institutionellen Ebene (Kita/Ausbildungsstätte) vor.

In Deutschland war der Erzieherberuf bislang wenig interessant für Männer. Obwohl der Anteil von männlichen Beschäftigten in Tageseinrichtungen für Kinder in westdeutschen Kindertageseinrichtungen in den letzten Jahren etwas gestiegen ist (von 3,2 % im Jahr 1990 auf 5,4 % im Jahr 1998), geht er in den ostdeutschen Bundesländern leicht zurück (von 4,0 % im Jahr 1990 auf 3,6 % im Jahr 1998). Mit Blick auf eine geschlechtsbewusste Pädagogik und das Recht der Kinder auf Umgang mit beiden Geschlechtern ist dies eine noch zu lösende Frage für Politik, Ausbildung und Anstellungsträger.

Das berufliche Fortbildungssystem ist unübersichtlich, unverbindlich und unkoordiniert.

Ebenso wichtig wie eine fundierte Ausbildung für die Arbeit in Tageseinrichtungen ist ein qualifiziertes System der Fort- und Weiterbildung. Bislang gab es in Deutschland vorwiegend ein – für die einzelne Fachkraft – unübersichtliches Nebeneinander von verschiedenen Kursangeboten, die wenig Bezug zueinander und wenig Auswirkung auf die berufliche Laufbahn haben (mit Blick auf Funktionsstellen und Besoldung). Becker spricht von einer „schon absurden Partikularisierung und strukturellen Beliebigkeit".[21] Auf Landesebene werden vereinzelt koordinierte und trägerübergreifende Formen der Fortbildung entwickelt und erprobt (z. B. in Bayern), insgesamt bleibt aber das System weitgehend unkoordiniert. Dies ist in mehrfacher Hinsicht (fachlich, ökonomisch) ineffektiv und schränkt zudem die professionellen Entwicklungs- und Aufstiegschancen von Erzieherinnen und Erziehern erheblich ein. Ein (nationales) Qualifikationsprofil mit einem abgestimmten Modulsystem der Aus-, Fort- und Weiterbildung (mit Pflicht- und Wahlmodulen) und in allen Bundesländern geltender Anerkennung steht noch aus. Umso bedauerlicher, dass das Fortbildungssystem nicht in die Nationale Qualitätsinitiative eingebunden wurde.

[21] Becker (2002), S. 240

Empfehlungen an die Politik

08 | 01
Eine umfassende und nachhaltige, strukturelle wie konzeptionelle Reform der Professionalisierung der Fachkräfte für den Elementarbereich stellt eine zentrale politische Aufgabe dar, die angegangen werden muss.

08 | 02
Es wird empfohlen, in Anlehnung an die meisten europäischen Länder, mittelfristig die Erzieherausbildung auf Hochschulniveau anzuheben, trotz einer wünschenswerten Flexibilisierung der Zugangsvoraussetzungen, dennoch das Abitur als Haupteingangsvoraussetzung einzuführen und ein vierjähriges Studium vorzusehen.

08 | 03
Der Studiengang sollte im Sinne eines koordinierten, modular konzipierten und bundesweit anerkannten Qualifizierungssystems organisiert werden.

08 | 04
Es wird empfohlen zu prüfen, ob ein solch organisierter Studiengang zumindest in den ersten zwei Studienjahren eine gemeinsame Ausbildung von Erziehern und Lehrern vorsehen sollte. Ebenfalls sollte mittelfristig ein neues Ausbildungsprofil für Pädagogen entwickelt werden, das sie befähigen sollte, in allen Stufen des Bildungssystems bis Ende der Grundschule tätig zu werden. Dieses Ausbildungskonzept, das die Ausbildungsgänge für Erzieher und Lehrer ersetzen würde, stellt die folgerichtige Konsequenz aus der Forderung nach institutionenübergreifenden Bildungsplänen dar.

08 | 05
Eine Vernetzung zwischen Forschung und Ausbildung, eine engere Verknüpfung zwischen Theorie und Praxis, Beteiligung der Studierenden an Feldforschung und die Förderung eines Auslandspraktikums sollten Bestandteile der Ausbildung sein.

08 | 06
Es wird ferner eine bundeseinheitliche Regelung für die Anerkennung von europäischen Abschlüssen empfohlen.

08 | 07
Da eine Anhebung des Ausbildungsniveaus allein keine Garantie für eine höhere Ausbildungsqualität liefert, wird eine konzeptionelle Reform der Erzieherausbildung empfohlen.

08 | 08
In konzeptioneller Hinsicht wird eine Abkehr von der bisher einseitig auf das sozialpädagogische Paradigma orientierten hin zu einer ebenfalls dem bildungspolitischen Paradigma sich verpflichteten Erzieherausbildung empfohlen.

Empfehlungen an die Politik

08 | 09

Es wird die Entwicklung eines Ausbildungscurriculums befürwortet, zu dessen Elementen insbesondere folgende zählen sollten:

- die Förderung personaler Kompetenzen für eine moderne Bildungs- und Erziehungsarbeit (z. B. Widersprüche aushalten können, Vertrauen in den eigenen Standpunkt haben, mit kontroversen Standpunkten konstruktiv umgehen, systemisches Denken, soziales und ökologisches Verantwortungsbewusstsein, konzeptionelle Flexibilität, Kreativität, kulturelle Aufgeschlossenheit, Multiperspektivität, Konfliktfähigkeit, Selbstmanagement);

- die Vermittlung grundlegender und berufsfeldbezogener theoretischer Grundlagen und empirischer Erkenntnisse aus den entsprechenden Bezugswissenschaften, z. B. (vergleichende) Erziehungswissenschaft, Lern- und Entwicklungspsychologie, Familienpsychologie, Sozialpsychologie, Kindheits-, Familien- und Wissenssoziologie, Sozialgeschichte, Sozialphilosophie, Sozialanthropologie, Systemtheorie;

- die theoriegeleitete Bearbeitung praxisnaher Fragestellungen: fächerübergreifende Grundlagen und interdisziplinärer Zugang zu Schlüsselsituationen des Praxisfeldes u. a. durch integrierte, begleitete, mehrwöchige Praktika;

- die Förderung fachspezifischer Kenntnisse (z. B. für die sprachliche, mathematische, naturwissenschaftliche Bildungsarbeit mit verschiedenen Altersgruppen) und lernfeldübergreifender Grundprinzipien (z. B. Integration, Interkulturalität, Partizipation, Genderbewusstheit);

- eine differenzierte Unterrichtsdidaktik (z. B. Methoden der Erwachsenenbildung, Projektarbeit, Beobachtungsstudien von einzelnen Kindern und Gruppenprozessen, vertiefendes Selbststudium / exemplarische Bearbeitung ausgewählter Schwerpunkte);

- Kenntnisse verschiedener Forschungs- und Evaluationsansätze: z. B. qualitativ- interpretative sowie empirisch-statistische Methoden; Methoden der Selbst- und Fremdevaluation, der Qualitätsentwicklung und des Qualitätsmanagements;

- die Förderung zielgruppenspezifischer Kompetenzen (z. B. für die Arbeit mit Kindern und Familien in besonderen Lebenslagen).

- Darüber hinaus sollte eine europäisch-interkulturelle Dimension in Aus- und Fortbildung verankert werden mit den Elementen: kritische Reflexion über eigene, kulturspezifische Bildungs- und Erziehungsziele und -praktiken; interkulturell orientierte Bearbeitung vielfältiger Themen und Situationen; Kenntnisse der Bildungs- und Betreuungssysteme in anderen europäischen Ländern; Sensibilisierung für die Situation von Kindern, die mit zwei oder mehreren Sprachen aufwachsen; Kinderrechte in kulturell pluralen Gesellschaften.

08| 10

Ausbildungskonzepte stehen in strukturellem und konzeptionellem Zusammenhang mit Fort- und Weiterbildungskonzepten. Aus-, Fort- und Weiterbildungssysteme müssen aufeinander abgestimmt werden und in ihrer Gesamtheit eine moderne auf die Erzieherbiographie ausgerichtete Professionalisierungskonzeption bieten.

08 | 11

Ähnlich wie in anderen europäischen Ländern wird die Entwicklung eines berufsbegleitenden Weiterbildungsprogramms empfohlen, um in einer ersten Phase alle Leiterinnen in den Tageseinrichtungen eine solche akademische Ausbildung angedeihen zu lassen. Im Anschluss daran sollte den Fachkräften der Praxis ebenfalls die Möglichkeit eines Hochschulabschlusses eröffnet werden.

08 | 12

Die Anhebung der Ausbildung auf universitäres Niveau eröffnet neue Forschungsmöglichkeiten. Das Ausbildungssystem selbst sollte Gegenstand von Forschung sein und einer permanenten Evaluation unterworfen werden, um seine Effizienz sicher zu stellen und weiter zu steigern.

Das Verhältnis der Tageseinrichtung zur Familie

Zusammenfassung

Während Kindertageseinrichtungen und Familien lange Zeit als zwei stark voneinander abgegrenzte Systeme behandelt wurden, wurde in vielen Kindertageseinrichtungen in den letzten zwei bis drei Jahrzehnten die Elternarbeit intensiviert und modernisiert. Dennoch blieb das Verhältnis zwischen Tageseinrichtung und Familie aufgrund unterschiedlicher Erwartungen und Ansprüche unklar und ambivalent, teilweise sogar problematisch. Eine Neubestimmung dieses Verhältnisses ist überfällig, wobei folgende Positionen zu berücksichtigen sind. Den Eltern kommt ein verfassungsrechtlich garantierter Erziehungsvorrang zu. Da sowohl die Familie als auch die Institution die Entwicklung des Kindes prägen, bedarf es für eine optimale Förderung der kindlichen Entwicklung der Erziehungs- und Bildungspartnerschaft von Eltern und Fachkräften. Hieraus ergeben sich weitergehende Formen der Mitbestimmung der Eltern. Auch die aktive Mitarbeit von Eltern sollte erweitert werden, wobei ein Akzent auf der besonderen Einbindung von Vätern liegen sollte. Die Tageseinrichtungen bieten sich auch dafür an, hier Angebote der Elternbildung zu integrieren, da dies die Zusammenarbeit von Einrichtung und Eltern fördert und da über die Tageseinrichtungen viele Eltern erreicht werden können. Einen besonderen Schwerpunkt im Bereich der Elternarbeit bildet die Zusammenarbeit mit Migrantenfamilien. Schließlich sind die Einrichtungen für weitere präventiv orientierte Angebote und weitere Zielgruppen zu öffnen.

Das Verhältnis der Tageseinrichtung zur Familie

Noch vor wenigen Jahrzehnten waren Kindertageseinrichtungen und Familien zwei stark voneinander abgegrenzte Systeme: Die Eltern gaben ihre Kinder im Eingangsbereich des Kindergartens ab. Kindererziehung und Familienleben waren ihre Angelegenheit; ihre Privatsphäre wurde geschützt. Die Erzieher/innen übernahmen die Kinder im Vorraum. Der Gruppenraum war für die Eltern tabu; auch wurde ihnen kaum Einblick in die pädagogische Arbeit gewährt. Die Kontakte zwischen beiden Seiten beschränkten sich auf Tür- und Angel-Gespräche, Elternabende (oft mit externen Referent/innen), Elternbriefe und Sommerfeste.

In den letzten zwei, drei Jahrzehnten wurde in vielen Kindertageseinrichtungen die Elternarbeit intensiviert. Neben die vorgenannten »klassischen« An-

---

Ein kurzer Ausflug in die Geschichte

Seit der Gründung der ersten Kinderbewahranstalt im Jahr 1802 waren Kindertagesstätten auf Familien hin ausgerichtet: Sie sollten erwerbstätige Eltern – zumindest teilweise – von der Kinderbetreuung und -erziehung entlasten. Dabei ging es vor allem um Kinder aus den unteren sozialen Schichten, deren Mütter aus finanzieller Not arbeiten mussten und deshalb oft ihre Kinder vernachlässigten. Diese familienentlastende Funktion der Kindertageseinrichtung prägt auch heute noch ganz entscheidend das Verhältnis zur Familie: Die Betreuung von (Klein-) Kindern soll sichergestellt werden. Aber schon beim Fröbelschen Kindergarten (ab 1840) kam eine familienergänzende Funktion hinzu: Erziehung und Bildung wurden als eine gemeinsame Aufgabe von Familie und Kindergarten gesehen; die Erzieher/innen sollten die häusliche Erziehung durch ihre pädagogischen Angebote bloß ergänzen. Dementsprechend sollte die Einrichtung nur wenige Stunden am Tag geöffnet sein, damit die Kinder nicht zu lang von ihren Müttern getrennt sind. Außerdem hatte der Fröbelsche Kindergarten eine elternbildende Funktion: Den Fachkräften wurde die Aufgabe übertragen, zum einen »Personen, namentlich Junge Leute beiderlei Geschlechts, in der rechten Leitung und Beschäftigung der Kinder zu unterweisen...« Zum anderen sollte der Kindergarten, »um eine bessere Gesundheitspflege zum Gemeingut zu machen, das Bekanntwerden und die Verallgemeinerung des entsprechenden Spielmaterials, d. i. angemessene auf die stufenweise Entwickelung des Kindes und in dem Wesen des Menschen begründete Spiele und Spielweisen sich zum Zweck setzen...« (Fröbel).

In den 60-er und 70-er Jahren des 20. Jahrhundert kamen zwei neue Funktionen hinzu, die aber von weitaus geringerer Bedeutung für das Verhältnis zwischen Kindertageseinrichtung und Familie waren: Entsprechend der kompensatorischen Funktion, die jetzt wieder unter dem Stichwort »Neue Kompensatorik« diskutiert wird, sollen Erzieher/innen Mängel in der Familienerziehung ausgleichen (z.B. den Sprachgebrauch von Kindern aus unteren sozialen Schichten oder aus Migrantenfamilien verbessern). Und die neue Schwerpunktsetzung auf die familienunterstützende Funktion führte dazu, dass Fachkräfte nun z.B. bei Verhaltensauffälligkeiten von Kindern, bei Erziehungsschwierigkeiten von Eltern oder bei Ehe- und Familienproblemen Beratung und Hilfe anbieten.

gebote traten neue: Schnuppertage, Vorbesuche in der Gruppe, Hospitation, themenspezifische Gesprächskreise, Elterngruppen, Elterncafé, Bastel-/Spielnachmittage, Basare, Spielplatzgestaltung, Gartenarbeit, Renovieren/Reparieren usw. Ab den 1990-er Jahren wurde der schriftlichen Information der Eltern und der Selbstdarstellung mehr Aufmerksamkeit gewidmet: So haben Kindertageseinrichtungen pädagogische Konzeptionen erstellt und generell die Öffentlichkeitsarbeit verbessert (bis hin zu eigenen Homepages). Im Kontext von Bedarfserhebungen und Qualitätsmanagement wurden zuletzt Elternbefragungen als neue Methode der Elternarbeit eingeführt.

Dennoch blieb das Verhältnis zwischen Tageseinrichtung und Familie unklar und ambivalent: Viele Erzieher/innen sahen weiterhin in der pädagogischen Arbeit ihren ureigenen Zuständigkeitsbereich, grenzten diesen nach außen hin ab und reagierten abweisend auf Eltern, die hier Einblick gewinnen oder gar mitbestimmen wollten. Einige Fachkräfte wurden in Machtkämpfe mit (insbesondere akademisch gebildeten) Eltern(-beiräten) verwickelt, die relativ hohe Ansprüche an die Erziehungsarbeit durchsetzen wollten. Die Einführung des Dienstleistungsbegriffs und die Bezeichnung der Eltern als „Kunden" führten schließlich zu einem Ungleichgewicht zwischen Erzieher/innen und Eltern; erstere sollten den Wünschen letzterer weitgehend entsprechen und sie zufrieden stellen.

Die in den letzten Jahren entstandene Vielfalt von Angeboten der Elternarbeit und deren generelle Intensivierung sind durchaus begrüßenswerte Entwicklungen. Jedoch werden Eltern überwiegend als „Konsumenten" der Angebote der Kindertagesstätte gesehen – diese sind jedoch kein Ersatz für die weitgehend fehlende Mitwirkung und Mitbestimmung der Eltern. Es ist somit dringend notwendig, das Verhältnis zwischen Kindertageseinrichtung und Familie neu zu bestimmen. Hierbei sind folgende Positionen zu berücksichtigen:

1. Primat der Familie

Laut Artikel 6 Abs. 2 des Grundgesetzes sind Pflege und Erziehung des Kindes das natürliche Recht der Eltern und die zuvörderst ihnen obliegende Pflicht. Dieser verfassungsrechtlich garantierte Erziehungsvorrang der Eltern wird in § 1 Abs. 2 des SGB VIII wiederholt. Damit wird verdeutlicht, dass Kindertagesstätten nur ein nachrangiges, abgeleitetes bzw. übertragenes Erziehungsrecht haben. Sie haben auch im Gegensatz zur Schule keinen eigenständigen Bildungsauftrag. Das Bildungs- und Erziehungsrecht in Bezug auf das einzelne Kind muss Kindertageseinrichtungen somit erst von den Eltern per Vertrag übertragen werden.

Das Primat der Familie lässt sich auch aus wissenschaftlichen Untersuchungen ableiten. Diese zeigen, dass die kindliche Entwicklung und Sozialisation bei weitem stärker durch die Familie als durch die Kindertageseinrichtung und Schule geprägt werden. Der Salzburger Professor Krumm fasste beispielsweise die vielen Studien über den Anteil von Familie und Schule an den Schulleistungen von Kindern zusammen und ermittelte, dass sich Leistungsunterschiede eher durch Bedingungen in der Familie als durch solche in der Schule erklären lassen (bis zu zwei Dritteln der Varianz).[1] Und der Wissenschaftliche Beirat für Familienfragen betonte in seiner Schrift zur bildungspolitischen Bedeutung der Familie: „Die Qualität des kulturellen und sozialen Kapitals, das Kindern in ihren Herkunftsfamilien vermittelt und von ihnen angeeignet wird, erweist sich nach den Ergebnissen der PISA-Studie (wie zuvor schon in vielen anderen Untersuchungen) als die wichtigste Voraussetzung und wirksamste Grundlage für schulische Lernprozesse. Der Bildungsgang der Kinder stellt sich aus dieser Sicht als ein kumulativer Lernprozess dar, der umso erfolgreicher verläuft, je besser die Lernvoraussetzungen in den Anfängen des Lebenslaufs beschaffen sind."[2]

Hier wird die große Bedeutung der Familie für das Kind deutlich: Offensichtlich ist, dass in der Familie extrem viel gelernt wird, vor allem Kompetenzen und Einstellungen, die für das ganze weitere Leben wichtig sind. Dazu gehören Sprachfertigkeiten, Grob- und Feinmotorik, Lernmotivation, Neugier, Leistungsbereitschaft, Interessen, Werte, Selbstkontrolle, Selbstbewusstsein, soziale Fertigkeiten usw. Inwieweit solche Kompetenzen in der Familie ausgebildet werden, bestimmt den späteren Lebensweg eines Kindes.

2. Eltern und Erzieher/innen als Co-Konstrukteure kindlicher Entwicklung

Da Eltern einen sehr großen und Erzieher/innen einen ebenfalls beachtlichen Einfluss auf die Erziehung und Bildung des jeweiligen Kindes haben, prägen beide gemeinsam die kindliche Entwicklung – sie sind „Co-Konstrukteure". Dieses (neue) Verständnis hat Konsequenzen für das Verhältnis zwischen Familie und Kindertageseinrichtung: Ausgangspunkt für ihre Beziehung sollte das gemeinsame Interesse am jeweiligen Kind und an seinem Wohl sein. Sowohl Erzieher/innen als auch Eltern wollen das Beste für alle ihnen anvertrauten Kinder bzw. für ihr Kind. Beide Seiten sollten die Bedeutung der jeweils anderen für das Kind, seine Entwicklung, Erziehung und Bildung anerkennen.

So sind Eltern und Erzieher/innen einander näher, als es oft den Eindruck hat. Das gilt auch für ihre Erziehungsziele, denn weitgehend werden dieselben verfolgt. Damit ist eine gute Grundlage für die Co-Konstruktion der kindlichen Entwicklung gegeben.

[1] Krumm (1996)
[2] Wissenschaftlicher Beirat für Familienfragen (2002), S. 12

Erziehungsziele von Eltern und Erzieher/innen

Bei einer wissenschaftlichen Studie in den Ländern Bayern, Brandenburg und Nordrhein-Westfalen wurde Gruppenleiterinnen und Müttern eine Liste mit 44 allgemeinen Erziehungszielen vorgelegt.[3] Die Befragten sollten für jedes Ziel angeben, welchen Wert sie ihm beimessen.

Die drei wichtigsten Erziehungsziele je befragte Gruppe sind in Bayern bei der Gruppenleitung:
1. glücklich sein, 2. Vertrauen haben, 3. selbständig sein,
sowie bei den Müttern: 1. glücklich sein, 2. ehrlich sein, 3. zufrieden sein bzw. 3. Vertrauen haben.

In Brandenburg wurden genannt seitens der Gruppenleitung:
1. glücklich sein, 2. Vertrauen haben, 3. ehrlich sein bzw. 3. liebevoll sein,
und seitens der Mütter: 1. glücklich sein, 2. ehrlich sein, 3. Vertrauen haben.

Deutlich wird, dass Erzieherinnen und Mütter nicht nur bezüglich der Erziehungsziele, sondern auch hinsichtlich deren Rangordnung übereinstimmen – dieses Ergebnis gilt natürlich auch für Nordrhein-Westfalen.

Größere Unterschiede zwischen Müttern und Gruppenleiterinnen gibt es nur bei einigen Erziehungszielen. U. a. werden die folgenden Ziele von den Müttern durchgängig für wichtiger gehalten als von den Gruppenleiterinnen:

- tüchtig, strebsam sein
- ehrgeizig sein
- Familiensinn haben
- gehorchen

In der Zusammenschau lässt sich feststellen, dass ein relativ hohes Maß an Übereinstimmung im Hinblick auf die für wichtig erachteten Erziehungsziele zwischen den befragten Gruppen und über die drei Länder hinweg besteht. Noch höher ist die Übereinstimmung bei den Erziehungszielen, die für nicht so wichtig gehalten werden.

3. Erziehungspartnerschaft

Zur Bezeichnung des anzustrebenden Verhältnisses zwischen Kindertagesstätte und Familie hat sich in den letzten Jahren der Begriff „Erziehungspartnerschaft" durchgesetzt. Er bezeichnet eine Beziehung, in der beide Seiten Verantwortung für die Förderung des jeweiligen Kindes übernehmen bzw. diese miteinander teilen. Eltern und Erzieher/innen öffnen sich füreinander, tauschen sich über die Entwicklung, das Erleben und Verhalten des Kindes, über einen eventuellen besonderen Förderbedarf, über ihre Erziehungsvorstellungen und über die Situation in Familie und Tageseinrichtung aus. Sie akzeptieren einander als Expert/innen für das jeweilige Kind und berücksichtigen, dass beide Seiten unterschiedliche Perspektiven haben, da sie das Kind in verschiedenen Lebenswelten erleben. Es bleibt aber nicht bei der wechselseitigen Information, sondern Erziehungsziele und -stile werden auch miteinan-

[3] Fthenakis et al. (1996)

der abgestimmt. Besonders wichtig ist ein solcher Gesprächsaustausch in der Eingewöhnungszeit, kurz vor dem Übergang in die Schule und bei Hinweisen auf Entwicklungsprobleme.

Bei Erziehungsschwierigkeiten von Eltern und Erzieher/innen, bei Verhaltensauffälligkeiten, Entwicklungsverzögerungen und (drohenden) Behinderungen eines Kindes sowie – in begrenztem Rahmen – bei allgemeinen Familienproblemen und -belastungen können Familie und Kindertageseinrichtung im Gespräch gemeinsam nach den im jeweiligen Fall richtigen Maßnahmen suchen. Dabei können sie auch ihr Verhalten gegenüber dem jeweiligen Kind miteinander abstimmen. Bei einem besonders großen Unterstützungsbedarf oder bei

Erwartungen an die Elternarbeit

Bei einer wissenschaftlichen Studie in den Ländern Bayern, Brandenburg und Nordrhein-Westfalen wurde ermittelt, dass Mütter (M), Kindergartenleiterinnen (Kl) und Gruppenleiterinnen (Gl) ähnliche Vorstellungen hinsichtlich der Kooperation miteinander haben. Nachstehende Abbildung gibt die Ergebnisse für NRW wieder:[4]

Wichtige Inhalte der Zusammenarbeit mit Eltern bzw. mit der Kindereinrichtung (Nordrhein-Westfalen)
Die Frage wurde auf der ordinalen Skala
„nicht so wichtig" (=1) „wichtig" (=2) „sehr wichtig" (=3) beantwortet.

Die Eltern regelmäßig über Entwicklung und Verhalten ihres Kindes informieren

Den Eltern über die Gruppe und die täglichen Abläufe im Kindergarten Auskunft geben

Die Eltern über die Arbeitsweise und das pädagogische Konzept der Einrichtung informieren

Wissen vermitteln über Erziehung und Entwicklung von Kindern

Den Eltern für Gespräche über Erziehungsfragen Schwierigkeiten zur Verfügung stehen

Den Eltern für Gespräche über deren persönliche und familiäre Probleme zur Verfügung stehen.

Die Eltern bei Bedarf dabei unterstützen, ggf. mit anderen Einrichtungen Kontakt aufnehmen

Im Kindergarten Gelegenheiten schaffen, dass Eltern sich kennenlernen

Gegenseitige Hilfe zwischen Eltern organisieren

Die Eltern in die Kindergartenarbeit mit einbeziehen (z.B. Hospitationen, zusätzl. Vorlesestunden)

Die Eltern für handwerkliche Arbeiten gewinnen (z.B. Räume renovieren, Spielplatz gestalten)

Wünsche der Eltern zu pädagogischen Zielen, Inhalten und Methoden der Einrichtung aufgreifen

Die Meinung der Eltern bei Grundentscheidungen der Einrichtung berücksichtigen

Kl
Gl
M

4 Fthenakis et al. (1996), S. 102

Notwendigkeit besonderer therapeutischer Maßnahmen für das Kind werden Eltern über einschlägige Fachdienste informiert und zur Nutzung von deren Hilfs- und Beratungsangeboten motiviert.

Erziehungspartnerschaft zwischen Eltern und Erzieher/innen bezieht sich aber nicht nur auf das jeweilige Kind, sondern geht darüber hinaus: Zum einen sollten Eltern generell die Möglichkeit haben, die (Bildungs- und) Erziehungsangebote der Kindertageseinrichtung sowie Rahmenbedingungen wie z. B. die Gestaltung der Innen- und Außenräume mitzubestimmen (s. u.). So sind Gespräche zwischen Elternschaft und Erzieher/innen über die pädagogische Arbeit in der Kindertagesstätte und die ihr zugrunde liegende Konzeption von großer Bedeutung. Zum anderen sollten Erzieher/innen generell Einfluss auf die Familienerziehung nehmen, indem sie z. B. Angebote der Elternbildung machen.

4. Bildungspartnerschaft

Inzwischen geht man noch einen Schritt weiter und betont – unter Verwendung des Begriffs „Bildungspartnerschaft" – die gemeinsame Verantwortung auch für die Bildung des Kindes. Das setzt wie bei der Erziehungspartnerschaft voraus, dass sich Eltern und Erzieher/innen über den Bildungsstand des jeweiligen Kindes, ihre Bildungsziele und -angebote austauschen.

Darüber hinaus sollten Eltern das gesamte Bildungsangebot der Kindertagesstätte mitbestimmen können. Dies kann z. B. durch die Mitarbeit an der Konzeption der Einrichtung, am Rahmenplan oder Wochenprogramm geschehen. In Bundesländern, in denen Bildungspläne verabschiedet werden, sollten Eltern und Erzieher/innen gemeinsam beraten, wie diese in die Praxis umgesetzt werden können. Ferner können von Zeit zu Zeit bildende Aktivitäten von Erzieher/innen und (einzelnen) Eltern gemeinsam geplant, vorbereitet und durchgeführt werden. Hierzu eignet sich besonders die Projektarbeit, die viele Möglichkeiten der Einbindung interessierter Eltern bietet. Aber auch bei der Arbeit nach Wochenplänen u. ä. können Eltern an Bildungsangeboten beteiligt werden. Schließlich können Eltern – bei entsprechender Information durch die Tageseinrichtung – Bildungsinhalte zu Hause aufgreifen und vertiefen. Beispielsweise können sie zum Thema passende Bilderbücher aus der Stadtbibliothek ausleihen und mit den Kindern anschauen, mit ihnen über neue Begriffe sprechen oder mit ihnen bestimmte Aktivitäten (z. B. Experiment, Bastelarbeit, Interview) durchführen. Auf diese Weise findet eine stärkere Verknüpfung zwischen Lernprozessen in der Tageseinrichtung und in der Familie statt – durch die wechselseitige Verstärkung ist der Lernerfolg größer. Zugleich sind die Bildungsmaßnahmen effizienter.

5. Mitbestimmung der Eltern

Aus der weiter oben skizzierten Rechtslage – und aus der Tatsache, dass Eltern bei Kindertageseinrichtungen im Gegensatz zur Schule einen Teil der Kosten tragen müssen – resultiert eine andere Machtposition der Eltern. Dementsprechend heißt es im Kinder- und Jugendhilfegesetz: „Bei der Wahrnehmung ihrer Aufgaben sollen die in den Einrichtungen tätigen Fachkräfte und anderen Mitarbeiter mit den Erziehungsberechtigten zum Wohle der Kinder zusammenarbeiten. Die Erziehungsberechtigten sind an den Entscheidungen in wesentlichen Angelegenheiten der Tageseinrichtung zu beteiligen" (§ 22 Abs. 3 SGB VIII).

Diese Mitbestimmungsrechte der Eltern bleiben bisher eher uneingelöst. Die Rolle von Träger und Einrichtungsleitung darf sich deshalb nicht mehr – wie beim herkömmlichen Elternbeirat – auf Information und Anhörung der Eltern beschränken, sondern muss auch auf gemeinsame Aushandlungs- und Entscheidungsprozesse mit den Eltern hin ausgerichtet sein. Erste Ansätze einer stärkeren Mitbestimmung der Eltern zeigte ein Vergleich der Länderregelungen: So wird der klassische Elternbeirat zunehmend durch neue Formen der Elternbeteiligung abgelöst, die in ein gestuftes Beteiligungssystem eingebettet sind.

Die Elternbeteiligung sollte generell neu konzipiert werden. Es wird empfohlen, folgende Gremien zu schaffen:

1) **die Elternversammlung**, die von den Eltern der Kinder, die die Tageseinrichtung besuchen, gebildet wird. Sie erörtert grundsätzliche, die Tageseinrichtung betreffende Fragen. Sie wählt jedes Jahr aus ihrer Mitte die Elternvertretung für den Ausschuss. Jede Gruppe in der Kindertageseinrichtung stellt eine Elternvertretung. Bei eingruppigen Tageseinrichtungen sind zwei Personen als Elternvertretung zu wählen.
2) **die Elternvertretung:** Die Elternvertretung auf Gruppenebene fördert die Zusammenarbeit der Eltern mit allen Personen, die am Geschehen der Gruppe beteiligt sind, und steht für die Eltern als Ansprechpartner zur Verfügung. Die Elternvertretung auf Einrichtungsebene vertritt die Interessen der Eltern im Ausschuss der Tageseinrichtung; sie berät sich mit der Elternvertretung auf Gruppenebene, wie die Vertretung der Elterninteressen im Ausschuss wahrgenommen wird.
3) **der Ausschuss der Tageseinrichtung:** Er beruft zweimal im Jahr die Elternversammlung ein. Er hat für bestimmte Angelegenheiten (im Rahmen der geltenden Rechtslage und der verfügbaren Haushaltsmittel des Trägers) eine beschließende Funktion, so insbesondere für (a) das Programm zur Information, Beratung, Bildung und Beteiligung der Eltern in der Tageseinrichtung und (b) die Erstellung und Fortschreibung der Einrichtungskonzeption. Bei der Entscheidungsfindung hinsichtlich aller sons-

tigen wichtigen Angelegenheiten wirkt der Ausschuss beratend mit. Sie betreffen insbesondere (a) die Festlegung der Öffnungs-, Schließ-, Kern- und Mindestnutzungszeiten, (b) die Festlegung der Höhe der Elternbeiträge, (c) die Konzeption und Durchführung von Elternbefragungen, (d) Grundsatzentscheidungen zur Raum-, Sach- und Personalausstattung, (e) die Aufstellung des Haushaltplans und das Erschließen neuer Förderquellen sowie (f) die Änderung, Ausweitung und Einschränkung der Zweckbestimmung der Tageseinrichtung.

Der Ausschuss der Tageseinrichtung

Weitere bedeutsame Aspekte sind:

- Zusammensetzung: Mitglieder des Ausschusses sind der Träger, das Einrichtungsteam, die Elternvertretung und idealerweise auch der kommunale Kostenträger. Alle Parteien entsenden in den Ausschuss stimmberechtigte Mitglieder. Von den 6 Stimmen entfallen 2 auf den Trägerbereich (z. B. Träger der Tageseinrichtung, kommunaler Kostenträger), 2 auf die Elternvertretung und 2 auf das Einrichtungsteam, das durch die Leitung und einer (vom Team gewählten) weiteren Fachkraft repräsentiert wird. Falls in Sitzungen eine Partei nur durch eine Person vertreten wird, nimmt sie an den Abstimmungen mit 2 Stimmen teil. In eingruppigen Tageseinrichtungen genügen 3 Stimmen, wobei je 1 Stimme auf den Träger, die Elternvertretung und die Einrichtungsleitung fällt.
- Entscheidungen des Trägers, die ohne vorherige Beschlussfassung bzw. Beratung im Ausschuss der Tageseinrichtung ergangen sind, sind anfechtbar, solange die Beschlussfassung bzw. die Beratung nicht nachgeholt wird.
- Der Ausschuss tagt mindestens zweimal im Jahr.

Diese Neukonzeption der Elternbeteiligung trägt dem heutigen fachlichen Standard Rechnung, das Verhältnis zwischen Tageseinrichtung, Eltern und Träger partnerschaftlich zu gestalten. Sie berücksichtigt vor allem auch das wachsende Bedürfnis von Eltern nach mehr Mitsprache und Mitbestimmung bei der Konzeption des Leistungsangebots und bei der Sicherstellung angemessener und geeigneter Rahmenbedingungen für dessen Realisierung.

Die Diskussion dieses Konzepts in Bayern ergab einen Konsens in der veränderten Zielsetzung und die Notwendigkeit, den Trägern einen gewissen Gestaltungsspielraum bei deren Umsetzung und Anpassung an die lokalen Bedingungen zu belassen. Die Entwicklung lokalspezifischer Beteiligungskonzepte muss insbesondere für große Träger, die viele Tageseinrichtungen zugleich betreiben (z. B. größere Städte), sowie für Träger von Tageseinrichtungen in sozialen Brennpunkten möglich sein. Somit wäre es sinnvoll, in den Ländergesetzen ein Konzept der Elternbeteiligung zu regeln und zugleich dessen Abwandlung unter bestimmten Voraussetzungen zu gestatten.

**Der Einrichtungsbeirat in Dänemark und
das Koordinierungskomitee in Norwegen**

In Dänemark ist man noch weitergegangen als in Bayern. Seit 1993 müssen alle Kindertagesstätten einen Einrichtungsbeirat haben. Mitglieder sind Eltern und Fachkräfte, wobei Eltern die
Mehrheit haben. Der Beirat entscheidet über die pädagogischen Ziele und Aktivitäten der Ta-
gesstätte sowie über die Zusammenarbeit mit Familien und Einrichtungen des Gemeinwesens,
ist verantwortlich für die Verwaltung des Einrichtungsetats und macht Empfehlungen bei der
Einstellung neuer Mitarbeiter/innen und bei der Besetzung der Leitung.

In Norwegen hat jede Kindertageseinrichtung ein Koordinierungskomitee eingerichtet, das
z. B. für die Verabschiedung des Jahresplans zuständig ist, wobei dieser auf Grundlage des von
der Regierung als verbindlich erklärten Rahmenplans zu entwickeln ist. An diesem Prozess sind
Eltern und Kinder angemessen zu beteiligen. Das Personal hat sich bei seiner täglichen Arbeit
und bei der Kooperation mit Eltern an diesem Jahresplan zu orientieren. Die Eltern sind auch
an den Aktivitäten der Kindertageseinrichtung und an der Evaluation der pädagogischen Arbeit zu beteiligen.

6. Mitarbeit von Eltern

Um Mitverantwortung übernehmen und mitbestimmen zu können, sollten
Eltern die Möglichkeit haben, den Alltag in der Kindertageseinrichtung und
die pädagogischen Arbeit kennen zu lernen. Dies ist durch Hospitation möglich, bei der einzelne Eltern an den Gruppenaktivitäten teilnehmen, aber
auch durch Angebote wie z. B. Spielnachmittage, zu denen alle Eltern eingeladen werden.

Interessierte Eltern können aber auch direkt in die pädagogische Arbeit eingebunden werden, wenn sie beispielsweise kleine Gruppen von Kindern am
Computer anleiten, mit ihnen werken oder mit ihnen in einer Fremdsprache
sprechen. Ferner können Eltern und Erzieher/innen gemeinsam im Wochen-
plan vorgesehene Aktivitäten oder Projekte vorbereiten und durchführen,
sodass beide Seiten ihr Wissen und ihre Kompetenzen einbringen können.
Schließlich ist eine Zusammenarbeit von Erzieher/innen und Eltern bei Festen
und Feiern, bei der Gestaltung der Außenanlagen, der Reparatur von Spielsachen und vergleichbaren Aufgaben möglich.

7. Einbindung von Vätern

Bisher sind überwiegend Mütter Kooperationspartner/innen von Erzieher/
innen – Elternarbeit ist weitgehend Mütterarbeit. Da Mütter zu Hause weiterhin den größeren Teil der Erziehungstätigkeit übernehmen und Kinder nach dem Wechsel in die Schule überwiegend von Grundschullehrerinnen unterrichtet werden, wird die Kindheit weitgehend von Frauen geprägt.

Väter als Erzieher

Bei der vom Bundesfamilienministerium finanzierten Studie „Die Rolle des Vaters in der Familie" von Wassilios E. Fthenakis und Beate Minsel wurde herausgefunden, dass rund zwei Drittel der Väter von Kleinkinder das Vaterschaftskonzept „Vater als Erzieher" und ein Drittel das Konzept „Vater als Ernährer" verinnerlicht haben.[5] Inzwischen erledigen Väter circa 11 % der kindbezogenen Aufgaben alleine und weitere 45 % zu gleichen Teilen wie Mütter; diese übernehmen 44 % alleine. Obwohl die Beteiligung der Väter größer als noch vor zwei, drei Jahrzehnten ist, entspricht sie noch nicht dem von Eltern vertretenen Ideal (dass 72 % der kindbezogenen Aufgaben zu gleichen Teilen von Vater und Mutter, 21 % alleine von der Mutter und 8 % vom Vater erledigt werden sollen). Dies führt häufig zu Unzufriedenheit mit der Aufgabenverteilung und zu einer Verschlechterung der Partnerschaftsqualität.

Wissenschaftliche Untersuchungen belegen jedoch die große Bedeutung von Männern für die kindliche Entwicklung – sowohl bei Mädchen als auch (insbesondere) bei Jungen. Deshalb sollten sich Kindertagesstätten bemühen, Väter durch Elternarbeit zu erreichen, in die Einrichtung zu integrieren und zu motivieren, auch zu Hause mehr Erziehungsverantwortung zu übernehmen. Auf diese Weise könnte die Feminisierung der Kindheit kompensiert werden.

Die meisten Väter sind an ihren Kindern interessiert, befassen sich mit Erziehungsfragen und möchten im Grunde Kontakt zur Kindertagesstätte haben. Dort treffen sie aber bisher nur auf Frauen und fühlen sich als der einzige Mann (oder als einer von wenigen Männern) oft eher unwohl, sodass es zumeist bei wenigen Kontakten bleibt. Kindertageseinrichtungen müssen also besondere Anstrengungen unternehmen, wenn sie Väter erreichen wollen. So ist es sinnvoll, schon zum Aufnahmegespräch den „potenziellen Kindertagesstättenvater" persönlich einzuladen – oder spätestens zu einem Gespräch gegen Ende der Eingewöhnungsphase. Dies bedeutet natürlich, dass die Termine auf den späten Nachmittag oder sogar auf den frühen Abend gelegt werden müssen. Bei diesem Elterngespräch kann zum einen die Botschaft vermittelt werden, dass die Bedeutung des Vaters für sein Kind anerkannt und seine Perspektive geschätzt wird. Zum anderen sollte als Botschaft deutlich herausgestellt werden, dass Väter in der Kindertageseinrichtung willkommen sind und ihre Teilnahme an Elternveranstaltungen erwünscht ist. So werden Erwartungen geprägt: Der „neue" Vater rechnet nun damit, dass er öfters in der Kindertageseinrichtung präsent sein soll.

So können Väter z. B. zur Hospitation eingeladen werden. Väter sind durchaus daran interessiert, was in der Kindertageseinrichtung geschieht und was ihr Kind dort erlebt. Dementsprechend sind viele bereit, ein solches Hospitationsangebot zu nutzen und dafür einen Tag Urlaub oder Überstundenausgleich zu nehmen. Aber auch sonst ergeben sich im Kindertagesstättenalltag viele Gelegenheiten, zu denen Väter in die Kindergruppe eingeladen werden

[5] Fthenakis & Minsel (2002)

Einbeziehung von Vätern in Familienerziehung und Kindertagesbetreuung

In den letzten Jahren wurde in vielen Gremien und an vielen Instituten über Notwendigkeit und Möglichkeiten der Einbindung von Vätern in die Erziehung ihrer Kinder diskutiert. Einige Beispiele für relevante Veröffentlichungen:

- European Commission Childcare Network: Men as Carers for Children. Brussels: Commission of the European Communities 1990
- James A. Levine et al.: Getting Men Involved: Strategies for Early Childhood Programs. New York: Families and Work Institute 1993
- Conference of European Ministers Responsible for Family Affairs: The Status and Role of Fathers – Family Policy Aspects. Strasbourg: Council of Europe 1995
- OECD: Starting Strong. Early Childhood Education and Care. Paris: Selbstverlag 2001, S. 117–124
- Bundesministerium für Familie, Senioren, Frauen und Jugend (Hrsg.): Muss die Vaterrolle neu erfunden werden? Neue Chancen für Partnerschaft in Familie und Beruf. Materialie zur Familienpolitik Nr. 12: Dokumentation einer Fachtagung der Abteilung Familie des Bundesministeriums für Familie, Senioren, Frauen und Jugend am 22./23. Mai 2001. Berlin: Selbstverlag 2001
- Patrizia Orsola Ghedini et al.: Papa, wie hast du gelernt, dich um mich zu kümmern? Brüssel: Netzwerk der Europäischen Kommission für Kinderbetreuung, o. J.
- Bundesministerium für Familie, Senioren, Frauen und Jugend / Mehr Zeit für Kinder e. V.: Mein Papa und ich. Der Vater-Kind-Ratgeber. Frankfurt: Mehr Zeit für Kinder e. V. 2002

Außerdem wird gefordert, den Anteil der Männer am Personal von Kindertageseinrichtungen zu erhöhen, um das „männliche Element" in der frühkindlichen institutionellen Erziehung zu stärken. Siehe hierzu:

- Netzwerk der Europäischen Kommission für Kinderbetreuung: Männer als Betreuer. Bericht über ein internationales Seminar in Ravenna. Brüssel: Selbstverlag 1993

---

können: um beispielsweise über ihre Berufstätigkeit zu sprechen, ihr „Handwerkszeug" vorzustellen oder ihr Hobby zu präsentieren. In anderen Fällen können Väter an ihrem Arbeitsplatz besucht werden, sodass die Kinder auch einen Eindruck von den Räumlichkeiten bekommen und größere Geräte oder Maschinen „in Aktion" erleben können.

Eine besonders hohe Beteiligung von Vätern kann bei reinen Vater-Kind-Aktionen erreicht werden – insbesondere wenn die Väter direkt von ihren Kindern eingeladen werden. Dazu gehören gemeinsame Abendmahlzeiten, die von den Kindern vorbereitet werden können. Spielkreise für Väter und Kinder können z. B. am Freitagnachmittag oder Samstag angeboten werden. Hier kann auch gemeinsam gebastelt, getont oder gewerkt werden. Bei solchen Spielkreisen erfahren die Väter, wie ihre Kinder gefördert werden und mit welchen (Spiel-) Materialien sie tagtäglich umgehen. Zugleich stellen sie fest, wie viel Spaß das gemeinsame Spiel macht – vielleicht werden sie sich dann auch zu Hause mehr Zeit zum Spielen nehmen.

Vielerorts sind positive Erfahrungen mit Angeboten nur für Väter gesammelt worden. Besonders bewährt haben sich Aktivitäten, zu denen Körperkraft und handwerkliches Geschick benötigt werden. So haben viele Kindertageseinrichtungen mit Hilfe von Vätern die Außenanlagen umgestaltet oder Holzeinbauten in Gruppenräumen vorgenommen. Auch zu Gartenarbeiten (Anlegen von Hochbeeten, Weidentipis, Kräuterschnecken, Taststrassen, Feuchtbiotopen usw.) und zum Reparieren von Geräten bzw. Spielsachen lassen sich Väter relativ leicht gewinnen. Insbesondere längerfristige oder häufige Projekte schweißen die Beteiligten zusammen: Es kommt zu intensiven Gesprächen; Freundschaften entstehen.

8. Elternbildung

Aufgrund fehlender Erfahrungen mit Kleinkindern in der vorelterlichen Phase, mangelnder entwicklungspsychologischer bzw. pädagogischer Kenntnisse und der aus der Konfrontation mit widersprüchlichen Ratschlägen resultierenden Verunsicherung erleben Eltern Kindererziehung zunehmend als schwierig, überfordernd und belastend. Deshalb wird von vielen Fachleuten und Politiker/innen gefordert, die Familienbildung zu intensivieren: Eltern sollten möglichst früh lernen, wie man Kinder richtig erzieht. Da Familienbildungsstätten und ähnliche Einrichtungen nur einen kleinen Teil der Eltern erreichen – zumeist nicht erwerbstätige Mütter aus der Mittelschicht –, sind hier vor allem Kindertagesstätten gefragt: Erstmals können prinzipiell alle Eltern angesprochen werden.

Erzieher/innen können im Kontext der Erziehungs- und Bildungspartnerschaft aufklärend und unterstützend – also elternbildend – wirken: Durch den Austausch über die kindliche Entwicklung und Erziehung, durch die Einbindung von Eltern in pädagogische Angebote der Tageseinrichtung und durch Einflussnahme auf (bildende) Aktivitäten in der Familie tragen sie zur Stärkung elterlicher Kompetenzen bei. Auch können sie über altersgemäße Beschäftigungsmöglichkeiten, Spiele, Bücher, Bildungsangebote etc. informieren. Durch ihr Vorbild – das Eltern z. B. bei Hospitationen in der Kindergruppe erleben – können Erzieher/innen Eltern die Möglichkeit bieten, sich auf dem Wege des Modelllernens relevante erzieherische Fertigkeiten anzueignen.

Darüber hinaus können Erzieher/innen elternbildende Angebote machen bzw. organisieren. Mehrere Modellversuche – z. B. in den Bundesländern Sachsen oder Brandenburg – haben in der letzten Zeit die Vielzahl der Möglichkeiten verdeutlicht: Durchführung von Elternkursen (wie „Starke Kinder brauchen starke Eltern" des Deutschen Kinderschutzbundes), Vorträge von Fachleuten mit anschließender Diskussion, Gesprächskreise unter Leitung von Erziehungsberater/innen, Kooperationsveranstaltungen mit Familienbildungsstätten usw. Im Rahmen solcher Veranstaltungen werden z. B. folgende

---

Das Online-Familienhandbuch

Unter www.familienhandbuch.de finden Eltern und andere Interessierte zahlreiche fachlich fundierte Beiträge, die ihren Informationsbedarf in hohem Maße befriedigen können. Das Online-Familienhandbuch, das vom Bundesfamilienministerium mitfinanziert wird, enthält Informationen zur kindlichen Entwicklung und Erziehung, Hinweise auf entwicklungsfördernde Aktivitäten und wissenschaftliche Beiträge aus allen Fachrichtungen. Hier können Eltern von Kindern im Krippen-, Kindergarten- und Schulalter bzw. in der Pubertät die sie interessierenden Texte genau dann abrufen, wenn sie diese benötigen.

Die Artikel sind nach Rubriken geordnet – wie beispielsweise: „Erziehungsfragen", „Elternschaft", „Partnerschaft", „kindliche Entwicklung", „Gesundheit", „Behinderung", „Ernährung", „Kindertagesbetreuung", „Schule", „häufige Probleme", „Familienpolitik", „Angebote und Hilfen". Innerhalb der Rubriken wird nach dem Alter der Kinder oder anderen Kriterien weiter differenziert. Die Beiträge werden von Wissenschaftler/innen, Berater/innen, Verbandsvertreter/innen und anderen anerkannten Fachleuten verfasst. Es wird darauf geachtet, dass alle wissenschaftlichen, fachlichen, weltanschaulichen und politischen Meinungen Berücksichtigung finden.

Themen angesprochen: Umgang mit Grenzen und Konsequenzen in der Erziehung, Förderung der Entwicklung eines positiven Selbstwertgefühls (Ich-Stärke) beim Kind, Umgang mit Fernsehen und neuen Medien, Konflikte mit Kindern und deren Lösung, Unterstützung des Kindes bei der Erkundung seiner Umwelt, die Bedeutung von Ernährung und Bewegung für eine gesunde Entwicklung, wie man Kindern Regeln und Werte vermittelt, die Bedeutung des Vaters für das Kind, geschlechtsbewusste Erziehung usw.

Schließlich können Erzieher/innen Bücher und Artikel zu Familie, Kindererziehung und Entwicklungspsychologie sammeln und entweder bei Bedarf an Eltern ausleihen oder in einer Kita-Bibliothek zur Verfügung stellen. Auch können sie auf Websites mit familienbildenden Informationen aufmerksam machen.

9. Zusammenarbeit mit Migrantenfamilien

Bei Ausländern, aber auch bei Aussiedlerfamilien, kann neben sprachlichen Barrieren die fremde Kultur des Herkunftslandes zu Verständigungsschwierigkeiten führen. Es ist daher notwendig, in der Kindertageseinrichtung ein Klima aufzubauen, das dem Kind und seinen Eltern vermittelt, dass sie angenommen werden, dass Interesse an ihnen, ihrer Herkunft und Kultur besteht.

Gerade die Einbeziehung der Eltern in den Kindertagesstättenalltag bietet hier vielerlei Möglichkeiten wie beispielsweise: Eltern studieren mit der Kindergruppe einen ausländischen Tanz ein, kochen mit oder für die Kinder eine Spezialität aus ihrem Herkunftsland oder singen ein fremdsprachiges Kinderlied vor. Auch die Instrumente aus anderen Ländern üben auf Kinder eine große Faszination aus. Ein polnischer Abzählvers, ein griechisches Gedicht oder ein türkisches, französisches oder russisches Märchen werden von den Kindern begeistert aufgenommen. Ferner kann es beim traditionellen Sommerfest anstatt der üblichen Würstchen Kebap, Pizza und Suflaki geben, können Spiele aus aller Welt eingesetzt werden. Durch derartige Aktionen lassen sich nicht die Probleme der Eingliederung lösen, aber sie können durchaus zu mehr Verständnis und einer besseren Verständigung führen.

Ein Elterntreff für Migrant/innen bietet die Möglichkeit, diese Eltern miteinander bekannt zu machen und sie allmählich an die Kindertageseinrichtung heranzuführen. Dann können sie später leichter in andere Angebote der Elternarbeit integriert werden. Generell kommen die Ausländer- und Aussiedlerfamilien eher zu Familienwanderungen, Eltern-Kind-Nachmittagen, Bastelangeboten, einem Gartenprojekt für Eltern und Kinder sowie gemeinsamen Festen und Feiern als zu einem Elternabend oder Gesprächskreis. Durch die Vielfalt der Angebote, kontinuierliche Elterngespräche und das Einbeziehen in den Kindergartenalltag ist es möglich, den vielfältigen Familienwirklichkeiten entgegenzukommen, sodass niemand ausgegrenzt wird.

10. Präventiv orientierte Angebote für Eltern und weitere Zielgruppen

Mit der Zeit sollten Kindertagesstätten zum Treffpunkt für alle Familien – einschließlich von sozial benachteiligten Familien und Migrantenfamilien – werden. Die Eltern sollten hier ihre Erfahrungen austauschen, Beziehungen zu anderen aufbauen, gemeinsame Aktivitäten mit anderen Familien planen sowie Unterstützung durch Dritte finden können (Nachbarschafts-/Familienselbsthilfe, Aufbau sozialer Netze).

Darüber hinaus können Erzieher/innen neuartige Angebote wie beispielsweise Eltern-Kind-Gruppen, Babysitterdienst, wechselseitige Kinderbetreuung, Mittagstisch für Eltern oder Freizeitaktivitäten (z. B. Wanderungen, Ausflüge) organisieren. Damit verbunden ist das Erschließen von neuen Zielgruppen wie z. B. von Eltern mit Kindern unter drei Jahren durch Angebote wie Stillgruppen oder Spielkreise. Bei entsprechenden Räumlichkeiten können auch Selbsthilfegruppen von Alleinerziehenden, von Eltern mit behinderten Kindern usw. eine neue Heimat in der Kindertagesstätte finden.

In der Kindertageseinrichtung als Nachbarschaftszentrum können außerdem für Familien relevante Angebote anderer Institutionen wie z. B. von Familienbildungsstätten oder Erziehungsberatungsstellen integriert werden. Wie bereits erwähnt, ist hier an Elternkurse, von Psycholog/innen geleitete Gesprächskreise u.ä. zu denken, aber auch an Sprechstunden psychosozialer Dienste in der Kindertagesstätte.

Das Pen Green Zentrum in Großbritannien

Das Pen Green Centre – eines der bereits in Kapitel 11 vorgestellten Early Excellence Centres – wurde 1983 in der englischen Kleinstadt Corby gegründet, einer der ärmsten Regionen Englands. Hier wird Kindertagesbetreuung (regelmäßig oder nach Bedarf) mit Beratungsangeboten für Eltern, Unterstützungsangeboten für junge Familien (Hausbesuche, Elterntreffen, Spielzeugverleih, Bücherei, Jugend- und Familienclubs) und einem Gesundheitsdienst für alle Fragen rund um Schwangerschaft und Kind verbunden.

Innovative Konzepte zur frühkindlichen Erziehung werden mit Fortbildungsmöglichkeiten für Erwachsene in den Bereichen Gesundheit, Erziehung sowie Erwachsenenbildung kombiniert. Diese Angebote haben auf den ersten Blick nichts mit Kindern zu tun, zielen jedoch darauf ab, Eltern in ihrem unmittelbaren Lebenszusammenhang zu stärken und ihnen den Erwerb von zusätzlichen (auch beruflichen) Qualifikationen zu ermöglichen. Wer an entsprechenden Qualifizierungen teilgenommen hat, kann auch u. U. eine Honorartätigkeit in der Einrichtung übernehmen.

Eine wichtige Zielsetzung ist außerdem die Stärkung der elterlichen Erziehungskompetenzen und ein stärkerer Einbezug der Eltern in die Erziehungs- und Bildungsarbeit. Dies wird z. B. erreicht durch gemeinsame Projekte, regelmäßige Entwicklungsberichte über die Kinder, den Austausch zwischen Fachkräften und Eltern sowie die Möglichkeit, dass Eltern das Verhalten ihres Kindes zu Hause auf Video dokumentieren und dann mit den Fachkräften besprechen. Dieser Ansatz erwies sich als sehr erfolgreich: So beteiligten sich 85% der Mütter und 60% der Väter an der gezielten Beobachtung und Dokumentation der Entwicklung ihres Kindes.

Empfehlungen an die Politik

09 | 01
Das Primat der Erziehung und Bildung von Kindern liegt bei den Eltern. Dies ist deren von der Verfassung garantiertes Recht. Tageseinrichtungen haben bislang, im Gegensatz zur Grundschule, keinen hoheitlichen Bildungsauftrag zu erfüllen. Sie handeln nur im Auftrag der Familie und dieses Verhältnis wird vertraglich geregelt.

09 | 02
Die herkömmliche Position, die Tageseinrichtungen auf eine familienergänzende, -unterstützende und -entlastende Funktion reduziert, ist zurückzuweisen zu Gunsten einer Position, die Eltern und Fachkräfte in einer Erziehungs- und Bildungspartnerschaft sieht.

09 | 03
Es wird ferner empfohlen, Modelle zur Regelung der Beziehung zwischen Familie und Tageseinrichtung, die sich betriebswirtschaftlich motivierter und begründeter Ansätze bedienen – die Einrichtungen werden z. B. als Dienstleister verstanden, die Eltern als Kunden –, als dem Gegenstand nicht angemessen und demnach als ungeeignet zurückzuweisen.

09 | 04
Eine engere Verknüpfung zwischen kindlichen Lernprozessen in Familien und in Tageseinrichtungen und damit zwischen formell organisierten und informellen Lernprozessen wird befürwortet.

09 | 05
Den Eltern als wichtigen Co-Konstrukteuren kindlicher Entwicklung und Bildung sind in den Tageseinrichtungen weitere Mitwirkungs- und Mitbestimmungsmöglichkeiten zu eröffnen.

09 | 06
Es wird empfohlen, einen Einrichtungsausschuss landesrechtlich zu kodifizieren, an dem Eltern mit einer Drittelparität beteiligt werden, um gemeinsam mit den Fachkräften und dem Träger die in der jeweiligen Tageseinrichtung anstehenden Entscheidungen treffen zu können.

09 | 07
Eine stärkere Einbettung der Angebote der Familienbildung in die Tageseinrichtungen soll angestrebt werden.

09 | 08
Angebote zur Stärkung elterlicher Kompetenz sollten über die Einrichtungen an die Eltern, insbesondere an Migrantenfamilien, gerichtet werden. Besonders empfehlenswert sind früh ansetzende Präventionsangebote, also auch Programme, die die Eltern bereits im ersten Lebensjahr des Kindes erreichen.

Vernetzung mit anderen Bereichen des Bildungssystems

Zusammenfassung

Die politische und konzeptionelle Zweiteilung der Zuständigkeiten für die Bildung und Erziehung von Kindern in Deutschland – der vorschulische Bereich wird traditionell als Ort der Betreuung angesehen, die Schule hingegen als Bildungsinstitution – behindert die kontinuierliche Bildung von Kindern über Institutionengrenzen hinweg. Die Kooperation und Kommunikation von vorschulischen Einrichtungen und Grundschule erweisen sich häufig als stark eingeschränkt. Gründe hierfür liegen u. a. im unterschiedlichen sozialen Status des Fachpersonals beider Bereiche, der geringen zeitlichen Verfügbarkeit des schulischen Personals, dem Fehlen von Konzepten für eine Zusammenarbeit und nicht zuletzt in den unterschiedlichen Bildungsphilosophien von Kindergarten und Schule. Kinder müssen in zunehmendem Maße Diskontinuität und Übergänge in ihren Lebensläufen bewältigen. Auch im Bereich der Bildungslaufbahnen sind beim Wechsel zwischen Betreuungs- und Bildungsinstitutionen (Familie – Krippe – Kindergarten – Schule – Hort) Übergänge zu bewältigen. Die erfolgreiche Bewältigung eines Übergangs durch das Kind ist eine günstige Vorraussetzung für die Bewältigung nachfolgender Transitionen. Das Scheitern bei der Bewältigung von Übergangsprozessen stellt langfristig einen Risikofaktor für die kindliche Entwicklung und Bildung dar.

Bemühungen um eine erfolgreiche Gestaltung von Übergängen sollten einerseits auf die Herstellung von Kontinuität der kindlichen Lern- und Entwicklungsumwelten abzielen. Ansatzpunkte hierfür bestehen auf mehreren Ebenen: auf der konzeptionellen Ebene, auf der Ebene der Kompetenzen der beteiligten Eltern und Fachkräfte und auf der strukturellen Ebene. Andererseits stellen Diskontinuitäten aber auch Herausforderungen für das Kind dar und beinhalten somit Lern- und Entwicklungschancen. Ein weiterer Ansatzpunkt besteht daher in der Förderung der Bewältigungskompetenzen des Kindes.

Vernetzung mit anderen Bereichen des Bildungssystems

Die getrennte Entwicklung von Kindergärten und anderen vorschulischen Einrichtungen einerseits und Schulen andererseits in Deutschland bedingt zentrale Probleme der kontinuierlichen Bildung von Kindern über Institutionengrenzen hinweg. Dass die Kindergärten in Deutschland nicht zum Bildungssystem gehören wie in anderen Ländern Europas, erschwert ihre Entwicklung zu Bildungseinrichtungen. Neben dem Kindergarten sind weitere vorschulische Einrichtungen von diesen Grenzziehungen betroffen. Insbesondere ist die Kommunikation und Kooperation durch strukturell angelegte

---

Venedig 1971: Das erste europäische Symposium zum Schulanfang

Forderungen nach Zusammenarbeit von Kindergarten und Schule wurden bereits auf dem ersten europäischen Symposium zum Schulanfang in Venedig 1971 erhoben. Dieses Symposium war auf der 6. Konferenz der Europäischen Bildungsminister 1969 angeregt worden. Weitere dort beschlossene Empfehlungen betrafen die Vorbereitung der Kinder und der Eltern, die flexible Handhabung des Unterrichts zum Schulanfang und die Verringerung von Risiken bei der Bewältigung des Schuleintritts für Kinder, die keine vorschulische Einrichtung besucht haben.

1974 wurden diese Forderungen weiter präzisiert.[1] Die Untrennbarkeit von Elementar- und Primarerziehung sollte anerkannt und dazu das vorschulische und das schulische Curriculum abgestimmt und auf Kontinuität angelegt werden. Beide Bereiche sollten dem gleichen Ministerium unterstellt werden. Die Ausbildung des Fachpersonals beider Bereiche sollte angeglichen werden. Eine zweijährige vorschulische Erziehung sollte für die Eltern kostenlos sein, deren letztes Jahr ebenso flexibel gestaltet werden sollte wie das erste der Grundschule. Zurückstellungen von Kindern nach dem ersten Grundschuljahr sollten über eine Individualisierung der Pädagogik vermieden werden.

Erst als sich in Deutschland noch 20 Jahre später im internationalen Vergleich zeigte, dass das Einschulungsalter hierzulande hoch ist, die Schulleistungen relativ gering sind, Begabungen zu wenig gefördert werden, Zurückstellungsraten durchschnittlich 10 % betragen – bei Schwankungen zwischen Schulen von 0–20 Prozent – und Einweisungen in Förderschulen eines von 20 Kindern betreffen, sowie Investitionen in Bildung zu gering sind, wurde in der zweiten Hälfte der 90er Jahre des vorigen Jahrhunderts die Neugestaltung der Schuleingangsphase in Angriff genommen. Dies geschah über schulische Modellversuche und gesetzliche Veränderungen über eine erweiterte Stichtagsregelung.

Nicht eingelöst wurden seitdem – auch nicht mit Modellversuchen – die Anerkennung vorschulischer Einrichtungen als Bildungseinrichtungen, die Abstimmung der Curricula, die Angleichung der Ausbildung der Fachkräfte sowie die Zuordnung zum gleichen Ministerium. Nebenbei bemerkt wurde auch die Vorbereitung der Eltern nicht geleistet. Dies alles aber waren Forderungen, die international bereits 1971 für Europa politisch formuliert worden waren.

---

[1] Woodhead (1981)

Unterschiede des sozialen Status' des Fachpersonals der vorschulischen und schulischen Einrichtungen behindert, etwa durch Unterschiede im formalen Niveau der Ausbildung, in der Bezahlung und in den Arbeitszeiten.

Die Zusammenarbeit zwischen vorschulischen Einrichtungen und den Grundschulen ist stark eingeschränkt. Stattfindende Kooperation ist in der Regel – trotz guter Beispiele, die lokal vereinzelt vorzufinden sind – das Ergebnis des Engagements einzelner Personen, wird vorwiegend von Seiten des Kindergartens initiiert und insbesondere durch geringe zeitliche Verfügbarkeit des schulischen Personals beschränkt. Zusammenarbeit konzentriert sich seitens der Schule wie auch in Bezug auf Elternkontakte auf befürchtete oder akute Problemfälle. Weithin fehlen abgestimmte Konzepte zwischen Kindergärten und Grundschulen, gemeinsame Elternarbeit und gemeinsame Fortbildungen des Personals.

Wie sich Übergänge im Bildungswesen vollziehen, gewinnt in der neueren bildungspolitischen Debatte eine zunehmend wichtige Rolle. Stets sind mehrere Einrichtungen betroffen, die kooperieren müssen. Zusätzlich ist die Kooperation und Partizipation der Eltern erforderlich. Kooperation ist dabei aufzufassen als die bewusste, von allen Beteiligten verantwortete, zielgerichtete, gleichwertige und konkurrenzarme Zusammenarbeit.[2] In diesen Bestimmungsmerkmalen sind bereits die wesentlichen Hindernisse einer Kooperation angelegt.

Zur Planung, Steuerung und Überwachung von komplexen Abläufen bei Projekten, die innerhalb eines begrenzten Zeitraumes zu Ergebnissen führen sollen, soll Netzplanarbeit und Vernetzung eingesetzt werden.[3] Dies dient dazu, die eigene Arbeit im Kontext der pädagogischen Ziele zu reflektieren, Ansatzpunkte zur Verbesserung der eigenen Praxis zu erkennen und entsprechende Impulse abzuleiten. Die Akzeptanz der eigenen Grenzen und der Grenzen im Kindergartenteam ist der erste Schritt oder der Ausgangspunkt zur Vernetzung und die Basis für den Netzplan.

Fruchtbare Kooperationen lassen sich dadurch kennzeichnen, dass sie freiwillig eingegangen werden. Für alle Kooperationsmaßnahmen, in die der Kindergarten eingebunden ist, bedarf es der Zustimmung der Eltern. Die Definition der gemeinsamen Ziele bildet den Ausgangspunkt der Zusammenarbeit.

Grundwissen über die Möglichkeiten der Jugendhilfe und über andere psychosoziale Dienste – zu nennen sind im Kontext der Kindertagesbetreuung insbesondere Schulen, Jugendamt, Erziehungsberatungs- und Frühförderstellen, der Allgemeine Sozialdienst, Kinderzentren – erweist sich als unverzichtbar für die institutionenübergreifende Vernetzung und Kooperation.

---

[2] Lütje-Klose & Willenbring (1999)   [3] Becker-Textor (1998)

1. Die Bedeutung von Übergangsprozessen für Lernen und Entwicklung

Kinder und ihre Familien müssen in zunehmendem Maße Diskontinuitäten und Transitionen in ihren Lebensläufen bewältigen.[4] Der Wandel der Gesellschaft bildet sich auch als Wandel der Familien ab, in denen Kinder aufwachsen. Vor diesem Hintergrund musste bereits 1997 angemahnt werden, dass Veränderungen in der Struktur und der Qualität des Lebens in Familien die Grundlage sein müssen für ein neues Verständnis von Qualität der Tagesbetreuung und der Bildung in Familie und Einrichtungen.[5] Die Bewältigung von Diskontinuitäten muss dabei als eine Entwicklungsaufgabe sowohl für Kinder als auch für ihre Eltern berücksichtigt werden.

Im Bereich der Bildungslaufbahnen sind beim Wechsel zwischen Bildungsinstitutionen Übergänge zu bewältigen, die grundsätzliche Fragen zu Kontinuität und Diskontinuität der strukturellen Bedingungen und der Inhalte in Bezug auf Lernen und Entwicklung aufwerfen. Die Kontinuität der Erfahrung, also von kontextuellen Faktoren, bedingt die Kontinuität von Entwicklungsprozessen.[6] Die Bewältigung der Übergänge von der Familie in die Krippe, von der Familie in den Kindergarten, von der Krippe in den Kindergarten lässt sich demnach unter dem Gesichtspunkt des Strebens nach Kontinuität bzw. der Auseinandersetzung mit Diskontinuität auf der strukturellen wie der inhaltlichen Ebene analysieren.

Übergangsprozesse sind die Voraussetzung für erfolgreiche Bildungsprozesse. Die Bewältigung von Übergängen ist als Baustein von Bildungskonzepten anzusehen.[7] Neben der Resilienz und der lernmethodischen Kompetenz bildet die „Transitionskompetenz" eine zentrale Basiskompetenz für kindliche Lern- und Entwicklungsprozesse. Mit Blick auf die Familie umfasst Transitionskompetenz in erster Linie Kommunikationskompetenz der Eltern bezogen auf die Transitionsbedürfnisse des sich entwickelnden Kindes.[8] In der Interaktion mit Bildungseinrichtungen wie Kindergarten und Schule kommt die Bereitschaft und Fähigkeit der beteiligten Akteure aus Familie und Bildungseinrichtungen zur Kommunikation hinzu.[9] Die Beteiligung von Kindern und Eltern an der Gestaltung von Transitionen (Partizipation) kennzeichnet diese als soziale Prozesse von Co-Konstruktion.

Ein besonderes Problemfeld bilden nicht stattfindende normative Übergänge bzw. abgebrochene Übergangsprozesse. Im Gegensatz zu den systemkonformen, „fließenden" Übergängen, die – funktionalistisch bzw. strukturell betrachtet – mit einem Statusgewinn einhergehen, stellen verzögerte, unter-

[4] Bundesministerium für Familie, Senioren, Frauen und Jugend (1998); Fthenakis (1997; 1998); Griebel (1997)
[5] Fthenakis (1997; 1998)
[6] Peters & Kontos (1987)
[7] Fthenakis (2000a; 2002a; 2002b)
[8] Kreppner (2002)
[9] Griebel & Niesel (2003a;2003b)

brochene und nicht gelingende Übergänge ein besonderes Problemfeld dar. Solche Entwicklungsverläufe sind markiert durch den Abbruch der Einge- wöhnungsphase in den Kindergarten und die Zurückverweisung in die Fa- milie, die Zurückstellung vom Schulbesuch bzw. den Abbruch des Schulein- gangs.[10] Daneben nimmt auch die Zahl der „Abstiege" zu, etwa durch Schul-, Berufsausbildungs- und Studienabbruch. Diese Fehlentwicklungen bedürfen selbst dann einer stärkeren Beachtung, wenn sie sich im biografischen Rück- blick als „stimmig" für die eigene Persönlichkeitsentwicklung erweisen.[11]

Wenn Kinder mit besonderem Förderbedarf von einer vorschulischen Einrich- tung in die Schule wechseln, sind mehrere Einrichtungen und Fachpersonen in die erforderliche Kooperation involviert. Dort, wo veränderte Formen der Schuleingangsstufe die Zurückstellung von Kindern und die Einweisung in Fördereinrichtungen vermeiden sollen, müssen neue, klar definierte Formen der Zusammenarbeit und des Einsatzes von Fachkräften entwickelt werden.

Das Fehlen einer umfassenderen theoretischen Konzeption des Übergangs erschwert auch die Kooperation über Institutionengrenzen hinweg. In Krip- penprojekten in Berlin und München wurde, auf der Grundlage des bin- dungstheoretischen Ansatzes, die Eingewöhnung in die Krippe pädagogisch so gestaltet, dass die Entwicklung einer Vertrauen gebenden Bindungsbezie- hung nicht nur zwischen dem kleinen Kind und der Erzieherin, sondern auch zwischen den Eltern (der Mutter) und der Erzieherin gefördert wird. Entge- gen der Erwartung, dass Kinder und Eltern mit diesen positiven Erfahrun- gen mit Gruppe und Fachkräften den Übergang in den Kindergarten relativ leicht bewältigen, begegnen viele Eltern aus diesen Krippen dem normativen Wechsel in die nächste Bildungsinstitution mit großer Sorge. Verantwortlich hierfür dürften nicht allein die Fachlichkeit des Personals und die Kompetenz der Eltern sein, sondern auch das Fehlen eines theoretischen Ansatzes, der Veränderungen und Abbruch von Beziehungen beim Bewältigen eines Über- gangs berücksichtigt.

Formen einer erweiterten Altersmischung in vorschulischen Einrichtun- gen und in der Grundschule lösen den an Altersstufen geknüpften Zugang zu institutionalisierter Betreuung und Erziehung der Kinder auf. Übergän- ge zwischen Krippe und Kindergarten werden für Kinder überflüssig, wenn auch unter Dreijährige bereits in Kindergartengruppen mit Öffnung der Al- tersgrenzen nach unten aufgenommen werden. Für Schulkinder, die außer- halb der Schulzeiten in Kindergartengruppen mit Öffnung der Altersgren- zen nach oben verbleiben, erübrigt sich der Übergang vom Kindergarten in einen Hort.

Die Pädagogik in Formen erweiterter Altersmischung ist nach wie vor in Entwicklung begriffen. Deutlich wird einmal mehr das Fehlen einer die her-

---

[10] Hildeschmidt (1995)   [11] Walther (2000); Welzer (1988; 1990)

kömmlichen Altersgrenzen überschreitenden Bildungskonzeption. Aus Gründen der fehlenden Möglichkeiten der Zuordnung von Kindergärten und Grundschulen, die jeweils breite Altersmischung einführen oder eingeführt haben, kommt es auch nicht zu einer Kooperation zwischen Fachkräften beider Einrichtungstypen in diesem Bereich, der an sich ein hervorragendes Forum für Verständigung, Erfahrungsaustausch und gemeinsame Entwicklung darstellen könnte.

Gleichzeitig wird deutlich, dass Horte nur ein zaghafter Schritt auf dem Weg zu einer funktionierenden Gesamtschule sein können – ganz abgesehen von der geringen Zahl der Hortplätze, deren Inanspruchnahme aus Kostengründen sogar zurückgeht.

Der Übergang in die Grundschule ist ein biografisches Ereignis mit einschneidenden und lang andauernden Konsequenzen für die Lebensgestaltung des Kindes und seiner Familie, an das man sich noch lange erinnern kann und

---

Übergangsbewältigung und Schulfähigkeit

Die Schulfähigkeitsdebatte der letzten Jahre ist gekennzeichnet erstens durch die Abkehr vom Selektionsprinzip hin zum Förderprinzip; zweitens durch die Einsicht, dass Schulfähigkeit nicht der Status eines Kindes zu einem bestimmten Zeitpunkt sein kann und, schliesslich die Erkenntnis, dass Schulfähigkeit vielmehr erst in der Schule durch schulische Erfahrung erreicht wird, die auf den Vorerfahrungen in Familie und vorschulischer Einrichtung aufbaut.

Eine transitionsorientierte pädagogische Konzeptualisierung des Übergangs vom Kindergarten in die Grundschule kann einen grundlegenden Beitrag zur Überwindung herkömmlicher Annahmen zur Schulfähigkeit leisten, insofern als ...

- die mit dem Übergang verbundenen Anforderungen für Kinder und Eltern sich genauer beschreiben und pädagogisch umsetzen lassen;[12]
- die Notwendigkeit sowohl von Basiskompetenzen als auch von schulnahen Vorläuferkompetenzen für die Bewältigung des Übergangs zum Schulkind erkennbar wird;[13]
- diagnostisch kompetente ErzieherInnen den individuellen Förderbedarf erkennen, an dem in der Grundschule angeknüpft werden kann;
- der Prozesscharakter der Übergangsbewältigung impliziert, dass die Transition erst in der Schule abgeschlossen werden kann;[14]
- Eltern sowohl Unterstützer ihres Kindes als auch Bewältiger ihres eigenen Übergangsprozesses sind, was den Blickwinkel erweitert und neue Formen der Elternarbeit in Kindergarten und Schule erkennbar werden lässt;
- sich die Institutionen Kindergarten und Grundschule füreinander sowie für Eltern und Kinder öffnen müssen, so dass durch Kooperation Klarheit über Inhalte und Formen der Zusammenarbeit entsteht;[15]
- Schulfähigkeit somit, wie national und international gefordert, zu einer Aufgabe für alle Beteiligten wird und
- Schulfähigkeit damit als ein Prozess der Co-Konstruktion zu verstehen ist.

---

[12] Griebel & Niesel (2002a; 2002b)
[13] Fthenakis (2000a; 2000b; 2002a); Kammermeyer (2001a)
[14] Faust-Siehl (2002)
[15] Hacker (2001)

das als Übergang für die Familie angesehen werden kann.[16] Diskontinuität ist zweifellos ein wesentliches Merkmal von Übergängen, sie wird hinsichtlich des Überganges in die Grundschule angenommen und vorausgesetzt. Bildung, Erziehung und Betreuung ausschließlich innerhalb der Familie (home-schooling) würde zwar Übergänge, die spezifisch für das gegliederte Bildungssystem sind, nicht aber die Bewältigung von Übergängen und damit Diskontinuitäten im Leben des Kindes als Entwicklungsaufgabe überflüssig machen.[17] Den Eintritt in die Schule als Transition im modernen entwicklungspsychologischen Sinne zu verstehen, verhilft zu einer umfassenderen pädagogischen Konzeption des Schuleintritts. Dabei ist die Arbeit mit den Kindern, den Eltern und die Kooperation der beteiligten Institutionen als Co-Konstruktion des Übergangs eingeschlossen.

2. Übergänge und Diskontinuitäten

Diskontinuitäten lassen sich zunächst auf einer kontextuellen Ebene beschreiben als ein Wechsel von einer Bildungseinrichtung in die andere. Auf einer inhaltlichen Ebene folgt dann die Frage, welche Lern- und Entwicklungsziele gemäß der expliziten oder impliziten Curricula vermittelt werden sollten.

Kontextuelle Diskontinuität zwischen Bildungseinrichtungen und Stress

Die veränderte Lebenssituation des Schulkindes stellt eine Reihe von umschreibbaren neuen Anforderungen, die bewältigt werden müssen.[18] Wenn die Anforderungen einer veränderten Lebenssituation nicht vorhersehbar sind, wenn sie dem Einzelnen nicht kontrollierbar erscheinen, wenn sie teilweise als unerwünscht erlebt werden und wenn keine ausreichenden individuellen und sozialen Ressourcen zur Bewältigung vorhanden sind, tritt Stress auf.[19] Stress verursacht Probleme, und solche Probleme beim Eintritt in die Schule betreffen nicht wenige Kinder und werden mit Diskontinuität der Erfahrung in Verbindung gebracht.[20] Eine umfassende Strategie, Probleme zu minimieren, zielt darauf ab, Stress zu vermeiden, indem das Ausmaß der Veränderungen verringert und deren Vorhersehbarkeit und Kontrolle erhöht wird. Diese Strategie lässt sich als Kontinuitätsstrategie umschreiben.

Seit der Bildungsdiskussion der 70er und 80er Jahre ist die Auffassung populär, dass zwischen den pädagogischen Konzeptionen im Elementar- und Primarbereich ein möglichst hohes Maß an Kontinuität herzustellen sei, um dem Kind den Übergang zu erleichtern. Auf der kontextuellen Ebene der Kindertagesstätten und der Schule sind in den 80er Jahren Anstrengungen zur

---

[16] Beelmann (2000); Griebel & Niesel (2002a; 2002b); Schneider (1996); Walper & Roos (2001)

[17] Fortune-Wood (2002)

[18] Griebel & Niesel (2002a; 2003a)

[19] Lazarus (1995)

[20] Fabian & Dunlop (2002); Yeboah (2002)

Konzeption eines „gleitenden" oder „sanften" Übergangs zwischen dem Elementar- und dem Primarbereich der Bildung gemacht worden, die in ihrer umfassenden Weise eine „Kontinuitätsdoktrin" widerspiegeln.[21] Ein Beispiel hierfür bilden die Empfehlungen zur Zusammenarbeit auf der personellen bzw. strukturellen Ebene, die von dem seinerzeit sowohl für den frühpädagogischen wie auch für den Schulbereich zuständigen Bayerischen Staatsministerium für Unterricht, Kultus, Wissenschaft und Kunst bekannt gemacht wurden. Erzieherinnen und Lehrerinnen sollten kooperieren, damit die Kinder bereits vor Schuleintritt die Schulräume und womöglich ihre Lehrkräfte kennen lernen konnten. In Modellversuchen wurde zudem erprobt, wie die Gestaltung der Räume, die Verwendung von Materialien und Elementen des Tagesablaufes, die den Kindern aus dem Kindergarten vertraut waren, von der Schule übernommen werden können, um den Kindern den Übergang zu erleichtern.[22]

Die Entwicklung nach Abschluss der Modellversuche hat allerdings gezeigt, dass sich die auf der Kontinuitätsstrategie beruhenden Ansätze in der Praxis nicht in breiterem Umfang etablieren konnten.[23] Dies mag daran liegen, dass die notwendige Kooperation der Fachkräfte der beteiligten Institutionen als freiwillige Mehrarbeit erscheint, da sie in Bezug auf den Kindergarten und den dort gegebenen Trägerstrukturen und in Bezug auf die Schule wegen fehlender Möglichkeiten des Stundenausgleichs nur Empfehlungscharakter hat. Stattdessen finden sich in der Praxis vielfältige Formen der Zusammenarbeit, der Schulvorbereitung der Kinder und der Gestaltung der Schuleingangsstufe, die jeweils von den örtlichen Gegebenheiten und dem Engagement einzelner Fachkräfte und auch der Eltern geprägt sind. Nach der Umressortierung der Frühpädagogik in Bayern vom Bayerischen Staatsministerium für Unterricht, Kultus, Wissenschaft und Kunst in den Geschäftsbereich des Bayerischen Staatsministeriums für Arbeit, Sozialordnung, Familie, Frauen und Gesundheit sind Empfehlungen zur Kooperation auf der strukturellen Ebene zwischen vorschulischen Einrichtungen und Grundschulen sowie den Eltern gegeben worden (Nr. IV/2-S7400/11-4/74 166 v. 29.06.1998).

Inhaltliche Diskontinuität des Bildungsangebots und individuelle Entwicklung

Die Kontinuität der pädagogischen Inhalte und Methoden ist eine zweite Ebene bei der Frage nach dem Übergang vom Kindergarten in die Schule. Der Kindergarten hat seiner Aufgabe, auf den Schulbesuch vorzubereiten, herkömmlich damit zu entsprechen versucht, dass vor allem im letzten Jahr des Kindergartenbesuchs mit „Vorschulkindern" bestimmte Fertigkeiten eingeübt wurden, von denen im Sinne subjektiver Schulfähigkeitskriterien angenommen wurde, dass sie für das schulische Lernen eine unabdingba-

---

[21] Dollase (2000)

[22] Staatsinstitut für Frühpädagogik (1985); Staatsinstitut für Schulpädagogik und Bildungsforschung (1989)

[23] Hacker (2001)

re Voraussetzung seien.[24] Hinsichtlich der pädagogischen Inhalte sind neue Vorschläge formuliert worden, die über eine geeignete „Verzahnung" der Institutionen Kindergarten und Schule die Anschlussfähigkeit der Schule in dem Sinne sichern sollen, dass im Kindergarten erworbene und gelernte Bildungsfunktionen in der Schule weitergeführt und nicht entwertet werden.[25] Basiskompetenzen[26] und Vorläuferfertigkeiten[27] sollen identifiziert werden, die als Inhalt der Bildung und Erziehung sowohl innerhalb der Familie als auch innerhalb der Kindertagesstätten und der Schule anzusehen und zu behandeln sind. Lernzielnahe Schulfähigkeitskriterien sind z. B. phonologische Bewusstheit und Zahlbegriffsentwicklung. Schulisches Lernen, nicht schulisches Verhalten soll darauf aufbauen. Der aktuelle Lehrplan für die Grundschulen in Bayern fordert etwa, dass „durch angemessene inhaltliche und methodische Gestaltung der Anfangsunterricht der Situation der Schulanfänger Rechnung tragen […] und einen gleitenden Übergang vom Kindergarten in die Grundschule unterstützen" soll.[28] Auch diese Bestrebungen zielen auf eine stärker inhaltliche, bildungsbezogene Kontinuität ab. Impliziert ist hier die Annahme einer Kontinuität der individuellen Entwicklung. Die Stabilität von Merkmalen und Kompetenzen von der frühen Kindheit bis ins Jugendlichen- und Erwachsenenalter ist jedoch methodisch sehr schwer zu untersuchen und stellt damit auch theoretisch ein komplexes Problem dar. Die Kontinuität in der Entwicklung des Individuums ist weniger leicht nachzuweisen als allgemein angenommen.[29]

Der Transitionsansatz erfordert schließlich eine pädagogische Konzeptualisierung sowohl von Kontinuität als auch von Diskontinuität. Die Empfehlung von Kontinuität auf der kontextuellen wie inhaltlichen Ebene entspricht durchaus dem Tenor der internationalen Arbeiten auf diesem Gebiet.[30] Die zugrunde gelegte Kontinuitätsdoktrin lässt sich plakativ zusammenfassen als „Kontinuität ist immer gut, Diskontinuität ist immer schlecht".[31] Diese pauschale Wertschätzung von Kontinuität im Zusammenhang mit Entwicklung, Bildung und Erziehung von Kindern ist jedoch zu differenzieren:[32]

- Es gibt Bedingungen für Entwicklung, die Interventionen erfordern, die gerade Diskontinuität in kontextuellen Faktoren herstellen sollen.[33]
- Das Streben nach Kontinuität ist eine Bewältigungsstrategie für Transitionen neben anderen Strategien. Unter den Bewältigungsstrategien gibt es auch solche, die Diskontinuitäten bedingen, z. B. eine Veränderung im Erziehungsstil von Eltern eines Schulkindes[34] oder in der Aufgabenteilung in der Partnerschaft junger Eltern.[35] Nicht alle Schwierigkeiten von Kin-

---

[24] Kammermeyer (2001a)
[25] Hacker (2001)
[26] Fthenakis (2000a; 2000b; 2001a)
[27] Kammermeyer (2001b)
[28] Lehrplan für die Grundschulen in Bayern (2000)
[29] Oerter & Montada (1998)
[30] Dunlop & Fabian (2002); Kagan & Neuman

(1998); Neuman (2002); Pianta & Cox (1999); Seefeldt, Vartuli & Jewett (1998); Yeboah (2002)
[31] Peters & Kontos (1987)
[32] Griebel & Niesel (2003a; 2003b)
[33] Peters & Kontos (1987)
[34] Griebel & Niesel (2002a)
[35] Fthenakis & Minsel (2002)

dern beim Übergang lassen sich durch Vorbereitung im Sinne von Kontinuität beseitigen.[36]

■ Kontinuität in der Entwicklung des Einzelnen zu identifizieren, ist ein sehr komplexes Problem in der Entwicklungspsychologie. Die empirische Basis für Kontinuitätsannahmen ist längst nicht so groß, wie es das gängige Kontinuitätspostulat erwarten lässt.[37]

■ Diskontinuität in der Erfahrung darf nicht nur als Quelle von Problemen, sondern muss als ein sehr wichtiger Stimulus für Entwicklung angesehen werden.[38]

■ Zur Bewältigung der komplexen Anforderungen, die mit dem Wechsel in das formale Schulsystem verbunden sind, bedarf es zusätzlicher Kompetenzen, die als Transitionskompetenzen bezeichnet werden können und sich direkt auf die Bewältigung von Diskontinuität richten.[39] Auf der kontextuellen Ebene angebahnte Beziehungen zwischen dem Kind und anderen Kindern bzw. Angehörigen der Bildungsinstitutionen sind nicht als Kontinuität, sondern als Ressource zur Bewältigung von Diskontinuität anzusehen.[40]

■ Bewältigung von Diskontinuitäten wird auch außerhalb des gegliederten Bildungssystems eine wichtige Entwicklungsaufgabe für Kinder und ihre Familien bleiben.[41]

Bei Übergängen im Bildungswesen müssen also sowohl kontinuierliche Umgebungsfaktoren und kontinuierliche Prozesse als auch diskontinuierliche Faktoren und Prozesse in Betracht gezogen und gleichermaßen sorgfältig geplant werden. Die Kontexte von Entwicklung sind hinsichtlich der Angebote, Anforderungen und Beschränkungen in Richtung auf Prävention von Risiken, Korrekturen von Abweichungen und Optimierung von Potenzialen zu gestalten.[42]

Kontinuität auf der kontextuellen Ebene als Bewältigungsstrategie kommt nur insoweit in Frage, als eine Überforderung der Kinder vermieden werden muss. Basiskompetenzen müssen in Zusammenhang mit Bildung definiert und über alle Bildungsinstitutionen einschließlich der Familie hinweg gefördert werden. Die Bewältigung von Diskontinuitäten und konzentrierte Prozesse sozialen Lernens sind der Schlüssel für erfolgreiche Transitionen, verstanden als Co-Konstruktion aller Beteiligten.

[36] Broström (2002); Dollase (2000)
[37] Oerter & Montada (1998)
[38] Filipp (1995); Olbrich (1995); Welzer (1993)
[39] Fabian (2002a; 2002b); Griebel & Niesel (2002a; 2002b; 2003a; 2003b)
[40] Dollase (2000)
[41] Fortune-Wood (2002)
[42] Oerter & Montada (1998)

3. Bildungsprogramme als Ansatz zur Gestaltung von Übergängen

Bildungsprogramme für Kindertagseinrichtungen können einen wesentlichen Beitrag zur Kooperation mit anderen Bildungseinrichtungen leisten, insbesondere mit der Grundschule. Dies wird belegt durch Inhalte von solchen Programmen, die sich explizit auf die Zusammenarbeit mit der Schule sowie mit den Eltern beziehen.[43]

Die Befürchtung, der Kindergarten werde mit der Einführung frühpädagogischer Curricula „verschult", spiegelt stereotype Institutionengrenzen wider, die es zu überwinden gilt. Analog zu einer Vernetzung der vorschulischen und schulischen Bildungseinrichtungen, die über Bildungsprogramme weiterentwickelt wird, sind die Bemühungen zu sehen, Jugendhilfe und Schule zu einem konsistenten Gesamtsystem von Bildung, Erziehung und Betreuung zu entwickeln.[44]

---

[43] siehe etwa den bayerischen Bildungs- und Erziehungsplan oder das Berliner Bildungsprogramm
[44] Arbeitsgruppe Jugendhilfe/Schule der Jugendministerkonferenz und Kultusministerkonferenz (2002)

Das Übergangskonzept des Bayerischen Bildungs- und Erziehungsplans (BEP)

Übergänge im Bildungssystem betreffen im Bereich der Kindertagesstätten den Übergang von der Familie in die Krippe, von der Krippe in den Kindergarten, vom Kindergarten in die Grundschule und in den Hort, vom Primar- in den Sekundarbereich u. a. m. Diese Übergänge bedürfen besonderer pädagogischer Aufmerksamkeit und Planung und sollen die ihnen angemessene Beachtung finden.

Mit Übergängen verbundene Belastungen und Chancen sind als Phasen von verdichteten Entwicklungsanforderungen zu verstehen.

Die Anpassung an die jeweils gegebenen Veränderungen muss mit konzentrierten Lernprozessen geleistet werden.

Das pädagogische Fachpersonal und die Lehrkräfte der Schulen sollen verfügbar sein, um sich mit Kindern und ihren Eltern auf die Bedeutung des jeweiligen Übergangs zu verständigen (Co-Konstruktion), den aktiven Bewältigungsprozess von Kindern und ihren Eltern zu unterstützen und mit diesen gemeinsam (Partizipation) zu gestalten.

Über die erfolgreiche Bewältigung von Übergängen sind die Kompetenzen für die Bewältigung weiterer Übergänge zu stärken.

Dabei ist auch die Kooperation zwischen den beteiligten Kindertagesstätten, den Kindern und Eltern neu zu gestalten.

Traditionelle Ansätze zur Erleichterung von Übergängen, bei denen alleine auf Kontinuität von Strukturen abgestellt wurde, sind durch ein Transitionskonzept zu ersetzen.

Kooperation zur Gestaltung der Übergänge muss auch inhaltlich weiter gefasst und begründet werden.

Die Lernanforderungen, die Diskontinuität in verschiedenen Bereichen an die Kinder und ihre Eltern stellen, sind pädagogisch nutzbar zu machen.

Erfolgreiche Übergangsbewältigung ist über die Förderung von entsprechenden Basiskompetenzen sicherzustellen.

Die jeweils spezifischen Anforderungen einzelner Übergänge sind zu analysieren. Über Basiskompetenzen hinaus sind die jeweiligen Fähigkeiten und Fertigkeiten zu fördern. Dies betrifft insbesondere den Übergang in die Grundschule, bei dem die komplexen Anforderungen im Begriff „Schulfähigkeit" zusammengefasst sind.

Empfehlungen an die Politik

10 | 01

Im Bildungswesen generell und in den ersten 10 Jahren der kindlichen Entwicklung insbesondere bedürfen Übergänge im Bildungswesen besonderer fachlicher wie politischer Aufmerksamkeit: Der Übergang von der Familie in die Krippe, von der Krippe in den Kindergarten, vom Kindergarten in die Grundschule und von dort in die weiterführenden Schulen.

10 | 02

Bisherige Bemühungen diese Übergänge mittels struktureller Maßnahmen (personelle und curriculare Kontinuität, ministerielle Empfehlungen etc.) auf der Grundlage des Kontinuitätsprinzips zu gestalten, erwiesen sich als nicht ausreichend.

10 | 03

Übergänge im Bildungsverlauf sind so zu konzeptualisieren, dass nicht nur das Kind, sondern auch die Fachkräfte und die Familie in einen Reorganisationsprozess eingebunden werden, der auf unterschiedlichen Ebenen abläuft: individuell, interaktional und kontextuell.

10 | 04

Da Kinder gegenwärtig mehr denn je normative wie nicht normative Übergänge zu bewältigen haben, sollte dies zur zentralen Aufgabe pädagogischen Handelns werden. Die mit Übergängen verbundenen Chancen und Risiken sollten pädagogisch genutzt werden, um Kindern Transitionskompetenz zu vermitteln, welche in neueren Bildungsplänen als Basiskompetenz ausgewiesen wird.

10 | 05

Bemühungen, den mit den Übergängen zusammenhängenden Problemen durch Vorverlegung des Schuleintritts zu begegnen, sind kein geeigneter Lösungsansatz, da sie die Probleme lediglich in eine frühere Phase der kindlichen Entwicklung vorverlegen. Frühe bzw. späte Einschulung von Kindern betrifft nicht allein die Altersregelung für den Übergang, sondern vielmehr die gesamte Organisation, ja sogar die Philosophie eines Bildungssystems.

10 | 06

Erfolg versprechender sind Ansätze, die eine Konzeptualisierung von Übergängen als Phasen beschleunigter Veränderung und als besonders lernintensive Zeit auslegen, welche sowohl Chancen als auch Risiken für das Kind beinhalten. Hier die Stressbelastung für das Kind zu reduzieren und ihm Bewältigungskompetenz zu vermitteln, um mit solchen Veränderungsphasen umgehen zu lernen, stellt eine pädagogische Herausforderung dar, die Handlungskonzepte erfordert, die stärker als bislang diskontinuierliche Entwicklungsverläufe reflektieren.

Empfehlungen an die Politik

10 | 07

Kontinuität und Diskontinuität in der Organisation des Bildungssystems stehen nicht in einem antagonistischen Verhältnis. Vielmehr gilt es auf der kontextuellen Ebene Kontinuität herzustellen und pädagogisch sensibel auf die diskontinuierlich verlaufende Entwicklung des Kindes einzugehen und die Chancen aus beiden Ebenen im Bildungssystem stärker zu nutzen.

10 | 08

Schulfähigkeit darf nicht als ein statischer, bei der Einschulung festzustellender Zustand des Kindes verstanden werden. Vielmehr ist Schulfähigkeit als ein Prozess zu verstehen, der sowohl vom Kind selbst und seinen Eltern als auch von den Fachkräften des Kindergartens und der Schule gemeinsam co-konstruiert wird.

10 | 09

Die Kooperation zwischen Fachkräften beider Bildungsbereiche und den Eltern ist auf eine neue pädagogische Grundlage zu stellen, die beiden Prinzipien – Kontinuität und Diskontinuität – Rechnung trägt und zudem ein erweitertes Übergangskonzept, das Eltern mit einschließt, vertritt.

10 | 10

Mittel- und langfristig kann dieses Problem allerdings nur dann angemessen bewältigt werden, wenn es gelingt, Bildungspläne institutionsübergreifender Art zu entwickeln und die Ausbildung der Fachkräfte so zu gestalten, dass sie diese Entwicklung und Bildung von Kindern in beiden Bildungsstufen, von 0 bis 10 Jahre, verantworten können. Was benötigt wird, ist ein kohärentes Bildungssystem in Deutschland.

Die Entwicklung von Einrichtungsformen europaweit

11

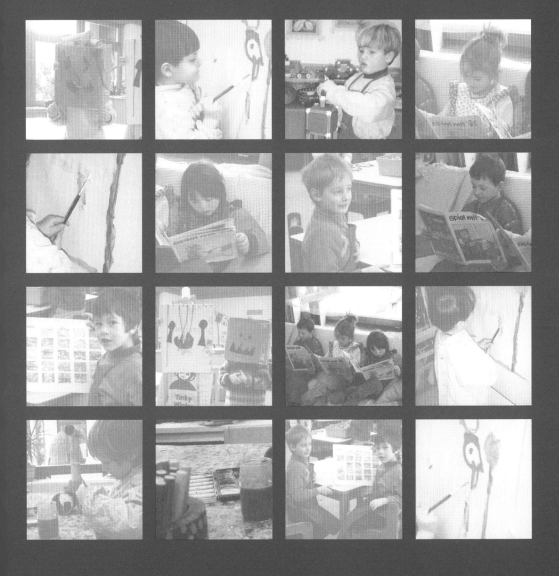

Zusammenfassung

Zu Beginn des 21. Jahrhunderts rückt das Thema „Betreuung, Bildung und Erziehung von Kindern" in vielen europäischen Ländern auf der politischen Tagesordnung weit nach oben. In den vergangen Jahren haben sich – trotz der existierenden Unterschiede zwischen den Systemen der einzelnen Länder – ähnliche Entwicklungslinien herausgebildet. Die Ausweitung von Angeboten der Kinderbetreuung und des Zugangs zu derartigen Angeboten stellt in vielen Ländern ein wichtiges politisches Thema dar, bei dem es nicht nur um das faktische Vorhandensein von Angeboten geht, sondern auch um deren Finanzierbarkeit durch die Eltern, um bedarfsgerechte Öffnungszeiten sowie um die Zugänglichkeit für unterschiedliche Altersgruppen und für Kinder mit speziellen Bedürfnissen.

Es geht auch um die Verbesserung der pädagogischen Qualität. Bemühungen fokussieren unter anderem auf die Herstellung allgemein als bedeutsam akzeptierter Rahmenbedingungen und die Etablierung von Evaluationsstrategien. In nahezu allen europäischen Ländern hat sich in den letzten Jahren die Erkenntnis durchgesetzt, dass die Qualifikation der Fachkräfte großen Einfluss auf die Qualität der Bildungs- und Betreuungsangebote hat. Daher wird in den meisten europäischen Ländern eine mindestens dreijährige Ausbildung verlangt, die an Universitäten oder Fachhochschulen stattfindet. Die Entwicklung von verbindlichen pädagogischen Rahmenkonzepten für die Arbeit mit (Klein-)Kindern wird inzwischen als eine grundlegende Voraussetzung für eine Verbesserung der Qualität des Systems der Kindertageseinrichtungen betrachtet. Als übergreifende Prinzipien lassen sich eine Ausrichtung auf die ganzheitliche Entwicklung des Kindes identifizieren sowie das Einräumen von Spielraum für die konkrete Ausgestaltung der Pläne. Da den Eltern ein entscheidender Einfluss auf die Entwicklung ihrer Kinder zukommt, streben immer mehr Länder die Etablierung einer Bildungs- und Erziehungspartnerschaft von Fachkräften und Eltern als wichtige Voraussetzung für eine optimale Förderung von Kindern an.

Ein zukunftsweisendes Modell, bei dem neben dem Einbezug der Eltern auch die Vernetzung unterschiedlicher Institutionen sowie die Professionalisierung der Fachkräfte angestrebt werden, stellen die „Early Excellence Centres" in England dar. Als weitere europäische Entwicklungslinie lassen sich Bemühungen identifizieren, die auf die Herstellung von Kohärenz im System der Bildung, Erziehung und Betreuung von Kindern abzielen. Dazu gehören beispielsweise die Integration administrativer und politischer Zuständigkeiten für die Belange von Kindern innerhalb eines Ministeriums und Bemühungen um eine verstärkte Kooperation der einzelnen Einrichtungen. Zwar können die beschriebenen Strategien anderer Länder aufgrund ihrer Einbettung in die jeweils vorhandenen Rahmenbedingungen, Werte und Überzeugungen nicht ohne weiteres auf das deutsche System übertragen werden. Sie können jedoch den Blickwinkel erweitern und Anregungen für neue und viel versprechende Entwicklungen liefern.

Die Entwicklung von Einrichtungsformen europaweit

Zu Beginn des 21. Jahrhunderts steht das Thema „Betreuung, Bildung und Erziehung von Kindern" in vielen europäischen Ländern auf der politischen Tagesordnung. Während einige Länder diesem Thema bereits seit mehreren Jahrzehnten große Aufmerksamkeit und Ressourcen widmen – zu nennen sind hier insbesondere die skandinavischen Länder –, ist in anderen Ländern die Betreuung, Bildung und Erziehung von Kindern erst in den letzten Jahren zunehmend in den politischen Fokus gerückt. Die OECD-Studie „Starting Strong",[1] in der frühkindliche Bildungs- und Erziehungssysteme in zehn europäischen und zwei außereuropäischen Ländern (Australien und USA) miteinander verglichen wurden, bescheinigt den teilnehmenden Ländern intensive Bemühungen in Richtung einer kontinuierlichen Weiterentwicklung der existierenden Einrichtungsformen. Forciert durch die tief greifenden demographischen, ökonomischen, politischen und sozialen Veränderungen sowie die sich wandelnden sozialen Konstruktionen von Kindheit, Bildung und Erziehung haben sich – trotz der existierenden Unterschiede zwischen den Systemen der einzelnen Länder – ähnliche Entwicklungslinien herausgebildet. Diese beinhalten (1) die Ausweitung von Angeboten der Kinderbetreuung und des Zugangs zu derartigen Angeboten, (2) die Verbesserung der pädagogischen Qualität, (3) die Verbesserung der Professionalisierung und der Arbeitsbedingungen der Fachkräfte, (4) die Entwicklung von verbindlichen pädagogischen Rahmenkonzepten, (5) den verstärkten Einbezug von Eltern, Familien und Gemeinden und (6) die Herstellung von Kohärenz.

Während in Deutschland die öffentliche Kleinkinderziehung traditionell als Ort der „Pflege und Betreuung" betrachtet wird und Kindertagesstätten in erster Linie einen „subsidiären", d.h. einen ergänzenden und kompensierenden Auftrag zur Förderung der Erziehung in der Familie haben, betonen andere europäische Länder (wie Großbritannien, Schweden, Finnland, Dänemark, aber auch manche romanische Länder) weitaus stärker den Bildungsaspekt und sozialpräventive Elemente. Zwar können Modelle und Strategien anderer Länder aufgrund ihrer Einbettung in die jeweils vorhandenen Rahmenbedingungen, Werte und Überzeugungen nicht ohne weiteres auf das deutsche System übertragen werden. Sie können jedoch den Blickwinkel erweitern und Anregungen für neue und viel versprechende Entwicklungen liefern. Daher werden im Folgenden die Entwicklungslinien anderer europäischer Länder skizziert und innovative Modelle exemplarisch dargestellt. Die Informationen dazu sind überwiegend dem OECD-Bericht „Starting Strong"

---

[1] OECD (2001b)

und den zugehörigen Länderberichten entnommen. Publikationen, die als ergänzende Informationsquellen genutzt wurden, werden an den entsprechenden Stellen genannt.

1. Ausweitung des Zugangs zu Angeboten der Kinderbetreuung

In den europäischen Ländern ist ein allgemeiner Trend in Richtung einer Expansion des Angebots an Kinderbetreuungseinrichtungen und einer Ausweitung des Zugangs zu derartigen Angeboten festzustellen. Langfristiges Ziel vieler Länder ist, allen Kindern, deren Eltern eine Teilnahme wünschen, Zugang zu institutionellen Angeboten der Kinderbetreuung zu ermöglichen. Dies impliziert nicht nur das faktische Vorhandensein von Angeboten, sondern auch deren Finanzierbarkeit durch die Eltern, bedarfsgerechte Öffnungszeiten tagsüber und während der Ferien sowie eine Zugänglichkeit für unterschiedliche Altersgruppen und für Kinder mit speziellen Bedürfnissen.

Während der Trend in Richtung einer Expansion in einer Reihe von Ländern in ähnlicher Weise zu beobachten ist, existieren unterschiedliche Strategien, mit Hilfe derer ein breiter Zugang gewährleistet werden soll, sowie variierende Vorstellungen darüber, wie Kindertageseinrichtungen aussehen und organisiert sein sollten und welchen Auftrag sie haben sollten.[2] Generell lassen sich zwei Strategien zur Förderung eines breiten Zugangs identifizieren:

- **Früher Beginn der Primarerziehung:** Während in einigen Ländern die formale Schulpflicht erst im Alter von sieben Jahren beginnt (z. B. Dänemark, Finnland, Schweden), liegt das Schuleintrittsalter in anderen Ländern deutlich niedriger. So beginnt die Schulpflicht in den Niederlanden und in England im Alter von fünf Jahren, in Nordirland sogar mit vier Jahren. Dadurch erreichen Bildungsangebote die Kinder bereits in einem früheren Alter. Allerdings birgt dieses Vorgehen die Gefahr einer zu starken Ausrichtung der frühen Erziehung und Bildung an schulischen Anforderungen, wie es beispielsweise in England der Fall ist.
- **Einführung eines gesetzlichen Anspruchs auf eine mindestens zweijährige öffentlich finanzierte Elementarerziehung vor dem Eintritt in den Primarbereich:** Diese Strategie verfolgt das Ziel, eine Chancengleichheit von Kindern beim Eintritt in die Schule herzustellen. So besteht beispielsweise in Belgien ein gesetzliches Anrecht auf Zugang zu öffentlich finanzierten Betreuungs- und Bildungsangeboten für Kinder ab einem Alter von 30 Monaten und in Italien ab einem Alter von drei Jahren. In den Niederlanden, wo die Schulpflicht bereits mit fünf Jahren einsetzt, besteht für vierjährige Kinder außerdem ein Anspruch auf einen Platz in der Kindergartenklasse

[2] Oberhuemer (2001b)

der Basisschool. Mit dieser Strategie erreicht die Niederlande, wo die institutionalisierte Betreuung von Kindern weithin akzeptiert wird, eine Besuchsquote von 95 Prozent der 4-jährigen Kinder, und zwar unabhängig vom Einkommen und vom Beschäftigungsstatus der Eltern. Eine Pflicht zur Teilnahme an der Vorschulerziehung besteht in den EU-Ländern allerdings nur in Luxemburg, mit dem Ziel einer möglichst frühzeitigen sozialen Integration und Sprachförderung von Kindern.[3]

Die Expansion des Angebots an Kinderbetreuungseinrichtungen wird nicht nur unter dem Aspekt der quantitativen Ausweitung von Angeboten betrachtet, sondern auch im Hinblick auf die Förderung einer größeren Vielfalt in der Angebotsstruktur, um so eine größere Wahlmöglichkeit zu schaffen und den individuellen Bedürfnissen von Kindern und Eltern besser zu entsprechen. Vorreiter ist in diesem Zusammenhang Schweden, dessen Kinderbetreuungssystem sich durch eine große Vielfalt an Angebotsformen mit sehr flexiblen Betreuungszeiten auszeichnet, die auch den Bedürfnissen von Nacht- oder

---

Rinkeby – ein innovatives Projekt zum Umgang mit unterschiedlichen Kulturen

Rinkeby ist ein Stadtteil von Stockholm mit ca. 14.000 Einwohnern; 73 % sind Migranten aus nahezu 50 unterschiedlichen Ländern. In diesem Stadtteil läuft seit einigen Jahren ein Projekt, das zum Ziel hat, die Entwicklung dieser Kinder und Jugendlichen über die gesamte vorschulische und schulische Laufbahn hinweg (also vom 1. bis zum 16. Lebensjahr) zu fördern. Förderbereiche sind einerseits akademische Fertigkeiten, aber auch soziale Kompetenzen und die Persönlichkeitsentwicklung der Kinder.

Besondere Aufmerksamkeit wird der Sprachentwicklung gewidmet, wobei neben dem Erlernen der schwedischen Sprache auch großer Wert auf die Förderung der muttersprachlichen Fertigkeiten gelegt wird. Während der institutionelle Kontext als Umfeld für die Aneignung der schwedischen Sprache gesehen wird (und dafür auch spezielle Kurse angeboten werden), werden die Eltern aufgefordert, ihren Kindern die Muttersprache zu vermitteln. Unterstützt werden sie hierbei durch zweisprachige Lehrer, die besondere Kenntnisse im Hinblick auf die Förderung von Zweisprachigkeit haben und als Ansprechpartner sowohl für die Familien als auch für die Einrichtungen fungieren. Für die Eltern werden zusätzlich Sprachkurse angeboten. Die Kooperation mit den Eltern stellt einen wichtigen Eckpfeiler der Arbeit dar. Besonderer Wert wird darauf gelegt, dass die Eltern ihr Kind während der Eingewöhnungszeit zu Beginn der institutionellen Betreuung begleiten und unterstützen. Im Betreuungsalltag wird darauf geachtet, einerseits die Kulturen und Traditionen der Herkunftsländer der Kinder zu würdigen, ihnen aber auch die schwedische Kultur nahe zu bringen.

Ein weiterer wichtiger Eckpfeiler des Projektes ist seine wissenschaftliche Begleitung durch das Rinkeby Research Institute on Multilingual Studies. Für die Projektmitarbeiter werden außerdem kontinuierlich Fortbildungen angeboten zu Themen wie Zweisprachigkeit, Migration, etc. Im Rahmen der projektbegleitenden Forschungstätigkeit werden neue Lehrmethoden entwickelt und evaluiert, um so den Erfolg des Projektes zu gewährleisten.

Ein derart umfassendes Projekt ist natürlich nicht ohne entsprechende Investitionen sowohl von Seiten der Stadt Stockholm als auch von Seiten des Staates möglich.

---

[3] Oberhuemer (2001b)

Schichtarbeitern entgegenkommen. Große Aufmerksamkeit wird den Bedürfnissen von Migrantenkindern und deren Familien gewidmet. Exemplarisch wird im Folgenden ein Modell aus Rinkeby, einem Stadtteil von Stockholm vorgestellt, das auf eine umfassende Sprachförderung von Migrantenkindern und eine Kooperation mit deren Eltern abzielt (siehe Kasten).

2. Verbesserung der pädagogischen Qualität[4]

Die Anhebung der pädagogischen Qualität steht bei den meisten europäischen Ländern mit an oberster Stelle der politischen Tagesordnung. Die Forschungsergebnisse der vergangenen Jahre verweisen auf die zentrale Bedeutung dieses Faktors für die kindliche Entwicklung. Eine hohe pädagogische Qualität fördert die kognitive und die sprachliche Entwicklung.[5] Werden Kinder in Settings betreut, die sich durch eine geringe Qualität auszeichnen, kommt es bei ihnen mit hoher Wahrscheinlichkeit zu Problemen im Hinblick auf die sprachliche, soziale und Verhaltensentwicklung. Im Zusammenhang mit der Verbesserung der pädagogischen Qualität lassen sich folgende Handlungspunkte identifizieren:

- ▪ Zwar gibt es kein übergreifendes und allgemein gültiges Konzept von pädagogischer Qualität, denn was ein Land, eine Region, eine Subkultur oder auch bestimmte Interessengruppen (Fachkräfte, Eltern, Kinder, Politiker) als pädagogische Qualität definieren, hängt auch von den jeweiligen gesellschaftlichen Vorstellungen von Kindheit, von der Verantwortlichkeit von Staat und Familie sowie von den jeweiligen Erziehungszielen ab. Allerdings besteht in den meisten Ländern weitgehende Einigkeit darüber, welche strukturellen Elemente für eine hohe Qualität von Bedeutung sind. Dazu zählen u. a. der Personalschlüssel, die Gruppengröße, Aspekte der Raumgestaltung und das Ausbildungsniveau der Fachkräfte.
- ▪ Als bedeutsamer Punkt wird in den meisten europäischen Ländern zunehmend die Frage nach der Evaluation der pädagogischen Qualität anerkannt. Die Zugangsweisen zu diesem Thema variieren stark. Einige Länder (z. B. Belgien, Italien, England) machen pädagogische Qualität daran fest, inwieweit definierte Entwicklungsziele erreicht und spezifische Kompetenzen herausgebildet werden und erfassen die Entwicklungsergebnisse auf Seiten des Kindes mit Hilfe standardisierter Beobachtungsmethoden und Testverfahren. Dieser Ansatz birgt allerdings dann Risiken für die kindliche Entwicklung (insbesondere die Entwicklung des Selbstwerts) in sich, wenn die definierten Ziele zu stark in den Vordergrund gerückt werden und sie durch entwicklungsunangemessene formalisierte Lehrmethoden

---

[4] Das Thema pädagogische Qualität wird ausführlich in Kapitel 4 aufgegriffen und ein Ansatz zur Sicherstellung und Steuerung der pädagogischen Qualität von Kindertageseinrichtungen – die „Nationale Qualitätsinitiative im System der Tageseinrichtungen für Kinder" (NQI) – vorgestellt.

[5] Bowman, Donovan & Burns (2000); NICHD (1997a)

zu erreichen gesucht werden.[6] Andere Länder (wie Dänemark, Finnland, Norwegen, Schweden) verfolgen einen Ansatz, bei dem die Programmziele und -vorgaben in einem ständigen Kreislauf auf lokaler Ebene unter Beteiligung einer Reihe von Entscheidungsträgern diskutiert, an der Praxis überprüft und weiterentwickelt werden.

■ Die Sicherstellung der pädagogischen Qualität obliegt häufig einem Gremium aus externen Inspektoren, pädagogischen Beratern, den in der Einrichtung tätigen Fachkräften und den Eltern, gelegentlich werden sogar die Kinder beteiligt. Generell geht der Trend in Richtung einer durch externe Kräfte gestützten Selbstevaluation der Einrichtung, bei der durch die kontinuierliche Selbstreflexion des eigenen (erzieherischen) Handelns die Betreuungsqualität angehoben werden soll. Als eine wichtige Grundlage für die Reflexion und Diskussion der Erziehungsarbeit dient die intensive und detaillierte Dokumentation der Entwicklung der betreuten Kinder, der Arbeit in den einzelnen Gruppen und in der gesamten Einrichtung.

■ Trotz der intensiven Bemühungen um eine Anhebung der pädagogischen Qualität bleiben in vielen Ländern eine Reihe von Problemen nach wie vor ungelöst: dazu gehören der oftmals geringe Status und die unzureichende Qualifikation des Personals, die mangelhaften Standards für die (institutionelle) Betreuung von Kindern in den ersten drei Lebensjahren und der Umstand, dass sich Kinder aus einkommensschwachen Familien häufig in Betreuungskontexten mit geringer Qualität wieder finden.

3. Verbesserung der Qualifizierung und der Arbeitsbedingungen der Fachkräfte

In allen europäischen Ländern hat sich in den letzten Jahren die Erkenntnis durchgesetzt, dass die Fachkräfte, die mit Kindern arbeiten, einen großen Einfluss auf die frühe Entwicklung und Bildung der ihnen anvertrauten Kinder haben. Forschungsbefunde belegen den Einfluss einer fundierten Ausbildung und umfassenden Unterstützung des Personals (dazu gehört auch eine angemessene Entlohnung und gute Arbeitsbedingungen) auf die Qualität der Bildungs- und Betreuungsangebote.[7] Wissenschaftliche Studien zeigen, dass sich Fachkräfte mit höherem Ausbildungsniveau und einer Spezialisierung auf die Pädagogik der frühen Kindheit in der Interaktion mit Kindern stimulierender, stützender und wärmer verhalten als Kräfte mit unzureichender Ausbildung.[8]

■ In der Realität hängt die Bedeutung, die der Qualifikation des Personals zugestanden wird, die Bezahlung und der Status der Fachkräfte oftmals

---

[6] Sylva & Wiltshire (1993)
[7] z. B. Bowman et al. (2000)
[8] NICHD (1997a); Phillipsen, Burchinal, Howes & Cryer (1997)

weniger von derartigen (wissenschaftlichen) Erkenntnissen, als von den Bildungs- und Betreuungstraditionen des jeweiligen Landes ab. Generell lassen sich in den europäischen Ländern zwei unterschiedliche Modelle identifizieren:

1. In einigen Ländern ist die Zuständigkeit für die frühkindliche Betreuung zweigeteilt: Lehrer sind für die Erziehung und Bildung der über Dreijährigen zuständig, Personal mit geringerer Qualifikation deckt die verbleibenden Bereiche ab, ist also zuständig für jüngere Kinder und für stärker betreuungsorientierte Angebote. Dieses Modell ist vor allem in den Ländern vorherrschend, in denen traditionell eine Zweiteilung des Systems in Betreuung und Bildung praktiziert wird (z. B. Belgien, Italien, Niederlande, Portugal).

2. In anderen Ländern, in denen die Zuständigkeit für alle Kinder vor dem Eintritt in die Schule bei einem Ministerium liegt (wie Dänemark, Finnland, Norwegen, Schweden) verfügen die Fachkräfte oft über ein höheres Qualifikationsniveau und decken den gesamten Altersbereich von 0 bis 6 Jahren ab. Den hochqualifizierten Pädagogen werden weniger qualifizierte Assistenten an die Seite gestellt. Pädagogen, die im Bereich der Vorschulerziehung tätig sind, kommt in diesen Ländern ein ähnlich hoher Status und eine ähnlich hohe Bezahlung zu wie Lehrern im Primarbereich. Infolgedessen sind die Bemühungen dieser Länder, Männer für die Arbeit mit Kindern im Kleinkind- und Vorschulalter zu gewinnen, auch häufiger von Erfolg gekrönt. Immerhin sind in norwegischen Kindertagesstätten 7 % der Kräfte Männer, in Schweden liegt ihr Anteil bei 5 %, in Finnland bei 4 %. Zum Vergleich: In fast allen anderen europäischen Ländern liegt der Anteil der Männer am Personal von Kindertagesstätten bei unter einem Prozent.

■ Angestrebt wird von immer mehr Ländern eine mindestens dreijährige Ausbildung für Fachkräfte im Kleinkind- und Vorschulalter. In den meisten europäischen Ländern findet diese Ausbildung an Universitäten (Italien, Finnland, Schweden, Portugal) oder pädagogischen Hochschulen (Dänemark, Belgien, Norwegen, Niederlande, England) statt. Das Ausmaß, in dem während der Ausbildung eine Spezialisierung auf frühpädagogische Inhalte erfolgt, sowie das Verhältnis von Theorie und Praxis variiert von Land zu Land. Weit verbreitet sind Ausbildungslücken im Hinblick auf die Elternarbeit, die Arbeit mit Klein(st)kindern, die bilinguale und multikulturelle Erziehung sowie im Hinblick auf Forschungs- und Evaluationsansätze.

■ Zu bemängeln ist, dass Fachkräfte, die mit Kleinkindern und Vorschulkindern arbeiten, in vielen Ländern einen niedrigen Status haben, mit schlechten Arbeitsbedingungen kämpfen müssen, kaum Aufstiegsmöglichkeiten haben und über ein nur unzureichendes Angebot an Fortbildungsmöglichkeiten verfügen. Diese Mängel begünstigen eine hohe Fluktuation des Personals und eine Abwanderung engagierter und kompetenter Fachkräfte in besser bezahlte und angesehene Tätigkeitsbereiche.

> ### Das TEACH-Projekt – Commitment durch Fortbildung
>
> TEACH wurde ursprünglich in North Carolina durch die Day Care Service Association initiiert und inzwischen von einer Reihe weiterer Bundesstaaten übernommen. Das Ziel des TEACH-Projektes (Teacher Education and Compensation Helps) besteht zum einen darin, die Qualifikation von Fachkräften, die mit Kindern im Vorschulalter arbeiten, zu verbessern und so die Qualität der pädagogischen Arbeit in den Einrichtungen anzuheben. Da die Weiterqualifizierung finanziell honoriert wird, steigt zum andern auch das Commitment des Personals an die Einrichtung.
>
> TEACH richtet sich an alle Fachkräfte, die bereits im Feld der Kinderbetreuung tätig sind. Diese werden zeitweise für den Besuch von Fortbildungen freigestellt, verpflichten sich aber im Gegenzug dazu, mindestens ein weiteres Jahr nach Abschluss der Fortbildung für die Institution zu arbeiten. Es bestehen unterschiedliche Fortbildungsangebote je nach bisherigem Ausbildungsniveau und Berufserfahrung.
>
> Die Kosten für die Fortbildung werden zwischen Arbeitgeber und Arbeitnehmer geteilt, weitere Finanzmittel stammen vom Staat und aus privaten Quellen (z. B. Stiftungen).

Es gibt unterschiedliche Strategien des Umgangs mit diesem Problem. In den USA existieren so genannte Mentoring programmes, die erfahrenen Fachkräften (bei zusätzlicher Vergütung) die Möglichkeit bieten, Berufseinsteigern während der ersten kritischen Jahre im Beruf beizustehen und die Entwicklung von deren Kompetenzen zu fördern. Das TEACH-Projekt – das ebenfalls aus den USA stammt – zielt auf die Fortbildung von Fachkräften ab, die bereits im Bereich der Kinderbetreuung tätig sind (siehe Kasten).

4. Entwicklung von pädagogischen Rahmenkonzepten

Die Entwicklung von verbindlichen pädagogischen Rahmenkonzepten (generelle Ziele und Richtlinien) für die Arbeit mit (Klein-)Kindern wird inzwischen in den meisten europäischen Ländern als grundlegende Voraussetzung für eine Verbesserung der Qualität des Systems der Kindertageseinrichtungen betrachtet. Die Mehrheit der europäischen Länder hat in den vergangenen Jahren entsprechende nationale Curricula oder Rahmenkonzepte entwickelt.[9] Diese Rahmenkonzepte beziehen sich entweder auf Angebote für über Dreijährige (Belgien, Italien, Portugal), unter Dreijährige (Belgien) oder auf alle Kinder im Vorschulalter (England, Finnland, Norwegen, Schweden). Trotz beträchtlicher Unterschiede in der tatsächlichen Ausgestaltung der Rahmenkonzepte, lassen sich ähnliche Grundsätze identifizieren:

[9] In Deutschland wurde inzwischen im Auftrag des Bayerischen Staatsministeriums für Arbeit und Sozialordnung, Familie und Frauen vom Staatsinstitut für Frühpädagogik in München der Bayerische Bildungs- und Erziehungsplan für Kinder von 0 bis 6 Jahre (BEP) erstellt. Dieser Plan wird in Kapitel 3

Die Rahmenkonzepte …

- sollen einen einheitlichen Qualitätsstandard innerhalb des jeweiligen Landes gewährleisten, als Hilfestellung für die Fachkräfte dienen und die Kommunikation zwischen allen Beteiligten erleichtern;
- zielen in der Regel auf die ganzheitliche Entwicklung des Kindes und auf sein Wohlbefinden ab, nicht auf spezifische Wissensinhalte. Manche Länder wie England, die die Vorschulerziehung als Vorbereitung auf die Schule betrachten, listen in ihrem Curriculum allerdings spezifische Fähigkeiten auf, über die ein Kind beim Eintritt in die Schule verfügen sollte (z. B. das Alphabet aufsagen können);
- sollen ausreichend Spielraum bieten für eine gemeinsame Weiterentwicklung durch Fachkräfte, Eltern und Kinder und eine Anpassung an regionale Gegebenheiten.

Als wesentliche Voraussetzung für eine erfolgreiche Implementierung der Curricula werden im Allgemeinen umfassende Investitionen gesehen. Dazu gehören das Training und die pädagogische Begleitung der Fachkräfte sowie die Schaffung angemessener struktureller Rahmenbedingungen.

5. Verstärkter Einbezug von Eltern, Familien und Gemeinden

In den meisten europäischen Ländern ist eine deutliche Tendenz in Richtung eines stärkeren Einbezugs der Eltern und Familien in die institutionelle Erziehung und Bildung ihrer Kinder zu beobachten. Die Notwendigkeit hierfür ist unbestritten: Eltern sind die ersten und wichtigsten Erziehungsinstanzen, ihnen kommt ein entscheidender Einfluss auf die Entwicklung ihrer Kinder zu. Infolgedessen wird die Etablierung einer Erziehungspartnerschaft von Fachkräften und Eltern in der Fachwelt als wichtige Voraussetzung für eine optimale Förderung von Kindern angesehen. Auch der Austausch mit Organisationen und Verbänden in der Gemeinde wird zunehmend als wichtig erachtet; nur so ist es möglich, Angebote und Maßnahmen optimal abstimmen zu können und den Fachkräften zusätzliche Informationen über das Leben der ihnen anvertrauten Kinder zu eröffnen.

- Der Einbezug der Eltern hat im Allgemeinen zum Ziel (a) sich das einzigartige Wissen der Eltern über ihr Kind zunutze zu machen und die Kontinuität der Lernprozesse in der häuslichen Umgebung und der Institution zu fördern; (b) bei den Eltern eine positive Haltung gegenüber Lernfortschritten auf Seiten ihres Kindes zu fördern; (c) Eltern wichtige Informationen zu vermitteln und gegebenenfalls den Kontakt zu anderen Diensten herzustellen; (d) die Eltern bei ihrer Erziehungsarbeit zu unterstützen.
- Der Einbezug der Eltern und Familien erfordert jedoch häufig einen hohen Aufwand und gezielte Strategien. Das Ausmaß der Bemühungen, die

eingesetzten Strategien und die konkrete Ausgestaltung der Zusammenarbeit unterscheiden sich von Land zu Land.

■ Zu den Herausforderungen, mit denen die Fachkräfte beim Bemühen um die Etablierung einer Erziehungspartnerschaft von Institution und Familie häufig konfrontiert werden, gehören kulturelle und sprachliche Barrieren, Einstellungen der Eltern und Zeitmangel auf beiden Seiten. Insbesondere zu Migrantenfamilien und sozioökonomisch schwachen Familien besteht typischerweise ein nur eingeschränkter Kontakt.

Eine Strategie, mit der die Partizipation von Eltern gefördert werden soll, besteht in einer Erhöhung der Transparenz bezüglich des Angebots an Kindertagesstätten. Zu diesem Zweck wurden in einigen Ländern Informationsagenturen geschaffen. Beispielsweise existieren in England Child Care Resource and Referral Agencies und Child Care Information Services, bei denen sich Eltern telefonisch oder direkt vor Ort über die in der Region bestehenden Angebote informieren können (z. B. Öffnungszeiten, Größe, Betreuungsschlüssel, Kosten, Ausbildung der Fachkräfte, verknüpfte Angebote für Eltern usw.). Außerdem liefern diese Stellen auch Informationen über die Rechte und Pflichten von Eltern (und auch von Kindern) bei der Zusammenarbeit mit Kindertagesstätten.

Ein weiteres innovatives und erfolgreiches Modell, das – neben einer Reihe anderer Zielsetzungen – den Einbezug der Eltern in die institutionelle Erziehungsarbeit verfolgt, stammt ebenso aus England und wird ausführlich im Kasten erläutert.

6. Herstellung von Kohärenz

Der Grad an Kohärenz, den das System der Betreuungs- und Bildungsangebote für Kinder innerhalb eines Landes aufweist, hängt zu einem wesentlich Teil von der Organisation der administrativen und politischen Zuständigkeiten ab. In vielen europäischen Staaten ist die Zuständigkeit für die Bereiche der „Betreuung" und der „Bildung" von Kindern traditionell bei unterschiedlichen Ministerien angesiedelt. Zu diesen Ländern gehören beispielsweise Frankreich, die Niederlande oder auch Belgien. Die Zuordnung zu einem der beiden Bereiche erfolgt in Abhängigkeit vom Alter des Kindes: Angebote für Kinder unter drei Jahren fallen meist in die Zuständigkeit des Sozial-, Gesundheits- oder Familienministeriums, Angebote für Kinder über drei Jahren werden dem Bildungsbereich zugeordnet. In anderen Ländern fällt der gesamte Bereich der vorschulischen Erziehung in die Zuständigkeit eines Ministeriums, und zwar entweder des Bildungsministeriums (z. B. Schweden, England) oder des Sozial- bzw. Familienministeriums (z. B. Dänemark oder Finnland, wobei es allerdings in beiden Ländern einige Überlappungen mit dem Bildungsministerium gibt). Die folgende Abbildung gibt einen Überblick über die beiden Modelle.

Early Excellence Centres –
Ein zukunftsweisendes Modell aus England

In England hat sich in den vergangenen Jahren im Bereich der Kindertageseinrichtungen ein innovatives Modell etabliert, das zum Ziel hat, die Entwicklungsbedingungen von Kindern und Familien zu verbessern und die hohe Kinderarmut zu reduzieren: die Early Excellence Centres (EEC).[10] Das Pilotprogramm wurde 1997 gestartet, 1999 existierten bereits 26 Zentren, bis 2004 soll die Zahl auf über 100 ansteigen. Das Programm wird von der britischen Regierung als Reforminitiative des Bildungssystems gefördert und mit einem Auftrag zur Evaluation verbunden. Die zentralen Ziele des EEC-Programms sind im Einzelnen

- die Anhebung der Qualität der Bildung und Betreuung von Kindern durch Fortbildung der MitarbeiterInnen und ehrenamtlichen Kräfte;
- der Einbezug der Eltern in die institutionelle Bildungs- und Erziehungsarbeit;
- die Stärkung der Erziehungskompetenz der Eltern durch Informations-, Beratungs-, und Unterstützungsangebote;
- die umfassende Stützung der Eltern durch Erwachsenenbildungsangebote, arbeitsmarktbezogene Fortbildungen (mit begleitender Kinderbetreuung) und gemeinwesenorientierte soziokulturelle Aktivitäten;
- die Ausweitung von Betreuungsangeboten und -zeiten;
- der Abbau von Armut und sozialer Ausgrenzung.

Um diese Ziele zu erreichen, werden auf lokaler Ebene Netzwerke etabliert, in denen verschiedene Behörden, Träger und Organisationen kooperieren. Diese Netzwerke sollen den lokalen Bedürfnissen gerecht werden und dafür ihre eigene Organisationsform entwickeln. Bei der Umsetzung wird von den EECs erwartet, dass

- sie dem One-stop-shop-Prinzip folgen; d.h. die unterschiedlichen Angebote sollten sich möglichst unter einem Dach befinden;
- sie eine wirkungsvolle Zusammenarbeit von Bildungs- Sozial-, Gesundheits- und Gemeinweseneinrichtungen pflegen;
- sie mit Schulen und außerschulischen Betreuungsangeboten zusammenarbeiten und so die Kontinuität der Erziehungs- und Bildungsprozesse fördern;
- sie besonders auf die Integration sozial isolierter oder benachteiligter Familien achten;
- sie die Ergebnisse und die Effektivität ihrer Arbeit extern und intern evaluieren.

Mit der Umstrukturierung von Kinderbetreuungseinrichtungen unterliegt natürlich auch die Berufsrolle der Erzieherin einem qualitativen Wandel. Sie entwickelt sich zunehmend in Richtung einer „Netzwerkexpertin" für die Belange von Kindern und Familien in der jeweiligen Region.[11] Um die Fachkräfte für die neuen Anforderungen fit zu machen, fungieren die EEC auch als Fortbildungsstätten für das pädagogische Personal. In den EEC finden Fortbildungskurse und berufsbegleitende Ausbildungskurse für die hauptamtlichen Kräfte sowie Kurse für die ehrenamtlich tätigen Kräfte statt. Einen hohen Bekanntheitsgrad haben in den vergangenen Jahren zwei EEC-Einrichtungen erlangt: das Pen Green Centre[12] in Corby, Northhamptonshire, und das Thomas Coram Early Excellence Centre in London.

Das Thomas Coram Early Excellence Centre, das sich im Londoner Stadtteil Camden befindet, geht auf die Gründung eines Hospitals für Findelkinder im Jahre 1739 zurück. Heute bündelt und koordiniert es unterschiedliche Angebote und Einrichtungen für Familien und Fachkräfte unter einem Dach. Das Angebot umfasst drei große Programmschwerpunkte:

- Tageseinrichtung für Kinder
- Familienzentrum für Eltern und Kinder
- Ausbildungsprogramm und Beratungsdienste

---

[10] Bertram & Pascal (2001)
[11] Colberg-Schrader & Oberhuemer (2000)
[12] Details zum Pen Green Centre finden sich in Kapitel 9.

Die Abbildungen[13] geben einen Überblick über die Vielfalt an Angeboten, die das Thomas Coram Centre für Kinder, Eltern, Fachkräfte und Institutionen bereitstellt.

Angebote für Kinder

Tageseinrichtung: integriertes Bildungs- und Betreuungsangebot; 108 Plätze für Kinder im Alter von 0,5 bis 5 Jahren, davon 21 Plätze für Kinder mit besonderen Bedürfnissen und 5 Plätze für obdachlose Familien; Öffnungszeiten: 8.00–17.30 Uhr	**Kurse in der Muttersprache** (1 x wöchentlich; z. B. in Bengali)
Ferienbetreuung: für 5 bis 11 jährige, 5 % der Plätze reserviert für Kinder mit besonderen Bedürfnissen	**Kinder-Computerklub** (1 x wöchentlich)
Kinderbetreuungsplätze für Kinder von Eltern und Fachkräften, die Kurse besuchen	**Club für Schulkinder** im Alter zwischen 5 und 11 Jahren (4 Abende pro Woche)
Projekt „Teen-Eltern": Betreuungsplätze für 15 Kinder von jungen Eltern; Projekt soll jungen Eltern die Aufnahme bzw. den Abschluss ihrer Ausbildung ermöglichen	**Spielothek**
	Bibliothek
Drop-in-Kinderbetreuung: (jeden Vormittag 5 Tage pro Woche)	**Projekt „Kindern zuhören":** Förderung des Verständnis der Eltern für die Sichtweisen ihrer Kinder
Projekt „Entwicklungsgemäße Technologienutzung": für Kinder und Fachkräfte	**Logopädischer Dienst** (1 x wöchentlich)

Angebote für Eltern

Breites Spektrum von **Gruppen und Kursen:** z. B. Handarbeit, Computer, Englisch als Fremdsprache, internationale Elternschaft, Väter-Gruppe, Eltern-Gesprächskreise	**Drop-in-Kinderbetreuung:** jeden Vormittag (5 Tage pro Woche)
	Kinderpsychologischer Dienst (1 x wöchentlich)
Curriculum-Workshops: wöchentliches Treffen von Fachkräften und Eltern, um Lernprozesse und Entwicklung der Kinder zu diskutieren und Aktivitäten zu planen	**Sozialarbeitsdienst** (1 x wöchentlich)
	Kurs „Ernährung und Hygiene"
Gruppenraum-Treffen: Treffen von Eltern und Schlüsselfachkräften (key workers), um raumbezogene Fragen zu besprechen (1 x wöchentlich)	**Erste-Hilfe-Kurs** / **Baby-Massage** (1 x wöchentlich) / **Projekt „Kindern zuhören"** (wie Eltern die Sichtweisen ihrer Kinder besser verstehen können)
Eltern-Foren: Treffen von Eltern und Fachkräften, um die Weiterentwicklung des Zentrums zu diskutieren (6 x jährlich)	**Ausbildungskurs „Einführung in die Kinderbetreuung"**
	Stützgruppen für Eltern von Kindern mit besonderen Bedürfnissen (1 x wöchentlich)
Gruppe „Neue Eltern in der Grundschule" (1 x wöchentlich)	
Gruppe „Eltern in der Gemeinde" (2 x wöchentlich mit der Grundschule)	**Outreach-Programm:** Hausbesuche von Fachkräften; Fokus vor allem auf solchen Familien, die das Zentrum nicht nutzen
Projekt „Familien stärken – Gemeinschaften stärken"	**Webster-Stratton Programme** (1 x wöchentlich)

Angebote für Fachkräfte

Beratungsdienste	Ausbildungsprogramm
Offener Vormittag 1 x im Monat – Informationen für Besucher aus dem In- und Ausland	Kurse für unterschiedlich ausgebildete Fachkräfte und für Tagesmütter
Telefonische Beratungsdienste, landesweit	Kurse für regionales Fortbildungsprogramm (7 Tage im Jahr)
8 Tage Konsultationsarbeit im Jahr (mit Honorar) – Beratung für Lokalbehörden und regionale Partnerschaften, landesweit	Praktikumsplätze im Zentrum – interdisziplinär

[13] Die Abbildungen sind Oberhuemer (2003) entnommen und wurden leicht modifiziert.

2 Grundmodelle vorschulischer Administration

1. Getrennte Zuständigkeiten		
0 bis 3 Jahre	**Soziales Familie** **Gesundheit**	**Beispiele:** Frankreich (2,5 bis 6 Jahre) Niederlande (4 bis 6 Jahre) Luxemburg (4 bis 6 Jahre)
3 bis 6 Jahre	**Bildung**	Belgien (2,5 bis 6 Jahre) Italien (0 bis 6 Jahre)

2. Zuständigkeit innerhalb einer Behörde		
0 bis 6/7 Jahre	**Bildung**	**Beispiele Bildung:** Schweden (1 bis 7 Jahre) Spanien (0 bis 6 Jahre) England (0 bis 5 Jahre)
	oder	
	Soziales **Jugendhilfe** **Familie** **Gesundheit**	**Beispiele Soziales / Jugendhilfe:** Dänemark (0 bis 6 Jahre) Finnland (0 bis 7 Jahre) Norwegen (0 bis 6 Jahre)

Die Trennung der Zuständigkeiten für die beiden Altersbereiche hat häufig zur Folge, dass sich die Angebote für beide Altersbereiche in hohem Maße unterscheiden, und zwar im Hinblick auf die Zielsetzungen, die gesetzlichen Regelungen, die Qualifikation des Personals, die Finanzierung und die Versorgungsquote. Dies führt zu einer Inkohärenz kindlicher Erfahrungen beim Wechsel des Kindes von einem Bereich in den anderen.

In den einzelnen Ländern existieren unterschiedliche Strategien, um eine Kohärenz im System der Bildung, Betreuung und Erziehung herzustellen.

- **Integration der Zuständigkeiten für den gesamten Altersbereich innerhalb eines Ministeriums:**
  Die Herstellung von Kohärenz wird durch diese Strategie in mehrfacher Hinsicht gefördert. Zum einen wird dadurch die Schaffung von einheitlichen Rahmenbedingungen und sozialen sowie pädagogischen Zielsetzungen erleichtert. Zum anderen wird der Vernetzung der unterschiedlichen Angebote über die Altersgruppen und Settings hinweg der Weg geebnet. Beispielsweise haben sich in Schweden, Dänemark und Finnland zunehmend altersintegrierte Einrichtungen für Kinder zwischen 1 und 6 Jahren etabliert, die es Kindern ermöglichen, über mehrere Jahre hinweg Mitglieder der gleichen Gemeinschaft zu sein und längerfristige Beziehungen zu Fachkräften und anderen Kindern aufzubauen.

- **Etablierung von Mechanismen zur Koordination der Tätigkeiten verschiedener Ministerien und Abteilungen:**
  Die administrative Integration stellt nicht den einzigen Ansatzpunkt zur Herstellung von Kohärenz dar. Beispielsweise wurde in Dänemark 1987

ein interministerieller Ausschuss für Kinderfragen eingerichtet, dem Vertreter aus 15 Ministerien angehören, die mit Zuständigkeiten für spezifische Lebensbereiche von Kindern und Familien betraut sind. Hauptanliegen des Ausschusses ist, Kohärenz zwischen den unterschiedlichen Bereichen zu schaffen und die Lebensbedingungen von Kindern zu verbessern.

■ **Kooperation zwischen vorschulischen, außerschulischen und schulischen Einrichtungen:**
In vielen Ländern gibt es seit einigen Jahren besondere Bemühungen, den Übergang von der vorschulischen Erziehung in die Schule reibungsloser zu gestalten. Schweden nimmt in dieser Hinsicht eine Vorreiterfunktion ein, da hier eine vollständige Integration der vorschulischen, schulischen und außerschulischen Einrichtungen in den Bildungssektor stattgefunden hat. Andere Länder (z. B. England) folgen zunehmend diesem Modell. Beispielsweise gibt es in Italien Überlegungen, die Zuständigkeit für Betreuungsangebote für Kinder im Alter zwischen 0 und 3 Jahren dem Bildungsministerium zuzuordnen und Bildungsaspekte generell stärker zu berücksichtigen. Die Verlagerung der Gesamtverantwortlichkeit in den Bildungsbereich birgt aber auch das Risiko einer zu starken Orientierung insbesondere der vorschulischen Angebote an schulische Bildungsinhalten in sich, solange sich im öffentlichen und politischen Bewusstsein noch nicht die Erkenntnis etabliert hat, dass das Vorschulalter einen eigenen Entwicklungsabschnitt mit spezifischen Bedürfnissen, Entwicklungschancen und Lernprinzipien darstellt.

Neben dem Trend in Richtung einer administrativen Integration, lässt sich außerdem ein Trend in Richtung einer stärkeren örtlichen und personellen Vernetzung der einzelnen Betreuungs- und Bildungsangebote (institutionelle Angebote, Familientagespflege, etc.) feststellen. So befinden sich beispielsweise in den portugiesischen „Escolas Básicas Integradas" nicht nur vorschulische und schulische Einrichtungen unter einem Dach; Fachkräfte aus beiden Bereichen pflegen auch einen intensiven Austausch und besuchen gemeinsam Fortbildungsveranstaltungen. In Dänemark etablieren sich zunehmend multidisziplinäre Teams, die sich aus (Früh-)Pädagogen und Grundschullehrern zusammensetzen und Angebote für 6- bis 9-Jährige durchführen. Die personelle Kontinuität und die Integration von Praktiken aus dem Elementarbereich und dem Primarbereich erleichtern den Kindern den Übergang in die Schule.

■ **Dezentralisierung und Diversifizierung der Angebote:**
Die in vielen Ländern gleichzeitig stattfindende Entwicklung in Richtung einer Dezentralisierung der Verantwortlichkeiten für die Bildung, Erziehung und Betreuung von Vorschulkindern hat zum Ziel, eine bessere Abstimmung zwischen Angebotsformen und lokalen Bedürfnissen und Umständen zu ermöglichen. Verantwortung wird nicht nur an lokale Behörden delegiert, sondern auch an einzelne Einrichtungen (Eltern und Fachkräfte).

Der Trend zur Dezentralisierung entspricht gerade in den skandinavischen Ländern der fest verankerten Tradition der (lokalen) Selbstverwaltung. Die zunehmende Delegation der Verantwortung für Betreuungs- und Bildungsangebote für Kinder an lokale Entscheidungsträger fand in diesen Ländern jedoch im Rahmen eines bereits sehr gut entwickelten Systems von Betreuungseinrichtungen und gesamtgesellschaftlich akzeptierten Vorstellungen von Bildung und Erziehung statt.

Die Dezentralisierung hat einerseits in vielen Ländern eine größere Vielfalt an Angeboten hervorgerufen, die stärker als zuvor auf die regionalen Besonderheiten und Bedürfnisse abgestimmt sind. Sie birgt aber auch das Risiko einer großen Vielfalt im Hinblick auf die Qualität der lokal eingerichteten Angebote in sich.

Diese Entwicklung birgt somit einerseits große Chancen in sich, stellt aber für die (Zentral-)Regierungen, die eine Balance herstellen müssen zwischen der Gewährung von Spielraum für regionale Entwicklungen und der Einschränkung von allzu großer Variation im Hinblick auf den Zugang zu und die Qualität von Angeboten, eine große Herausforderung dar.

Empfehlungen an die Politik

11 | 01

Im Gegensatz zu anderen europäischen Ländern genießt das System der außerfamilialen Bildung, Erziehung und Betreuung von Kindern, vor allem von Kindern unter drei Jahren, in Deutschland keine Priorität auf der politischen Agenda. In den zurückliegenden Jahren sind, wenn man von den Angeboten für 3 bis 6jährige Kinder und vereinzelten Bemühungen für jüngere Kinder absieht, keine Anstrengungen unternommen worden, um ein kind- und familiengerechtes Angebot bereit zustellen. Dieses Strukturdefizit zu beseitigen, stellt eine nicht mehr aufschiebbare politische Herausforderung dar. Dabei sollte mittelfristig eine Harmonisierung mit europäischen Entwicklungen angestrebt werden.

11 | 02

Die Förderung von Kindern von 0 Jahren bis zum Schuleintritt stellt, europäischen und internationalen Entwicklungen der letzten Jahre folgend, die erste Stufe im Bildungsprozess dar. Unabhängig von der administrativen Einbettung dieses Bereichs sollte Sorge dafür getroffen werden, dass nicht nur dem Aspekt der Bildung, sondern auch dem der Erziehung und Betreuung angemessen Rechnung getragen wird.

11 | 03

Die Auffassung in Deutschland, wonach das System lediglich familienergänzenden Charakter haben soll, muss, in Anlehnung an die meisten europäischen Länder, aufgegeben werden, zugunsten der Definition eines genuinen Bildungs- und Erziehungsauftrags mit Blick auf die kindliche Entwicklung.

11 | 04

Die Entwicklung eines kohärenten Systems von Bildung, Erziehung und Betreuung über die verschiedenen Institutionen (Krippe, Kindergarten, Schule etc.) hinweg, ist noch zu gewährleisten. In Anlehnung an europäische Entwicklungen (z. B. England) sollte sichergestellt werden, dass eine übergreifende Förderungskonzeption die unterschiedlichen Bereiche miteinander verbindet bzw. die gemeinsame fachliche Grundlage für die Bildung und Erziehung des Kindes liefert.

11 | 05

Es sollten Anstrengungen unternommen werden, die Feminisierung in diesem Bereich zu überwinden und mehr männliche Erzieher für die Tageseinrichtungen zu gewinnen.

11 | 06

Die Tageseinrichtungen haben der kulturellen Diversität angemessen Rechnung zu tragen und ihr Angebot unter Berücksichtigung des kulturellen Hintergrundes der Kinder und deren Familien zu gestalten. Darüber hinaus sollten sie den europäischen Gedanken stärker hervorheben.

Empfehlungen an die Politik

11 | 07

Krippe, Kindergarten, Hort, aber auch die Schule in ihrer bisherigen Form waren Einrichtungen des 20. Jahrhunderts. Für das 21. Jahrhundert werden neue Formen von Einrichtungen benötigt, in denen vielfältigere Angebote für Kinder, sowie Angebote für Eltern und Beratungs- und Professionalisierungsangebote für die Fachkräfte miteinander verbunden sind. Die Entwicklung, Implementation und Evaluation neuer Formen, vergleichbar den Early Excellence Centres in England, ist in Angriff zu nehmen.

11 | 08

Die relativ späte Einschulung von Kindern in Deutschland ist mit Blick auf Erfahrungen in anderen europäischen Ländern zu hinterfragen. Jedenfalls sollten Möglichkeiten einer Flexibilisierung bei der Einschulung diskutiert werden.

Forschungsförderung

12

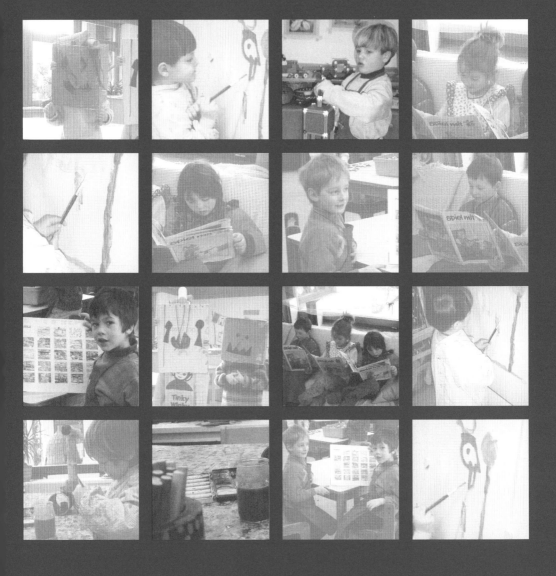

Zusammenfassung

Die vor- und außerschulische Bildung, Erziehung und Betreuung von Kindern wird in zunehmendem Maße gesellschaftlich eingefordert und ist dringend geboten. Folglich muss auch die Förderung der frühpädagogischen Forschung als eine öffentliche Aufgabe verstanden werden. In Deutschland nimmt die Pädagogik der frühen Kindheit jedoch nur eine vergleichsweise untergeordnete Rolle ein. Dieses Fazit ergibt sich aus einer Bestandsaufnahme der frühpädagogischen Forschung in Deutschland, aber auch aus einer Analyse des akademischen Ausbildungssystems für Pädagogen der frühen Kindheit. Die Weiterentwicklung und verstärkte Professionalisierung der Frühpädagogik als wissenschaftliche Disziplin ist Aufgabe der Wissenschaft selbst. Doch hierzu bedarf es der politischen Unterstützung, da die notwendigen Ressourcen bereitgestellt werden müssen. Eine effektive und effiziente Stärkung der Frühpädagogik in Deutschland kann dann gelingen, wenn die Förderung systematisch und längerfristig ist. Auch ist eine Bündelung und Vernetzung von Ressourcen sinnvoll. Von besonderer Bedeutung ist die Förderung des wissenschaftlichen Nachwuchses. Durch bestimmte Prinzipien der Forschungsförderung sollte die Sicherung des wissenschaftlichen Niveaus gewährleistet werden, etwa durch eine Stärkung des Wettbewerbs (z. B. offene Ausschreibung von Forschungsprojekten) und durch die Evaluation von Forschungseinrichtungen.

Forschungsförderung[1]

Wegen des hohen Stellenwerts, den die Erziehung, Bildung und Betreuung von Kindern in Tageseinrichtungen verdient, bedarf dieser Praxisbereich sowohl einer stets zu aktualisierenden wissenschaftlichen Fundierung als auch einer systematischen empirischen Begleitforschung. In Deutschland nimmt die Pädagogik der frühen Kindheit jedoch nur eine vergleichsweise untergeordnete Rolle ein.[2] Als Ausgangspunkt für eine gezielte Förderung der frühpädagogischen Forschung sollte die Bestandsaufnahme und kritische Analyse dieser Disziplin gewählt werden.

1. Zum Stand der frühpädagogischen Forschung in Deutschland

Betrachtet man die Zahl der Lehrstühle bzw. C4-Professuren, die über die Benennung des Lehrgebiets explizit der Frühpädagogik zuzurechnen sind, so sieht man, dass diese Disziplin in der deutschen Hochschullandschaft marginal vertreten ist.[3] Daneben bearbeiten natürlich weitere Hochschullehrer unterschiedlicher Disziplinen frühpädagogische Fragestellungen, dies jedoch stärker fakultativ.[4] Hält man sich die entsprechenden Zahlen für den Bereich der Schulpädagogik vor Augen, wird das Ungleichgewicht zu Ungunsten der Frühpädagogik deutlich. Die marginale Stellung, die der Frühpädagogik in Deutschland zugewiesen wird, zeigt sich allerdings selbst dann, wenn Forschungsgebiete wie etwa die Frauenforschung als Vergleichrahmen gewählt werden.[5]

---

[1] In dieses Kapitel sind zahlreiche Anregungen eingeflossen, die wir mit Prof. Dr. Gabriele Faust, Prof. Dr. Lilian Fried, Prof. Dr. Hans-Günther Roßbach und Prof. Dr. Bernhard Wolf in einer Expertenrunde am 22. Juli 2003 im Staatsinstitut für Frühpädagogik diskutiert haben. Den Kolleginnen und Kollegen danken wir ganz herzlich für ihre Mitarbeit und Unterstützung.
[2] Fried, Rossbach, Tietze & Wolf (1992)
[3] An der Universität Bamberg vertritt Hans-Günther Roßbach die „Elementar- und Familienpädagogik"; an der Freien Universität Berlin Professor Wolfgang Tietze die „Kleinkindpädagogik"; an der Universität Dortmund Professor Lilian Fried die „Pädagogik der frühen Kindheit"; an der Universität Köln Professor Gerd Schäfer das Lehrgebiet „Frühe Kindheit/Familie/Jugend" und an der Universität Wuppertal Charlotte Röhner die „Pädagogik der frühen Kindheit und der Primarstufe".
[4] Bei einer Sichtung, die keinerlei Anspruch auf Vollständigkeit erhebt, sind insbesondere Prof. Dr. Barbara Dippelhofer-Stiem (Magdeburg), Prof. Dr. Michael-Sebastian Honig (Universität Trier), Dr. Gisela Kammermeyer (Universität Landau), Prof. Dr. Ursula Rabe-Kleberg (Universität Halle) und Prof. Dr. Bernhard Wolf (Universität Landau) zu nennen.
[5] Die Internetseite des interdisziplinären Arbeitskreises „Genderforschung" an der Universität Bamberg listet allein für Berlin vier Zentren für Gender- und Frauenforschung auf: Zentrum für Interdisziplinäre Frauen- und Geschlechterforschung (TU Berlin); Interdisziplinäre Frauenforschung und Gender Studies (Hochschule der Künste Berlin); Zentrum für interdisziplinäre Frauenforschung (Humboldt Universität Berlin); Zentraleinrichtung zur Förderung von Frauen- und Geschlechterforschung (FU Berlin).

Neben den Universitäten finden wir außeruniversitäre Institute, die auf dem Gebiet der Frühpädagogik arbeiten. Drei staatlichen bzw. von Bund und Ländern finanzierten Einrichtungen stehen vier private Institute gegenüber:

- das Staatsinstitut für Frühpädagogik (IFP), München;
- das Sozialpädagogische Institut NRW (SPI), angegliedert an die Fachhochschule Köln;
- das Deutsche Jugendinstitut (DJI), München;
- das Institut für angewandte Sozialforschung/Frühe Kindheit e. V. (IN-FANS), Berlin;
- die „Pädagogische Qualitäts-Informations-Systeme" gGmbH (PÄDQUIS), Berlin;
- die „Internationale Akademie für innovative Pädagogik, Psychologie und Ökonomie" gGmbH (INA), Berlin;
- das Institut für angewandte Familien-, Kindheits- und Jugendforschung (IFK) an der Universität Potsdam.

Die deutsche Frühpädagogik ist nicht als eigenständige wissenschaftliche Fachorganisation organisiert, sondern nur als Untergliederung der Sektion „Sozialpädagogik" – genauer: als Kommission „Pädagogik der frühen Kindheit" – innerhalb der Deutschen Gesellschaft für Erziehungswissenschaft (DGfE) vertreten. Auf europäischer und internationaler Ebene ist die Frühpädagogik gleich durch mehrere wissenschaftliche Gesellschaften repräsentiert:

- European Association of Research on Learning and Instruction (Earli);
- European Early Childhood Education Research Association (EECERA);
- Society for Research in Child Development (SRCD);
- International Society for the Study of Behavioural Development (ISSBD);
- American Educational Research Association (AERA);
- National Association for the Education of Young Children (NAEYC);
- Australian Association for Research in Education (AARE).

In diesen internationalen Organisationen ist die deutsche Frühpädagogik nur schwach präsent. Auch verfügt die deutsche Frühpädagogik über keine deutschsprachige Fachzeitschrift. Als Alternative bietet sich zunächst nur die Möglichkeit, Themenhefte zu Fragestellungen der Frühpädagogik in einschlägigen deutschsprachigen Zeitschriften zu organisieren.[6]

Die Weiterentwicklung und verstärkte Professionalisierung der Frühpädagogik als wissenschaftliche Disziplin ist Aufgabe der Wissenschaft selbst. Doch

[6] z.B. „Psychologie in Erziehung und Unterricht", „Empirische Pädagogik", „Zeitschrift für Pädagogik", „Zeitschrift für Erziehungswissenschaft", „Zeitschrift für Entwicklungspsychologie und Pädagogische Psychologie"

hierzu bedarf es der politischen Unterstützung, da die notwendigen Ressourcen bereitgestellt werden müssen. Auf dem Weg zur Frühpädagogik als einer starken und eigenständigen Disziplin lassen sich einige Schritte konkret benennen, etwa eine Verkoppelung mit der Grundschulpädagogik, eine intensivere interdisziplinäre Zusammenarbeit (insbesondere mit der Soziologie und der Psychologie) und eine stärkere internationale Ausrichtung. Im Wissenschaftsmanagement sollten akademische Konventionen und Normen eingeführt werden, die die Qualität der Forschung sicherstellen. Zu nennen sind hier u. a. ein offenes „Call-for-papers" bei der Organisation von Tagungen oder Themenheften, die öffentliche Ausschreibung von Forschungsprojekten der Bundes- und Länderministerien und als Zielvorstellung eine eigenständige Zeitschrift mit wechselnder Herausgeberschaft und einem klaren Reviewverfahren.

2. Behandelte Forschungsfragen und vernachlässigte Themen

Seit den 90er Jahren liegen gute einführende Darstellungen des Faches vor. Ganz allgemein gilt, dass die Frühpädagogik stark von dem Input anderer Wissenschaften lebt, genuin frühpädagogische Arbeiten bilden nach wie vor die Ausnahme. Zu den intensiv behandelten Themen zählen Organisationsformen und Curricula,[7] die Professionsforschung und die Erforschung des pädagogischen Professionswissens,[8] Beschreibungen der Betreuungssituation und des Betreuungsbedarfs[9] sowie das Thema der pädagogischen Qualität.[10]

Forschungsdefizite bestehen in thematischer, in methodologischer und in forschungsstrategischer Hinsicht. Zu den bislang vernachlässigten Themen zählen insbesondere…

- eine kognitiv orientierte Grundlagenforschung,[11] speziell die Förderung der kognitiven Entwicklung im Kindergarten, die Vermittlung von Basiskompetenzen sowie Aspekte einer kognitiv orientierten Schulvorbereitung;
- die längerfristigen Auswirkungen der frühkindlich erfahrenen Qualitäten in öffentlichen Betreuungs- und Erziehungsangeboten (Krippe, Tagespflege, Kindergarten, Hort);
- domänenspezifische Lern- und Bildungsprozesse;
- Prozesse der Wissensaneignung von Kindern;
- die Interessen- und Motivationsforschung;
- die Peer-Forschung bzw. Arbeiten zu Kinderkulturen;

7 z. B. Fthenakis & Oberhuemer (in Druck); Krappmann (1985)
8 z. B. Dippelhofer-Stiem & Frey (2002)
9 z. B. Süssmuth et al. (1980)
10 z. B. Fthenakis & Textor (1998); Tietze & Rossbach (1996)
11 vgl. Roßbach (im Druck)

- die Familienerziehung (Eltern als Erzieher);
- die Ökologische Perspektive;[12]
- Elementardidaktiken;
- generell die Prozessforschung (z. B. Instruktionsqualität, pädagogische Interaktion);
- der Altersbereich von 0–3 Jahren insgesamt;[13]
- die Methodenentwicklung (Monitoring, Dokumentation von Lernprozessen, Classroom Management) und die Überprüfung von Instrumentenentwicklungen (Tests, Beobachtungsbögen etc.);
- eine Wirkungsforschung (z. B. Effekte von Angeboten auf die Sozial-, Ich-, Lern- und Sachkompetenz von Kindern);
- die Schulvorbereitung (Anschlussfähigkeit, Transitionsforschung);
- ein regelmäßiges Monitoring des Feldes (z. B. Sozialberichterstattung zur Betreuungssituation);
- die international vergleichende Forschung;
- die Wissenschaftsgeschichte der Frühpädagogik.[14]

Aus methodologischer und forschungsmethodischer Sicht fehlen ganz generell quantitative Studien angesichts der Dominanz qualitativer Arbeiten. Im Einzelnen bestehen Defizite …

- bei der empirischen Evaluation von Reformmaßnahmen und bei der Begleitforschung zu Praxisprojekten;
- hinsichtlich Feldstudien;
- bei längsschnittlich angelegten Designs;
- bei der experimentellen Forschung und
- bei international vergleichenden Studien.

Diese Forschungsdefizite sind z. T. bedingt durch die unzureichende Forschungsinfrastruktur der Frühpädagogik in Deutschland. Daneben lassen sich auch forschungsstrategische Defizite ausmachen, die ebenfalls den politischen Kontext berühren. So ist der Mangel an frühpädagogischer Grundlagenforschung auch darauf zurückzuführen, dass für Forschungsvorhaben, die nicht unmittelbar an politische Themen und Interessen gebunden sind, die notwendigen Mittel schwieriger aufzutreiben sind. Ebenfalls forschungsstrategische Mängel stellen die begrenzte Rezeption internationaler Forschung und Praxis sowie die eingeschränkte Interdisziplinarität dar (etwa mit Blick auf die Nachbarwissenschaften Psychologie, Soziologie und Humanbiologie).

---

[12] Dippelhofer-Stiem & Wolf (1997)
[13] Arbeiten von Professor Kuno Beller und PD Susanne Viernickel bilden eine Ausnahme.
[14] Die Arbeiten von Günter Erning stellen hier eine Ausnahme dar.

3. Die Ausbildung für frühpädagogische Berufsfelder

Hochschulen dienen nicht nur als Forschungseinrichtungen, sie übernehmen auch die akademische Ausbildung. Interessant ist daher auch die Frage, wie die Frühpädagogik in den Studienordnungen der jeweiligen Fakultäten verankert ist. Die Regelung an der Otto-Friedrich-Universität Bamberg kann exemplarisch angeführt werden. Hier besteht das Pädagogikstudium aus den drei Säulen „Allgemeine Pädagogik", „Soziologie/Psychologie" und einer speziellen Studienrichtung. Als Studienrichtungen stehen die klassischen Disziplinen „Schule" und „Sozialpädagogik" sowie die „Elementar- und Familienpädagogik" und die „Andragogik" zur Wahl. Auffällig und nicht unproblematisch für die weitere Entwicklung der Berufsfelder im Bereich der Frühpädagogik ist das Verhalten der Studierenden bei der Wahl ihrer Fächerkombinationen. So werden sinnvolle und innovative Kombinationen (z. B. Frühpädagogik und Grundschulpädagogik; Frühpädagogik und Verwaltungswissenschaften; Frühpädagogik und Recht; Frühpädagogik und Wirtschaftswissenschaften) viel zu selten gewählt. In jüngster Zeit wird der Verbleib von Absolventen des Diplomstudiengangs Pädagogik genauer in den Blick genommen.[15] Diese Verbleibstudien sollten bei der Analyse und Reform der Pädagogenausbildung genutzt werden. Um die Frühpädagogik in Deutschland zu stärken, ist eine gezielte Förderung dringend notwendig. Hierzu zählt auch die Förderung des wissenschaftlichen Nachwuchses. Denkbar ist bspw. die Errichtung eines Promotionskollegs für Frühpädagogik wie auch die zeitlich befristete Verpflichtung ausländischer Experten zur Verstärkung der Lehrkörper bzw. der Forschungsteams in Deutschland.

Die Ausbildung von Erzieherinnen ist in Deutschland an Fachschulen und Fachakademien angesiedelt. Nicht zuletzt mit der Einführung von Bildungs- und Erziehungsplänen für den Elementarbereich stellt sich jedoch die Frage, ob dieses Qualifikationsniveau ausreicht, um die pädagogischen Fachkräfte für die gewandelten Aufgaben vorzubereiten. Daher ist eine Neugestaltung der Erzieherinnenausbildung dringend geboten.[16] Im europäischen Ausland wird seit einigen Jahren vermehrt das Konzept der „Stufenpädagogik" umgesetzt. Hierbei wird die Ausbildung der Pädagogen, die mit den unterschiedlichen Altersstufen arbeiten werden, zusammengefasst in einen integrierten Ausbildungsgang.[17] Dieses Konzept entspricht wesentlich besser der Kumu-

---

[15] Krüger, Rauschenbach et al. (2003); Rauschenbach, Behrer & Knauer (1995)

[16] Fthenakis & Oberhuemer (2002); Homfeldt (2000)

[17] In Zürich etwa werden ErzieherInnen und LehrerInnen gemeinsam ausgebildet; Fachkräfte, die nur für einen Bereich ausgebildet sind, werden nachqualifiziert. An der Fakultät für Bildungswissenschaften der Freien Universität Bozen erfolgt die Ausbildung von ErzieherInnen und GrundschullehrerInnen ebenfalls gemeinsam in modularisierter Form („Modell 2+2": 2 Jahre gemeinsames Studium für ErzieherInnen und GrundschullehrerInnen, anschließend 2-jährige Spezialisierung auf einen der beiden Bereiche). In den Niederlanden geht man mit der „Basisschule" einen ähnlichen Weg. Ein wesentliches Merkmal der Basisschule ist die Einschulung mit bereits vier Jahren. Diese Schulform wird von den Kindern bis zum 12. Lebensjahr besucht.

lativität von Entwicklungsprozessen und erlaubt es, die stufen- bzw. altersgebundenen Lern- und Bildungsprozesse aufeinander zu beziehen („Anschlussfähigkeit" der Bildungsbereiche).[18] Wo sogar die Bildungspläne Altersstufen und damit Institutionen übergreifend konzipiert werden, ist eine solche integrierte Ausbildung der Pädagogen unabdingbar.[19] Um den Austausch zwischen Wissenschaft und Praxis zu gewährleisten, sollten Einrichtungsleiterinnen an die Hochschule abgeordnet werden können, ähnlich wie dies mit der Abordnung von Lehrern an die Hochschule bereits geschieht.

4. Forschungsförderung

Als Quellen der Forschungsförderung bieten sich dem Wissenschaftler bzw. der Wissenschaftlerin prinzipiell (1) die Hochschulen und Lehrstühle mit ihrer Grundausstattung an Forschungsmitteln; (2) die Deutsche Forschungsgemeinschaft; (3) Stiftungen; (4) die Auftragsforschung für Bundes- und Landesministerien sowie (5) Projekte und Initiativen der Wirtschaft. Da die vor- und außerschulische Bildung, Erziehung und Betreuung von Kindern gesellschaftlich gefordert und geboten ist, muss auch die Förderung der frühpädagogischen Forschung als öffentliche Aufgabe verstanden werden.

Aufgabenbereiche und Formen der Forschungsförderung

Zu den zentralen Aufgaben der Forschungsförderung gehören der Ausbau und die Stärkung der Frühpädagogik in Deutschland. Der Katalog an möglichen Maßnahmen umfasst die Bereitstellung von Fonds, die Einrichtung befristeter Stiftungsprofessuren (z. B. als Anstöße des Bundes), die Einzelförderung von Forschungsprojekten durch die DFG bzw. die Förderung eines frühpädagogischen Forschergruppenprogramme (z. B. „Empirische Bildungsforschung") oder eines Schwerpunktprogramms (z. B. „Frühpädagogik und Grundschule").

Von besonderer Bedeutung ist die Förderung des wissenschaftlichen Nachwuchses. Zur Nachwuchsförderung bieten sich unterschiedliche Instrumente und Maßnahmen an, etwa die Einrichtung von Graduiertenkollegs und die Förderung von Promotionen und Habilitationen. Solche Maßnahmen werden allerdings nur dann greifen, wenn auch die längerfristigen Perspektiven für den wissenschaftlichen Nachwuchs im Bereich der Frühpädagogik verbessert werden, da die Karriereaussichten aufgrund der geringen Anzahl von Lehrstühlen derzeit sehr schlecht sind. Letzteres bedingt auch die geringe Attraktivität des frühpädagogischen Forschungsbereichs für den wissenschaftlichen Nachwuchs.

---

[18] Hacker (2001)
[19] Dies ist z. B. in Neuseeland bereits realisiert und wird in Deutschland von dem Land Hessen beabsichtigt.

Prinzipien der Forschungsförderung

Eine effektive und effiziente Stärkung der Frühpädagogik in Deutschland kann dann gelingen, wenn die Förderung systematisch und längerfristig ist. Auch ist eine Bündelung und Vernetzung von Ressourcen sinnvoll. Durch den Aufbau von Forschungszentren (z. B. „Evaluationszentrum", „Zentrum für empirische Bildungsforschung") wird es möglich, hier weitere Instrumente zu platzieren wie z. B. ein Graduiertenkolleg oder eine Stiftungsprofessur. Zudem sollte auf die Interdisziplinarität und Internationalität der Forschung geachtet werden. Ein letztes Prinzip der Forschungsförderung, das eingefordert werden muss, betrifft die Sicherung des wissenschaftlichen Niveaus, die durch eine Stärkung des Wettbewerbs (z. B. offene Ausschreibung von Forschungsprojekten) und durch die Evaluation von Forschungseinrichtungen erzielt werden kann.

Empfehlungen an die Politik

12 | 01
Zum universitären Aufbau der Teildisziplin Früh-pädagogik innerhalb der Erziehungswissenschaft ist die Einrichtung von zusätzlich 12 Lehrstühlen in Deutschland dringend erforderlich. Damit eng verbunden wird die Gründung von drei „Zentren für frühpädagogische Forschung und Anwendung" empfohlen: (a) Ein Zentrum für empirische Bildungsforschung im vorschulischen und schulischen Bereich; (b) ein Zentrum zur Sicherung und Weiterentwicklung von pädagogischer und von Bildungsqualität und (c) ein Zentrum für innovative Maßnahmen zur Professionalisierung der Fachkräfte. Jedem dieser Forschungszentren sollten vier Lehrstühle zugeordnet werden, die zentrale Lehr- und Forschungsgebiete vertreten (Frühpädagogik, Entwicklungspsychologie, Bildungsforschung, Evaluationsforschung).

12 | 02
Es wird ferner empfohlen, ein Stipendienprogramm für Absolventen der Erziehungswissenschaft mit Spezialisierung auf den Bereich der Frühpädagogik aufzulegen, das diesen die Möglichkeit für weitere Studien bzw. Promotion im Ausland eröffnet. Um den gegenwärtigen Bedürfnissen gerecht werden zu können, sollten mindestens 100 solcher Stipendien vergeben werden.

12 | 03
Es sollten Initiativen eingeleitet werden, die zur Errichtung eines von der DFG geförderten Sonderforschungsbereichs führen, um in einem zehnjährigen Programm – unter Beteiligung internationaler Forscher – die frühpädagogische Forschung in Deutschland zu beleben.

12 | 04
Auf universitärem Studienniveau sollten innovative Fächerkombinationen gefördert werden (z. B. Frühpädagogik und Grundschule; Frühpädagogik und Verwaltungswissenschaften; Frühpädagogik und Jura; Frühpädagogik und Betriebswirtschaftslehre etc.), um die Weiterentwicklung des Praxisfeldes und die Qualifizierung von Personal für Schlüsselpositionen zu gewährleisten.

12 | 05
Ebenfalls auf universitärer Ebene sollten Bachelor- und Magisterstudiengänge eingerichtet bzw. ausgebaut werden, mit dem mittelfristigen Ziel einer gemeinsamen Ausbildung von Erziehern und Lehrern, also der Entwicklung eines einheitlichen Pädagogenprofils für die Altersstufen 0 bis 10. Ausländische Erfahrungen, wie sie z. B. in der Schweiz, in Dänemark und in Schweden gesammelt wurden, sollten stärker beim Ausbau dieses Lehr- und Forschungsbereichs berücksichtigt werden. Ferner sollte auf universitärer Ebene die Entwicklung der Fachdidaktik gefördert werden, wie z. B. die Einführung von Elementardidaktiken für Lernbereiche, die sich im Vorschulalter entwickeln (Sprache, mathematisches und naturwissenschaftliches Verständnis, ästhetisches Empfinden u. a.).

12 | 06
Es sollten eine engere Kooperation zwischen universitären und außeruniversitären Forschungseinrichtungen und eine stärkere Vernetzung der Forschungsressourcen angestrebt werden. Außeruniversitäre Forschungseinrichtungen bieten Professionalisierungsmöglichkeiten für Studierende der Frühpädagogik und den Zugang zum Forschungsfeld für die universitäre Forschung. Diese Vorteile sollten stärker genutzt werden.

Empfehlungen an die Politik

12 | 07
Auch die Wirtschaft sollte in Deutschland stärker am Aufbau frühpädagogischer Forschungsstrukturen beteiligt werden, etwa durch Stiftungsprofessuren, durch die Beteiligung an der Finanzierung von Forschungsvorhaben und durch die Mitfinanzierung der empfohlenen drei Forschungszentren.

12 | 08
Es sollte zur Regel gemacht werden, Forschungsaufträge öffentlich auszuschreiben und deren Vergabe von einem dem der DFG äquivalenten Begutachtungsverfahren abhängig zu machen.

12 | 09
Die Evaluation von Forschung und Lehre auf dem Bereich der Frühpädagogik sollte als Instrument zu deren Weiterentwicklung stärker genutzt werden.

Steuerung und Weiterentwicklung des Systems der Tageseinrichtungen

13

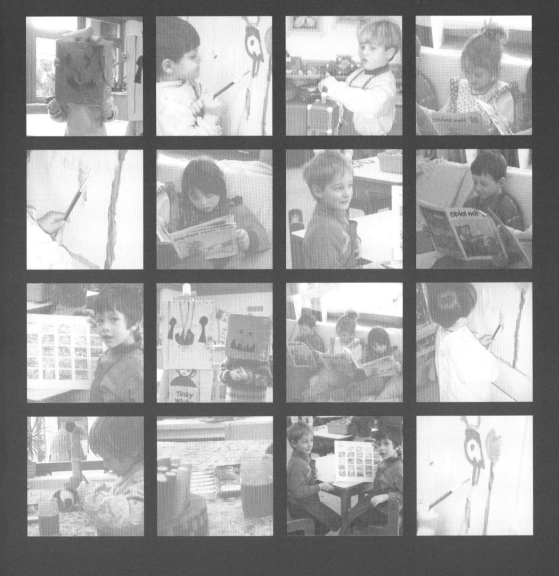

Zusammenfassung

Leitziel der Weiterentwicklung ist es, Kindertageseinrichtungen quantitativ bedarfsgerecht auszubauen und zu qualitativ hochwertigen Bildungseinrichtungen auszugestalten, um ihren hohen gesellschaftlichen Nutzen zur vollen Entfaltung zu bringen. Dieses Ziel lässt sich nur erreichen, wenn (1) das im öffentlichen Bewusstsein vorherrschende Bild von Kindertageseinrichtungen als „Aufbewahrungsorte" und „Kostenverursacher" eine Neubestimmung erfährt, (2) die bestehenden Instrumente der mit Mängeln behafteten Systemsteuerung einer grundlegenden Reform unterzogen und dabei aus der Institutionen-Starre herausgeholt werden, die eine solche Reform bislang blockiert, und (3) die Finanzausstattung für das System der Kindertageseinrichtungen spürbar und nachhaltig verbessert wird.

**Neubewertung der Elementarbildung und
der Ausgaben für Kindertageseinrichtungen**

Eine höhere Gewichtung des Bildungsauftrags von Kindertageseinrichtungen allein greift zu kurz. Erforderlich ist die Anerkennung der Elementarbildung als öffentliche Pflichtaufgabe von hohem Stellenwert. Das heißt, den Elementarbereich als Teil des Bildungssystems zu begreifen und als solchen zu behandeln. In seinem Verhältnis zu den anderen Bildungsstufen ist seine Eigenständigkeit zu wahren und zugleich sein Gleichrang in Ausstattung und Qualität herzustellen. Eine solche Anhebung des Stellenwerts von Elementarbildung zählt zu den Aufgaben dieses Jahrhunderts.

Ausgaben für Kindertageseinrichtungen sind Investitionen von hohem volkswirtschaftlichem Ertrag. Der positive Einfluss früher institutioneller Förderung auf den weiteren Bildungs- und Lebensweg spart in den Bereichen Schule, Sozialhilfe und Strafvollzug erhebliche Folgekosten ein. Jeder in Tageseinrichtungen investierte Euro bringt der Gesellschaft kurzfristig mindestens vier Euro Ertrag, der durch Müttererwerbstätigkeit, Personalbeschäftigung in Kindertageseinrichtungen und Vermeidung von Arbeitslosigkeit Alleinerziehender erzielt wird. Der Ausbau von Tageseinrichtungen in Westdeutschland erzeugt erhebliche Einnahmeeffekte für die öffentliche Hand und die Sozialversicherungsträger. Er investiert in die Erwerbstätigkeit erwerbsloser Mütter und belebt den Arbeitsmarkt durch erheblichen Beschäftigungszuwachs im Bildungs- und Erziehungssektor.

Diese Neubewertung der Ausgaben führt zu einer Neubestimmung des Kostenansatzes für die Elementarbildung, die die Kosten und die damit einhergehenden Investitionen zueinander ins Verhältnis setzt. Eine investive Betrachtung der Kosten für Tageseinrichtungen (als belebtes und gelebtes Gemeinwesen) verlangt einen Umbau von Haushalten zu Lasten der Investitionen in tote Güter (ohne Ertragschancen) und neue Finanzierungsmodelle, die hierauf aufbauen (nachfrageorientierte Subjektförderung), um den Weg für Weiterentwicklung zu eröffnen.

Lösungen im Spannungsfeld von fachlicher Weiterentwicklung und finanzieller Ressourcenknappheit

Die Ausgaben haben den Aufgaben zu folgen und nicht umgekehrt. Die Aufgaben können nur verwirklicht werden, wenn die hierfür erforderlichen Rahmenbedingungen bereitgestellt werden. Trotz knapper werdender öffentlicher Mittel ist Weiterentwicklung möglich, wenn fachliche Qualitätssicherung und wirtschaftlicher Ressourceneinsatz und damit Effektivität und Effizienz Hand in Hand gehen. Diese geben Orientierung für einen wirtschaftlichen Ressourceneinsatz bei der Realisierung pädagogischer Ziele. Zunächst sind für Kindertageseinrichtungen die Ziele und Inhalte ihres Bildungs- und Erziehungsauftrags aus fachlicher Sicht zu bestimmen. Sodann sind aus wirtschaftlicher Sicht geeignete Wege aufzuzeigen, wie diese Ziele und Inhalte so wirtschaftlich wie möglich erreicht werden können. Eine solche Verknüpfung pädagogisch-fachlicher Effektivität und wirtschaftlicher Effizienz kann eine grundlegende Schwäche bestehender Steuerungs- und Finanzierungssysteme beheben und dem Trend Einhalt gebieten, wonach jede Modernisierung nur noch Kosteneinsparung zu Lasten fachlicher Standards im Blick hat.

Das Haupthindernis für Reformen im System der Tageseinrichtungen scheint weniger in seiner Jugendhilfe-Zuordnung zu liegen. Der gesellschaftliche Erwartungsdruck auf die Bildungsfähigkeit der Tageseinrichtungen für Kinder bis zur Einschulung nach PISA, die Neubewertung der Kosten als Investitionen mit hohem Ertrag und realisierbare Reformvorschläge zur Behebung der Steuerungsmängel versprechen in der Kombination gute Chancen für eine gelingende Weiterentwicklung des Elementarbereichs auch innerhalb der Jugendhilfe, die einen Bildungsauftrag hat. Ergebnisse der weiteren Diskussionen sind abzuwarten, bevor endgültig über Optionen (Verbleib in der Jugendhilfe bzw. Wechsel in das Bildungswesen) entschieden wird. Durch Zuständigkeits- und Ressourcenbündelung ließe sich ein noch erhebliches Gestaltungspotential freisetzen und viel Raum für Weiterentwicklung schaffen.

Ausweitung der staatlichen Steuerung des Systems

Während der Abbau von überflüssigen Regelungen heute das Leitziel jedweder Reform ist, sind in Bezug auf das System der Tageseinrichtungen auf der Landesebene stärkere und vor allem neuartige Regelungen erforderlich. Die bisherige Haltung der Länder bei der Systemsteuerung und die daraus resultierende weit reichende Gestaltungsfreiheit auf lokaler Ebene (Kommunalisierung) werden der gebotenen Anerkennung und Behandlung der Elementarbildung als öffentlicher Pflichtaufgabe nicht gerecht. Diese verlangt ein höheres Maß an staatlicher Steuerung und Absicherung, um ein bedarfsgerechtes, qualitativ hochwertiges Bildungsangebot zu gewährleisten. Hingegen ist ein Abbau überflüssiger Regelungen auf lokaler Ebene nötig, der zusammen mit den Trägern und den Ländern angegangen werden sollte.

In diesem gesellschaftlich bedeutsamen Bereich für einheitliche Lebensverhältnisse zu sorgen, ist mehr denn je geboten. Dass Standards zum Bildungs- und Erziehungsauftrag, zur Qualifikation der Fachkräfte oder zu Bau und Ausstattung von Land zu Land variieren, lässt sich heute nicht mehr begründen. Da das Setzen von Standards mit Kosten verbunden ist, erscheint auch aus ökonomischen Gründen eine zentrale Regelsetzung effizienter. Als sinnvoller Weg für eine länderübergreifende Verständigung im Bildungsbereich wird – nach dem Vorbild des Medienbereichs – der Abschluss von Staatsverträgen nachdrücklich empfohlen. Dabei sollten optimale und nicht Minimalstandards angestrebt werden. Sie werden durch Landesgesetze ergänzt.

Anhebung des staatlichen Budgets

Das Budget für Kindertageseinrichtungen bedarf einer deutlichen Anhebung. Politische Schwerpunktsetzung in der Geldverteilung sollte verstärkt Kinderfreundlichkeit und Gleichstellungsinteressen berücksichtigen. Der hohe volkswirtschaftliche Nutzen von Tageseinrichtungen rechtfertigt eine Umverteilung innerhalb der öffentlichen Haushalte zu ihren Gunsten. In Kindertageseinrichtungen zu investieren erweist sich heute als sinnvollster Weg der Familienförderung. Er erhöht die Erwerbsbeteiligung der Mütter und damit die Einkommenslage und Lebensqualität der Familien sowie die soziale Absicherung der Frauen. Statt das Kindergeld weiter anzuheben oder das vorgeschlagene Erziehungsgehalt einzuführen, sollte die Bundesregierung vorrangig in den notwendigen Ausbau der infrastrukturellen Angebote für Familien investieren. Eine Umverteilung im Bildungswesen lässt sich z. B. durch die Abschaffung des 13. Schuljahres in allen Ländern erreichen.

Viele Gründe sprechen dafür, dass Gebühren für Kindertageseinrichtungen ungleiche Bildungschancen erzeugen bzw. verstärken. Gebührenfreiheit in Tageseinrichtungen für Kinder bis zum Schuleintritt darf daher kein Ziel in weiter Ferne sein. Es ist nicht nachvollziehbar, dass Eltern für die Betreuung ihrer kleinen Kinder Gebühren zahlen, während das Studium an deutschen Hochschulen gebührenfrei ist.

Staatliche Festsetzung und Absicherung der Bildungsqualität und pädagogischen Qualität

Aufgabe der Länder ist es, die Bildungsqualität in Kindertageseinrichtungen zentral und verbindlich festzusetzen und dabei eine breite Beteiligung aller Verantwortlichen sicherzustellen. Sie sollten sich auf gemeinsame Bildungsstandards verständigen, möglichst durch Staatsvertrag. Eine wissenschaftlich fundierte Bildungsplanung kennt keinen Länderunterschied. Durch den Abschluss von Bildungsvereinbarungen mit den Spitzenverbänden der Einrichtungsträger auf Landesebene lässt sich die verbindliche Beachtung der Bildungsstandards erreichen. Als weitere Maßnahmen zur Qualitätssicherung empfehlen sich Vorgaben, die die Konzeptionsentwicklung und Durchführung von Elternbefragungen auf Einrichtungsebene betreffen.

Die Länder tragen die Verantwortung, auch die pädagogische Qualität festzusetzen, d. h. die Bedingungen zu regeln, die für eine erfolgreiche Umsetzung der festgelegten länderübergreifend geltenden Bildungsstandards nötig sind. Von zentraler Bedeutung sind (a) die Steuerung des Einrichtungsangebots mit Blick auf eine Altersmischung, die mit dem Bildungsauftrag vereinbar ist, sowie mit Blick auf die soziale Integration; (b) die Anhebung der Qualifikation der Fachkräfte; (c) die Absenkung des Fachkraft-Kinder-Schlüssels; (d) die Unterstützung der Einrichtungsteams durch regelmäßige Präsenz mobiler Fachkräfte und Dienste; (e) die Schaffung einer anregenden Lernumgebung; (f) die Festlegung einer ausreichenden Kernzeit, die den Bildungsauftrag absichert, und einer ausreichenden Verfügungszeit. Dringend notwendig sind Maßnahmen, die zu einer effizienteren Gestaltung der Verfügungszeit beitragen (z.B. die Entlastung der Fachkräfte von fachfremden Aufgaben; die flächendeckende Einführung moderner Datentechnik in den Tageseinrichtungen).

Die Umsetzung der festgelegten Bildungsstandards sollte im Rahmen eines begleiteten Prozesses erfolgen und nicht unter förderrechtlichem Zwang. Ihre Umsetzungschancen sind wesentlich höher, wenn die Standards als Orientierungshilfe mit Empfehlungscharakter von bester Fachpraxis verstanden werden und sie durch ein gutes Ausbildungssystem sowie ein gutes Unterstützungssystem für die Praxis flankiert werden.

Öffentliche Mittel sollten vorrangig in die Stärkung der vorhandenen Strukturen der Fachberatung und Fortbildung fließen, nicht in den Ausbau des unzulänglichen Aufsichtssystems.

Kooperationsbeziehungen und Vernetzungsstrukturen von Kindertageseinrichtungen mit Schulen und anderen Stellen sind grundlegend für die Förderung der Kinder und für die Unterstützung der Eltern und Fachkräfte. Damit Netzwerke entstehen und regelmäßige Pflege erfahren, gilt es eine Art Infrastruktur aufzubauen. Staatliche Steuerungsvorgaben sollen sicherstellen, dass Kooperation und Vernetzung zum Gegenstand der Jugendhilfeplanung werden, dass insbesondere die regelmäßige Präsenz mobiler Fachdienste und Fachkräfte in Kindertageseinrichtungen gewährleistet wird. Das Jugendamt ist im Rahmen seiner Gesamt- und Planungsverantwortung gefordert, Planungs- und Koordinierungsfunktionen bei der Herstellung und Absicherung lokaler Netzwerke zu übernehmen.

Verbesserung der Planung und Vermittlung des Angebots

Eine bedarfsgerechtere Angebotsplanung ließe sich durch eine Kombination von drei Reformansätzen erreichen: (1) Der Übergang zu einer nachfrageorientierten Subjektfinanzierung von Kindertageseinrichtungen schafft auf Anbieterseite Anreize, sich verstärkt an den Elternwünschen zu orientieren, und auf Elternseite mehr Einflussnahme durch ihr Nachfrageverhalten. (2) Der hohe Stellenwert der Elementarbildung verlangt Vorgaben an die Ausgestaltung des Förderangebots in Tageseinrichtungen. (3) Viele Gründe sprechen dafür, auf eine zentrale Vermittlung und Vergabe der Plätze auf lokaler Ebene umzusteigen. Eine Möglichkeit wären lokale, Internet gestützte Kinderbetreuungsbörsen.

Neuordnung der Finanzierung

Die Finanzierungslasten müssen neu verteilt werden. Die Kommunen sind als öffentliche Jugendhilfe- und Schulaufwandsträger in ihren finanziellen Möglichkeiten angesichts der Größe der zu bewältigenden Aufgaben und der anhaltenden Finanzkrise völlig überfordert. Bund und Länder tragen Mitverantwortung und müssen sich dauerhaft und in einem wesentlich stärkeren Umfang am Ausbau und Unterhalt des Systems der Kindertageseinrichtungen finanziell beteiligen. Notwendig ist eine Finanzverfassungsreform, die nicht nur auf eine Gemeindefinanzreform beschränkt ist. Wie im Hochschulbereich sollte sich der Bund am Aus- und Umbau der Kindertageseinrichtungen finanziell beteiligen und in diesem Kontext auch die notwendige (EDV-)Ausstattung sicherstellen. Wie im Schulbereich sollten die Länder den Personalaufwand tragen, die Kommunen den Sachaufwand.

Die vielen gewichtigen Nachteile der bestehenden angebotsorientierten Objektfinanzierung von Kindertageseinrichtungen sprechen für einen Übergang zur nachfrageorientierten Subjektfinanzierung. Die inhaltlichen Versäumnisse der neuen Finanzierungsmodelle sollten nicht zu ihrer pauschalen Ablehnung führen. Vielmehr gilt es nun, eine Diskussion darüber zu führen, wie die Anforderungen der Flexibilisierung des Angebots, der Erhöhung der Bildungsqualität und der Planungssicherheit des Trägers miteinander in Einklang gebracht werden können. Eine landeszentrale Regelung einer Kernzeit für die Nutzung von Kindertageseinrichtungen möglichst in Höhe von 6 Stunden, die den Bildungsauftrag absichert, scheint sich als sinnvolle Lösung abzuzeichnen.

Aufgrund der Mitverantwortung von Wirtschaft und Gesellschaft für die Bildung der Kinder muss auch in Deutschland Fundraising als neue Herausforderung für Sozial- und Bildungseinrichtungen zunehmend Beachtung und Bedeutung finden. Dies gilt nicht nur für Träger und Tageseinrichtungen, sondern auch für Initiativen von Bund und Ländern, die auf Privat-Public-Partnership gründen. Trotz der vielfältigen Möglichkeiten des Fundraisings muss die staatliche Förderung die Basis für Bildungsaufgaben und damit für das System der Kindertageseinrichtungen bleiben.

Unterstützung der Träger von Kindertageseinrichtungen beim Modernisierungsprozess

Der Bedarf an professioneller Trägerarbeit wächst. Das weitgehend fehlende Angebot an Fortbildungsmaßnahmen für die Einrichtungsträger hat sich als ein grundlegender Mangel herausgestellt. Auch mit Blick auf die Umsetzung der festgelegten Bildungsstandards gibt es einen hohen Entwicklungsbedarf an unterstützenden und begleitenden Maßnahmen für die Träger.

Datenschutz ist ein Thema von zentraler und wachsender Bedeutung. Mit der Umsetzung der Bildungsstandards nehmen die Informations-, Kommunikations- und Dokumentationsprozesse bei der Aufgabenerfüllung zu. Bei den Eltern sind mehr Informationen zu erheben, mehr Einwilligungen einzuholen. Derzeit erschweren grundlegende Steuerungsmängel auf Trägerebene eine rechtmäßige Datenschutzanwendung auf Einrichtungsebene. Notwendig ist v. a., das leistungsrechtliche Verhältnis zu den Eltern neu zu regulieren. Zu berücksichtigen ist das Erziehungsrecht der Tageseinrichtung in Bezug auf das einzelne Kind als ein von den Eltern übertragenes Recht, die gleichberechtigte Bildungs- und Erziehungspartnerschaft zwischen Eltern, Tageseinrichtung und Träger sowie die Eigenständigkeit der Tageseinrichtung als Organisationseinheit im Trä-

gerbereich. Der Bildungs- und Erziehungsvertrag und die Einrichtungskonzeption kristallisieren sich in der Diskussion als die zentralen Regelwerke heraus, das Ordnungs- bzw. Satzungswesen tritt dahinter zurück.
Die Komplexität dieser Reform, die Deregulierung bewirkt, fortgeschrit-
tene Vorarbeiten, Qualitätssicherungs- und Beschleunigungseffekte und
Effizienzgründe sprechen dafür, eine flexibel handhabbare Basisverwaltungssoftware für Kindertageseinrichtungen als kostengünstiges Serviceangebot im Internet aufzubauen.

Stufenplan für einen umfassenden Reformprozess

Angesichts der Erkenntnis, dass die ersten sechs Lebensjahre eine Phase
intensiven Lernens im Leben eines Menschen sind, muss die Bildung und
Erziehung der Kinder in Deutschland ein Prioritätsthema erster Ordnung
auf der politischen Agenda werden. Die grundlegende Weiterentwicklung des Systems der Tageseinrichtungen für Kinder bis zum Schuleintritt
ist wesentlicher Bestandteil der Reform des gesamten Bildungswesens,
die im Übergang zur Wissensgesellschaft unausweichlich geworden ist.
Bund und Länder tragen hierfür gemeinsam Verantwortung.

Der Reformprozess muss in eine mittelfristige Perspektive eingebettet
sein und darf nicht durch ein Denken in Legislaturperioden ins Stocken
geraten. Durch das Aufstellen eines schrittweisen Reformplans kann die
Realisierung einer das Gesamtsystem der Tageseinrichtungen umfassenden Reform sichergestellt werden. Höchste Priorität haben die Verständigung der Länder auf gemeinsame Bildungsstandards, darauf aufbauend
alle Punkte zum Thema Finanzierung sowie die Ausbildungsreform. Die
knappen Mittel sind, neben der nach wie vor bestehenden Notwendigkeit der Nachqualifizierung des vorhandenen Personals, vor allem in die
Professionalisierung der Nachwuchskräfte zu investieren, da diese durch
ihr Wirken in den Tageseinrichtungen die innere Reform vorantreiben.

Die Zukunft eines jeden Landes ist verknüpft mit der Qualität der Antwort, die es auf die Frage nach der Bildung seiner Kinder bereithält. Nur
ein Land, das die Bildungsbedürfnisse seiner Kinder zentral absichert,
kann seiner Zukunft zuversichtlich entgegen sehen.

Steuerung und Weiterentwicklung des Systems der Tageseinrichtungen

In diesem Kapitel werden die aktuellen fach-, rechts- und wirtschaftswissenschaftlichen Diskussionsstränge zur notwendigen Weiterentwicklung des Systems sowie die aktuellen Reformbemühungen in einzelnen Ländern zusammengeführt, nach Themen strukturiert, miteinander verzahnt und anschließend gewürdigt:

- Hervorzuheben ist das wachsende Interesse der Wirtschaftsforschung an Fragen, die den Ausbau des Einrichtungsangebots in quantitativer wie auch in qualitativer Hinsicht und, daran gekoppelt, die Modernisierung der Finanzierungsstrukturen betreffen. In der jüngeren Vergangenheit wurden mehrere Studien präsentiert, die in dieses Kapitel Eingang gefunden haben.
- Die aus der Bildungsdiskussion hervorgegangene Erkenntnis, den elementaren Bildungsauftrag von Kindertageseinrichtungen stärker zu gewichten und in seinem Verhältnis zum Betreuungsauftrag in den Vordergrund zu stellen, hat eine rechtliche Diskussion ausgelöst. Sie betrifft die Standortbestimmung der Kindertageseinrichtungen in Bezug auf Gesetzgebungs-, Verwaltungs- und Finanzierungszuständigkeiten. Diese Diskussion wird nachfolgend zweigeteilt wiedergegeben: (1) Die Kritik an der Jugendhilfezuordnung und die Forderung, die Elementarbildung als öffentliche Pflichtaufgabe anzuerkennen und in ihrem Verhältnis zu den anderen Bildungsbereichen als gleichwertig zu behandeln, werden unter 2., und (2) die daraus abzuleitenden Konsequenzen für die kompetenzrechtliche Zuordnung zum Sozial- oder Bildungswesen werden unter 5. dargelegt. Während die Diskussion zu Punkt (1) ein hohes Maß an Übereinstimmung aufweist, wird die Diskussion zu Punkt (2), die sich erst in den Anfängen befindet, kontrovers geführt.
- Einen breiten Raum in der Reformdiskussion nehmen alle Fragen ein, die die Finanzierung des Systems der Tageseinrichtungen betreffen.

1. Unzureichende Bedarfsgerechtigkeit und Qualität des Angebots aufgrund überholter Perspektiven und erheblicher Steuerungsmängel

In Zusammenfassung aller bisherigen Ausführungen lassen sich im Wesentlichen fünf Ziele heraus kristallisieren, die für die gesamte Gesellschaft von herausragender Bedeutung sind und die eine öffentliche Steuerung und Finanzierung des Systems der Kindertageseinrichtungen begründen und erfordern.

Sie betreffen die Politikbereiche Bildung, Kinder- und Jugendhilfe, Rehabilitation und Teilhabe behinderter Menschen, Familie sowie Gleichstellung von Mann und Frau. Sie haben bundesgesetzlichen Niederschlag gefunden:

1. **Kindertageseinrichtungen sind eine Investition in das Humankapital der heranwachsenden Generation und damit in das Entwicklungspotenzial und die internationale Wettbewerbsfähigkeit eines Landes.** Kinder erfahren dort positive Impulse für ihre Bildung und Sozialisation, die auf ihren weiteren Bildungs- und Lebensweg positiven Einfluss haben. Die ersten sechs Lebensjahre sind die entscheidensten Bildungsjahre, der Mensch ist nie mehr so aufnahmefähig wie in dieser ersten Lebenszeit. Frühe und professionelle Bildung in Kindertageseinrichtungen ist daher von zentraler Bedeutung. Dies gilt besonders für Deutschland als ein Land ohne Rohstoffe, dessen Weiterentwicklung maßgeblich vom Bildungsniveau seiner Bürger abhängt.
   ➤ § 22 Abs. 1 und 2 SGB VIII

2. **Kindertageseinrichtungen schaffen Startchancengleichheit für Kinder.** Sie bieten Kindern ein Recht auf Bildung, Erziehung und Betreuung auch dann, wenn die Unterstützungsleistungen in der Familie nicht ausreichen und damit herkunftsbedingte Chancenungleichheit auszugleichen ist. Startchancengleichheit ist erreicht, wenn Kindern aus allen Schichten und gesellschaftlichen Gruppen der gleiche Zugang zu Bildungseinrichtungen ermöglicht wird.[1]
   ➤ § 1 Abs. 3 Nr. 1, § 80 Abs. 2 Nr. 3 SGB VIII

3. **Kindertageseinrichtungen fördern die Selbstbestimmung und gleichberechtigte Teilhabe von Kindern mit Behinderung am Leben der Gesellschaft.** Von einer gemeinsamen Förderung und Betreuung von behinderten und nicht behinderten Kindern in integrativen Tageseinrichtungen gehen positive Sozialisationseffekte für alle Kinder aus. Kinder mit Behinderung werden nicht mehr von ihrem sozialen Umfeld getrennt und sozial ausgegrenzt, wie lange Zeit geschehen.
   ➤ §§ 1, 3 Abs. 3, § 19 Abs. 3 SGB IX

4. **Kindertageseinrichtungen unterstützen die Vereinbarkeit von Familie und Beruf.** Sie schaffen Chancengleichheit für Frauen auf dem Arbeitsmarkt. Sie sind das effektivste Instrument, dieses Leitziel der Familienpolitik und v. a. auch der Gleichstellungspolitik zu erreichen. Die (Volks-)Wirtschaft muss ein großes Interesse daran haben, dass der heutigen Generation junger Frauen und Mütter, die die bestausgebildete aller Zeiten ist, der Zugang zum Arbeitsmarkt nicht allein wegen ausschließlicher Beanspruchung durch Kindererziehung verwehrt ist.
   ➤ § 80 Abs. 2 Nr. 4 SGB VIII

5. **Kindertageseinrichtungen haben positiven Einfluss auf Fertilitätsentscheidungen und den Schutz des ungeborenen Lebens.** Sie schaffen ein unverzichtbares Gegengewicht zur zunehmenden Überalterung der Gesellschaft,

---

[1] Kreyenfeld, Spieß & Wagner, (2001)

die sie vor große, nahezu unlösbare, soziale Belastungen und Spannungen im Generationenverhältnis stellt.

Auf der Basis dieser Ziele und der darauf beruhenden gesetzlichen Planungs-vorgaben (§§ 24, 80 SGB VIII; § 1 Abs. 3, § 19 Abs. 3 SGB IX) gilt es, ein Angebot von Kindertageseinrichtungen sicherzustellen und zu finanzieren, das in seinem Soll-Zustand folgenden Bedarfen der Kinder und Eltern ge-recht wird:

■ Es wird den Bedarfen der Kinder gerecht, wenn für sie in Tageseinrich-tungen ein Platzangebot in dem Ausmaß und Zeitumfang vorhanden ist, das sie für ihre individuelle Förderung brauchen, und zwar ungeachtet ei-ner etwaigen Erwerbstätigkeit ihrer Eltern, wenn Kinder mit besonderen Bedürfnissen (Behinderung, Entwicklungsrisiko, Migrationshintergrund, Hochbegabung) keine soziale Ausgrenzung und Aussonderung erfahren, sondern sozialen Einschluss und gleichberechtigte Teilhabe. Für jedes Kind im Alter von 3 Jahren bis zum Schuleintritt muss ein Kindergartenplatz bereit stehen, und zwar in dem Zeitumfang, der nötig ist, um ungestörte Bildungsarbeit mit den Kindern leisten zu können und chancenreiche Bil-dungsprozesse zu garantieren. Für jene Kinder, die mehr Zeit für ihre in-dividuelle Förderung brauchen, müssen ausreichend Ganztagsplätze bzw. intensivere Förderangebote (Einzelförderung, Kleingruppenarbeit) verfüg-bar sein. Nur ein qualitativ hochwertiges Bildungs- und Erziehungsange-bot in Kindertageseinrichtungen kann gewährleisten, positive Sozialisati-ons- und Bildungseffekte zu erzielen.
■ Es wird dem Bedarf der Eltern gerecht, wenn diese ihre Erwerbsvorstel-lungen realisieren können und die Arbeitszeitrealitäten Berücksichtigung finden.
■ Es wird den Bedarfen von Eltern und Kindern gleichsam gerecht, wenn ein fixes Grundangebot an Plätzen von 6 Stunden den elementaren Bil-dungsauftrag in einer qualitativ hochwertigen Weise absichert und Eltern die Aufnahme einer regulären Teilzeitbeschäftigung ermöglicht und ein zeitlich flexibles Zusatzangebot sicherstellt, das auf weitergehende indivi-duelle Förderbedürfnisse der Kinder und auf weitergehende Erwerbsvor-stellungen der Eltern Rücksicht nimmt.

Eine Betrachtung des vorhandenen Angebots anhand der Kriterien für den Soll-Zustand zeigt, dass es den genannten Bedarfen bei Weitem nicht gerecht wird. Nahbetrachtungen des Angebots jenseits der Statistik wurden in den letzten Jahren v. a. seitens der Wirtschaftsforschung verstärkt angestellt. Er-gänzend zu den Ausführungen im Kapitel 2 werden die Ergebnisse einiger Studien kurz dargelegt, weil sie weitere neue Erkenntnisse liefern:

A. Bedarfsorientierung: erhebliche Defizite in Westdeutschland

In Westdeutschland ist nicht nur die Versorgung mit Plätzen für Kinder unter 3 Jahren und für Schulkinder defizitär. Nahbetrachtungen des Platzangebots in Kindergärten ergeben auch hier erhebliche Defizite, so dass der Schein der Statistik, wonach fast jedem Kind ein Platz zur Verfügung steht, trügt:[2]

Startchancengleichheit für Kinder

- Kinder, die vor Schuleintritt ausschließlich von Eltern betreut werden, leben überdurchschnittlich oft in finanziell und sozial schwachen Familienhaushalten. Der Befund ist in Westdeutschland ausgeprägter als in Ostdeutschland. Dies wird auf den Mangel an Ganztagsplätzen in Kindergärten zurückgeführt, da sozioökonomisch privilegierte Eltern einen Chancenvorsprung beim Erhalt der wenigen Plätze haben. Westdeutsche Kinder im Kindergartenalter aus finanziell ungünstigen Verhältnissen, deren Mütter nicht erwerbstätig sind, besuchen deutlich seltener einen Kindergarten. Kinder aus Migrationsfamilien werden häufig nur durch die Eltern (Mütter) betreut, was bildungspolitisch nachteilige Auswirkungen auf Sprachentwicklung, soziale Integration und späteren Schulerfolg haben dürfte.[3]
- Chancengleichheit für Kinder herzustellen, rückt als Planungsgröße immer stärker in den Hintergrund. Im Vordergrund steht die Nachfragemacht der Eltern, aber nicht die Entwicklungs- und Bildungsbedarfe der Kinder. Gängige Vergabepraxis in fast allen Regionen Deutschlands ist folgende Prioritätensetzung: Das Kind einer türkischen nicht berufstätigen oder einer deutschen arbeitslosen Mutter, das zur Förderung seiner Entwicklung z. B. einen Ganztagsplatz braucht, wird bei der Platzvergabe nicht berücksichtigt. Vorrang hat das Kind der außerhäuslich erwerbstätigen Mutter, unabhängig davon, wie bildungsfördernd das elterliche Milieu ist. Ein weiteres Beispiel für die bedarfsorientierte Steuerung, die die Bedarfe der Kinder aus dem Blick verloren hat, ist: Die mittlerweile bundesweit übliche Berechung der Nachmittagsbelegung orientiert sich allein an der Gruppengröße; die besonderen Förderbedarfe einzelner Kinder, die nur in kleinen Gruppen umgesetzt werden können, sind im (Spar-)Konzept nicht vorgesehen.[4]

Vereinbarkeit von Familie und Beruf für Eltern

- Während die Versorgungsquote im Ost-West-Vergleich fast gleich ist, sind bei der zeitlichen Ausgestaltung dieses Angebots erhebliche Unterschiede festzustellen. Während in Ostdeutschland fast alle Kindergartenplätze ganztägige Betreuung inkl. Mittagessen bieten, ist in westdeutschen Kindergärten ein Mangel an Ganztagsplätzen (1998: 19 %) und Halbtagsplätzen mit Mittagessen (1998: 21 %) festzustellen. Das überwiegende

[2] Spieß (2002)
[3] Büchel & Spieß (2002)
[4] Diller (2002)

Angebot an 4-stündigen Halbtagsplätzen (1998: 60%) ermöglicht jenen Elternteilen, die die Kindererziehung vorrangig übernommen haben (dies sind überwiegend die Mütter), nicht einmal die Aufnahme einer regulären Teilzeitbeschäftigung. Damit erfüllt das westdeutsche Angebot bis heute nicht die Anforderungen für ein effektives Instrument zur Vereinbarkeit von Familie und Beruf. Eltern benötigen ein Angebot mit flexiblen Öffnungszeiten, die mit ihren Arbeitszeiten kompatibel sind. Eine Betreuung ihres Kindes über Mittag und in Schulferienzeiten sind zentrale Anliegen erwerbstätiger und erwerbswilliger Mütter.[5]

- Konkrete Wünsche an das Angebot sind: (1) Erwerbstätige Mütter: Knapp 50% möchten ihr Kind durchschnittlich 2 Stunden länger betreuen lassen, von denen knapp 24% die zusätzliche Betreuungszeit für eine Ausdehnung der Berufstätigkeit nutzen würden. (2) Nicht erwerbstätige Mütter: Knapp 48% möchten ihr Kind durchschnittlich 2 Stunden länger betreuen lassen, von denen knapp 38% die zusätzliche Betreuungszeit für einen (Wieder-)Einstieg in die Erwerbstätigkeit nutzen möchten.[6]
- Die Arbeitszeiten differenzieren sich zunehmend aus. Teilzeit beschränkt sich immer seltener auf den Vormittag und in mehr als 50% der Fälle wird zu wechselnden Zeiten gearbeitet (z.B. 2,5-Tage-Woche). Die institutionelle Kinderbetreuung in Westdeutschland stellt überwiegend Vormittagsangebote bereit, die immer weniger zur Arbeitszeit teilzeitbeschäftigter Eltern passen. Auch die Ganztagsangebote decken nur Standardarbeitszeiten (bis etwa 16.30 Uhr) ab und gehen an der Arbeitszeitrealität vorbei. Ein einfacher Ausbau der Standardangebote (Halb-, Ganztagsplatz) würde dem differenzierten Betreuungsbedarf der Eltern nicht gerecht. Notwendig ist eine Flexibilisierung der Angebote, wobei z.B. durch Kernzeiten dem Bildungsauftrag Rechnung zu tragen ist. Erforderlich sind zusätzliche Angebote für atypische Zeiten sowie Zwischenlösungen, die auch den über die Woche unterschiedlich verteilten Bedarf berücksichtigen. Es besteht ein großes Forschungsinteresse darin, die Arbeitszeitdifferenzierung und die sich daraus ergebenden Betreuungsbedarfe genauer zu erfassen.[7]

B. Qualitätsmängel und -unterschiede

Mit Blick auf heutige Anforderungen (siehe Kapitel 3 und 4) sind die Bildungsqualität und pädagogische Qualität west- und ostdeutscher Tageseinrichtungen nicht zufrieden stellend. Das deutsche System gewährleistet nicht den Anspruch, dass Kinder unabhängig vom Wohnort von gleich guten pädagogischen Standards in Kindertageseinrichtungen profitieren. Es sind starke regionale und einrichtungsbezogene Qualitätsunterschiede sowie große Unterschiede in der Qualifikation der Fachkräfte und in der Unterstützung durch Fachberatung und Fortbildung festzustellen. Kaum ein anderer Dienst-

[5] Spieß (2002)   [7] Esch & Stöbe-Blossey (2002)

[6] Bock-Famulla (2002)

leistungsbereich in Deutschland weist eine derart große Diskrepanz an Qualität auf wie der Bereich der Kindertageseinrichtungen:[8]

■ Die Studie „Wie gut sind unserer Kindergärten"[9] belegt: Gute und Spitzenqualität ist nur bei einer Minderheit von Kindertageseinrichtungen vorzufinden. Qualität ist zu 50% von den Rahmenbedingungen abhängig, die durch politische Vorgaben gesetzt werden.
■ Die oftmals guten Qualitätseinschätzungen von Eltern im Rahmen von Elternbefragungen täuschen über die Tatsache hinweg, dass Eltern nur begrenzt in der Lage sind, die Qualität von Kindertageseinrichtungen zu beurteilen und zu kontrollieren. Betreuungsaspekte, die ihre Bedürfnisse tangieren (z.B. Öffnungszeit, Erreichbarkeit), können sie beurteilen, aber nicht allen Eltern ist es möglich, die Qualität zu bewerten. Studien weisen nach, dass Eltern die Bildungs- und pädagogische Qualität von Einrichtungen, die ihr Kind schon lange besucht, systematisch überschätzen.[10]

Was die gesellschaftliche Teilhabe von Kindern mit Behinderung in Bezug auf Tageseinrichtungen anbelangt, sind im nationalen Ländervergleich erhebliche Unterschiede festzustellen. In einigen Ländern ist das Aussondern der Kinder in sonder- bzw. heilpädagogischen Tageseinrichtungen noch die Regel. In Vorbereitung des 10. Kinder- und Jugendberichts wurde 1997 das Ausmaß integrativer Förderung behinderter Kinder im Alter von 3–6 Jahren in Tageseinrichtungen bundesweit datenmäßig erfasst und nach Ländern aufgeschlüsselt.[11]

Stand 1997	%-Werte behinderter Kinder in Regeleinrichtungen
Bremen, Hessen	rd. 80%
Brandenburg	rd. 75%
Mecklenburg-Vorpommern, Rheinland-Pfalz	rd. 70%
Sachsen	rd. 65%
Berlin, Schleswig-Holstein, Thüringen	rd. 60%
Nordrhein-Westfalen, Saarland	rd. 40%
Baden-Württemberg, Hamburg, Niedersachsen, Sachsen-Anhalt	rd. 30%
Bayern	rd. 15%

Expertenmeinungen decken sich in folgenden Urteilen:[12]

■ Die unzureichende Bedarfsorientierung und Qualität des vorhandenen Angebots hat vielschichtige Ursachen. Sie wird zum einen auf das in der öf-

[8] Spieß (2002)
[9] Tietze (1998)
[10] Spieß & Tietze (2001)
[11] Fegert & Frühauf (1999)

[12] vgl. Bundesjugendkuratorium (2001); Diller (2002); Hebenstreit-Müller & Müller (2001; 2002); Kreyenfeld, Spieß & Wagner (2001); Schoch (2003); Spieß (2002); Textor (2003); Wiesner (2003)

fentlichen Wahrnehmung vorherrschende Bild von Kindertageseinrichtungen als „Aufbewahrungsorte" und „Kostenverursacher", zum anderen auf erhebliche Mängel in der Systemsteuerung zurückgeführt, die wiederum im unmittelbaren Zusammenhang mit dem öffentlichen Bewusstsein stehen.

■ Das Leitziel, das System der Kindertageeinrichtungen quantitativ bedarfsgerecht auszubauen und qualitativ hochwertig auszugestalten, lässt sich nur erreichen, wenn …

(1) das öffentliche Bild von Kindertageseinrichtungen eine neue Bewertung als staatlich anerkannte Bildungseinrichtungen erfährt, die anderen Bildungseinrichtungen gleichstehen und deren Investitionen von hohem volkwirtschaftlichem Nutzen sind;

(2) die bestehenden Instrumente der mit Mängeln behafteten Systemsteuerung (z. B. Qualitätsfestsetzung und -sicherung, Bedarfs- und Angebotsplanung, Finanzierung) einer grundlegenden Reform unterzogen und dabei aus der Institutionen-Starre herausgeholt werden, die eine solche Reform bislang blockiert;

(3) die Finanzausstattung für das System der Kindertageseinrichtungen spürbar und nachhaltig verbessert wird und

(4) ein solch grundlegender Organisations- und Strukturwandel sich angesichts der knappen Ressourcen zum übergeordneten Leitziel setzt, Qualitätsgewinne und Wirtschaftlichkeit durch einen effizienteren und effektiveren Mitteleinsatz zu steigern.[13]

Wenn als Konsequenz aus den Befunden der PISA-Studie die Neubestimmung des Verhältnisses von Jugendhilfe und Bildung sowie die Anerkennung der frühen Bildung als öffentliche Pflichtaufgabe zu herausragenden Themen geworden sind, darf es bei dieser Reformdiskussion Tabus und Denkverbote nicht geben. Kritische Analyse und Infragestellung überkommener Strukturen müssen erlaubt, ja gewollt sein, um die erkannten Steuerungsprobleme ernsthaft anzugehen und Erfolg versprechenden Lösungen zuzuführen, um das besagte Leitziel zu erreichen zum Wohle der Kinder und der gesamten Gesellschaft.[14]

2. Anerkennung der Elementarbildung als öffentliche Pflichtaufgabe und Behandlung als gleichwertige und eigenständige Stufe im Bildungssystem

In der politischen Öffentlichkeit (West-)Deutschlands werden Kindertageseinrichtungen nicht als Bildungseinrichtungen wahrgenommen, sondern als Orte der „Pflege" und Betreuung, sprich der „Aufbewahrung". Bildung beginnt im öffentlichen Bewusstsein mit der Schule, davor ist glückliche und unbeschwerte Kindheit in der Familie vorgesehen und eine Betreuung außer-

[13] Bock-Famulla & Irskens (2002a)   [14] Schoch (2003)

halb, wenn jene versagt. Zwar hat sich durchgesetzt, dass eine solche Betreuung heute als Regelangebot notwendig ist, aber eben nicht als Ort elementarer und gesellschaftlich nicht zu entbehrender Bildungsprozesse.[15] Diese Sicht ist historisch begründet, wie ein kurzer Rückblick[16] zeigt:

- Die Grundzüge öffentlicher Einflussnahme im Kinderbetreuungswesen lassen sich in Deutschland bis ins ausgehende 18. Jahrhundert zurückverfolgen. Für „vernachlässigte" Kinder erwerbstätiger Arbeiterfrauen wurde eine Betreuung in „Kinderverwahranstalten" bereitgestellt, um den moralischen Verfall dieser sonst unbeaufsichtigten Kinder entgegenzuwirken. 1922 wurde das Reichsjugendwohlfahrtsgesetz eingeführt. Darin wurde die öffentliche Finanzierung dieser Einrichtungen festgelegt und zur kommunalen Aufgabe erklärt und der Vorrang freier Träger beim Bereitstellen dieses Angebots festgeschrieben.
- Entwicklung in Westdeutschland: Im Zuge der Bildungsreform (1960er und 1970er Jahre) konnte sich der Kindergarten als erste Stufe des Bildungssystems (Elementarbereich) etablieren – eine Entwicklung, die der Deutsche Bildungsrat mit seinem „Strukturplan zum Bildungswesen" (1970) angestoßen hat. Er wandelte sich von der „Verwahranstalt" zur „Regeleinrichtung" für alle Kinder ab 3 Jahren bis zum Schuleintritt. Chancengleichheit für Kinder aus sozial benachteiligten Schichten zu schaffen, war Leitziel dieser Reform. In 10 Jahren gelang es, die Versorgungsquote mit Kindergartenplätzen von 35 % (1965) auf 65 % (1975) auszuweiten; Ende der 80er Jahre lag sie bei über 80 %. Da seinerzeit Bildungs- und Sozialisationsaspekte im Vordergrund standen und weniger die Vereinbarkeit von Familie und Beruf, entwickelte sich der Kindergarten zur halbtags geöffneten Bildungseinrichtung. Seit Inkrafttreten der Jugendhilfereform (1991), durch die die öffentliche Kinderbetreuung „endgültig" in die Jugendhilfe integriert wurde, hat sich, abgesehen von der Einführung des Rechtsanspruchs auf einen Kindergartenplatz im Jahr 1996, der ein quasi flächendeckendes Angebot mit Halbtagsplätzen bewirken konnte, nicht mehr viel bewegt. Kinderkrippen wurden bis in die jüngste Vergangenheit als „Notfalleinrichtung" angesehen und für Kinder unter 3 Jahren die Familienerziehung als gesellschaftliches Ideal propagiert; dies erklärt die geringe Versorgungsquote von nur 3 %.
- Entwicklung in Ostdeutschland: Dort wurde zu DDR-Zeiten die Erwerbstätigkeit von Frauen mit Kindern massiv durch das Bereitstellen eines flächendeckenden Angebots an Ganztagsbetreuungsplätzen gefördert. Kindergärten waren dem Bildungswesen zugeordnet. Auch 12 Jahre nach der Wiedervereinigung ist die Versorgungsquote mit Ganztagsplätzen noch hoch, da der Geburtenrückgang den Effekt des Platzabbaus abschwächt. Bei Kindergärten besteht Vollversorgung, bei Krippen liegt die Quote bei 36 %.

---

[15] Hebenstreit-Müller & Müller (2002)
[16] Alle nachstehende Ausführungen zum Rückblick in gekürzter Fassung entnommen aus Spieß (2002)

Die mit der Jugendhilfereform vollzogene Integration der Kindertageseinrichtungen hat die Jugendhilfe erstmals in die Lage versetzt, als Realität auszugeben, was sie als ihr Selbstbild schon immer vertrat, aber nach außen hin kaum vermitteln konnte, nämlich (1) normales Dienstleistungssystem zu sein, nicht nur Notversorgung und Kontrollinstanz für Randgruppen; (2) als gleichberechtigter Partner von Eltern und Schule für die Aufgaben, die das Aufwachsen junger Menschen betreffen, umfassend zuständig zu sein und damit (3) personell mit der Schule gleichziehen zu können. Der Elementarbereich zahlt für seine Jugendhilfezuordnung den Preis:[17]

- Diese Zuordnung hat in den letzten 12 Jahren dazu geführt, dass der Kindergarten von Eltern, Politik und Öffentlichkeit wieder vorwiegend als Betreuungseinrichtung gesehen wird, obwohl § 22 Abs. 2 SGB VIII ausdrücklich auch von Bildung spricht. Dieser Perspektive entspricht es auch, dass weniger öffentliche Mittel für Kindergärten als für Grundschulen bereit gestellt werden, das Personal nur über eine Qualifikation weit unter der von Lehrkräften verfügt und die Professionalisierung der Fachkräfte in Deutschland auf dem formal niedrigsten Bildungsniveau europaweit stattfindet, dass die Betreuungszeiten ausgeweitet wurden und ohne Erweiterung des Personalschlüssels kaum noch Zeit für das Vorbereiten von Bildungsangeboten bleibt. Noch immer ist die Auffassung weit verbreitet, Kindergarten sei nur Spielerei, Bildung und ernsthaftes Lernen beginne erst in der Schule. Zu dieser Sicht der Kindergärten haben Politik und Wirtschaft ihren Beitrag geleistet.[18]
- Jugendhilfe hat rechtlich keinen eigenständigen, vom Elternwillen unabhängigen Bildungsauftrag. Daher haben auch Tageseinrichtungen nur einen subsidiären (die Familie ergänzenden und ausgleichenden) Bildungsauftrag. Dies rechtfertigt, den elementaren Bildungsauftrag dem sozialpädagogischen Prinzip der Hilfe zur Selbsthilfe (nur so viel wie unbedingt nötig und so wenig wie möglich) unterzuordnen und dieses auf die Rahmenbedingungen der Tageseinrichtungen zu übertragen. Daraus ergeben sich die bekannten Nachteile: Kostenbeteiligung der Eltern, schlechte Ausbildung und Bezahlung der Fachkräfte, Behandeln der Ausstattungsqualität der Einrichtungen als bloße Ermessensfrage. Kurz, die Jugendhilfezuordnung rechtfertigt im herrschenden Bewusstsein all das, was die öffentliche Früherziehung ihrerseits zu einem nur subsidiär bedeutsamen System macht.[19]
- Niemand kann behaupten, die Jugendhilfe hätte Bewahranstalten das Wort geredet, keine Bildungskonzepte vertreten. Sozialpädagogische Bildungskonzepte werden für Kindergärten seit Jahrzehnten diskutiert, v. a. der Situationsansatz, der die pädagogische Kindergartenpraxis bis heute erheblich prägt. Seine Ansätze (soziales Lernen, Förderung kindlicher Selbstbildung) passen gut in das moderne Verständnis von Bildung, blei-

---

[17] Hebenstreit-Müller & Müller (2001; 2002)
[18] Textor (2003)

[19] Hebenstreit-Müller & Müller (2001; 2002)

ben aber (anders als Programmansprüche im Schulwesen) unverbindlich. Die Jugendhilfe kennt kaum verbindliche Leistungsverpflichtungen, keiner kann für das Gewährleisten der Umsetzungsbedingungen haftbar gemacht werden. Daher rührt die öffentliche Überzeugung, verbindliches Lernen beginne erst in der Schule.[20]

- Im politischen Raum hat das Fachpersonal in Kindertageseinrichtungen noch immer mit dem Vorurteil zu kämpfen, Kleinkind-Erziehung sei eine Allerweltsfähigkeit, wie folgende, immer wieder zu hörende Aussage belegt: „Wer Kinder zeugen kann, kann sie offensichtlich auch erziehen, da mindestens 75 % der Kinder nicht sozial auffällig werden. Daher benötigen Erzieherinnen, auch wenn der Bildungsauftrag in Zukunft in den Vordergrund rückt, keine erweiterte Ausbildung und keine Akademisierung."[21] Diese Sicht führte in der Vergangenheit auch immer zu politischen Entscheidungen, Kindertageseinrichtungen durch den Einsatz von Eltern anstelle von Fachkräften personell zu verstärken.

- Im Vergleich mit anderen europäischen Ländern ist der deutsche Kindergarten in keiner guten Position, was die für seinen Bildungsauftrag wesentlichen Ressourcen angeht. Das betrifft ganz allgemein die Investitionen in diesen Bereich, die eine vergleichsweise geringe Wertschätzung durch die Gesellschaft widerspiegeln. Das betrifft auch die Beziehung von Wissenschaft und Praxis, die oft von wissenschaftlichen Diskursen abgeschnitten ist und umgekehrt. Und schließlich ist ein zu geringes Ausbildungsniveau für Erzieher/innen sowie eine schlechte Bezahlung festzustellen, also fehlende Attraktivität und Entwicklungsmöglichkeiten im Beruf.[22]

Der Beschluss der Jugendministerkonferenz „Bildung fängt im frühen Kindesalter an" (18.04.2002) läutet nun eine Wende im politischen Denken ein: Darin sieht die JMK aus aktuellen Gründen (Ergebnisse der PISA-Studie, öffentliche Bildungsdiskussion) die Notwendigkeit, die besondere Bedeutung des Bildungsauftrags der Einrichtungen der Kinderbetreuung im Vorschulalter zu unterstreichen und auch ihre Verantwortung für ein gelingendes Aufwachsen zu betonen, der nur durch eine Verbindung von Bilden, Erziehen und Betreuen entsprochen werden kann. Dabei kommt der Bildung eine grundlegende Bedeutung zu. Kindertageseinrichtungen sind nicht allein als Spielraum zu verstehen, sondern müssen sich auch der Bildung im ganzheitlichen Sinne widmen. Sie tritt dafür ein, den Bildungsauftrag des Kindergartens zu verstärken und zu qualifizieren. Die JMK will mit diesem Beschluss den Stellenwert frühkindlicher Prozesse und die Bildungsleistungen der Kindertageseinrichtungen hervorheben und – angesichts der neuen Herausforderungen – zugleich die Notwendigkeit einer neuen Bildungsoffensive betonen.

Der Reformbedarf in Deutschland betrifft nicht nur die Inhalte und Qualitäten der Tageseinrichtungen für Kinder bis zum Schuleintritt, sondern es geht

---

[20] Hebenstreit-Müller & Müller (2001; 2002) [22] Bundesjugendkuratorium (2001)
[21] Ehmann (2002)

um mehr. Er betrifft die Anerkennung der Elementarbildung als öffentliche Pflichtaufgabe. Dies ist eine der wichtigsten Aufgaben des Jahrhunderts:[23]

- Kindertageseinrichtungen sind als eigenständige Elementarstufe des Bildungswesens anzuerkennen. Zentrale Aufgabe hierbei ist, das Verhältnis von elterlicher und öffentlicher Bildungsverantwortung neu zu überdenken. Zugleich muss die Eigenständigkeit der Elementarpädagogik gegenüber der Schulpädagogik gewahrt bleiben, d. h. es darf keine Verschulung der Tageseinrichtungen für Kinder bis zur Einschulung geben.[24]
- Der Elementarbereich muss einen viel höheren Stellenwert und einen Gleichrang mit anderen Stufen des Bildungswesens erhalten, um seinen gesellschaftlichen Nutzen voll entfalten zu können. Im internationalen Vergleich messen andere OECD-Staaten der Elementarbildung weitaus mehr Bedeutung bei, ordnen dementsprechend Vorschuleinrichtungen überwiegend dem Bildungswesen zu, qualifizieren das Fachpersonal auf Hochschulniveau, statten den Bereich finanziell viel besser aus. Deutschland als ein Land ohne Rohstoffe ist auf die Bildung der nachwachsenden Generation angewiesen, um bei stärker werdender Konkurrenz auf dem Weltmarkt bestehen zu können.[25]
- Elementarbildung muss als Teil des Bildungssystems begriffen und als solcher behandelt werden. Als Merkmale einer wirklichen Anerkennung werden genannt:[26]
  (1) Einführung der Begriffe „Bildung und Erziehung" statt „Pflege und Betreuung" als vorrangige Kernaufgaben von Tageseinrichtungen;
  (2) klare und verbindliche Definition des Bildungs- und Erziehungsauftrags der Einrichtungen des Elementarbereichs;
  (3) Eingliederung der Tageseinrichtungen in das Bildungswesen unter Beibehaltung ihrer Eigenständigkeit, d. h. diese Eingliederung darf nicht zu einer Verschulung frühkindlicher Erziehung, zu einer Abschottung gegenüber der Familie und dem Gemeinwesen oder zu einem Verlust der Orientierung an den Bedürfnissen der Kinder führen;
  (4) finanzielle Gleichstellung und -behandlung des Elementarbereichs mit anderen Stufen des Bildungswesens, die auch Gebührenfreiheit mit einschließt;
  (5) prinzipielle Gleichstellung der Erzieherberufe mit den Lehrberufen in Ausbildung und Bezahlung, d. h. dringende Reform der Erzieherausbildung, Beendigung des Einsatzes von unausgebildeten Zweitkräften und Praktikanten auf Planstellen, Angleichung der Bezahlung an die der Grundschul-Lehrkräfte;
  (6) Verbesserung der weiteren Rahmenbedingungen, damit die Fachkräfte den Bildungsauftrag bestmöglich erfüllen können, d. h. es müssten die Gruppengröße reduziert und die Verfügungszeiten verlängert werden;

[23] Hebenstreit-Müller & Müller (2002)
[24] Hebenstreit-Müller & Müller (2002)
[25] Textor (2003)
[26] vgl. Hebenstreit-Müller & Müller (2002); Textor (2003)

(7) Ausbau und Absicherung der Unterstützungssysteme für Tageseinrichtungen (Fortbildung, Fachberatung);

(8) Sicherung einer staatlichen Fachaufsicht, die sich an verbindlichen Standards orientiert.

Die Anerkennung der institutionellen Elementarbildung als öffentliche Pflichtaufgabe und die damit verbundene Notwendigkeit einer weiteren Professionalisierung des Fachpersonals erfordert im Weiteren (1) eine Neubestimmung des Verhältnisses von Tageseinrichtungen und Tagespflege bei der Förderung von Kindern im Alter von 0 Jahren bis zur Einschulung und (2) eine Klärung, ob und inwieweit im Rahmen der pädagogischen Arbeit in Kindertageseinrichtungen die Mitarbeit von Eltern als Ersatz für Fachkräfte fachlich verantwortet kann. Selbst eine Beschränkung der Tagespflege auf Kinder unter drei Jahre erscheint angesichts des hohen Stellenwerts professioneller Elementarbildung auch schon in diesem Alter eine fragwürdige Alternative zu Kinderkrippen, die längerfristig einer kritischen Reflexion bedarf. Die Kernfrage allerdings, die dieser Perspektivenwandel nun auslöst, betrifft die „richtige" kompetenzrechtliche Zuordnung von Kindertageseinrichtungen zum Sozial- oder Bildungswesen (siehe unten 5.).

3. Neubewertung der Kosten von Kindertageseinrichtungen als Investitionen mit hohem volkswirtschaftlichem Ertrag und Neubestimmung des Kostenansatzes für die Elementarbildung

In Deutschland werden Kindertageseinrichtungen in der öffentlichen Diskussion v. a. als Kostenverursacher genannt, die (seit Einführung des Rechtsanspruchs auf einen Kindergartenplatz) die öffentlichen Kassen in steigendem Umfang belasten. Diese Rhetorik vermittelt den Eindruck, dass sie nur Ressourcen verbrauchen und keine Erträge bewirken, und unterstellt einseitig den Konsumcharakter dieser Bildungs- und Sozialausgaben als verlorener Zuschuss oder gar als großzügige Sozialspende des Staates.[27] Während die Forschung über die individuellen, gesellschaftlichen und volkswirtschaftlichen Wirkungen von Kindertageseinrichtungen in Deutschland erst am Anfang steht, kann sie international bereits auf viele Studien und Befunde zurückblicken. Ökonomische Kosten-Nutzen-Analysen zeigen, dass sich Ausgaben für Kindertageseinrichtungen für die gesamte Gesellschaft rechnen und sehr lohnend sind.

[27] Bock-Famulla & Irskens (2002a)

A. Volkswirtschaftliche Erträge von Investitionen in das Humankapital

Die Förderung der Kinder durch institutionelle Bildungsangebote hat in diesem Alter die besten Erfolgsaussichten – für das einzelne Kind ebenso wie für die nachwachsende Generation und damit für die Entwicklungspotenziale der Gesellschaft.[28] Die meisten Positiveffekte frühkindlicher Bildungsprozesse schlagen sich erst mittel- und langfristig nieder, so dass bei deren Betrachtung messtechnische und theoretische Probleme zu überwinden sind.[29] Soweit amerikanische, aber auch einige deutsche Studien hierzu vorliegen, so stimmen diese optimistisch, dass durch den Besuch von Tageseinrichtungen langfristige Sozialisationsgewinne für die Kinder erzielt werden und sich diese Gewinne in eine ökonomische Bilanz einbringen lassen:[30]

- Frühe institutionelle Förderung hat enorme Bedeutung für den weiteren Bildungs- und Lebensweg: Kinder, die Tageseinrichtungen besucht haben, erzielen bei den kognitiven und sozialen Kompetenzen bessere Ergebnisse, werden seltener vom Schulbesuch zurückgestellt, zeigen bessere schulische Leistungen, bleiben in der Schule weniger oft sitzen, sind sozial besser integriert, erwerben später höhere Schulabschlüsse und Erwerbseinkommen. Kinder aus sozial benachteiligten Familien, die Tageseinrichtungen besucht haben, besuchen seltener Förderschulen, erreichen höhere Bildungsabschlüsse, sind weniger oft von Arbeitslosigkeit und Sozialhilfebezug betroffen und begehen weniger Straftaten.[31]
- Damit wirkt sich ein Kindergartenbesuch kostenreduzierend aus, indem er Folgekosten beim Schulwesen (Rückgang von Zurückstellungen vom Schulbesuch, Förderschulzuweisungen, Schuljahrgangswiederholungen), bei der Sozialhilfe und beim Strafvollzug einspart.32 Nach Schätzungen der monetären Effekte betragen Investitionen in Tageseinrichtungen rund 1/3 der eingesparten Folgekosten.[33]
- Der Ausbau von Tageseinrichtungen schafft Startchancengleichheit und verringert soziale Ungerechtigkeit. Er erhöht die Chancen, alle Kinder aus sozial benachteiligen und Migrantenfamilien zu erreichen und damit die genannten positiven Effekte auch bei diesen Kindern zu erzielen.[34]
- Ein solch positiver Nutzen für die Gesellschaft entsteht jedoch nur dann, wenn Kindertageseinrichtungen eine gute pädagogische Qualität anbieten. Eine deutsche Studie belegt, dass gute Kindergartenqualität im Extremfall für einen Entwicklungsunterschied der Kinder von bis zu einem Jahr verantwortlich ist.[35] Höhere Investitionen in kleinere Kindergruppen führen nachweislich zu besseren Sozialisations- und Bildungseffekten.[36] Auch US-

[28] Sachverständigenrat Bildung der Hans-Böckler-Stiftung (2001)
[29] Bock-Famulla & Irskens (2002a)
[30] Roßbach (1996)
[31] Kreyenfeld, Spieß & Wagner (2001); Roßbach (1996)
[32] Roßbach (1996); Spieß & Tietze (2001)
[33] Sachverständigenrat Bildung der Hans-Böckler-Stiftung (2001)
[34] Büchel & Spieß (2002)
[35] Tietze (1998)
[36] Sachverständigenrat Bildung der Hans-Böckler-Stiftung (2001)

amerikanische Studien weisen nach, dass diese Positiveffekte nur eintreten, wenn die Kinder eine hohe Bildungs- und Erziehungsqualität in den Einrichtungen erfahren haben.[37] Aus der PISA-Studie lässt sich folgern, dass Kinder in Staaten, die viel in die Elementarbildung investieren, bessere schulische Leistungen erbringen.[38]

B. Volkswirtschaftliche Erträge durch Beschäftigungseffekte – Fertilitätseffekte

In Deutschland wurden hierzu 2002/03 mehrere Studien veröffentlicht, deren Ergebnisse nachstehend vorgestellt werden. Auch wenn die durchweg unbefriedigende Datenlage für die durchschnittlichen Betriebskosten für einen Platz in einer Kindertageseinrichtung eine genaue Erkenntnisbildung erschwert,[39] weisen die Studien hohe Erträge nach. Zugleich stellen Ertragsberechnungen nur auf die Muttererwerbstätigkeit ab, weil das Erwerbsverhalten der Männer nachweislich unabhängig von der Familiensituation ist:[40]

- Ausgaben für Kindertageseinrichtungen stellen aus volkswirtschaftlicher Perspektive Investitionen dar: Jeder Euro, der in Deutschland für Tageseinrichtungen ausgegeben wird, bringt der Gesellschaft einen Ertrag von rund 4,– €. (Dieser Befund deckt sich mit einer entsprechenden Studie für die Stadt Zürich aus dem Jahr 2000.) Der Ertrag wird erzielt durch die Berufstätigkeit der Mütter, die Beschäftigung des Personals in Kindertageseinrichtungen und die Vermeidung von Arbeitslosigkeit von alleinerziehenden Müttern. Diese Wertschöpfung besteht für die öffentlichen Haushalte in Steuer-Mehreinnahmen (Einnahmen) und Sozialhilfe-Minderausgaben (Einsparung), für die Sozialversicherungsträger in Beitrags-Mehreinnahmen (Einnahmen) und Arbeitslosenunterstützung-Minderausgaben (Einsparung). Eine Angebotsstruktur, die Müttern eine Erwerbstätigkeit ermöglicht, erhöht nicht nur das verfügbare Nettoeinkommen der Familien, sondern auch ihr Potenzial für Konsumausgaben und damit ihren Lebensstandard und ihre Lebensqualität. Eine zeitlich umfassendere institutionelle Kinderbetreuung ist bei Müttern überdurchschnittlich oft mit höheren Einkommen verbunden. Wirtschaft und Staat profitieren davon durch erhöhte Konsumfreude und Kreditaufnahme sowie weitere Steuereinnahmen.[41]
- Der Ausbau von Tageseinrichtungen erzeugt erhebliche Einnahmeeffekte für die öffentliche Hand und Sozialversicherungsträger – im Gefolge ausgelöster Beschäftigung: (1) Er ermöglicht erwerbs- bzw. arbeitslosen Müttern die Aufnahme einer Berufstätigkeit, ist damit eine Investition in die Erwerbsbeteiligung von Müttern. Große Erwerbspotenziale gibt es v. a. noch

---

[37] Kreyenfeld, Spieß & Wagner (2001)
[38] Textor (2003)
[39] Karsten (2003)
[40] Bock-Famulla (2002)
[41] Bock-Famulla (2002)

in Westdeutschland; dass ein nennenswerter Anteil aufgrund fehlender Plätze in Kindertageseinrichtungen nicht realisiert werden kann, ist sehr wahrscheinlich. Durch den wachsenden Frauenanteil mit höherer Qualifikation ist mit einem weiteren Anstieg erwerbswilliger Mütter mit guten Arbeitsmarktchancen zu rechnen, da Bildungsniveau und Erwerbsneigung positiv zusammenhängen. An den Arbeitszeitpräferenzen erwerbstätiger Mütter und dem ausgeprägtem Wunsch nach Ausdehnung der Arbeitszeit zeigt sich die Unzufriedenheit mit dem Platzangebot. Die meisten Mütter wünschen eine Kinderbetreuung über Mittag, um eine verlässliche Teilzeitbeschäftigung aufnehmen zu können.[42] Kritik an der Realisierbarkeit dieser Effekte wird laut aufgrund der aktuell hohen Arbeitslosigkeit.[43] (2) Der Ausbau schafft neue Arbeitsplätze im Sozialleistungs- bzw. Bildungssektor. Modellrechnungen des erzielbaren Beschäftigungszuwachses anhand des Fachkraft-Kinder-Schlüssels in Kindertageseinrichtungen, der die pädagogische Qualität maßgeblich prägt, ergeben: (a) Würde die Qualität (nach finnischem oder schwedischem Vorbild) mit einem 1:6-Schlüssel ausgebaut, erzeugte dies einen Zuwachs von rd. 600.000 Vollzeitkräften für die rd. 6 Mio Kinder von 0–6 Jahren bei vorhandenen rd. 400.0000 Erzieher/innen und von 3 Mio Vollzeitkräften für die ca. 26 Mio jungen Menschen im Alter von 0–16 Jahren bei vorhandenen rd. 800.000 Erzieher/innen und Lehrkräften. (b) Selbst eine moderatere Modellrechnung bei einem 1:10-Schlüssel ergibt für die 26 Mio jungen Menschen einen Zuwachs von 2,6 Mio Vollzeitkräften. Diese neuen Fachkräfte realisierten dann ihre Kauf- und Konsumkraft, ihre Steuer- und Solidargemeinschaftsleistungen und trügen somit ebenfalls zu neuer sozialer Infrastruktur bei.[44]

■ Ausbaukosten für Tageseinrichtungen sind keine neue Kosten, sondern Kosten, die derzeit die Familien aufbringen. Elterliche Betreuungskosten sind überwiegend Opportunitätskosten, die einseitig die Frauen belasten (Erwerbsverzicht/-reduzierung, erhebliche Einbußen im Lebenszeiteinkommen). Angesichts der gegebenen Änderungen im Rollenbild der Frauen, der wachsenden Scheidungsraten und sozialen Unsicherheiten ist die Kernfrage, wie lange Frauen noch bereit sind, diese einseitige Belastung zu tragen.[45]

■ Ein ausreichendes Platzangebot in Tageseinrichtungen könnte sich positiv auf die Fertilitätsentscheidung von Frauen auswirken. Hinweise hierauf liefern die Befunde von Längsschnittstudien zum Übergang in die Elternschaft und zum weiteren generativen Verhalten junger Paare.[46] In Ostdeutschland beeinflusst die Verfügbarkeit institutioneller Kinderbetreuung den Übergang zum ersten Kind positiv. In Westdeutschland erweist sich nur die Verfügbarkeit informeller Betreuungsarrangements als statistisch signifikant, was v.a. auf die unterschiedliche Ausgestaltung der Betreuungsinfrastruktur in Ost und West zurückzuführen sein dürfte.[47]

[42] Büchel & Spieß (2002); Spieß, Schupp u.a. (2002)
[43] Textor, 2003
[44] Karsten (2000; 2003)
[45] Roßbach (1996)
[46] Fthenakis, Kalicki & Peitz (2002)
[47] Hank, Kreyenfeld & Spieß (2003)

**Eine Gesamtschau der Effekte des bedarfsgerechten Ausbaus von Tagesein-
richtungen bezogen auf den zeitlichen Wirkungseintritt[45] ergibt:**

Gesellschaftliche Effekte	Volkswirtschaftliche Effekte Einnahmen	Einsparungen
Kurzfristige Effekte		
Anstieg Mütter-Erwerbs-tätigkeit	Steigendes Einkommens-steueraufkommen	Abnehmende Sozialhilfe-Ausgaben
Belebung Arbeitsmarkt durch Schaffung neuer Arbeitsplätze in Kitas	Steigendes Beitragsaufkom-men der Sozialversicherung	Abnehmende Ausgaben der Arbeitslosenversiche-rung
Höhere Kaufkraft der Fami-lien und Fachkräfte in Kitas	Steigende Einnahmen der Wirtschaft	Steigendes Mehrwehrsteu-eraufkommen
Vorerst Fortsetzung Gebur-tenrückgang → Abnahme Platz-Bedarf (Ausbau kann mit der Zeit Geburten-anstieg bewirken)		Abnehmender Jugend-hilfe-Budgetbedarf für bedarfsgerechten Ausbau Kita-Plätze
Mittelfristige Effekte		
Verbesserung des schuli-schen Outputs der Kinder/ Rückgang Zurückstellun-gen, Schuljahrgangswie-derholungen, Förderschul zuweisungen		Abnehmende Ausgaben im Schulbereich
Längerfristige Effekte		
Bessere Erwerbseinkom-men der nachwachsenden Generation	Steigendes Einkommens-steueraufkommen Steigendes Beitragsaufkom-men der Sozialversicherung	
Höhere Kaufkraft der nach-wachsenden Generation	Steigende Einnahmen der Wirtschaft /steigendes Mehrwehrsteueraufkommen	
Geringere Wahrscheinlich-keit von Sozialhilfebezug und Straffälligkeit		Abnehmende Sozialhilfe-Ausgaben und Justiz-Aus-gaben

Dieser insgesamt hohe volkswirtschaftliche Ertrag der Kosten von Tageseinrichtungen fordert die öffentliche Hand zu einem grundlegenden Um- und
Neudenken geradezu auf und heraus. Der zukunftsweisende Weg, diese Kosten als Investitionen zu betrachten, führt zu einer Neubestimmung des Kostenansatzes für die öffentliche Bildung, Erziehung und Betreuung von Kindern, die die Kosten und damit einhergehenden Investitionen zueinander ins

[48] vgl. Spieß (2002)

Verhältnis setzt. Eine solche Auslegung der Kosten für Tageseinrichtungen (als belebtes und gelebtes Gemeinwesen) erfordert (1) einen Umbau von Haushalten zu Lasten der Investitionen in tote Güter (ohne Ertragschancen) und (2) neue Finanzierungsmodelle, die hierauf aufbauen. Würden nur diese beispielhaften Steuerausfälle und Zugewinne addiert und als Zukunftsinvestitionen in die Infrastruktur für die öffentliche Betreuung, Bildung und Kindern investiert, wären hierdurch sofort positive Arbeitsmarktentwicklungen in sichtbaren Größenordnungen im Sozialdienstleistungssektor erreichbar. Die zusätzlich positiven Langzeitwirkungen gelingender Kindheit und Jugend trügen so zu einer Erhöhung der Qualität des Aufwachsens von Kindern ebenso bei wie zur Verbesserung der sozialen Lage von Familien.[49]

4. Suche nach sinnvollen Lösungen im Spannungsfeld fachlicher Weiterentwicklung und finanzieller Ressourcenknappheit unter Einbezug ökonomischer Prinzipien

Reformen im Sozial- und Bildungswesen stehen heute vor der Herausforderung, Lösungen zu finden, die trotz schwieriger öffentlicher Haushaltslage eine Weiterentwicklung dieser gesellschaftlich bedeutsamen Bereiche ermöglichen. Die Sachverständigenkommission des 11. Kinder- und Jugendberichts (2002) weist auf bedenkliche Entwicklungen in der Jugendhilfepraxis hin, die im Rahmen der Neuen Steuerung und Verwaltungsmodernisierung zu beobachten sind. Beschleunigt durch das (Miss-)Verhältnis von den an die Jugendhilfe herangetragenen Aufgaben einerseits und den dafür zur Verfügung stehenden Mitteln andererseits sowie durch die daraus gefolgerte Notwendigkeit einer Kostenreduktion (1) findet eine stärkere Orientierung an betriebswirtschaftlichen Konzepten und Entscheidungsbegründungen statt; (2) wird der Nachweis von Effektivität und Effizienz der Leistungen und Angebote immer dringlicher eingefordert; (3) werden zunehmend marktförmige Steuerungsinstrumente eingeführt, die unterstellen, dass der Markt die Probleme der Jugendhilfe lösen kann. Kosteneinsparung wird zum vorrangigen Ziel von Modernisierungsprozessen. Folgen sind der Abbau fachlicher Standards und eine Verschlechterung der Unterstützungsqualität für junge Menschen und Familien. Eine rein ökonomische Perspektive in der Jugendhilfe lässt die, langfristig gesehen, weitaus höheren volkswirtschaftlichen Folgekosten durch die Preisgabe fachlicher Qualität außer Acht. Im System der Tageseinrichtungen sind gleiche Entwicklungen im Gange:

■ Bei der Realisierung des 1996 eingeführten Rechtsanspruchs auf einen Kindergartenplatz wurde deutlich, dass quantitative Probleme bzw. Kostenprobleme auf Kosten der Qualität gelöst wurden. Seit einigen Jahren findet eine Rücknahme von Länderregelungen statt und damit eine Ver-

[49] Karsten (2002)

lagerung der Qualitätsmindestsicherung auf die Kommunen. So wurden insbesondere die Mindeststandards hinsichtlich der Gruppengröße und des Personalschlüssels gelockert oder ganz aufgehoben, so z. B. in Niedersachsen oder Baden-Württemberg.[50] Obwohl mit Einführung des Rechtsanspruchs die Diskussion um die Finanzierung von Kindertageseinrichtungen eine neue Qualität erreicht hat, wurde trotz offenkundiger Finanzkrise der Kommunen, die der Erfüllung des Rechtsanspruchs faktisch entgegen steht, keine Diskussion eröffnet, wie diese Ziele über neue Wege der Finanzierung erreicht werden können.[51]

- Der wachsende öffentliche Druck, den Ausbau von Kindertageseinrichtungen voranzutreiben, führt zunehmend zur Einführung marktorientierter Steuerungselemente.[52] Die Vorbehalte und Widerstände, die aktuell im Rahmen der Erprobung neuer Ansätze der Subjektfinanzierung zu beobachten sind, beruhen auf dem Umstand, dass alle bisherigen Bemühungen der Länder und Kommunen darauf abzielten, über neue Finanzierungsmodelle Einsparungen zu erzielen. Dabei geriet die Fachlichkeit zunehmend aus dem Blick.[53] Vor diesem Hintergrund ist es auch nicht mehr verwunderlich, wenn der Auftrag im SGB VIII, Chancengleichheit für Kinder herzustellen, als Planungsgröße immer stärker in den Hintergrund rückte. Diese Prioritätensetzung ist kein Naturgesetz, sondern eine politisch gewollte.[54]

Dass die Ausgaben den Aufgaben zu folgen haben und nicht umgekehrt, und dass die Aufgaben nur nach Maßgabe der vorhandenen Mittel verwirklicht werden können, sind Grundsätze, die in der Gesetzgebung und Verwaltungspraxis einer selbstverständlichen Beachtung bedürfen.[55] Die Entwicklung geeigneter Steuerungsinstrumente und Finanzierungsmodelle steht in jedem Gesellschaftsbereich naturgemäß im „Spannungsfeld zwischen Fachlichkeit und ökonomischer Rationalität":[56]

- Eine verstärkte Anwendung ökonomischer Prinzipien im Bildungs- und Sozialbereich ist sinnvoll, sie trägt zu einer Perspektiverweiterung bei.[57] Einer vom Reformwillen getragenen Elementarpädagogik wird es umso besser gelingen, die gebotenen Reformprozesse voranzutreiben, wenn sie die ökonomische Perspektive in ihre Überlegungen stets mit einbezieht – denn gerade in der Auseinandersetzung um knappe Ressourcen erlangen ökonomische Argumente eine besondere Bedeutung.[58]
- Ökonomische Prinzipien geben Orientierung für einen wirtschaftlichen Ressourceneinsatz bei der Realisierung der festgelegten pädagogischen Ziele. Sie bieten einen Entscheidungsmaßstab für die Ressourcenkalkulation, der die Einrichtungsebene (betriebwirtschaftliche Perspektive) und Gesellschaftsebene (volkswirtschaftliche Perspektive) zugleich beachtet.

[50] Spieß (2002)
[51] Kreyenfeld, Flehmig & Wagner (1997)
[52] Diller (2002)
[53] vgl. Bock-Famulla & Irskens (2002a)
[54] Diller (2002)
[55] BMFSFJ (2002)
[56] Bock-Famulla & Irskens (2002a)
[57] Bock-Famulla & Irskens (2002a)
[58] Roßbach (1996)

Erreicht werden soll eine möglichst günstige Relation zwischen angestrebtem Ergebnis und eingesetzten Ressourcen, eine Optimierung des Ressourcengebrauchs und -verbrauchs. Im Bildungs- und Sozialbereich können (aufgrund seines „strukturellen Technologiedefizits") die Effizienz- und Effektivitätskriterien nicht allgemein, sondern nur ziel- und maßnahmebezogen angewandt werden. Nicht die Wirtschaftlichkeit der Kindertageseinrichtung insgesamt, sondern nur die bestimmter Maßnahmen zur Förderung bestimmter Bildungs- und Erziehungsziele (z. B. Sprachförderung) lässt sich danach beurteilen. Daher sind pädagogische Zieldimensionen und Handlungssituationen in Output-Größen (z. B. Bildungs- und Erziehungsziele) und Input-Größen (z. B. fachlich gebotene Handlungs- und Kooperationsprozesse, Zeitbedarf, Personal-, Raum- und Sachausstattung) festzulegen und zu operationalisieren. Solche Beschreibungen machen Leistungsbereiche transparent und sind Ausgangspunkt für die Entwicklung geeigneter Finanzierungskonzepte.[59]

- Für Kindertageseinrichtungen gilt es, zunächst aus fachlicher Sicht Ziele und Maßnahmen ihres pädagogischen Auftrags zu bestimmen; sodann kann aus wirtschaftlicher Sicht aufgezeigt werden, welche Wege sinnvoll sind, um diese Ziele so wirtschaftlich wie möglich zu erreichen. Durch diese Verknüpfung pädagogisch-fachlicher Effektivität und wirtschaftlicher Effizienz könnte eine grundlegende Schwäche bestehender Steuerungs- und Finanzierungssysteme behoben werden. Das Finanzierungssystem wird nun erstmals auf die vorab konkretisierte pädagogische Auftragslage hin abgestimmt, d. h. ökonomische Prinzipien werden inhaltsbezogen im Sozial- und Bildungsbereich eingesetzt (z. B. Welche und wie viele Ressourcen sind nötig für die optimale Sprachförderung der Kinder?).[60]

5. Bündelung der Zuständigkeiten für das Aufwachsen von Kindern und Jugendlichen auf Regierungsebene, Klärung des Verbleibs der Tageseinrichtungen in der Jugendhilfe

Kindertageseinrichtungen bewegen sich im Grenzbereich zwischen Sozial- und Bildungswesen, Jugendhilfe und Schule. Mit ihrem Betreuungs-, Bildungs- und Erziehungsauftrag nehmen sie Sozial- und Bildungsaufgaben zugleich wahr. Wegen dieser „Zwitterstellung"[61] kam es mit der Zeit immer wieder zu Veränderungen in der Schwerpunktsetzung, in der Regel stand der Betreuungsauftrag im Vordergrund. Die nun gebotene Anerkennung der Elementarbildung als öffentliche Pflichtaufgabe hat erneut eine Diskussion um die richtige Standortbestimmung der Kindertageseinrichtungen in der Jugendhilfe und damit um die umstrittene Gesetzgebungskompetenz des Bundes entfacht.[62]

[59] Bock-Famulla & Irskens (2002a)
[60] Bock-Famulla & Irskens (2002a)
[61] Bock-Famulla & Irskens (2002a)
[62] vgl. Bundesjugendkuratorium (2001); Bundesministeriums für Familie, Senioren, Frauen und Jugend (2002); Ehmann (2002); Hebenstreit-Müller & Müller (2001; 2002); Prott (2002); Schoch (2003); Textor (2003); Wiesner (2003)

Kindertageseinrichtungen sind nach geltendem Recht dem Bereich der öffentlichen Fürsorge zugewiesen, für den eine konkurrierende Gesetzgebungskompetenz von Bund und Länder besteht (Art. 74 Abs. 1 Nr. 7 GG). Schon zu Zeiten des Reichsjugendwohlfahrtsgesetzes (1900) und des Jugendwohlfahrtsgesetzes (1961) waren sie wegen ihres vorrangig fürsorgerischen Charakters dem Wohlfahrts- bzw. Sozialbereich zugeordnet. In der 20-jährigen Jugendhilfereform-Diskussion (1970–1990) nahm die Neuordnung der frühkindlichen Bildung breiten Raum ein vor dem Hintergrund, dass der Deutsche Bildungsrat Kindergärten als erste Stufe des Bildungswesens bewertet hatte und sie in den neuen Bundesländern zu DDR-Zeiten ebenfalls dem Bildungswesen angehörten. Mit dem Kinder- und Jugendhilfegesetz (1990) entschied man sich für ihren Verbleib in der Jugendhilfe (§§ 22–26 SGB VIII) und der Respektierung der abweichenden Meinung Bayerns durch eine Öffnungsklausel, damit das Gesetz den Bundesrat passieren konnte. Normiert wurde ein ganzheitlicher Auftrag, der Betreuung, Bildung und Erziehung zugleich umfasst:[63]

■ **Begründung:** Bei der Frühpädagogik steht (unbeschadet der stärker hervortretenden Bildungsaspekte) die Persönlichkeitsentwicklung des Kindes im Vordergrund, die seiner Lebensphase gemäß ist und nicht zu einer Verschulung führen darf. Kindergärten haben auch eine wichtige kompensatorische Bildungs- und Erziehungsaufgabe für Kinder aus sozial schwachen Familien.[64] Kindertageseinrichtungen ermöglichen Eltern die Vereinbarkeit von Familie und Beruf. Der Rechtsanspruch auf einen Kindergartenplatz konnte erst 1996 im Rahmen des sozialrechtlichen Konzepts zum Schutz des ungeborenen Lebens normiert werden.[65]

■ **Bayerischer Sonderweg:** Bayern hatte als einziges Land ein Kindergartengesetz (BayKiG 1972) aufgrund seiner Gesetzgebungskompetenz für das Bildungswesen (Kulturhoheit der Länder) erlassen. Diese Verortung wurde vom Bayerischen Verfassungsgerichtshof[66] bestätigt, der sich auf ein modernes Verständnis des Kindergartens als Bildungseinrichtung in Abkehr von einer fürsorgerischen Wohlfahrtseinrichtung berief.[67]

■ **Bestätigung der Verortung durch das Bundesverfassungsgericht:** Im Zuge einer Verfassungsbeschwerde zur sozialen Staffelung von Kindergartengebühren nach dem Familieneinkommen äußerte sich das BVerfG[68] auch bestätigend zur Bundesgesetzgebungskompetenz: Zwar sei der Kindergarten zugleich Bildungseinrichtung im elementaren Bereich, der Schwerpunkt des Kindergartenwesens liege jedoch nach wie vor in einer fürsorgenden Betreuung mit dem Ziel einer Förderung sozialer Verhaltensweisen und damit präventiver Konfliktvermeidung; der vorschulische Bildungsauftrag, der mit dem Fürsorgeauftrag untrennbar verbunden ist, trete dahinter zurück.[69] Für Bayern bedeutete diese Entscheidung, § 26 Satz 2 SGB VIII

---

[63] Wiesner (2003)

[64] Deutscher Verein für öffentliche und private Fürsorge (1972)

[65] Wiesner (2003)

[66] BayVerfGH vom 04.11.1976 in BayVBl 1977, 81

[67] Wiesner (2003)

[68] BVerfGE 97,332 vom 10.03.1998 = ZfJ 2000, 21

[69] Wiesner (2003)

nun als verfassungswidrig und das BayKiG als Ausführungsgesetz zum SGB VIII auszulegen.

Die Entscheidung des Bundesverfassungsgerichts stößt mittlerweile auf heftige Kritik mit dem Hinweis, dass sie einer Überprüfung kaum mehr standhält: (1) Es hat die argumentative Auseinandersetzung mit der Entscheidung des Bayerischen Verfassungsgerichtshofs gescheut und die Fachwissenschaft nicht zu Rate gezogen. (2) Im verfassungsrechtlichen Schrifttum wird die Qualifizierung von Kindergärten als fürsorgende Betreuungseinrichtung abgelehnt; es handelt sich primär um Bildungseinrichtungen, so dass die Gesetzgebungskompetenz nach Art. 70 GG bei den Ländern liegt. (3) Die fachwissenschaftliche Neuorientierung nach dem PISA-Schock stützt diese Auffassung. (4) Die Jugendministerkonferenz hat mit ihrem Beschluss vom 06./07.06.02 aufgrund der PISA-Ergebnisse den Bildungsauftrag zur vorrangigen Aufgabe erklärt. Verfassungsrechtliche Folge all dieser Befunde wäre die Verfassungswidrigkeit der §§ 22–26 SGB VIII für das Kindergartenwesen, da sie gegen Art. 70 GG verstoßen.[70]

Diese Rechtsauffassung wird nicht von allen geteilt. Vielmehr wird über die Zuordnung der Tageseinrichtungen zum (schulischen) Bildungssystem bzw. den Verbleib im Jugendhilfesystem kontrovers diskutiert vor dem rechtlichen Hintergrund, dass nicht nur das Bildungswesen, sondern auch die Jugendhilfe einen gesetzlich normierten Bildungsauftrag hat:

■ Diese Kontroverse rankt sich um die Thesen, die (1) das Bundesjugendkuratorium in seiner Streitschrift „Zukunftsfähigkeit sichern – Ein neues Verhältnis von Jugendhilfe und Schule" (2001) und (2) die Sachverständigenkommission des 11. Kinder- und Jugendberichts (2002) hierzu aufgestellt haben (siehe nachstehende zwei Tabellen). Beide plädieren für den Verbleib der Tageseinrichtungen in der Jugendhilfe.

■ Wesentlicher Streitpunkt ist die Frage nach der Eigenständigkeit des Bildungsauftrags der Jugendhilfe. Gegenstimmen stellen diese in Abrede, weil sich der Bildungsauftrag der Jugendhilfe deutlich vom schulischen Bildungsauftrag abhebt angesichts des Nachrangs der Jugendhilfe und der Abhängigkeit vom Elternwillen (siehe oben 2.).[71] Nach anderer Auffassung ist der Bildungsauftrag der Kindergärten insoweit als genuin anzusehen, als sich ein Rangverhältnis zu den Eltern heute nicht mehr begründen lässt. Die Familie in ihrer heutigen Struktur als Kleinfamilie kann nicht mehr alle Sozialisationserfahrungen vermitteln. Daher ist der Kindergartenanspruch von keinem erzieherischen Bedarf abhängig. Da sich der Kindergarten (anders als die Schule) verfassungsrechtlich nur auf einen nachrangigen Erziehungsauftrag berufen kann, muss der Kindergartenbesuch ihres Kindes der Entscheidung der Eltern überlassen bleiben.[72]

---

[70] Schoch (2003)
[71] Hebenstreit-Müller & Müller (2001; 2002)
[72] Wiesner (2003)

Bundesjugendkuratorium (2001)

Der gegenwärtige Umbruch in der Bildungspolitik stellt eine neue Chance dar, das Bildungspotenzial des Kindergartens anzuerkennen. Es ist aber der Weg in die falsche Richtung, den Kindergarten in das Schulsystem, also in das formale System mit seinen Eigengesetzlichkeiten und Problemen, einzubinden. Begründung:

- Der aktuell (durch PISA ausgelöste) wachsende gesellschaftliche Erwartungsdruck auf die Bildungsfähigkeit des Kindergartens wäre eine Chance für Veränderung (im System Jugendhilfe).
- Diese würde aber verfehlt, wollte man den Kindergarten zur Vorschule machen, deren Aufgabe wesentlich darin bestünde, für eine bessere „Schulfähigkeit" der Kinder zu sorgen. Die Chancen des Kindergartens zur Entfaltung elementarer Lebenskompetenz, zur Entwicklung unverzichtbarer Fähigkeiten im Bereich Sozial- und Sprachverhalten (...) können nur dann zum Zuge kommen, wenn die besonderen Strukturen und Bedingungen nicht verschult, sondern gestärkt und ausgebaut werden. Dies erfordert deutliche Verbesserungen in der Qualität der Kindergartenarbeit und als dringlichste Voraussetzung dafür wesentlich verbesserte Chancen des Personals in seiner beruflichen Bildung und Entwicklung.

Zustimmend = Verbleib in Jugendhilfe	Ablehnend = Zuordnung zum Bildungswesen

Eine Zuordnung zum Bildungswesen bedingt nicht per se bessere Ressourcen, verbindlichere Standards und höhere Bildungsqualität, wie in Deutschland das Beispiel Bayern lehrt. Erfahrungen in England zeigen: (1) Die Gefahr einer verschulten, curricularisierten Kindheit ist dort nicht nur abstrakt, sondern existent in Form überbordender Schulorientierung mit allen Nachteilen für die Kinder. (2) Die besser ausgebildeten Erzieherinnen wandern in die Grundschule ab (besseres Ansehen, Gehalt). Im Elementarbereich finden sich überwiegend minderqualifizierte, angelernte oder berufsbegleitend fortgebildete Fachkräfte mit geringem Ansehen und Gehalt. Für Qualitätsverbesserungen bedarf es mehr als organisatorisch geänderter Zuweisungen: Einer kritikwürdigen Jugendhilfe-Praxis wird ein Idealbild von Schule entgegengehalten. Das Verlagern der Tageseinrichtungen verharmlost die dort überfälligen Reformen. Gerade PISA zeigt, dass die Orientierung am dt. Schulsystem in die Irre führt. Es ist nicht in der Lage, herkunftsbedingte Defizite auszugleichen und Chancengleichheit für Kinder herzustellen. Schule muss sich in Zukunft verstärkt sozialpädagogischer Methoden bedienen. Kindertageseinrichtungen verlieren einen wichtigen Bündnispartner für ihre Anliegen der Fachlichkeit und zeitgemäßen Bildung. Die Stärken der Jugendhilfe bestehen gerade in ihrer speziellen Form von Bildung. Erscheint es daher nicht als der bessere Weg, den das Bundesjugendkuratorium aufzeigt, Bildung überall dort zu entdecken, wo Fachleute (der Jugendhilfe) nach ihren fachlichen Standards, die z.T. erst noch zu entwickeln sind, Qualitätsarbeit leisten? (Prott, 2002)

Eine eigenständige Struktur der Elementarbildung neben, zwischen oder gemeinsam mit Schule und Jugendhilfe dürfte kaum realisierbar sein: Die öffentliche Haushaltslage setzt Neuentwürfen Grenzen. Zu befürchten ist, dass sie dazu benutzt würden, das Kostenniveau abzusenken. Elementarbildung wäre dann reine Länderkompetenz. Die Hoffnung auf Qualitätswettbewerb, an dessen Ende eine Verständigung über gemeinsame Standards steht, ist gering. Die Risiken und Nachteile einer Neuorganisation der Tagesbetreuung sind nicht zu unterschätzen. Die Zuordnung zur Jugendhilfe zeigt durchaus Schwachstellen auf, die eine Weiterentwicklung erschweren. Diese lassen sich aber auch im Jugendhilfesystem beheben bzw. verringern (Wiesner, 2003).

Für die öffentlichen Bildungsaufgaben im Vorschulalter erweist sich die Jugendhilfe-Zuordnung mehr und mehr als deutscher Sonderweg und als Sackgasse. Die Chancen, den Elementarbereich in der Jugendhilfe als flächendeckendes, qualitativ hochwertiges Bildungssystem weiterzuentwickeln, sind vergleichsweise gering, wie der Blick in andere EU-Länder lehrt (z.B. Großbritannien, Finnland, romanische Länder): (1) Frühkindliche Erziehung ist dort keine Aufgabe subsidiärer Hilfe, sondern Fundament des Bildungswesens und gehört diesem auch organisatorisch an. Entscheidender Vorteil dieser Zuordnung ist, dass in diesen Ländern offen und selbstverständlich von einer für alle geltenden öffentlichen und staatlich zu gewährleistenden Elementarbildung geredet werden kann. Nur so sind die dafür nötigen Ressourcen als Bildungsinvestitionen auch legitimierbar und politisch durchsetzbar (z.B. bessere Ausbildung und Bezahlung der Fachkräfte). Auch diese Zuordnung hat ihren Preis: Von Gefahren einer verschulten, curricularisierten Kindheit, über Spaltungstendenzen des Berufsfeldes (qualifizierte Leitungskräfte, unqualifizierte, schlecht bezahlte Hilfskräfte) bis hin zur Frage, ob akademische Ausbildungen immer die besseren sind. Die Nachteile dürfen nicht von den Vorteilen ablenken. (2) Ein öffentliches Bildungssystem, dessen Mandat nur im Rahmen elterlicher Aufträge gilt, ist nicht vorstellbar. Gleichwohl ist eine enge Kooperation mit den Eltern für elementare Bildungseinrichtungen unverzichtbar, um produktiv arbeiten zu können. Es soll keine Abschottung des Kitabereichs von der Jugendhilfe geben, sondern enge Kooperation. Der Elementarbereich selbst muss integraler Bestandteil des Bildungswesens werden. Nur so lässt sich der schlimmste Mangel des dt. Bildungswesens ernsthaft angehen: seine Unfähigkeit, herkunftsbedingte Chancenungleichheit auszugleichen. PISA-Spitzenländer dürften deshalb erfolgreicher im Ausgleich von Startbedingungen sein, weil ihr Bildungssystem im Elementarbereich beginnt (Hebenstreit-Müller & Müller, 2001; 2002) .

Andere OECD-Staaten messen der Elementarbildung weitaus mehr Bedeutung bei, ordnen dementsprechend Vorschuleinrichtungen überwiegend dem Bildungswesen zu, qualifizieren das Fachpersonal auf Hochschulniveau und statten den Bereich finanziell viel besser aus (Textor, 2003).

Sachverständigenkommission des 11. Kinder- und Jugendberichts (2002)

(1) Aus der Anerkennung von Bildung als Aufgabe der Kindertageseinrichtungen folgt nicht deren Verlagerung in die Bildungsverwaltung. Ganz im Gegenteil: Aus der Erkenntnis, dass Jugendhilfe als solche auch Bildungsaufgaben hat, folgt die Einheit der Jugendhilfe auch im Kinderbetreuungsbereich. Erforderlich ist, Jugendpolitik auch als Bildungspolitik zu verstehen.

(2) Auf der Ebene der Regierungen sollten deshalb die Zuständigkeiten für das Aufwachsen von Kindern und Jugendlichen in einem Ressort zusammengefasst werden. Eine kommunale Politik sollte für die Koordinierung und Vernetzung der Bildungsangebote vor Ort sorgen und hierbei die Einrichtungen der Jugendhilfe hinzuziehen.

Zustimmend	Großteils zustimmend
Auch wenn die Jugendhilfe vom Zuordnen der Tageseinrichtungen mehr profitiert, warum sie trennen? Könnten nicht alle Sparten der Jugendhilfe und des Bildungswesens in ein Ressort der Kultur des Aufwachsens zusammengeführt werden, wie die Sachverständigenkommission im 11. KJB vorgeschlagen hat (Prott, 2002).	Im 11. KJB, der ein neuer, umfassender Bildungsbericht hätte werden können (Bildung als Klammerbegriff), kommen über weite Strecken alle seit Jahren oder gar Jahrzehnten gepflegten Vorurteile der Jugendhilfe gegenüber traditionellen Bildungsinstitutionen voll zur Entfaltung. Kernfragen sind: Warum gelingt die seit Jahren geforderte Kooperation von Jugendhilfe und Schule nicht? Warum herrscht im Kinder- und Jugendbereich ein solches Kompetenzchaos? (1) Es fehlt ein überzeugendes Konzept, warum die Handlungsfelder des Kinder- und Jugendbereichs zusammen gehören. Die Vorstellungen des Dt. Bildungsrats und einige Länderbeispiele zeigen auf, Bildungsprozesse in ihrer Gesamtheit vom Kindergarten bis zur Berufsausbildung zu sehen. (2) Der eigentliche, vernünftigen Reformen entgegenstehende Faktor ist: Die Zuständigkeit für den Kinder- und Jugendbereich wird politisch nicht nach Fachkompetenz, sondern nach Machtaspekten gehandhabt. Bei Schule und Jugendhilfe hält sich jeder für kompetent, da jeder die Schule besucht hat, alle einmal jung waren und viele Eltern sind; in Koalitionsverhandlungen wird die Jugendabteilung nahezu beliebig verschoben. Der Spielballrolle können die einzelnen Kinder- und Jugendbereiche nur entkommen, wenn sie nicht bedacht sind, ihre „claims" zu verteidigen, ihre „Königreiche" zu erhalten, sondern sich als Teil ganzheitlicher Kinder- und Jugendpolitik begreifen. In Zeiten der Sparhaushalte sind Anstrengungen, vermeintlich kleine Bereiche (Jugendhilfe) nicht in Größeren (Schule, Hochschule) verschwinden zu lassen, zwar verständlich. Aber Schrebergartenmentalität mit ihren Maschendrahtzäunen kann nicht Vorbild sein für die Regelung politischer Zuständigkeiten, wenn es um die Förderung von Kindern und Jugendlichen geht. Im Leben junger Menschen hängt, wenn nicht alles mit allen, so doch vieles mit vielem zusammen (z. B. Wer keinen Kindergarten besucht hat, wird in der Schule eher Probleme haben). Der 11. KJB weist auf das Kompetenzchaos und seine Folgen hin. Die empfohlene Bündelung der Zuständigkeiten für den Kinder- und Jugendbereich in einem Ressort ist ein notwendiger Schritt für ein gelingendes Gestalten der Übergänge im Bildungswesen. Er lässt hoffen, auch Finanzströme zu bündeln, was neue Gestaltungsspielräume eröffnet (Ehmann, 2002). Die Forderung nach Zuordnung des Elementarbereichs zum Bildungswesen und die Kritik am Bejahen des organisatorischen status quo im 11. KJB verwundern nicht. Am Gelingen systemimmanenter Lösungsansätze i. S. stärkerer Kooperation von Jugendhilfe und Schule sind Zweifel angebracht (z. B. hoher Abstimmungsbedarf, Animositäten, unklarer Kooperationsauftrag). Erkennt man nüchtern, dass Kompetenzfragen letztlich Machtfragen sind, spricht Einiges für die Überlegung, dass nur die institutionelle Zusammenführung des Schulwesens mit der Jugendhilfe im vorschulischen Bereich die Voraussetzungen dafür schafft, junge Menschen auch von Rechts wegen als ganzheitliche Wesen zu erfassen. Die gemachten Reformvorschläge im System Jugendhilfe könnten sicherlich für mehr Klarheit bei der Aufgabenverantwortung verbesserter Bildungsangebote für Kinder sorgen (z. B. umstrittene Verwaltungs- und Finanzierungskompetenz der Kommunen). Ein optimales Rechts- und Organisationsmodell wäre damit aber gewiss nicht gefunden. Nach wie vor bestünden zwei Systeme (Jugendhilfe, Schule) mit durchaus unterschiedlichen Eigenrationalitäten. Spätestens beim Übergang vom Kindergarten zur Grundschule könnte es zur Schnittstellenproblematik kommen. Die mitunter geforderte Gesamtplanung für Bildung, Erziehung und Betreuung könnte es kaum geben (Schoch, 2003).

Eine Würdigung aller Argumente ergibt:

■ Das Haupthindernis für die Weiterentwicklung des Systems der Tageseinrichtungen ist primär nicht in seiner Jugendhilfe-Zuordnung zu suchen. (1) Der gesellschaftliche Erwartungsdruck auf die Bildungsfähigkeit der Tageseinrichtungen für Kinder bis zur Einschulung nach PISA, (2) die Neubewertung der Kosten für Tageseinrichtungen als Investitionen mit hohem volkswirtschaftlichem Ertrag und (3) das Vorliegen guter Reformvorschläge zur Behebung der Steuerungsmängel versprechen in der Kombination ganz gute Chancen, eine gelingende Weiterentwicklung des Elementarbereichs und des Übergangs zur Grundschule auch innerhalb der Jugendhilfe (auf der Grundlage eines längerfristig angelegten Stufenreformplans, der auf die öffentliche Haushaltslage Rücksicht nimmt) ernsthaft zu erreichen. Da ein Systemwechsel zum Bildungswesen mit Nachteilen und Risiken verbunden ist und nicht zwangsläufig zu besseren Bedingungen führen wird und da auch die Schule nach PISA grundlegend reformbedürftig ist, scheint ein Standortwechsel für Kindertageseinrichtungen nicht sonderlich attraktiv. Und gerade auch für den einhellig geforderten Erhalt der Eigenständigkeit der Elementarpädagogik im Verhältnis zur Schulpädagogik scheint (angesichts der Verschulungsgefahr für Kindergärten, wenn sie dem Bildungswesen angehören) eine Jugendhilfe, die sich aktuell dem Thema Bildung intensiv, ernsthaft und mit innovativen Konzepten stellt, der attraktivere Rahmen zu sein. Auch die Schnittstellenproblematik wird bei einem Systemwechsel zur Bildungsverwaltung nicht behoben: (1) Sie verlagert sich von der Kooperation Kindertageseinrichtung/Grundschule hin zur Kooperation Kindertageseinrichtung/andere Stellen der Jugendhilfe, da beide Seiten zentrale Kooperationspartner sind. (2) Aufgrund der geforderten Eigenständigkeit des Elementarbereichs innerhalb der Bildungsverwaltung bliebe die Schnittstelle zur Schule aufrechterhalten. Zur Lösung dieser Problematik bieten sich andere, bessere Ansätze an (siehe unten 13.). Ungeachtet dieser ersten Einschätzungen muss für die abschließende Würdigung dieser zentralen Frage die weitere Diskussion hierzu, die gerade erst begonnen hat, abgewartet werden.

■ Der eigentliche, vernünftigen Reformen entgegenstehende Faktor ist die Zersplitterung von Zuständigkeiten für das Aufwachsen von Kindern und Jugendlichen auf Regierungsebene von Bund und Ländern. Selbst das System der Tageseinrichtungen (unter Einbezug sonderpädagogischer Tageseinrichtungen für behinderte Kinder und schulischer Angebote der außerunterrichtlichen Schülerbetreuung) ist in 11 Ländern auf zwei Ressorts (Sozial- und Kultusministerium)[73] verteilt mit dem bekannten Negativeffekt, dass kein Ressort diesen Bereich sinnvoll und in größerem Umfang gestalten und weiterentwickeln kann. Grundlegende Veränderung

---

[73] Nur ein Ressort in den Ländern Berlin (Senatsverwaltung für Bildung, Jugend und Sport), Brandenburg (Ministerium für Jugend, Bildung und Sport), Hamburg (Behörde für Bildung und Jugend, Kindertagesbetreuung), Nordrhein-Westfalen (Ministerium für Schule, Jugend und Kinder), Rheinland-Pfalz (Ministerium für Bildung, Frauen und Jugend).

und Weiterentwicklung setzen voraus, bisher getrennte Finanzströme zusammenführen und die knappen Finanzmittel effektiver und effizienter als bisher einsetzen zu können. Zwei Beispiele verdeutlichen dies: (1) Als ein Hindernis, den Übergang von der Sonderförderung zur integrativen Förderung behinderter Kinder voranzutreiben, erweist sich die Konstellation, bei der die Zuständigkeiten für integrative Kindergärten und sonderpädagogische Tageseinrichtungen für behinderte Kinder auf zwei Ressorts vereilt sind und die sonderpädagogischen Einrichtungen viel höher subventioniert werden, was sie im Vergleich zu integrativen Kindergärten für Eltern attraktiver macht (z. B. keine Elternbeiträge, viel kleinere Gruppen). (2) Dass für Ganztagsschulen kein Geld da ist, liegt an einem an Formenvielfalt kaum mehr zu überbietenden Angebot der Schülerbetreuung von höchst unterschiedlicher Qualität, das sich im Lauf der Zeit im Jugendhilfe- und im Schulbereich unkoordiniert entwickeln konnte. Durch eine Zuständigkeits- und Ressourcenbündelung ließe sich in beiden Beispielen ein erhebliches Gestaltungspotenzial freisetzen und Raum für Weiterentwicklung in größerem Umfang schaffen. Aktuelle Erwägungen in einigen Ländern, im Zuge der Bildungsdiskussion nur den Kindergarten in das Kultusministerium umzuressortieren, wären ein Schritt in eine Richtung, die keiner mehr guten Gewissens empfehlen kann.

6. Ausweitung der staatlichen Systemsteuerung und Verständigung der Länder auf gemeinsame Standards durch Abschluss von Staatsverträgen

Nach geltendem Recht ist die nähere Ausführung der Rahmenregelungen in §§ 22 ff SGB VIII eine Aufgabe der Länder (§ 26 Satz 1 SGB VIII):

- Seit der Jugendhilfereform haben 12 Länder[74] ihre Regelungen zum Kinderbetreuungswesen unter Beachtung der Vorgaben im SGB VIII (weitgehend) neu gefasst. Es sind dies auch (mit Ausnahme von Baden-Württemberg) jene Länder, die über ein Kindertagesstättengesetz verfügen, das für alle Formen von Tageseinrichtungen i. S. v. § 22 Abs. 1 SGB VIII und teilweise auch für die Tagespflege gilt.
- In den übrigen 4 Ländern[75] stammen die Regelungen zum Kinderbetreuungswesen (überwiegend) noch aus der Zeit vor 1991. Bayern plant für 2005 ein Kindertagesstättengesetz, das das Kindergartengesetz ablösen wird.

Im Rahmen eines bayerischen Landesprojektes war das Staatsinstitut für Frühpädagogik beauftragt, die Länderregelungen zum Kinderbetreuungswe-

---

[74] Baden-Württemberg, Berlin, Brandenburg, Bremen, Mecklenburg-Vorpommern, Niedersachsen, Nordrhein-Westfalen, Rheinland-Pfalz, Sachsen, Sachsen-Anhalt, Schleswig-Holstein, Thüringen
[75] Bayern, Hamburg, Hessen, Saarland

sen zu sichten und miteinander zu vergleichen. Im Ergebnis ist festzustellen, dass die staatliche Steuerung des Systems der Tageseinrichtungen gegenwärtig folgende Mängel aufweist:

A. Zurückhaltung der Länder in der Steuerung und Regulierung des Systems und Verlagerung nach unten

Im Vergleich zum Schulwesen sind die Länderregelungen für das System der Kindertageseinrichtungen äußerst knapp im Umfang und Gehalt. Dieser Befund gilt für alle Länder, auch wenn sich im Ländervergleich eine unterschiedliche Regulierungsdichte feststellen lässt; das Land mit den wenigsten Regelungen ist derzeit Baden-Württemberg. Alle Länder halten sich sehr zurück in der Steuerung zentraler Aspekte wie z. B. (1) Planung und Ausgestaltung der lokalen Angebotsstruktur; (2) Ziele und Inhalte der Bildungs- und Erziehungsauftrags; (3) Ausstattungsqualität der Tageseinrichtungen; (4) Absicherung von Fachberatung und Fortbildung oder (5) Anforderungen an die Personalausstattung der staatlichen Aufsicht über Kindertageseinrichtungen. Folgen dieser Zurückhaltung sind:

- Systemsteuerung und Qualitätsfestsetzung werden überwiegend den Kommunen und Trägern von Kindertageseinrichtungen überlassen und damit dem freien Spiel der Kräfte. Diese Gestaltungsfreiheit führt zur beliebigen Festsetzung der Bedarfsgerechtigkeit und Qualität der lokalen Angebotsstrukturen sowie der Bildungsqualität und der pädagogischen Qualität der Tageseinrichtungen. Umfang und Qualität des Angebots hängen damit maßgeblich ab von der Leistungsfähigkeit und der Ermessensausübung der Kommunen sowie dem Engagement der Träger und Fachkräfte vor Ort.
- Dieses hohe Maß an lokaler Gestaltungsfreiheit steht im Widerspruch zur gebotenen Anerkennung und Behandlung der Elementarbildung als öffentliche Pflichtaufgabe, die ein hohes Maß an staatlicher Steuerung und Absicherung verlangt, um ein bedarfgerechtes und qualitativ hochwertiges Bildungsangebot zu gewährleisten. Anders als in anderen Bereichen, wo ein Abbau von staatlichen Regulierungen das Leitziel nahezu jeglicher Reformbemühungen ist, ist im System der Tageseinrichtungen ein Mehr an staatlicher Regulierung auf Länderebene gefordert – mit Ausnahme der Bauvorschriften für Kindertageseinrichtungen, die teilweise ein übertriebenes Ausmaß angenommen haben. Der Schulbereich ist nur bedingt ein Vorbild. Einerseits weist er den Weg nach höherer staatlicher Regulierungsnotwendigkeit für Bildungsinstitutionen, andererseits ist er mit seinem bisherigem Zuviel der Staatssteuerung auch ein eher abschreckendes Beispiel, wie die aktuellen Bemühungen um eine „Entrümpelung der Lehrpläne" zugunsten von pädagogischem Freiraum und die Übertragung von mehr Verantwortung und Entscheidungskompetenz an die Schulleitungen (Finanz- und Personalverantwortung) zeigen. Es gilt daher, einen Mittelweg zu finden, der es ermöglicht, einerseits die zur Absicherung des

Bildungsauftrags gebotenen Rahmenvorgaben zu setzen und andererseits ausreichend Gestaltungsspielraum bei deren Umsetzung und Anpassung an die lokalen Bedingungen zu belassen.

- Auf kommunaler Ebene und insbesondere auf Trägerebene ist hingegen ein Abbau von Regelungen möglich. Die gesetzgeberische Zurückhaltung der Länder hat zu einer Verlagerung der Systemsteuerung auf die Kommunen, Träger und Fachkräfte geführt, die diese im Rahmen ihrer Selbstverwaltung und Selbstregulierung wahrnehmen. Je kleiner der Träger ist, umso mehr ist das Einrichtungsteam mit Regulierungsaufgaben befasst (siehe unten 10.). Auf den genannten Ebenen ist heute ein Übermaß an Regulierung festzustellen. Mit der Zeit ist es dort zu einer Anhäufung von Regelwerken gekommen, so dass ein unübersichtliches „Regelungschaos" entstanden ist. Zugleich ergab eine datenschutzrechtliche Untersuchung des Regulierungssystems der Träger[76] Rechtsfehler und Regelungslücken, da es den rechtlichen und fachlichen Entwicklungen hinterherhinkt. In seiner Grundkonzeption ist es in den 1960er und 1970er Jahren entstanden und daher in weiten Teilen überholt. Infolgedessen ist eine Verwaltungsreform auf Trägerebene unausweichlich geworden. Aus Gründen der Effektivität und Effizienz ist eine Unterstützung der Träger bei dieser Reform sinnvoll und geboten (siehe unten 19.).

B. Regelungsunterschiede und unübersichtliche Regelungsvielfalt im Ländervergleich

Vor dem Hintergrund seiner internationalen Wettbewerbsfähigkeit, die Deutschland aufgrund seines schlechten Abschneidens in der PISA-Studie gefährdet sieht, geraten die föderalen Strukturen im gesamten Bildungswesen, in denen jedes Land seine eigenen Bildungsgesetze erlässt und seine eigenen Bildungs- und Finanzierungsstrukturen geschaffen hat, zunehmend in die Kritik. Gleiches gilt für das System der Tageseinrichtungen:

- Es zeichnet sich durch unübersichtliche Regelungsvielfalt aus, die sich auf kommunaler Ebene fortsetzt. In diesem gesellschaftlich bedeutsamen Bereich für einheitliche Lebensverhältnisse zu sorgen, d.h. sich auf Qualitäts- und Bildungsstandards für Kindertageseinrichtungen national zu verständigen, ist mehr denn je geboten. Dass Standards zum Bildungs- und Erziehungsauftrag, zur Qualifikation der Fachkräfte oder zu Bau und Ausstattung von Land zu Land variieren, dafür lassen sich kaum Gründe anführen. Da das Setzen von Standards mit Kosten verbunden ist, erscheint auch aus ökonomischen Gründen eine zentrale Regelsetzung effizienter.[77]
- Versucht man die qualitativen Standards der Länder im Detail miteinander zu vergleichen und sodann eine erste Einschätzung abzugeben, wie

---

[76] Reichert-Garschhammer (2001a; 2001b; 2001c)   [77] Kreyenfeld, Spieß & Wagner (2001)

lieb und teuer jedem Bundesland die frühkindliche Bildung und Erziehung ist, so wird es unübersichtlich, denn jedes Land hat seine eigenen Finanzierungsmodalitäten. Die ungleiche Auslegung des Rechtsanspruchs, die Unterschiede der Pro-Kopf-Förderung, unterschiedliche Elternbeiträge u. v. a. m. erschweren einen aussagekräftigen Vergleich der Qualitätskosten.[78] Alle Autoren volkswirtschaftlicher Studien beklagen, dass sich für Deutschland keine verlässlichen Daten zur Berechnung der Durchschnittskosten für einen Kita-Platz ermitteln lassen.

Die bisherigen Lösungswege zur Verständigung auf nationale Standards erweisen sich bei näherer Betrachtung als nicht zielführend: (1) Gemeinsame Standards werden traditionell in den zuständigen Fachministerkonferenzen, d. h. in der Kultus- und Jugendministerkonferenz (KMK, JMK), und in der Bund-Länder-Kommision für Bildungsplanung und Forschungsförderung (BLK) erarbeitet. So hat auch jüngst die JMK den Beschluss gefasst, sich auf länderübergreifende Bildungsstandards für den Elementarbereich anhand der bisher vorgelegten Bildungspläne und -programme zu verständigen. Die Unverbindlichkeit der gefassten Beschlüsse für die Länder und ihre geringe Bekanntheit in der Praxis – Fachministerkonferenzen verfügen über keine Veröffentlichungsorgane –, sind erkannte „Schwachstellen" dieser Gremien. (2) Dass die Bundesregierung in Zusammenarbeit mit den Ländern nationale Bildungsstandards für Kindertageseinrichtungen herausgeben soll, wird immer wieder gefordert. Ein solches Vorgehen ist problematisch, da es angesichts der Zwitterstellung von Kindertageseinrichtungen in die Kulturhoheit der Länder eingreift, soweit es um den Bildungsauftrag geht. Diese Rechtslage ist auch der Grund, weswegen der Bund die näheren Ausführungen der §§ 22 ff SGB VIII den Ländern überlässt.

Ein nahe liegender Weg, der noch gar nicht in der Diskussion zu sein scheint, ließe sich aus dem Medienbereich entlehnen, der gleichsam in die Kulturhoheit der Länder fällt. Um dort einheitliche und für alle Länder verbindliche Regelungsstandards (z. B. für den Rundfunk, die Mediendienste, den Jugendschutz) zu schaffen, bedienen sich die Länder bereits seit längerem des Instruments des Staatsvertrags. Der Abschluss von Staatsverträgen wäre auch für die verschiedenen Bildungsbereiche sinnvoll und geboten:

- Bildungsstaatsverträge sollten nicht auf Bildungsinhalte und -ziele begrenzt sein, sondern alle Aspekte eines Bildungsbereichs in den Blick nehmen und hierzu länderübergreifend staatliche Steuerungsgrundsätze regeln, die dann im Länderrecht näher und landesspezifisch ausgeführt werden. Staatsverträge empfehlen sich v. a. auch für die reformbedürftige Ausbildung der pädagogischen Fachkräfte.
- Die Entwicklungen rund um den Bayerischen Bildungs- und Erziehungsplan, bei dessen Einführung und Umsetzung sich mehrere Länder zusam-

---

[78] Diller (2002)

mentun wollen, sind bereits ein Schritt in diese Richtung. Im Ländervergleich der Kindertagesstättengesetze lassen sich gemeinsame Standards zu Einzelaspekten erkennen – angesichts der Tatsache, dass jeder von jedem gute Ideen übernimmt. Ein Beispiel: Die im Kapitel 9 vorgestellte Neukonzeption der Elternbeteiligung an Entscheidungen der Tageseinrichtung i. S. v. mehr „Elternmitbestimmung" durch einen Ausschuss der Tageseinrichtung ist ein (anhand der Diskussion in Bayern weiterentwickelter) Vorschlag, dem als Vorbild Gesetzesregelungen in sechs Ländern dienten: (1) Brandenburg: Kindertagestätten-Ausschuss; (2) Niedersachen: Beirat der Kindertagesstätte; (3) Nordrhein-Westfalen: Rat der Tageseinrichtung; (4) Saarland: Vorschul-, Kinderkrippen-, Hort-Auschuss; (5) Sachsen-Anhalt: Kuratorium der Kindertageseinrichtung und (6) Schleswig-Holstein: Beirat.

■ Eine erste Skizze dieses Vertrags wird nachstehend aufgezeigt. Sie beruht auf dem Ländervergleich der Kindertagesstättengesetze und setzt einige Ergebnisse des Datenschutz-Projektes (siehe 19.) um, soweit sich Praxisprobleme am besten auf Staatsebene lösen lassen. Sie berücksichtigt die Entwicklung, die Bildungsqualität und die pädagogische Qualität staatlich festzusetzen und abzusichern und die weiteren Empfehlungen in diesem Kapitel. Sinnvoll wäre es, die gebotene grundlegende Reform des Systems der Kindertageseinrichtungen sofort auf der Ebene eines Staatsvertrags aufzunehmen.

■ Befürchtungen, dass nach Erfahrungen im Medienbereich unter den Ländern nur ein Minimalkonsens erzielbar ist, was Länder mit besseren Bedingungen zum Standardabbau zwingt, ist entgegenzuhalten: (1) Dieses Gutachten enthält realisierbare Vorschläge, den Abbau ins Gegenteil zu verkehren. (2) Vergleichbar gute Qualität in allen deutschen Kindertageseinrichtungen sollte Vorrang haben vor einem Länderwettbewerb um bessere Bedingungen. Eltern wünschen sich bei Umzug von Land zu Land, eine ebenso gute Einrichtungsqualität vorzufinden wie zuvor, an die ihr Kind problemlos und ohne Verluste für seine Förderung und seinen weiteren Bildungsweg anknüpfen kann. Ferner bleibt es jedem Land unbenommen, die vereinbarten Standards für das eigene Land anzuheben.

Skizzierung eines Staatsvertrags zur Förderung von Kindern in Tageseinrichtungen und in Tagespflege

7. Budgetanhebung und Mittelumverteilung zu Gunsten von Kindertageseinrichtungen

Die monetären Investitionen in Kindertageseinrichtungen in Deutschland sind zu niedrig, worin eine geringe Wertschätzung dieses gesellschaftlich bedeutsamen Bereichs zum Ausdruck kommt.[79] Klagen über ein zu hohes Ausgabenvolumen müssen relativiert werden, besetzt Deutschland im europäischen Vergleich der Ausgaben für frühkindliche Bildung doch eher einen hinteren Platz:[80]

■ Die OECD-Studie „Bildung auf einen Blick" belegt ein deutliches Gefälle zwischen dem Elementar- und Primarbereich sowie dem Sekundar- und tertiären Bereich. Insbesondere in Deutschland wird in den Elementar- und Primarbereich und damit in die Bildung der Kinder unter 10 Jahren vergleichsweise viel zu wenig investiert.[81]

■ Nach internationalen Maßstäben sollte dem Elementarbereich möglichst 1 % des Bruttosozialprodukts (BIP) zur Verfügung stehen.[82] In der OECD-Studie „Starting Strong" (2001) zeigt sich, dass beim BIP-Anteil, der für Kindergärten ausgegeben wird, Deutschland mit 0,4 % im unteren Mittelfeld liegt. Der BIP-Anteil bewegt sich bei den meisten Ländern zwischen 0,4 und 0,6 %; die Spitzenposition belegen Dänemark (knapp 0,9 %), Ungarn (0,7 %) und Frankreich (0,65 %).

■ Der öffentliche Jugendhilfe-Etat für den Leistungsbereich Kindertageseinrichtungen (inklusive Kinderhorte und andere Formen der Schülerbetreuung) betrug 2001 10,4 Mrd € (bei einem Gesamtetat von 19,2 Mrd €).[83]

Das Budget für das System der Kindertageseinrichtungen muss deutlich angehoben werden, damit es so bedarfsgerecht ausgebaut und qualifiziert ausgestaltet werden kann, dass sich die volkswirtschaftlichen Ertragschancen realisieren lassen. Der von politischer Seite vorgebrachte Sachzwang, dass kein Geld für diesen Ausbau vorhanden ist, erweist sich bei näherer Betrachtung als Scheinargument:[84]

■ Wie Gelder verteilt werden, ist eine Frage der politischen Schwerpunktsetzung. Hier wären auch andere politische Entscheidungen denkbar, die Kinderfreundlichkeit und Gleichstellungsinteressen verstärkt in den Blick nehmen.[85] So rechtfertigt der hohe volkswirtschaftliche Nutzen von Tageseinrichtungen, dass heute zugunsten einer bedarfsgerechten Kinderbetreuung innerhalb der öffentlichen Haushalte umverteilt wird. Denn eine Investition in diesen Bereich ist – wie bereits ausgeführt – weitaus rentabler als in so manche Investition in tote oder kurzlebige Investitionsgüter.[86]

[79] Bundesjugendkuratorium (2001)
[80] Bock-Famulla & Irskens (2002a)
[81] Karsten (2003)
[82] Eibeck (2002)
[83] Wiesner (2003)
[84] Karsten (2003)
[85] Karsten (2003)
[86] Spieß (2002)

- Durch einen effizienteren Mitteleinsatz, der sich v. a. durch den Übergang zu einer nachfrageorientierten Subjektfinanzierung erreichen lässt, lassen sich Mittel freisetzen und weitere Qualitätsverbesserungen erzielen.
- Mit zunehmender Bedarfsgerechtigkeit des Platzangebots in Kindertageseinrichtungen stehen zusätzliche Mittel dadurch zur Verfügung, dass diese Einnahmezuwächse und Einsparungen in anderen öffentlichen Haushaltsbereichen mit sich bringen.

A. Umverteilung im System der staatlichen Förderung von Ehe und Familie

Die Förderung von Ehe und Familie erfolgt auf zwei Ebenen:

Individuelle monetäre Leistungen des Familienlastenausgleichs	- finanzielle Transferleistungen (z. B. Kinder- und Erziehungsgeld) - steuerliche Vergünstigungen (z. B. Kinderfreibeträge, Ehegatten-Splitting, Absetzbarkeit von Kinderbetreuungskosten, Kinderbaugeld) - sozialversicherungsrechtliche Vergünstigungen (z. B. Familienversicherung in der gesetzlichen Krankenkasse, Anerkennung von Erziehungszeiten als Beitragszeiten in der gesetzlichen Rentenversicherung)
Investition in Dienstleistungen bzw. infrastrukturelle Angebote für Familien	z. B. Kindertageseinrichtungen, Erziehungs- und Familienberatungsstellen, Einrichtungen und Angebote der Familienbildung und -erholung

Die schlechtere Einkommenslage der Familien, v. a. mit jüngeren Kindern, im Haushaltsvergleich beruht im Wesentlichen auf dem hohen Zeitaufwand für die Betreuung und Erziehung der Kinder in der Familie. Die Müttererwerbsbeteiligung steigt zwar mit zunehmendem Alter des jüngsten Kindes, das verfügbare Familieneinkommen bleibt jedoch unter dem Gesamtdurchschnitt. Im öffentlichen Diskurs konkurriert die (einhellige) Forderung nach Ausbau der Kindertageseinrichtungen mit Forderungen, die Einkommensnachteile durch weitere monetäre Transfers auszugleichen. Die Nettoförderung von Familien beträgt heute im Durchschnitt fast 1/3 der Kosten, die Kinder verursachen, so dass die Sinnhaftigkeit, das Volumen des Familienlastenausgleichs weiter zu vergrößern, mit Recht angezweifelt wird. Viel spricht dafür, das Maßnahmenbündel zur Förderung von Ehe und Familie zugunsten der Kinderbetreuung umzustrukturieren. Investitionen in Kindertageseinrichtungen sind der sinnvollere Weg der Familienförderung.[87] Kindertageseinrichtungen erhöhen die Erwerbsbeteiligung der Mütter und damit die Einkommenslage und Lebensqualität der Familien sowie die soziale Absicherung der Frauen. Auch die Sachverständigenkommission des 11. Kinder- und Jugendberichts

---

[87] Grabka & Kirner (2002)

(2002) empfiehlt, einer besseren Förderung infrastruktureller Angebote für Familien den Vorrang einzuräumen vor einer weiteren Anhebung der individuellen monetären Leistungen:

1. Beobachtungen zeigen, dass Erhöhungen des Kindergeldes in der Vergangenheit häufig mit einer Erhöhung der Elternbeiträge in Kindertageseinrichtungen einher gingen und damit für die Familien auf ein Nullsummenspiel hinausgelaufen sind.[88]

2. Gegen das Konzept „Erziehungsgehalt 2000"[89] gibt es gewichtige Bedenken.[90] Diesem Konzept liegt ein neuer Gesellschaftsvertrag zugrunde, der Erwerbs- und Erziehungsarbeit gleichsetzt durch den Bezug eines Erziehungsgehalts (6 Jahre lang ab Geburt eines Kindes). Das Gehalt darf in Barbetrag und Erziehungsgutschein gesplittet werden, damit Eltern zwischen innerfamilialer und außerhäuslicher Kindererziehung frei wählen können:
   - Mit seiner Unterstellung, Erziehung sei eine Allerweltsfähigkeit, tendiert das Erziehungsgehalt dazu, zum Vehikel des Abbaus öffentlicher Kindererziehung zu werden mit prekären Folgen für die gesellschaftliche Finanzierung professioneller Bildungs- und Erziehungsarbeit.
   - Ein Erziehungsgehalt birgt die Gefahr, Frauen wieder verstärkt aus der Erwerbsarbeit und in die häusliche Erziehungsarbeit zu drängen und in die eheliche Abhängigkeit zu begeben. Volkswirtschaftlich ist es wenig sinnvoll, die heutige, gut ausgebildete Generation junger Frauen und Mütter vom Arbeitsmarkt fernzuhalten.
   - Die Mittel, die ein monatliches Erziehungsgehalt von 1000,- € für das erste Kind und je 500.- € für alle weiteren Kinder verschlingen würden, sollten besser in den Ausbau der Kindertageseinrichtungen investiert werden, da dieses Angebot zur wirklichen Ermöglichung von Chancengleichheit für Mütter und Väter beiträgt und für Kinder bessere Bildungschancen sicherstellt.

3. Die „Ehemänner-privilegierende-Hausfrauenehe" wird im politischen Entscheidungsprozess ausgespielt gegen eine Erweiterung der Möglichkeiten der Kinder und der professionellen Fachkräfte im System Kindertageseinrichtung:[91]
   - Durch das heute noch gültige Modell der Besteuerung im Ehegattensplitting, dessen Erhalt am 14.10.2002 beschlossen wurde, entgeht Deutschland schätzungsweise eine Steuersumme von 23 Mrd€ pro Jahr. Genau dies wäre die Summe, die erforderlich wäre, um für alle Kinder von 0–16 Jahren ein flächendeckendes, ganztägiges und qualitativ hochwertiges Angebot der öffentlichen Betreuung, Bildung und

---

[88] GEW (2002)
[89] Leipert & Opielka (1998)

[90] Karsten (2001; 2003) unter Berufung auch auf Stiegler (1999)
[91] Karsten (2003)

Erziehung zu schaffen. Der Erhalt des Modells der patriarchalischen Ernährerfamilie, das nur mehr auf eine geringe, weiterhin abnehmende Anzahl der Haushalte zutrifft, wird politisch höher gewichtet als die Investition in die nachwachsende Generation und ihre Zukunftsfähigkeit. Dieses überholte und rückwärts gewandte Modell der Lebensgestaltung steht aktuell vorwärts- und zukunftsbildenden Investitionen in die heutige Kindergeneration entgegen.[92]

■ Ein alternativer Vorschlag, das Ehegattensplitting zumindest umzuwandeln in ein Ehegattenrealsplitting mit Unterhaltstransfer (20.000,– €) und unschädlichem Betrag für das eigene Einkommen (7.500,– €), der nach Berechnungen auf der Basis des Steuerrechts 2001 ein Steuermehraufkommen von rd. 2,5 Mrd € bringen würde, das man in Tageseinrichtungen investieren könnte.[93]

Umverteilungen innerhalb des Bildungssystems

Zusatzmittel lassen sich auch im Bildungssystem durch Umverteilung gewinnen. Die Abschaffung des 13. Schuljahrs im Gymnasialbereich, das in den meisten Ländern noch besteht, wird heute von der Mehrheit der Bildungsexperten gefordert. Die dadurch frei werdende Mittel können für den Elementarbereich (oder zumindest für den Ausbau der außerunterrichtlichen Schülerbetreuung) Einsatz finden.

8. Gebührenfreiheit von Tageseinrichtungen für Kinder bis zum Schuleintritt statt Pflichtbesuch

Die Jugendministerkonferenz (2002) ist der Überzeugung, dass ein dauerhafter, auf mindestens drei Jahre angelegter Besuchs des Kindergartens – auch für Migrantenkinder – eine guter Weg für die Aneignung und den Erwerb grundlegender Fertigkeiten ist. Sie sieht deshalb die Notwendigkeit, bezogen auf die sehr kleine Gruppe, die vor dem Schulbesuch keine Kindertageseinrichtung besucht, gezielte Strategien zu entwickeln, mit denen Eltern die Bedeutung elementarer Bildung im Kindergarten vermittelt wird und die Bereitschaft zur Annahme dieses Angebots gefördert wird. Strategische Lösungsansätze, die dieses Ziel im Blick haben, sind (1) die Einführung eines Kindergarten-Pflichtjahrs; (2) die Abschaffung der Gebühren für Kindertageseinrichtungen und (3) die Verstärkung gezielter Ansprache.

[92] Karsten (2003)　　　　　[93] Spieß (2002)

A. Kindergarten-Pflichtjahr vor Schuleintritt?

Eine bessere und frühzeitigere Förderung aller Kinder in Kindergärten gibt Anlass zur Hoffnung, dass bei ihnen Defizite abgebaut werden, bevor sie in die Grundschule kommen. Vorgeschlagen wurde in diesem Zusammenhang, ein Pflichtjahr für den Kindergartenbesuch einzuführen, das v. a. Kindern aus Migrantenfamilien die sprachliche Integration erleichtern soll. Wer Kinder nicht in den Kindergarten schicke, verhindere, dass sie Deutsch lernen. Zu diesem Vorschlag wurden folgend Gegenargumente eingebracht:

- Neun von zehn Kindern besuchen heute in allen Ländern einen Kindergarten – auch ohne Pflicht. Der Anteil von Kindern aus Migrantenfamilien steigt deutlich an. Diese Zahlen bringen einen klaren Willen der Eltern zum Ausdruck, die darauf Wert legen, dass ihr Kind einen Kindergarten besucht.
- Ein Pflichtjahr ist zu kurz. Kinder sollen im Kindergarten das Lernen lernen. Sie müssen hierbei spielerisch gefördert und gefordert werden, um sie auf die Schule gut vorzubereiten. Das kann der Kindergarten nicht in einem Pflichtjahr leisten. Vielmehr ist es wichtig, dass Kinder drei Jahre lang einen Kindergarten besuchen.
- Ein Pflichtjahr im Kindergarten zur Verbesserung der schulischen Ausbildung läuft auf eine Ausweitung der Grundschule hinaus. Schulbildung ist Aufgabe des Landes und kann nicht in die überwiegend kommunal finanzierten Kindergärten verlagert werden.
- Eine Kindergartenpflicht ist ein massiver Eingriff in die Elternverantwortung, der grundsätzliche Rechtsfragen aufwirft. Sie lässt sich nicht im Rahmen des Jugendhilfesystems realisieren. Da sich der Kindergarten (anders als Schule) verfassungsrechtlich nur auf einen nachrangigen Erziehungsauftrag berufen kann, muss der Kindergartenbesuch ihres Kindes der Entscheidung der Eltern überlassen bleiben. Es gibt mildere Mittel, das dargelegte Ziel zu erreichen.
- Ein dreijähriger Kindergartenbesuch aus Überzeugung ist wirkungsvoller als ein Jahr Kindergartenpflicht. Praxiserfahrungen lehren, das nicht die Verschulung des Kindergartens die richtige Antwort auf PISA ist, sondern die gezielte, kontinuierliche Förderung der Kinder über drei Jahre durch ein Lernen auf freiwilliger Basis und den Einsatz kindgerechter Methoden und Instrumente. Ein Pflichtjahr würde diese Entwicklung hemmen statt fördern. Schulisches Lernen statt spielerisches Lernen ist ebenso wenig eine Alternative wie Druck statt Freiwilligkeit. Die Verlagerung schulpädagogischer Inhalte in den Kindergarten ist ein falscher Ansatz, für den Kindergartenfachkräfte zudem nicht ausgebildet sind. Das Problem, dass Kinder eher zu spät in die Grundschule kommen, erfordert Lösungen, die vorrangig in der Schule zu suchen sind.
- Motivation ist besser als Pflicht: Sinnvoller als ein Pflichtjahr ist, Eltern durch gezielte Ansprache zu motivieren, den Rechtsanspruch ihres Kindes auf einen Kindergartenplatz wahrzunehmen. Zwang ist immer nur eine ultima ratio, Überzeugungsarbeit ist der sinnvollere Weg.

B. Gebührenfreiheit für Kindergärten

Von der Möglichkeit, Eltern an den Betriebskosten für Kindertageseinrichtungen finanziell zu beteiligen (vgl. § 90 Abs. 1 Satz 1 Nr. 3 SGB VIII), wird in allen Ländern Gebrauch gemacht. In der Regel werden Elternbeiträge für die Nutzung einer Tageseinrichtung einkommensabhängig erhoben. Schätzungsweise 10 % der Eltern sind von der Gebührenzahlung befreit.[94] Derzeit gibt es keine verlässlichen Daten zur durchschnittlichen Höhe von Elternbeiträgen in Deutschland, denn die Gebühren bzw. Beiträge werden in der Regel auf kommunaler oder auf Trägerebene festgesetzt. Einige Länder haben in ihrem Kindertagesstättengesetz landeszentrale Eckwerte festgelegt, die Anhaltspunkte geben. In den meisten EU-Ländern zahlen Eltern Gebühren, die durchschnittlich zwischen 25–30 % der Betriebskosten betragen, aber nur 15 % in Finnland und in Schweden nur 2–20 % je nach Kommune und Einkommen der Eltern. Die höchsten Gebühren werden in den USA erhoben, die weit über den deutschen Beiträgen liegen, sowie (einkommensabhängig) in Australien und Großbritannien.[95] In Frankreich oder Luxemburg hingegen ist der Besuch der „Vorschule" gänzlich kostenfrei. Dass Kindertageseinrichtungen als kostenpflichtige Betreuungseinrichtungen und nicht als kostenfreie Bildungseinrichtungen gesehen werden, wird immer wieder als ein „wunder Punkt in der deutschen Bildungspolitik" beklagt. Die Forderung, dass der Kindergartenbesuch ebenso gebührenfrei sein muss wie der Schulbesuch, gewinnt nun mit der Aufwertung des elementaren Bildungsauftrags an Bedeutung und Gewicht. Das Forum Bildung hat in seinen zwölf Empfehlungen (2001) nahe gelegt, für die Förderung früher Bildungsprozesse bei Kindertageseinrichtungen angesichts der neuen Bedeutung Gebührenfreiheit zu prüfen:

- Das Saarland hat bislang als einziges Land die Elternbeiträge für das dritte Kindergartenjahr seit August 2000 abgeschafft und dadurch die Eltern um rund 500,– € im Jahr entlastet. Ob es angesichts der angespannten Haushalte gelingt, bis zum Jahr 2004 die Elternbeiträge für Kindergärten schrittweise vollständig abzuschaffen, ist offen. Nach Regierungsangaben kämen auf den Landeshaushalt dafür Kosten in Höhe von rund 20 Mio € zu.
- Alle Länder erachten die Beitragsfreiheit von Kindertageseinrichtungen als ein Ziel, das sinnvoll, aber erst mittel- oder langfristig realisierbar ist. Der Ausbau des Platzangebots mit längeren Zeiten hat Vorrang vor einer generellen Beitragsfreiheit, ist auch eine Empfehlung der Sachverständigenkommission des 11. Kinder- und Jugendberichts (2002). Der Ausbau eines bedarfsgerechten und qualitativ hochwertigen Angebots und die landeszentrale Vereinheitlichung von Elternbeiträgen werden derzeit allgemein als wichtigere Zielsetzungen erachtet als der Wegfall der Elternbeiträge. Begründung ist, dass sich eine Kostenbefreiung der Eltern aufgrund

---

[94] Kreyenfeld, Wagner & Spieß (2001) [95] OECD (2001b)

der angespannten Haushaltslage nur durch den Abbau struktureller Standards (Verschlechterung Fachkraft-Kinder-Schlüssel) gegenfinanzieren ließe. Um die bestehende Qualität des Angebots nicht zu gefährden, kann und soll es einen Kindergarten zum Nulltarif unter den gegeben Umständen nicht geben.

- Bislang unberücksichtigt blieb die Erkenntnis: Es besteht ein unmittelbarer Zusammenhang zwischen bezahlter frühkindlicher Bildung, einem scharf gegliederten kostenfreien Schulsystem und der Gebührenfreiheit der Hochschulen. Er sorgt für Chancenungleichheit bzw. soziale Ungerechtigkeit im Bildungssystem durch das Zusammenspiel folgender Effekte: (1) Nicht die Abschaffung der Studiengebühren (monatlich 25,– DM) im Jahr 1970 hat bewirken können, den Zugang von Kindern aus Arbeiterfamilien zu Hochschulen zu verbessern, sondern die Einführung des Bafög. Schon bald nach dessen Einführung setzte der fiskalische Effekt ein: Die öffentlichen Haushalte gerieten unter Druck, man sparte sukzessive das Bafög klein – und die Chancen der Kinder aus bildungsfernen Familien. (2) Mit Wegfall der Studiengebühren entfiel auch die lehrleistungsorientierte Bezahlung der Professoren. Deren Interesse an der Lehre nahm ab. Sie setzten die drastische Verringerung ihrer (nunmehr nicht mehr geldbringenden) Lehrbelastung durch. Der Numerus Clausus florierte. (3) Unter NC-Bedingungen gewinnen Vorteile der Bildungsherkunft, also akademisch gebildeter Eltern, an Bedeutung. Sie weisen ihre Kinder durch die dreigliedrige Schule in Richtung Abitur und Hochschule, während die Kinder aus bildungsfernen Familien zurückbleiben. (4) Die Chancen für Kinder aus sozial benachteiligten Familien im Bildungssystem Fuß zu fassen, darin gut zu bestehen und später den Zugang zur Hochschule zu erreichen, würden sich deutlich erhöhen, wenn sie einen qualitativ guten Kindergarten besucht hätten. (5) Nicht die Einführung von Studiengebühren ist unsozial, sondern der Erhalt der Kindergartengebühren. Die Gebühren (und der Mangel an Ganztagsplätzen) bewirken, Kindern aus sozial benachteiligten Familien, die vor Schuleintritt keine Kindertageseinrichtung (aus Geld- oder anderen Gründen) besucht haben, grundlegende Chancen für eine gelingende Bildungskarriere vorzuenthalten bzw. zu verbauen. Kindergartengebühren sind der „Sündenfall der angeblich kostenfreien Bildung" überhaupt und müssen daher dringend weg.[96]

Der letzte Vorschlag bedarf dringender Beachtung in der weiteren Diskussion, da er zugleich einen Vorschlag zur Gegenfinanzierung erhält. Er zeigt auf, dass die Budgetanhebung des unterfinanzierten Elementar- und Primarbereichs nicht nur durch Umverteilung in Rahmen der Familienförderung, sondern v. a. auch durch Umverteilung innerhalb des Bildungssystems erfolgen muss, indem im Sekundarbereich (Abschaffung des 13. Schuljahrs an Gymnasien) und Hochschulbereich (Einführung moderater Studiengebühren) Gelder eingespart bzw. (wieder) neu eingenommen werden. Das Elternbeitragsaufkom-

[96] Ehmann (2001)

men für einen Jahrgang in Kindertageseinrichtungen wird derzeit auf rund 3 Mio € eingeschätzt. Ob sich dessen Wegfall durch die Einführung von Studiengebühren ausgleichen lässt, müssen Modellrechnungen ergeben.

C. Verstärkung der gezielten Ansprache von Eltern

Kurzfristig sind Maßnahmen zur Verstärkung der gezielten Ansprache von Eltern zu ergreifen, um v. a. Kindern aus Migrationsfamilien und sozial benachteiligten, bildungsfernen Familien den Zugang zum Kindergarten zu ermöglichen – über drei Jahre hinweg. Es empfehlen sich hierfür gezielte Kampagnen der Öffentlichkeitsarbeit auch der Bundesregierung.

9. Staatliche Festsetzung der Bildungsqualität der Kindertageseinrichtungen unter breiter Beteiligung

In Deutschland fehlen bundesweit gültige Qualitätsstandards. Aber auch die Länder kamen in der Vergangenheit ihrer Aufgabe, die Qualität in Kindertageseinrichtungen im Landesrecht nicht nur strukturell, sondern auch inhaltlich festzulegen, kaum nach. In einigen Ländern ist gar ein Abbau struktureller Qualitätsstandards festzustellen.[97] Fast alle Länder verhalten sich zurückhaltend, den bundesgesetzlich normierten Bildungsauftrag landesrechtlich zu konkretisieren, von einigen allgemeinen, vage gehaltenen Zielformulierungen abgesehen. Damit sind Inhalte und Qualität der Bildungs- und Erziehungsarbeit in Tageseinrichtungen der fachlichen Beliebigkeit anheim gegeben, wodurch erhebliche Qualitätsunterschiede zwischen den Tageseinrichtungen zu registrieren sind – je nach Engagement der Fachkräfte und des Trägers. Zu den wenigen Ländern, die den Bildungsauftrag zumindest für den Kindergarten näher regeln, zählen Bayern (Verordnung über die Rahmenpläne für anerkannte Kindergärten von 1973, geändert 1979 und 1997 aktualisiert durch „Empfehlungen zur Umsetzung der Verordnung über die Rahmenpläne für anerkannte Kindergärten in der Praxis«) und das Saarland („Rahmenrichtlinien für die vorschulische Erziehung" von 1973, überarbeitet 1996). Die Offenheit dieser Regelungen und die Unbestimmtheit ihrer Umsetzung haben jedoch auch in Bayern dazu geführt, dass Träger und Fachkräfte weitgehend frei im Gestalten der pädagogischen Kindergartenpraxis geblieben sind.

Durch den hohen Stellenwert, der der Elementarbildung heute zukommt, wird (auch mit Blick auf internationalen Entwicklungen) die Notwendigkeit erkannt, die Bildungs- und Erziehungsprozesse in den Kindertageseinrichtungen auf zentraler Ebene systematisch zu beschreiben. Ziel ist, bestmögliche

---

[97] Spieß (2002)

und vergleichbare Bildungsangebote für Kinder in allen Tageseinrichtungen
sicherzustellen und zugleich ausreichend Raum für pädagogische Gestaltungsfreiheit zu belassen. Einer generellen Festlegung bedürfen die Inhalte
und Ziele des Bildungsangebots, während bei deren pädagogischer Umsetzung ein großer Freiraum bestehen bleiben kann. Bildungspläne müssen offen bleiben, d.h. nach ihrer Einführung in regelmäßigen Abständen evaluiert
und fortgeschrieben werden. Fünf Länder sind bereits initiativ geworden.
Sie haben 2003 für ihr Land einen Plan, ein Programm bzw. Empfehlungen
vorgelegt (siehe nachstehende Tabelle), die allesamt unter breiter Beteiligung
jener entwickelt wurden, die Verantwortung im System der Kindertageseinrichtungen tragen. Weitere Länder zeigen großes Interesse am Bayerischen
Bildungs- und Erziehungsplan für Kinder in Tageseinrichtungen bis zur Einschulung, der in Bayern im Kindergartenjahr 2003/04 erprobt wird (z.B. Ba-

Land	Beauftragte Stelle, Person	Bezeichnung, Veröffentlichung
Bayern	Staatsinstitut für Frühpädago-gik, München	Der Bayerische Bildungs- und Erzie-hungsplan für Kinder in Tageseinrich-tungen bis zur Einschulung – Entwurf für die Erprobung (Oktober 2003)
Berlin	Internationale Akademie (INA) gemeinnützige Gesell-schaft für innovative Päda-gogik der freien Universität Berlin	Das Berliner Bildungsprogramm für die Bildung, Erziehung und Betreuung von Tageseinrichtungen bis zu ihrem Schu-leintritt – Entwurf (Juni 2003)
Brandenburg	Ludger Pesch u. a.	Entwurf eines normativen Rahmens für die Bildungsarbeit in Brandenburger Kindertageseinrichtungen. Teil 1: Grundlagen und Begründungen (Gut-achten) (Dezember 2001) Grundsätze der Bildungsarbeit in Bran-denburger Kindertageseinrichtungen. Teil 2: Bildungsbereiche (2. Entwurf) (August 2003)
Nordrhein-Westfalen	Handreichung: Gerd Schäfer, Angelika van der Beek, Rag-nild Fuchs, Rainer Strätz	Vereinbarung zu den Grundlagen über die Bildungsarbeit der Tageseinrich-tungen für Kinder (01. August 2003) zugrunde liegende Handreichung: Bildung beginnt mit der Geburt. Ein offener Bildungsplan für Kindertages-einrichtungen in Nordrhein-Westfalen (April 2003)
Rheinland-Pfalz		Bildungs- und Erziehungsempfehlungen für Kindertagesstätten in Rheinland-Pfalz – Diskussionsentwurf (Juli 2003)

den-Württemberg, Hessen, Thüringen). Diese Länder sind an einer Kooperation mit Bayern in der Weise interessiert, dass sie den Bayerischen Plan in
ähnlicher bzw. weiterentwickelter Form auch in ihrem Land erproben und
einführen wollen. Hessen will den Bayerischen Plan ausbauen und sogleich
für Kinder von 0–10 Jahren konzipieren, um die gegenseitige Anschlussfähigkeit von Elementar- und Grundschulbereich her- und sicherzustellen.

Dass es in Deutschland eines Tages bis zu 16 Bildungspläne für Kindertageseinrichtungen geben kann, ist eine merkwürdige Vorstellung. Bei einer fach-
wissenschaftlich fundierten Festsetzung von Bildungs- und Erziehungsqualität darf es an sich kaum Länderunterschiede geben. Eine länderübergreifende
Verständigung über gemeinsame Bildungs- und Erziehungsstandards in Tageseinrichtungen möglichst durch Staatsvertrag wäre dringend geboten. Die
derzeit vorgelegten Pläne und Programme sind zwar in der Darstellung und
Ausarbeitung sehr unterschiedlich, in den Grundlinien bzw. Kernaussagen
weisen sie jedoch ein hohes Maß an fachlicher Übereinstimmung auf (z.B.
hohe Gewichtung der Sprachförderung, musikalischen Bildung und Erziehung, Bewegungserziehung und -förderung).

10. Staatliche Festsetzung der pädagogischen Qualität der Kindertageseinrichtungen

Um die in den Plänen und Programmen festgesetzte Bildungsqualität in den
Einrichtungen erreichen zu können, ist der Bezug auf ein umfassendes und
durch die Forschung gestütztes Konzept von pädagogischer Qualität herzustellen und rechtlich zu sichern, das strukturelle, prozessuale und kontextuelle Qualitätsaspekte umfasst. Aus ökonomischer Sicht sind die strukturellen
Qualitätsaspekte von zentralem Interesse. Konkrete Aussagen zu den Rahmenbedingungen sind erst dann möglich, wenn Praxiserfahrungen und em-
pirisches Datenmaterial im Rahmen der Erprobung der Pläne und Programme vorliegen. Im Vorfeld sind folgende Aussagen möglich:

A. Anhebung der Qualifikation der Fachkräfte

Der wichtigste Faktor, welcher die Qualität der Bildungs- und Erziehungsarbeit in einer Kindertageseinrichtung bestimmt, ist die Qualifikation des Fachpersonals. Auf der Basis der Qualifikationen, die sie in der Ausbildung vermittelt bekommen haben, gestalten sie das tägliche pädagogische Programm,
das die Einrichtungsqualität am meisten prägt.[98] Mit Blick auf die hohen Anforderungen, die mit der Umsetzung der Bildungspläne auf die Fachkräfte
zukommen, sind die Forderungen nach einer Weiterentwicklung der Ausbil-

---

[98] Kreyenfeld, Flehming & Wagner (1997)

dungsqualität und dabei auch nach einer Anhebung der Eingangsvorausset-
zungen und des Ausbildungsniveaus ernsthaft zu prüfen. Als Maßstab sind die
europäischen Standards heranzuziehen. Fragen, die sich in der bisherigen Diskussion (ungeachtet der Empfehlungen beim Kapitel 8) grundsätzlich stellen,
sind: (1) Muss eine akademische Ausbildung sein oder reicht die Anhebung
nur der Zugangsvoraussetzung (z. B. Abitur) aus? (2) Müssen alle Fachkräfte
in Tageseinrichtungen über eine akademische Ausbildung verfügen oder genügt es, dass nur die Einrichtungsleitung bzw. die Gruppenleitungen über eine solche verfügen? (3) Welches Ausbildungsniveau ist bei den Zweitkräften
anzusetzen, wenn eine akademische Ausbildung für sie nicht für erforderlich
gehalten wird? Ungeachtet ihrer Beantwortung ist die gebotene Anhebung
der Qualifikation der Fachkräfte aufgrund der knappen Ressourcen ein längerfristiger Prozess, der das Aufstellen eines Stufenreformplans erfordert. So
kann und darf die Qualifikationsanhebung der Einrichtungsleitung nur der
erste Schritt sein, aber nicht der letzte. Die Ausbildung zur Kinderpflegerin
alsbald zum Auslaufmodell zu machen, wäre ein weiterer vorrangiger Schritt
in diesem Reformprozess.

B. Unterstützung der Einrichtungsteams durch mobile Fachkräfte und Fachdienste

Einer staatlichen Steuerung und rechtlichen Absicherung (z. B. Gestaltungsvorgabe an die örtliche Jugendhilfeplanung, Staatsbeteiligung an den Kosten)
bedarf insbesondere folgender Infrastruktur:

- Kindertageseinrichtungen sind weder zeitlich noch fachlich in der Lage, jene Aufgaben abzudecken, die mit der Früherkennung und Frühförderung
von Kindern mit Entwicklungsrisiken verbunden sind. Sie sollen deshalb
eng mit therapeutischen Fachdiensten zusammenarbeiten, die Diagnostik,
Beratung und Förderung leisten. Qualitätskriterien dieser Zusammenarbeit
sind, dass jede Tageseinrichtung einen bestimmten Fachdienst als feste erste Anlaufstelle und als Hauptkooperationspartner hat, mit dem sie regelmäßig, nicht nur anlassbezogen kooperiert. Es soll möglichst ein interdisziplinär arbeitender und sozialintegrativ orientierter Fachdienst sein (z. B.
Frühförderstelle), der seine Leistung vor Ort in der Tageseinrichtung anbietet. Der zentrale Stellenwert der Frühförderung dieser Kinder für ihren
weiteren Bildungs- und Lebensweg verlangt, die regelmäßige Präsenz mobiler Fachdienste in allen Kindertageseinrichtungen flächendeckend sicherzustellen. Ein Ausbau dieser Fachdienste ist hierfür dringend geboten.
- Bei Kindergruppen mit einem hohen Anteil von Kindern aus sprachlich
und sozial benachteiligten Familien und nicht deutsch sprechenden Kindern aus Migrantenfamilien bedarf es einer intensiveren Sprachförderung
(Kleingruppenarbeit, ggf. Einzelförderung). Dies verlangt eine stärkere
Öffnung von Tageseinrichtungen für weitere Fachkräfte und ehrenamtli-
che Kräfte. Auf lokaler Ebene setzt es das Bereitstellen eines Pools mobi-

ler Fachkräfte voraus, die mehreren Tageseinrichtungen vor Ort bei dieser Intensivförderung unterstützend zur Seite stehen.

■ Die hohen Anforderungen an die Bildungsarbeit mit den Kindern lassen sich bei längeren Ausfallzeiten von Fachkräften durch Urlaub und Erkrankungen im Kollegenkreis ohne Qualitätsverlust nicht mehr realisieren. Die Bereitstellung einer mobilen Reserve für Urlaubs- und Krankheitsvertretung (wie sie in einigen Großstädten bereits zum Teil schon für kommunale Einrichtungen besteht) und deren rechtliche Absicherung werden daher immer wichtiger und dringlicher.

■ Für das fachlich bedeutsame Anliegen, Familien- und Elternbildung verstärkt in den Räumen von Kindertageseinrichtungen anzubieten, um möglichst viele Eltern zu erreichen, ist eine stärkere Integration von Einrichtungen bzw. Anbietern der Familienbildung in Tageseinrichtungen im Sinne einer Einbeziehung und nicht nur einer bloßen Vernetzung wichtig und geboten.

C. Zeitbudget für die Bildungsarbeit – Bemessung der Kernzeit in Tageseinrichtungen

Stärkeres Gewichten des Bildungsauftrags heißt, mit den Kindern täglich mehrere strukturierte Lernangebote durchzuführen. Wie dem organisatorisch entsprochen werden kann, orientiert sich an den Bedürfnissen der Kinder (z. B. begrenzte Aufmerksamkeitsspanne, freies Ausleben der Spiel- und Bewegungsbedürfnisse). Daher müssen sich im Tagesablauf gezielte Lernangebote mit Freispielphasen und anderen Tätigkeiten (z. B. gleitendes Frühstück, Aufräumen) abwechseln. Um trotz gebotener Auflockerung täglich ausreichend Zeit für mehrere gezielte Lernangebote zu haben, muss in Tageseinrichtungen eine längere Phase der Ruhe einkehren, in der ein Bringen und Abholen der Kinder nicht angemessen erscheint und das Team und andere Personen, die in die pädagogische Arbeit eingebunden sind (z. B. Eltern, Honorarkräfte, Fachdienst), ihre volle Aufmerksamkeit den Kindern widmen können:

■ Das Zeitbudget für die ungestörte, konzentrierte Arbeit mit den Kindern lässt sich durch die Regelung einer Kernzeit sicherstellen, in der alle Kinder anwesend sind. Sie legt zugleich die Mindestnutzungszeit der Tageseinrichtung für die Eltern fest. Bei der Bemessung dieser Zeiten konkurriert das Recht des Kindes auf bestmögliche institutionelle Bildung mit dem Wunsch- und Wahlrecht der Eltern bei der Nutzung von Tageseinrichtungen für ihr Kind und dem betriebswirtschaftlichen Interesse der Träger, ausreichend Elternbeiträge einzunehmen. Für die Kernzeitbemessung ist daher ein ausgewogener Interessenausgleich herbeizuführen, wobei das Bildungsrecht des Kindes der Maßstab sein muss. Die in der Praxis weithin übliche Kernzeit von 3 Stunden reicht nicht aus und bedarf einer Ausweitung. Nach fachlicher Ersteinschätzung müsste die Kernzeit 5–6 Stunden betragen, 4 Stunden wären wohl eher zu gering.

■ Die Ländergesetze enthalten bisher keine Vorgaben an für die Gestaltung von Kern- und Mindestnutzungszeiten, sie werden auf Einrichtungsebene festgesetzt. Sobald Belege vorliegen, welches Zeitbudget eine erfolgreiche Umsetzung der Bildungspläne in Tageseinrichtungen täglich erfordert, ist deren Dauer landesrechtlich zu regeln. Die Kernzeitregelung soll angesichts des bestehenden Interessenkonfliktes nicht lokalen Aushandlungsprozessen auf Einrichtungsebene überlassen bleiben. Die Elementarbildung als öffentliche Pflichtaufgabe erfordert eine verbindliche, landeszentrale Festsetzung, ohne dass damit zugleich eine Kindergartenpflicht verbunden sein muss.

D. Bemessung von Verfügungszeiten – Zeiteinsparpotenziale in Tageseinrichtungen

Bei der Frage, welcher Zeitanteil für die pädagogische Arbeit beim Umsetzen der Bildungspläne insgesamt nötig sein wird, ist der Blick insbesondere auf folgende Aufgaben zu richten:

■ Entwicklung, Evaluation und Fortschreibung einer Einrichtungskonzeption;
■ Vor- und Nachbereitung der Lernarrangements für die Kinder, die auch räumliche Aspekte betreffen;
■ Anwesenheit der Fachkräfte beim Durchführen strukturierter Lernangebote, um den Anforderungen an die Vermittlung lernmethodischer Kompetenz zu entsprechen (Begleitung der Lernprozesse der Kinder durch Zuwendung, Kommunikation und Beobachtung);
■ regelmäßige Beobachtung und Dokumentation der Lern- und Entwicklungsprozesse, Auswertung der Beobachtungsergebnisse und weitere Berücksichtigung;
■ Vor- und Nachbereitung sowie Durchführung von jährlich mindestens zwei Termingesprächen mit den Eltern;
■ Vor- und Nachbereitung und Durchführung jener Angebote, die alle Eltern betreffen;
■ Ausbau und Pflege von Kooperationsbeziehungen mit vielen verschiedenen Stellen;
■ Planung und Durchführung einzelner Angebote für Kinder und Eltern zusammen mit anderen Stellen;
■ mehr Beteiligung der Kinder und Eltern bei allen Angeboten der Tageseinrichtung.

Welche Zeitanteile hiefür jeweils zu veranschlagen sind und ob die Verfügungszeit auszuweiten ist, sind Fragen, die auch im Zusammenhang mit den Fragen zu beantworten sind, inwieweit (1) Tageseinrichtungen von bestimmten Aufgaben entlastet und (2) bestimmte Arbeitsabläufe in Tageseinrichtungen beschleunigt werden können. Diese Fragen weiten den Blick auf das Aufgabenvolumen, das Fachkräfte zu bewältigen haben. Fachkräfte sind heute neben den pädagogischen Aufgaben mit vielen anderen Aufgaben befasst. Die mittlerweile hohe Beanspruchung durch Nebenaufgaben ist mit einer der Hauptgründe, weswegen Kernaufgaben unzureichend erfüllt werden (v. a. Beobachtung und Dokumentation der Lern- und Entwicklungsprozesse der Kinder, mindestens zwei Termingespräche mit Eltern im Jahr, Aufbau und Pflege von Kooperationsbeziehungen). Praxisberichte legen die Vermutung nahe, dass das den Einrichtungsteams zugewiesene Aufgabenvolumen und die EDV-Ausstattung von Kindertageseinrichtungen von der Größe des Trägers abhängig sind. Es gilt, die Zeitanteile für pädagogische Aufgaben dadurch zu erweitern, dass die Zeitanteile für andere Aufgaben durch Delegation, Koordination und Nutzung moderner Datentechnik einschließlich Internet verringert werden. Das Entlastungs- und Beschleunigungspotenzial in Kindertageseinrichtungen ist hoch. Die erzielbaren Zeitersparnisse lassen sich zugunsten von mehr Zeit für Kinder nutzbar machen, wie nachstehende Beispiele deutlich machen:

■ Fachkräfte sind zu entlasten von der Aufgabe, ihre Arbeitswerkzeuge, d. h. Vordrucke (z. B. Anmeldebögen, Betreuungsverträge, Einwilligungen der Eltern) und Instrumente (z. B. Beobachtungsbögen, Eltern-Fragebögen) selbst zu erstellen, was eher die Regel als die Ausnahme ist. Es gilt, Kindertageseinrichtungen und Träger durch das Entwickeln und Bereitstellen von Vordrucken und Instrumenten zu unterstützen und zu entlasten. Qualitativ hochwertige und rechtmäßige Vordrucke und Instrumente zu erstellen, ist eine Aufgabe mit sehr hohen Anforderungen, da viele Aspekte gleichzeitig zu beachten sind. Sie erfordert spezifische Fachkenntnisse (z. B. auch juristische, psychologische). Für ihren Einsatz in allen Tageseinrichtungen sind lange Entwicklungszeiten (Erprobung eingeschlossen) zu investieren. Über Vordrucke und Instrumente lassen sich wiederkehrende Arbeitsgänge beschleunigen, wenn sie gering in ihrer Anzahl sind und bei ihrer Gestaltung auch auf Verfahrens- und Regelungstechnik geachtet wird. Zu viele regelmäßige Arbeitsabläufe erfolgen noch formlos (ohne Vordruck), was unnötig Zeit kostet und fehlerträchtig ist. So fehlt z. B. für die im Praxisalltag häufige Infektionsmeldung an das Gesundheitsamt bis heute ein bundeseinheitlicher Vordruck vergleichbar mit der Unfallanzeige. Infektionsmeldungen erfolgen überwiegend freihändig, soweit nicht das örtliche Gesundheitsamt einen Vordruck erstellt und herausgegeben hat.
■ Da Dokumentations- und Verwaltungsaufgaben in Tageseinrichtungen deutlich zunehmen werden, wird eine konsequente Nutzung der Vorteile des Einsatzes von EDV inkl. Internetanschluss für Tageseinrichtungen immer wichtiger und dringlicher. Derzeit verfügen noch verhältnismäßig wenige Tageseinrichtungen über eine EDV-Ausstattung; aus ökonomischer Sicht ist manuelle Verwaltungsarbeit zeitintensiv und ineffizient. Zugleich ließe sich die Software für Kindertageseinrichtungen modernisieren. Ein qualitativ hochwertiges Vordruckwesen, unterstützt durch entsprechende

Software und angesiedelt im Internet, verspricht in dieser Kombination nochmals immense Beschleunigungseffekte (siehe unten 19.). Nur zwei Beispiele: (1) Wenn der Vordruck für den Bildungs- und Erziehungsvertrag im Rahmen der Verhandlungen mit den Eltern sogleich am PC in der Tageseinrichtung gemeinsam ausgefüllt wird, dann lassen sich alle Eingaben in einer Datenbank hinterlegen und sodann in Kinderdateien und Kinderlisten (in der Software in Rohfassung enthalten) für den raschen Datenzugriff im Betreuungsalltag aufbereiten. (2) Wenn die Vordrucke für Infektionsmeldung bzw. Unfallanzeige am PC ausgefüllt werden (ggf. unter Datenbanknutzung), dann hat das Gesundheitsamt bzw. der Gemeindeunfallversicherungsverband unmittelbar Zugriff auf diese für sie bestimmten Informationen und kann sie sofort weiterverarbeiten (bedingt durch das Internet).

- Die vielen Aufgaben, die die Neuaufnahme von Kindern betreffen, sind verwaltungs- und abstimmungsintensiv (z. B. Träger, Tageseinrichtungen im Einzugsbereich) in der Abwicklung und nehmen jedes Jahr viel Zeit in Anspruch. Hier wären erhebliche Entlastungen für Tageseinrichtungen denkbar, von denen die Eltern gleichermaßen profitieren: (1) Die Anzahl der Aufnahmeverfahren ließe sich senken, wenn Wechsel von Tageseinrichtungen durch breitere Altersmischung entfielen, soweit dies auch für fachlich sinnvoll erachtet wird (z. B. Tageseinrichtungen für Kinder von der Geburt bis zu Einschulung als Regelangebot). (2) Der Arbeitsaufwand für die einzelne Tageseinrichtung bei Neuaufnahmen ließe sich senken, wenn die Idee lokaler Kinderbetreuungsbörsen, unterstützt durch das Internet, Schule machte (siehe unten 14.).
- Aufbau und Pflege der Kooperation mit anderen Stellen sowie Öffentlichkeitsarbeit sind Kernaufgaben von Kindertageseinrichtungen. Soweit hierbei Aufgaben anfallen, die lokal alle Tageseinrichtungen gleichsam betreffen, erweist sich die Übernahme von Koordinierungsfunktionen durch das Jugendamt zunehmend als sinnvoll (siehe 13.).
- Pädagogische Fachkräfte sind von Verwaltungsarbeiten, die in keinem unmittelbaren Zusammenhang mit der pädagogischen Arbeit stehen (z. B. Kostenbeteiligung der Eltern), sowie Küchen- und Reinigungsarbeiten zu entlasten, indem z. B. Verwaltungs-, Küchen- und Reinigungskräfte eingestellt oder Dienstleister damit beauftragt werden (z. B. Catering-, Reinigungsfirma), die diese Aufgaben in viel kürzerer Zeit und damit auch preiswerter erledigen können als pädagogische Fachkräfte. Viele Verwaltungsabläufe sind ineffizient, so z. B. die weithin übliche Barzahlung von Spiel- und Essensgeld oder die Spitzabrechnung der eingenommenen Mahlzeiten statt die Berechnung von Essenspauschalen.

E. Altersmischung, Einrichtungsgröße, Fachkraft-Kinder-Schlüssel

Derzeit ist jede Einrichtung frei, die Altersmischung ihrer Zielgruppe zu bestimmen. Die Länder lassen mittlerweile alles zu und greifen nicht mehr steuernd ein. Die breitere Altersmischung hat sich als pädagogische Konzeption, aber auch unter dem Sachzwang, Einrichtungen angesichts des Geburtenrückgangs vor Schließung zu bewahren (z. B. Öffnung der Kindergärten auch für Kinder unter 3 Jahren und für Schulkinder), nach und nach durchgesetzt. Der hohe Stellenwert, der der Elementarbildung heute beizumessen ist, wirft die Frage auf, welches Ausmaß an Altersmischung der Bildungsauftrag verträgt bzw. welche Rahmenbedingungen Kindertageseinrichtungen mit breiter Altersmischung aufweisen müssen (z. B. Einrichtungsgröße), um für alle Altersgruppen gleichermaßen optimale Bildungsprozesse gewährleisten zu können. Je größer die Altersspanne der Kinder ist, umso mehr innere Differenzierung im pädagogischen und räumlichen Angebot ist erforderlich, um den Entwicklungs- und Bedürfnisunterschieden angemessen Rechnung tragen zu können. Während Tageseinrichtungen für Kinder bis zur Einschulung ein breites Spektrum an Bildungsaufgaben abdecken, ist der Bildungsauftrag von Tageseinrichtungen für Schulkinder ein ganz anderer, weil die Schule viele Bildungsaufgaben übernimmt, sowie Hausaufgabenbetreuung zu leisten und der sinnvolle Umgang mit Freizeit zu vermitteln ist. Es scheint, dass die Elementarbildung als öffentliche Pflichtaufgabe künftig eine landeszentrale Angebotssteuerung durch Gestaltungsvorgaben an die örtliche Jugendhilfeplanung verlangt, um die Qualität der Aufgabenerfüllung sicherzustellen. Die traditionelle Dreiteilung Krippe, Kindergarten und Hort bedarf hierbei einer Weiterentwicklung im Sinne integrativer Einrichtungsformen nach dem Vorbild der Early Excellence Centres in England. Was die geforderte Absenkung des Fachkraft-Kinder-Schlüssels in Kindergärten anbelangt, der gegenwärtig durchschnittlich bei 1:12,5 liegt, wäre mittelfristig eine Absenkung auf 1:9 geboten und langfristig auf 1:8 wünschenswert.

F. Anregende Gestaltung der Lernumgebung

Das pädagogische Angebot soll ausreichend Freiraum für individuelle Lehr- und Lernprozesse bieten, um der breiten Altersspanne der Kinder und der teilweise erheblichen Unterschiede im Entwicklungsstand (Leistungsfähigkeit, Aufmerksamkeitsspanne), aber auch den Unterschieden in den Stärken und Schwächen, Interessen und Neigungen der Kinder Rechnung zu tragen. Bei allen pädagogischen Maßnahmen wird durch innere Differenzierung die Voraussetzung dafür geschaffen, dass Kinder sich entsprechend ihrem Entwicklungsstand in Lernprozesse einbringen können. Das Konzept der inneren Differenzierung ist gekoppelt an ein geeignetes Raumkonzept, das den Kindern ausreichend Platz für Bewegung, individuelle Lernprozesse, Rückzug und Geborgenheit zugleich bietet. Mit Blick auf die in Kindertageseinrichtungen teilweise noch anzutreffenden Großraumsituationen sind zwei Gestaltungsmöglichkeiten denkbar, die sich auch miteinander kombinieren lassen:

- Ein Raumkonzept, das offen und flexibel ist, bietet die Möglichkeit zur Veränderung. Unter Beteiligung der Kinder lassen sich die Räume und deren Ausstattung immer wieder umgestalten und neu arrangieren – vergleichbar den Bühnen im Theater. Solche Szenen- und Kulissenwechsel machen die pädagogischen Angebote für die Kinder attraktiv, lebendig und spannungsreich, denn sie gestalten mit. Offene pädagogische Arrangements eröffnen einen Freiraum, der die Fantasie der Kinder anregt und beflügelt und immer wieder neue Dinge entstehen lässt. Er lässt sich mit allen Inhalten füllen, die die Bildungspläne bzw. -programme als Förderbereiche vorsehen.

■ Soweit Möglichkeiten bestehen (Umbau, Neubau), sollten Großraumsituationen zugunsten einer kleinteiligeren räumlichen Gliederung mit spezifischen Erfahrungs- und Lernangeboten reduziert werden. Dies eröffnet den Kindern die Möglichkeit, auch über längere Zeiträume ungestört ihren individuellen Interessen und Neigungen nachzugehen.

11. Absicherung der Verbindlichkeit der festgesetzten Qualitätsstandards

Die Koppelung struktureller Qualitätsstandards an die Betriebserlaubnis (Erlaubnisvoraussetzung) und an das Förderrecht (Fördervoraussetzung) ist Rechtspraxis in allen Ländern. Bei der Frage, über welche Wege sich eine verbindliche Einhaltung und Umsetzung der Bildungspläne herstellen lässt, betreten alle Länder Neuland, auch Bayern, weil die geltenden Rahmenpläne für anerkannte Kindergärten in ihrem Konkretisierungsgrad nicht vergleichbar sind mit dem nun vorgelegten Plan. Alle bisher vorgelegten Pläne, Programme bzw. Empfehlungen verstehen sich als offener Orientierungsrahmen, der die Kreativität vor Ort nicht einschränkt. Sie beschreiben keine Mindeststandards, sondern beste Fachpraxis. Sie befürworten bei der Umsetzung der Bildungsinhalte und -ziele pädagogische Vielfalt und methodische Freiheit. Soweit sie Anregungen und Beispiele enthalten, vermitteln diese nur eine erste Vorstellung von pädagogischer Umsetzung und lassen sich verändern bzw. durch neue Beispiele ersetzen und erweitern. Auch weiterhin ist eine inhaltliche Schwerpunktsetzung möglich durch unterschiedliche Gewichtung der einzelnen Förderbereiche; ein Verzicht auf einzelne Förderbereiche hingegen scheidet aus. Welche Rechtsqualität Bildungspläne haben sollen (z.B. Rechtsverordnung, Vollzugsrichtlinien, ministerielle Bekanntmachung) und über welche Wege ihre verbindliche Beachtung und Umsetzung in der Einrichtung sichergestellt werden kann und soll, sind Fragen, die zu lösen sind:

1. **Bildungs- bzw. Qualitätsentwicklungsvereinbarungen mit den Trägern:** Diese sind geeignet, mit den Trägern eine Verständigung herbeizuführen über verbindliche Grundsätze für die Bildungs- und Erziehungsarbeit in Tageseinrichtungen, über die Rahmenbedingungen, die für die erfolgreiche Umsetzung des Plans erforderlich sind, und über Maßnahmen, die seine Umsetzung in der Praxis unterstützen und absichern. Durch den Ab-

schluss von Bildungs- bzw. Qualitätsentwicklungsvereinbarungen bringen alle, die für die Gestaltung der Tageseinrichtungen Verantwortung tragen, ihren gemeinsamen Willen zur angemessenen und zugleich verbindlichen Umsetzung des Bildungsauftrags zum Ausdruck. Berlin, Nordrhein-Westfalen und Rheinland-Pfalz versuchen diesen Weg zu gehen, indem sie auf Landesebene mit den Spitzenverbänden der Träger eine solche Vereinbarung abschließen bzw. die Empfehlungen sogleich im Vereinbarungsweg erstellen.

2. **Vorgabe der Planumsetzung als Erlaubnis- bzw. Fördervoraussetzung:** Die Koppelung der Planumsetzung an eine qualifizierte Betriebserlaubnis für Tageseinrichtungen, die eine Landesförderung begehren, bzw. an die Vergabe von Landeszuschüssen, ist der intensivste Eingriff in die Trägerautonomie. Sie greift auch in die Finanzhoheit der Träger ein, soweit Rahmenbedingungen zu schaffen sind. Kindertageseinrichtungen, in denen der Plan nicht bzw. unzureichend umgesetzt wird, kann als letztes Mittel die Kürzung der Landeszuschüsse zu den Betriebskosten drohen, was letztlich Schließung bedeuten würde. Vorab sind Träger und Tageseinrichtungen vorrangig über die Möglichkeiten zur Problemlösung zu beraten und bei der Umsetzung des ausgewählten Lösungsansatzes zu begleiten. Dieser Kontroll-Ansatz würde in seiner Konsequenz wohl verlangen, die staatliche Rechtsaufsicht zu einer Fachaufsicht hin auszuweiten und die Aufsichtsbehörden mit qualifiziertem Fachpersonal auszustatten. Er wirft Fragen auf im Hinblick auf seine Vereinbarkeit mit der bestehenden Trägerlandschaft und mit den Bundesregelungen in §§ 45 ff SGB VIII, nach denen sich die Staatsaufsicht auf eine Gefahrenabwehr für das Kindeswohl beschränkt (siehe auch 12.).

3. **Verpflichtung zur Umsetzung des Plans in der Einrichtungskonzeption:** Jede Tageseinrichtung hat die Aufgabe, den Bildungsplan auf Einrichtungsebene zu konkretisieren und dabei an die lokalen Bedingungen anzupassen. In diesen Entwicklungsprozess sind Träger, Fachpersonal und Eltern gleichsam einbezogen und wirken dabei als gleichberechtigte Bildungs- und Erziehungspartner zusammen. An dessen Ende steht die Einrichtungskonzeption, die sodann für alle transparent gemacht und verbindlich umgesetzt wird. Sie stützt und sichert die Bildungs- und Erziehungsarbeit in der Einrichtung ab. Sie wird jedes Jahr evaluiert, wobei auch Elternbefragungen bedeutsam sind, und bei Bedarf fortgeschrieben. In diesem Kontext entfalten Pläne die Funktionen als (1) Bezugsrahmen und Verständigungsgrundlage für die Konzeptionsentwicklung sowie (2) Arbeitshilfe und Evaluationsmaßstab für die pädagogische Praxis. Durch eine Landesregelung, den Plan in der Einrichtungskonzeption umzusetzen, Eltern ein Exemplar auszuhändigen und Elternbefragungen durchzuführen, und eine förderrechtliche Vorgabe, als Nachweis hierfür die Konzeption, deren fortgeschriebene Fassung bzw. den Evaluationsbericht jährlich vorzulegen, ließe sich Verbindlichkeit herstellen. Eltern erhalten mehr Kontroll- und

Einwirkungsmöglichkeiten, wenn sie eine Einrichtungskonzeption erhalten und Elternbefragungen durchgeführt werden. Dieser Ansatz kann mit Ansatz (1) und (2) kombiniert werden.

12. Qualitätssicherung durch Mehrinvestition in Ausbildung, Fortbildung und Fachberatung des Fachpersonals statt Ausbau der Staatsaufsicht

Die Begleitung und Kontrolle der Tageseinrichtungen bei der Einhaltung von Qualitätsstandards sind „ein weiteres Stiefkind in allen Ländern":[99]

- Es gibt große regionale Unterschiede in der Unterstützung der Fachkräfte durch Fachberatung und Fortbildung.[100] Die bestehende Infrastruktur reicht bei weitem nicht aus für eine prozessorientierte und einrichtungsspezifische Beratung, wie sie im Zuge der Umsetzung der Bildungspläne bzw. -programme notwendig wird. Fachberatungskräfte sind vielfach zuständig für die Beratung von bis zu 100 Kindertageseinrichtungen, was eine qualifizierte, intensivere Beratung kaum zulässt.
- Es fehlen unabhängige Kontrollorgane, die Qualitäts(mindest)sicherung betreiben. Diese Aufgabe ist in allen Ländern bei staatlichen Stellen angesiedelt, die in der Regel zugleich für die Bewilligung öffentlicher (staatlicher bzw. kommunaler) Zuschüsse für Kindertageseinrichtungen zuständig sind. Durch diese Aufgabenkollision ist in Zeiten leerer öffentlicher Kassen ein Interessenkonflikt vorprogrammiert. Länder und Kommunen können in ihrer Rolle als Kostenträger kein besonderes Interesse an hohen Qualitätsstandards haben, da diese regelmäßig mit höheren Kosten verbunden sind. Bei der Umsetzung des Rechtsanspruchs auf einen Kindergartenplatz wurde dieser Interessenkonflikt deutlich sichtbar, da die Kostenprobleme, die mit dem quantitativen Ausbaubedarf einhergingen, immer wieder zu Lasten der Qualitätsstandards (Abbau, Lockerung) gelöst wurden.[101]
- Vor dem Inkrafttreten des SGB VIII gab es keine bundeseinheitliche Struktur der Aufsicht über Kindertageseinrichtungen. Im Gesetzgebungsverfahren gelang es nicht, die im SGB VIII hierfür vorgesehene Zuständigkeit der überörtlichen Träger der öffentlichen Jugendhilfe und damit der Landesjugendämter in allen Bundesländern durchzusetzen. Insbesondere in den Ländern Bayern, Schleswig-Holstein und Rheinland-Pfalz lag die Zuständigkeit bei den Kreisen. Durch die Stichtagsregelung in § 85 Abs. 4 SGB VIII wurde diesen Ländern ermöglicht, den alten Rechtszustand beizubehalten. Im Gefolge der Verwaltungsmodernisierung kam es in den letzten Jahren mehrfach und ohne Erfolg zur Vorlage von „Zuständigkeitslockerungsgesetzen" im Bundesrat, die Aufgaben des überörtlichen

[99] Spieß (2002)
[100] Spieß & Tietze (1998)
[101] Spieß (2002)

Trägers zu reduzieren bzw. die Verwaltungsebene ganz aufzuheben. In diesem Zusammenhang wurde auch immer wieder gefordert, die Aufsicht über Tageseinrichtungen den örtlichen Trägern zuzuweisen, aktuell ist ein entsprechender Vorstoß Bayerns im Bundesrat. Bislang hat sich der Bund solchen Ansinnen stets verweigert. Die Aufsicht über Tageseinrichtungen hat eine ordnungsrechtliche Funktion und dient der Gefahrenabwehr für das Kindeswohl. Sie sollte nicht denjenigen Behörden zugewiesen sein, die selbst Träger von Einrichtungen sind (z. B. kreisfreien Städte) oder die die Bereitstellungsverpflichtung und damit die Finanzierungslast tragen (z. B. Landkreise). Auch die Landesjugendämter können nicht ohne weiteres als „unabhängige Behörden" betrachtet werden, werden doch die Landeswohlfahrtsverbände in Baden-Württemberg bzw. die Landschaftsverbände in Nordrhein-Westfalen als überörtliche Kommunalverbände und damit als Teil der kommunalen Familie weitgehend aus Umlagen der kommunalen Gebietskörperschaften finanziert. Soll die Aufsicht künftig auf lokaler Ebene wenigstens in gleicher Intensität und Qualität wie auf örtlicher Ebene fortgeführt werden, dann erfordert sie einen wesentlichen höheren Aufwand. Dieser dürfte aber angesichts der desolaten Kommunalhaushalte nicht finanzierbar sein. So setzt sich die Initiative dem Verdacht aus, die Aufsicht zu reduzieren und damit direkt oder indirekt auch die Standards zu senken. Vor dem Hintergrund von PISA und den allseitigen Bekenntnissen zu einer Qualifizierung der Bildungsangebote erscheint diese Forderung schwer verständlich.[102]

■ Soweit das Aufsichtssystem auf Kreisebene angesiedelt ist, weist es erhebliche Mängel und Defizite auf, für deren Behebung hohe Investitionen nötig wären. Auf Trägerebene wird hingewiesen auf die unzureichende Qualifikation des Aufsichtspersonals (Indiz: Mangel an pädagogisch ausgebildeten Kräften, überwiegender Einsatz von Verwaltungskräften) und die unzureichende Personalausstattung der Aufsichtsbehörden (Indiz: Einrichtungsbegehungen finden in großen Zeitabständen alle 3–4 bzw. 7–8 Jahre oder gar nicht mehr statt). In der Vollzugspraxis der Aufsichtsbehörden werden erhebliche Unterschiede und eine regionale Ungleichbehandlung von Trägern und Tageseinrichtungen beklagt (Indiz: Unterschiedliche Auslegung der einschlägigen Rechtsgrundlagen ist eher Regel als Ausnahme).

Die etwaige Anbindung der Verbindlichkeit von Bildungsplänen an den Erhalt von Landeszuschüssen wird in der Praxis als problematisch angesehen. Statt die Position der Aufsichtsbehörden weiter zu stärken, sollten die Professionalisierung und Begleitung des Fachpersonals im Vordergrund stehen, deren unzureichende Infrastruktur ein Mehr an Investitionen erfordert:

■ Die Umsetzung der Bildungspläne bzw. -programme sollte auf der Grundlage einer Bildungsvereinbarung und im Rahmen eines begleiteten Prozesses erfolgen und nicht unter hoheitlichem Zwang. Die Pläne bzw. Pro-

---

[102] Wiesner (2003)

gramme sollten sich als Orientierungshilfe mit Empfehlungscharakter von bester Fachpraxis verstehen. Ein solches Planverständnis im Verbund mit einem guten Ausbildungssystem und einem guten, die Praxis begleitenden Unterstützungssystem würde die Umsetzungschancen deutlich erhöhen. Aus Sicht des Fachpersonals werden die Inhalte der Pläne bzw. Programme als anregend empfunden. Ihre Umsetzung kann Spaß und Freude bereiten, wenn sie auf der Grundlage von Kompetenzerwerb und freier Entscheidung erfolgt und nicht auf der Grundlage eines fördertechnischen Müssens. Als sinnvolle Fördervoraussetzung wird die jährliche Vorlage der Einrichtungskonzeption bzw. eines Evaluationsnachweises sowie von Fortbildungsnachweisen der Fachkräfte vorgeschlagen.

- Die knappen öffentlichen Mittel sollen in Ausbau und Verbesserung der bestehenden Stützsysteme und nicht in den Ausbau des (unzulänglichen) Aufsichtssystems investiert werden. Durch praxisbegleitendes „Coaching" der Träger und Teams von Tageseinrichtungen lässt sich mehr Anreiz und Motivation erzielen, den Plan bzw. das Programm umzusetzen, als über ein förderrechtliches „Damoklesschwert". Auch wenn Zuschusskürzung nur in wenigen Ausnahmefällen erfolgen wird, erzeugt ein Sanktionierungsmodell in den Köpfen einen Umsetzungszwang und begünstigt Abwehrhaltung. Unter Zwang lassen sich Innovationen schwerer durchsetzen als über „Coaching" in einem Klima, das von pädagogischer und organisatorischer Entscheidungsfreiheit geprägt ist.

- Fortbildung und Fachberatung sind zentrale Instrumente der Qualitätssicherung im System der Kindertageseinrichtungen und somit auch bei der Umsetzung der Bildungspläne bzw. -programme. Die vorhandenen Stützstrukturen sollten hierfür genutzt und zugleich gestärkt werden. (1) In den Ländern muss eine umfassende und landesweite Fortbildungsstrategie für die pädagogischen Fachkräfte und auch für Träger in enger Zusammenarbeit mit den Trägerverbänden konzipiert und eingeleitet werden. Dabei wird auch der Vorschlag zu prüfen sein, In-Service-Trainings für Einrichtungsteams zu intensivieren; solche Kompakttrainings entlasten Einrichtungsleitungen von ihrer Multiplikatorenfunktion und bieten Öffnungsmöglichkeiten z. B. für Eltern, Grundschullehrkräfte, Fachdienste. Die mit Einführung der Bildungspläne gebotene „Nachqualifizierung" setzt die Teilnahme aller in der Praxis tätigen Fachkräfte voraus. Dies wirft die Frage nach einer „Fortbildungspflicht" auf; so könnte der weitere Erhalt von Landeszuschüssen an die Vorlage von Teilnahmebestätigungen an Fortbildungen gekoppelt werden. (2) Die Fachberatung als Stützsystem für die Förderung qualifizierter Praxis wird bei der Umsetzung der Pläne bzw. Programme vor Ort eine Schlüsselrolle in der Trägerberatung und Einrichtungsberatung spielen. Zu den Aufgaben gehören u. a. die Koordination des örtlichen Beratungsbedarfs sowie die fachliche Begleitung in den Einrichtungen. Es bedarf eines deutlichen Ausbaus des Fachberaternetzes sowie von trägerübergreifenden, regionalen Beratungsstrukturen. Darüber hinaus ist für die Gewährleistung zuverlässiger Beratungsstrukturen auch eine rechtliche und finanzielle Absicherung notwendig.

■ Der Vorschlag, ein unabhängiges Qualitätssicherungssystem im Verbund mit der nachfrageorientierten Subjektfinanzierung (Gutschein-System) zugleich einzuführen, erscheint als Regelfall weder finanzierbar noch trägerübergreifend konsensfähig. Danach sollte eine neutrale Instanz, gefördert über öffentliche Gelder, mit der Vergabe von Gütesiegeln für die Qualität einer Tageseinrichtung beauftragt werden. Das Gütesiegel wird von dieser Instanz aufgrund von Qualitätseinstufungen vor Ort vergeben. Wichtig ist, dass diese Einstufungen auf der Basis von Einrichtungsbesuchen erfolgen, die von gut geschultem Personal durchgeführt werden. Die örtlichen Qualitätseinstufungen sind Grundlage der Gütesiegel-Vergabe, die die Instanz ausstellt.[103] Eine solche Idee könnte eher Chancen haben als ein Angebot für Träger, sich freiwillig einer externen Qualitätsprüfung zu unterziehen, um mit einem Gütesiegel ihren „Marktwert" zu erhöhen.

13. Aufbau einer Infrastruktur für die Kooperation mit Grundschulen und anderen Stellen

Mit welchen Stellen vor Ort und in welcher Art und Weise Tageseinrichtungen im Rahmen ihrer Bildungs- und Erziehungsaufgaben eine Zusammenarbeit eingehen, hängt grundsätzlich von der Gestaltung des Leistungsangebots und damit von der jeweiligen Einrichtungskonzeption ab (z. B. Musikschule, Sportverein). Bestimmte Kooperationsbeziehungen sind jedoch für die ganzheitliche Förderung der Lern- und Entwicklungsprozesse der Kinder von so grundlegender Bedeutung, dass sie selbstverständliche Praxis in jeder Tageseinrichtung sein müssen, so insbesondere: (1) Förderung von Kindern mit Entwicklungsproblemen und (drohender) Behinderung: Zusammenarbeit mit einem bestimmten Fachdienst, der seine Leistungen vor Ort in der Einrichtung anbietet und erbringt; (2) Begleitung des Übergangs in die Schule: Zusammenarbeit mit den Schulen; (3) Gesundheitliche Bildung und Erziehung: Zusammenarbeit mit dem Gesundheitsamt; (4) Erziehungs- und Bildungspartnerschaft mit den Eltern: Vernetzung von Tageseinrichtungen mit lokalen Angeboten der Familienbildung; (5) Abwendung von Gefährdungen für das Kindeswohl: Zusammenarbeit mit qualifizierten Ansprechpartnern, die sie in (etwaigen) Gefährdungsfällen zu Rate ziehen können.

Aufbau und Pflege dieser grundlegenden Netzwerke sind bislang nur in Ansätzen gelungen. Es hat sich gezeigt, dass die gesetzliche Verankerung von Kooperationsgeboten allein nur wenig bewirkt. Als kooperationshemmende Faktoren haben sich v. a. herausgestellt:

■ Der Zeitaufwand für Aufbau und Pflege von Kooperationsbeziehungen ist derzeit hoch. Jeder Tageseinrichtung ist es selbst überlassen, Koopera-

---

[103] Spieß (2002); Spieß & Tietze (2001)

tionsbeziehungen herzustellen und zu pflegen. Sie muss vor Ort ihr eigenes Netzwerk aufbauen, da es keine Stellen gibt, die hierbei Hilfestellung leisten bzw. Koordinierungsfunktion übernehmen. Dieses Verfahren ist wenig effizient und effektiv. Es hängt vom Engagement der Fachkräfte auf Seiten beider Partner ab, ob Kooperation entsteht. Vielfach wird der Mangel an Zeit beklagt, der Kooperation verhindert. Es bestehen aber auch Unsicherheiten, welche Formen von Kooperation sinnvoll sind.

■ Ministerielle Bekanntmachungen, die Empfehlungen von sinnvollen Kooperationsweisen geben, sind in der Praxis vielfach unbekannt. Zudem sind ihre Ausführungen zu unbestimmt im Gehalt. So wird in Bekanntmachungen, die die Zusammenarbeit von Kindergarten und Grundschule im Rahmen der Übergangsbegleitung des Kindes in die Schule betreffen, z. B. nur empfohlen, dass die Schule bei Bedarf das Gespräch über einzelne Kinder mit dem Kindergarten suchen soll. Alle weiteren fachlichen Entscheidungen, die mit der sinnvollen Gestaltung des Dialogs zwischen Kindergarten und Schule verbunden sind, bleiben den Kooperationspartnern vor Ort überlassen. In der konkreten Situation wird häufig spontan gehandelt, fachlich bedeutsame Aspekte bleiben außer Acht.

■ Die Unsicherheiten im Umgang mit dem Sozialdatenschutz, der bei Kooperation in Bezug auf die Förderung einzelne Kinder von zentraler Bedeutung ist, sind groß. Die kindbezogene Zusammenarbeit mit anderen Stellen ist grundsätzlich nur mit Einwilligung der Eltern zulässig, wenn anonymisierte Fallbesprechungen nicht ausreichen (§ 65 Abs. 1 Satz 1 Nr. 1 SGB VIII). Die Daten, die hierbei über das Kind ausgetauscht werden, sind der Tageseinrichtung überwiegend im Rahmen persönlicher und erzieherischer Hilfe anvertraut. Dies gilt v. a. für jene Daten, die ab der Aufnahme durch gezielte Beobachtungen des Kindes und Einzelgespräche mit den Eltern bekannt geworden sind. Einwilligungen bedürfen sorgfältiger Planung und Vorbereitung, weil das Sozialdatenschutzrecht an sie viele Vorgaben knüpft (§ 67b Abs. 2 SGB X). Die Einwilligung einschließlich der gesetzlich vorgegebenen Hinweise bedürfen der Schriftform (§ 67b Abs. 2 Satz 3 SGB X). Vordrucke für alle typischen Kooperationsbeziehungen von Tageseinrichtungen empfehlen sich. In der Praxis herrscht ein Mangel an Einwilligungsvordrucken. Reaktionsmuster der Fachkräfte darauf sind, (1) nach Aufnahme der Kinder situationsbezogen zu versuchen, sich bei den Eltern die nötigen Einwilligungen noch irgendwie zu verschaffen, was viel Zeit kostet und nur rechtsfehlerhaft gelingt; (2) ohne Einwilligung zu handeln, was rechtswidrig ist; (3) die Kooperation zu unterlassen mit dem Hinweis auf den Sozialdatenschutz, der eine Informationsweitergabe verbiete – eine Reaktion, die häufig ist und den Datenschutz zu Unrecht in den Verruf bringt, Kooperation zu verhindern. Einwilligungen einzuholen, steht nicht im Belieben der Fachkräfte; bei fachlich gebotener Kooperation darf der Datenschutz nicht als Blockade-Instrument missbraucht werden. Daher sind Fachkräfte angehalten, all ihre Kräfte aufzubringen, Eltern von der Sinnhaftigkeit ihrer Einwilligung für das Kind zu überzeugen. Der Mangel ein Einwilligungsvordrucken erweist sich somit als ein wesentliches Hemmnis für Kooperation.

Damit Kooperation entstehen kann und regelmäßig gepflegt wird, ist der Aufbau einer Art Infrastruktur für Kooperation geboten, die im Wesentlichen drei Maßnahmen umfasst:

1. **Vernetzung als staatliche Gestaltungsvorgabe für die örtliche Jugendhilfeplanung**
   Lokale Bedarfs- und Angebotsplanung von Kindertageseinrichtungen muss auch die fachliche gebotene Kooperation und Vernetzung mit anderen Stellen in den Blick nehmen und die dafür gebotene Infrastruktur im oben beschriebenen Sinne sicherstellen (z. B. Präsenz mobiler Fachdienste in Kindertageseinrichtungen für die Förderung von Kindern mit Entwicklungsrisiken und drohender Behinderung). Diese Infrastruktur wird sich nicht von selbst einstellen, sondern bedarf aus Gründen der Qualitätssicherung einer entsprechenden staatlichen Steuerungsvorgabe an die Jugendhilfeplanung.

2. **Übernahme von Planungs- und Koordinierungsfunktionen durch das Jugendamt**
   Das Jugendamt soll zusammen mit dem Schul- und Gesundheitsamt in verstärktem Maße eine Koordinierungsfunktion übernehmen, um auf lokaler Ebene den Aufbau und die Pflege der grundlegenden Netzwerke sicherzustellen und den damit verbundenen Organisationsaufwand für die Kooperationspartner erheblich zu reduzieren. Diese Koordinierungsfunktion ist Ausfluss seiner örtlichen Planungs- und Gewährleistungsverantwortung. Bezugspunkt und Verständigungsgrundlage hierfür sind die Ausführungen in den Bildungsplänen über die Zusammenarbeit mit anderen Stellen. Bedeutsame Maßnahmen sind: (1) Im Rahmen der Angebotsplanung für den Bereich Kindertageseinrichtungen trägt das Jugendamt dafür Sorge, die für die Vernetzung erforderliche Infrastruktur rechtzeitig und ausreichend zur Verfügung zu stellen, so v. a. durch Umverteilung und Bündelung der vorhandenen Ressourcen (z. B. Sicherstellung eines mobilen Dienstes für Kindertageseinrichtungen in der Frühförderstelle). (2) In Dienstbesprechungen, an denen die Träger und Leitungen der Kindertageseinrichtungen und die jeweiligen Kooperationspartner teilnehmen, lässt sich eine Verständigung über die Konzeption und Umsetzung der Kooperationsbeziehungen in ihren Grundzügen herbeiführen. Auch ließen sich jene Fragen klären, die die Organisation dieser Netzwerke (z. B. Bestellung von Kooperationsbeauftragten oder Ansprechpartnern) sowie die Qualifizierung der Fachkräfte beider Kooperationspartner und deren Informations- und Erfahrungsaustausch (z. B. gemeinsame Fortbildungen, Gründung von Arbeitskreisen) betreffen. Die Ergebnisse in einer Rahmenkooperationsvereinbarung niederzulegen, ist sinnvoll, um ihre Beachtung und Einhaltung abzusichern.

3. Hilfestellung beim Aufbau eines qualitativ hochwertigen Vordruck-wesens

Einwilligungsvordrucke sind auf ein Minimum zu beschränken und möglichst in umfassendere Vordrucke zu integrieren (§ 67b Abs. 2 Satz 4 SGB X), um Eltern nicht mit Formularen zu überfrachten und Verfahrensabläufe einfach zu gestalten (Regelungs- und Verfahrensökonomie). Einwilligungen in Kooperationsbeziehungen, die längerfristig angelegt sind bzw. viele verschiedene, einwilligungsbedürftige Kooperationsformen umfassen, sind in einem Vordruck zu bündeln. Die meisten Einwilligungen lassen sich beim Abschluss des Bildungs- und Erziehungsvertrags einholen und somit in den Vertragsvordruck integrieren (siehe 19.). Einwilligungen, die erst später zum Tragen kommen, sind zum jeweils geeigneten Zeitpunkt durch gesonderten Vordruck einzuholen; sie sind Nebenabsprachen des Bildungs- und Erziehungsvertrags. Beim Vordruckgestalten sind die gesetzlichen Hinweispflichten von zentraler Bedeutung. Eltern sind darauf hinzuweisen, mit wem die Tageseinrichtung zu welchem Zweck und in welcher Art und Weise zu kooperieren beabsichtigt, welche Daten hierbei über das Kind ausgetauscht werden und welche Folgen für das Kind zu erwarten sind, wenn Eltern nicht einwilligen. Verboten sind pauschale bzw. unbestimmte Einwilligungen, bei denen Eltern über die Tragweite ihrer Entscheidung unzureichend informiert werden:

■ Das Abfassen der Hinweise zwingt somit zur Steuerung von Kooperationsprozessen bzw. zur Entscheidung über fachlich sinnvolle Kooperationsweisen. Ein Beispiel, das den vorläufigen Stand der noch nicht abgeschlossenen Diskussion (in Bayern) widerspiegelt: Viele Gründe sprechen dafür, dass der Kindergarten bei allen Eltern die Einwilligung für den Dialog zwischen Kindergarten und Schule über einzelne Kinder im Rahmen der Übergangsbegleitung einholen soll. Er leitet eine Kopie der Einwilligungen an die Schule weiter, da diese auch die Schule berechtigt, ihrerseits Informationen über das Kind zu erfragen und sich mit dem Kindergarten auszutauschen. Vor dem fachlichen Hintergrund, dass der Dialog über einzelne Kinder vielfältig und mit Schuleintritt nicht beendet ist, sind im Vordruck alle sinnvollen Dialogmöglichkeiten zu erfassen, was wiederum den Kooperationspartnern Spielraum beim Gestalten des Dialogs verschafft. Als wichtige Dialogsituationen haben sich erwiesen: (1) Nicht über jedes Kind sind Einzelgespräche zu führen. Sie sind bei jenen Kindern wichtig, die Probleme erwarten lassen bzw. deren individuelle Förderung in der Schule eine Fortsetzung erfahren soll (z. B. auch Hochbegabung). Herausgestellt werden nicht nur Schwächen, sondern auch Stärken, um der Schule ein ausgewogenes Bild über ein Kind zu vermitteln. Den Dialog aufzunehmen, ist vorrangige Aufgabe der Tageseinrichtung. Nur sie ist in der Lage einzuschätzen, bei welchen Kindern Gespräche nötig sind. Bei Bedarf sind die Eltern mit einzubeziehen. Gespräche über mehrere Kinder zugleich zu führen und Beobachtungsbögen auszuhändigen, empfiehlt sich. (2) Der Schule eine

Liste mit den einzuschulenden Kindern zu geben, hat Sinn für die Klassenbildung. Wenn sich Kinder aus der gemeinsamen Zeit in der Tageseinrichtung kennen, ist für sie der Gruppenbildungsprozess in der Schule leichter. (3) Der weitere Dialog nach Schuleintritt ist wichtig bei den Kindern, über die Einzelgespräche geführt worden sind. Schulen müssen nachfragen dürfen, wenn für sie die eine oder andere Frage noch auftaucht. Fachkräfte in Tageseinrichtungen sind interessiert an einer Rückmeldung, wie es den Kindern im ersten Schuljahr ergangen ist.

■ Erfahrungen im freien Umgang der Praxis mit Mustervordrucken, die im Staatsinstitut für Frühpädagogik entwickelt und mittlerweile intern fortgeschrieben worden sind,[104] haben gezeigt, dass bei den Hinweisen fachlich bedeutsame Aussagen gestrichen werden, weil sie noch nicht Praxis oder aber unbequem sind (z. B. vorherige Abstimmung mit den Eltern, wie das Gespräch mit der Schule über das einzuschulende Kind geführt wird). Damit wird die qualitätssichernde Steuerungswirkung, die Einwilligungsvordrucke in der Praxis entfalten könnten, wieder unterwandert. Dies ist mit einer der Gründe für Überlegungen, eine Basisverwaltungssoftware für Kindertageseinrichtungen im Internet aufzubauen, die einerseits ein freiwillig nutzbares Serviceangebot ist, aber andererseits nur bestimmte Anpassungen ermöglicht (siehe unten 19.).

14. Steuerung der bedarfsgerechten Angebots- und Budgetplanung und Platzvermittlung

Von herausragender Bedeutung für die Sicherstellung und Ausgestaltung eines ausreichenden Angebots an Kindertageseinrichtungen ist die Jugendhilfeplanung. Sie wird auf kommunaler Ebene zentral durch den örtlichen Träger der öffentlichen Jugendhilfe (Kreise) und unter Beteiligung der Träger der freien Jugendhilfe vorgenommen (vgl. § 80 SGB VIII). Bei deren Durchführung werden erhebliche Mängel beklagt:

■ Die Gestaltungsfreiheit der Kreise bei der Bedarfs- und Angebotsplanung und der darauf aufbauenden Budgetplanung ist groß. Im Gegensatz zu anderen kommunal finanzierten Sozialleistungen, in der die Berechtigungsansprüche auf Bundesebene klar geregelt sind (z. B. Sozialhilfe), wird die Ausgestaltung des Angebots von Kindertageseinrichtungen vorwiegend auf kommunaler Ebene entschieden. Abgesehen vom Rechtsanspruch auf einen Kindergartenplatz sind die Kommunen weitgehend frei in der Auslegung, welches Angebot mit Krippen- und Hortplätzen sowie Ganztagsplätzen in Kindergärten in ihrem Zuständigkeitsbereich „bedarfsgerecht" i. S. d. SGB VIII ist.[105] Die weiteren bundesgesetzlichen Vorgaben in § 80

---

[104] Reichert-Garschhammer (2001a; 2001b; 2001c)

[105] Spieß (2002)

Abs. 2 SGB VIII sind sehr unbestimmt. Die Ländergesetze enthalten kaum Ausführungsbestimmungen, lediglich der Rechtsanspruch auf einen Kindergartenplatz wird in vielen Ländern zeitlich eingegrenzt.

- In der Praxis hat sich die Bedarfsermittlung der notwendigen Dienste und Einrichtungen als problembehaftet erwiesen. Der Rechtsprechung, den Bedarf i. S. d. § 80 Abs. 1 SGB VIII anhand der Nachfrage zu bestimmen, ist das Bundesverwaltungsgericht[106] entgegen getreten mit dem Argument, dass zwischen Bedarf und Bedürfnis zu unterscheiden ist. „Bedarf" ist ein normativer Begriff, der zwar eine entsprechende Nachfrage (z.B. an Kita-Plätzen) voraussetzt, die Planungsentscheidung zum Bedarf ist jedoch eingebettet in den Zusammenhang der Gesamt- und Planungsverantwortung des örtlichen Trägers der öffentlichen Jugendhilfe. Bedarf ist danach letztlich ein Ergebnis politischer Entscheidung, das den Bedürfnissen der Betroffenen Rechnung zu tragen versucht, aber auch allgemeine gesellschaftliche Vorstellungen berücksichtigt und die finanzielle Machbarkeit beachtet.[107]

- Solvenz und Prioritätensetzung der Kommunen bestimmen das Angebot. Erfahrungen zeigen, dass die (überwiegend) kommunale Finanzierung eine eher konservative Interpretation des „Bedarfsbegriffs" befördert. Aus eigenem Antrieb sind die meisten Kommunen kaum in der Lage, Impulse für eine wegweisende Kinderbetreuungspolitik zu geben. Das Festhalten an alten Strukturen deutet darauf hin, dass Kinderbetreuung weiterhin als „soziale Bedürftigkeit" und deren Ausmaß durch das fürsorgliche Engagement der Kommunen und Wohlfahrtsverbände definiert wird. Darüber hinaus gehender Bedarf wie Startchancengleichheit von Kindern, Vereinbarkeit von Familie und Beruf werden nicht immer angemessen wahrgenommen.[108]

- So verstoßen in Westdeutschland das große Angebot an Halbtagsplätzen in Kindergärten, das keine reguläre Teilzeitarbeit zulässt, und der Mangel an Krippen- und Hortplätzen gegen die Planungsvorgabe in § 80 Abs. 2 Nr. 4 SGB VIII. Danach sollen Kindertageseinrichtungen in dem Umfang bereitgestellt werden, dass Mütter und Väter ihre Aufgaben in Familie und Beruf besser miteinander vereinbaren können.[109]

- Der Bedarf der Eltern hat bislang kaum Eingang in die Planungsprozesse gefunden. Der Bedarfsermittlung kommen die Jugendämter aufgrund unzureichender Personalausstattung und unpräziser Ermittlungsverfahren nur unzureichend nach. In der Regel wird nur die Anzahl der benötigten Kita-Plätze (häufig begrenzt auf Kindergärten) im Zuständigkeitsbereich ermittelt. Diese wird in der Regel auf der Basis von nicht standardisierten Bevölkerungsprognosen und Erfahrungswerten festgelegt. Elternbefragungen seitens der Jugendämter, die eine präzisere Ermittlung ihrer Betreuungswünsche ermöglichen würden, sind eher selten.[110]

---

[106] BVerwGE 110, 320 = DVBl 2000, 1212
[107] Schoch (2003)
[108] Kreyenfeld, Spieß & Wagner (2002)

[109] GEW (2002)
[110] Kreyenfeld, Spieß & Wagner (2001; 2002)

- Die dezentrale Platzvergabe auf der Ebene der Tageseinrichtungen und damit die Selbstbeschaffung eines Platzes durch Eltern ist das weithin übliche Verfahren. Jugendämter werden erst dann eingeschaltet, wenn Eltern nicht in der Lage sind, den Kostenbeitrag zu leisten. Dieses Beschaffungs- und Vergabeverfahren ist weder für Eltern noch für das Jugendamt und die einzelnen Einrichtungsträger effektiv und effizient. (1) Die vielen Aufgaben bzw. Arbeitsschritte, die mit der Aufnahme neuer Kinder verbunden sind, sind in ihrer Abwicklung verwaltungs- und abstimmungsintensiv (z. B. mit Träger, Tageseinrichtungen im Einzugsbereich). (2) Es verschafft keinem der Beteiligten einen Überblick über Angebot bzw. Nachfrage. Vielmehr wird durch das Verhalten der Eltern, ihr Kind in der Regel bei mehreren Tageseinrichtungen zugleich vorzumerken, um die Chancen auf einen Platz zu erhöhen, ein unzutreffendes Bild von der Nachfragesituation vermittelt. (3) Eine Datenerhebung bei Kindertageseinrichtungen, ob und in welchem Umfang die vorgemerkten Kinder entsprechend der Elternwünsche einen Platz erhalten haben, mit anschließendem Datenabgleich, der das Elternverhalten der Mehrfachvormerkung ihres Kindes in den Blick nimmt, findet in der Praxis eher selten statt und ist nach geltendem Recht nur mit Einwilligung der Eltern zulässig. Dieses aufwendige Verfahren würde eine Ermittlung der Elternwünsche und ihrer Deckung bzw. Nichtdeckung durch das vorhandene Angebot ermöglichen. (4) Für die Bewirtschaftung des unzureichenden Krippenangebots bestehen erhebliche Bedenken, dass Chancengerechtigkeit und Gleichbehandlung gewahrt sind.[111]
- Das deutsche Finanzierungsmodell für Tageseinrichtungen, dem eine angebotsorientierte Objektförderung für Anbieter zugrunde liegt, schafft nur wenige Anreize, sich am Bedarf der nachfragenden Eltern zu orientieren. Zugleich haben Eltern in den gegebenen Strukturen und Verfahren faktisch kaum Möglichkeiten, z. B. durch ihr Nachfrageverhalten, auf das Angebot Einfluss zu nehmen. Es sind in erster Linie die Jugendämter und die vor Ort tätigen freien Träger, die das Angebot definieren. Die kommunale Angebotsgestaltung, Budgetplanung und Mittelvergabe unterliegen somit nicht nur einer langen Planungsphase, sondern beruhen v. a. auf einer unpräzisen Bedarfsplanung, bei der die ermittelten Planungsdaten und die realen Anforderungen nicht stimmig sind und eher weit auseinanderklaffen.[112]

Eine bedarfsorientierte Angebotsplanung ließe sich durch Kombination von drei Reformansätzen erreichen, deren Umsetzung sinnvoll und dringend geboten erscheint:

---

[111] Wiesner (2003); Reichert-Garschhammer (2001a; 2001b; 2001c)

[112] Kreyenfeld, Spieß & Wagner (2001; 2002)

1. **Übergang von der angebotsorientierten Objektfinanzierung zur nachfrageorientierten Subjektfinanzierung (siehe 15.):** Eine nachfrageorientierte Subjektfinanzierung schafft auf Anbieterseite mehr Anreize, sich verstärkt an den Wünschen der Nachfrager zu orientieren, und auf Elternseite mehr Einflussnahme durch ihr Nachfrageverhalten.

2. **Staatliche Steuerung der Angebotsplanung:** Der hohe Stellenwert der Elementarbildung verlangt Vorgaben an die Ausgestaltung des Förderangebots und Übergangsregelungen, die Fristen für Prozesse der Umorganisation vorsehen. Die Vorgaben betreffen z. B. (1) die Organisation der Angebotsstruktur mit Blick auf sinnvolle Altersmischung; (2) das Bereitstellen einer mobile Reserve für Urlaubs- und Krankheitsvertretung und eines mobilen Kräftepotenzials zur Unterstützung der Tageseinrichtungen, etwa bei der intensiveren Sprachförderung; (3) die Vernetzung der Tageseinrichtungen mit anderen örtlichen Einrichtungen und Diensten für Kinder und Familien, soweit diese generell fachlich geboten ist.

3. **Zentrale Vermittlung und Vergabe von Plätzen auf lokaler Ebene:** Aus rechtssystematischen, kundenspezifischen und planerischen Aspekten erscheint es sinnvoll, die Entscheidung über die Inanspruchnahme von Kindertageseinrichtungen beim Jugendamt zu bündeln. Dieser Entscheidung vorgelagert werden sollte ein Informations-, Beratungs- und Vermittlungsangebot, das das Jugendamt selbst oder eine beauftragte Stelle übernimmt. Eine Konzentration der Entscheidung beim Jugendamt lässt sich wohl erst dann durchsetzen, wenn zugleich die Trägerförderung durch eine Subjektförderung abgelöst wird.[113] In dieselbe Richtung geht die nachstehend skizzierte Idee „Lokaler und Internet gestützter Kinderbetreuungsbörsen", die aufgrund der Erkenntnisse aus dem Datenschutzprojekt am Staatsinstitut für Frühpädagogik[114] entwickelt wurde, mit dem einzigen Unterschied, die Börsen nicht beim Jugendamt anzusiedeln, sondern bei einer beauftragten Stelle.

15. Finanzverfassungsreform zur erheblichen Entlastung der Kommunen und stärkeren Belastung der Länder und des Bundes

Anders als im Schulwesen, bei dem die Länder den Personalaufwand und die Kommunen den Sachaufwand tragen, und im Gegensatz zu anderen Leistungen der Familienförderung, die aus Bundesmitteln finanziert werden, hängt die Finanzierung der Tageseinrichtungen (neben Landeszuschüssen) vorwiegend von kommunalen Mitteln ab. Diese Situation hat historische Gründe. Die ersten „Kinderverwahranstalten" sind aus lokalem, sozialpolitischem En-

---

[113] Wiesner (2003)

[114] Reichert-Garschhammer (2001a; 2001b; 2001c)

Lokale und Internet gestützte Kinderbetreuungsbörsen

Die Idee hat Realisierungschancen, wenn vor Ort alle mitmachen, intensive Öffentlichkeitsarbeit über Presse und Rundfunk geleistet wird, um die Kinderbetreuungsbörse allseits bekannt zu machen und Eltern auf freie Kapazitäten in Tageseinrichtungen hinzuweisen, die Internet-Nutzung die tragende Säule in der Konzeption wird und sie vorab an Modellstandorten erprobt wird. Eine erste Konzeptidee könnte wie folgt aussehen:

Kinderbetreuungsbörsen sind zentrale Stellen, die Plätze in Tageseinrichtungen und in Tagespflege an suchende Eltern vermitteln, über die sich ggf. auch mobile Fachkräfte an Tageseinrichtungen vermitteln ließen (z. B. mobile Reserve für Urlaubs- und Krankheitsvertretung, mobile Fachkräfte für die intensivere Sprachförderung von Kindern aus Migranten- und sozial benachteiligten Familien). Tageseinrichtungen melden über das Internet ihre freien Plätze an die Börse und geben beim ersten Mal zugleich ein kurzes und prägnantes Einrichtungsprofil ab, das sie bei Bedarf immer wieder aktualisieren. Eltern nehmen Kontakte mit der Börse direkt oder über das Internet auf und tragen hierbei ihre Wünsche vor (z. B. Nutzungszeit, bevorzugte Orte und Einrichtungen, Wünsche an die pädagogische Konzeption). Sie erhalten sodann eine Liste mit freien Plätzen, versehen mit Auskünften über die jeweilige Tageseinrichtung und wählen aus. Die Eltern nehmen im Weiteren Kontakt mit der ausgewählten Einrichtung aus. Bei Interesse nimmt die Tageseinrichtung die Verhandlungen zum Abschluss eines Bildungs- und Erziehungsvertrages mit den Eltern auf. Bei Vertragsschluss löscht die Tageseinrichtung den freien Platz in der Vermittlungsliste im Internet unter Eingabe von Name des Kindes und vereinbarter Nutzungszeit. Ein Angebot offener Besuchstage (einrichtungsübergreifend abgestimmt) wäre eine weitere Möglichkeit, wie sich Eltern über Tageseinrichtungen, die sie interessieren, vor Ort informieren können. Die Börse hat ein Konzept, wie sie Belegungsprobleme einzelner Tageseinrichtungen frühzeitig erkennt und diesen sofort begegnet (z. B. Schalten von Pressemeldungen, die Eltern über freie Plätze informieren, Aufnahme von Gesprächen mit den betroffenen Tageseinrichtungen, um gemeinsam nach geeigneten Problemlösungen zu suchen).

Die Vorteile für alle Beteiligten lassen sich wie folgt kurz skizzieren:
- **Kinder:** Eine ausgewogene Verteilung der Kinder mit besonderen Bedürfnissen verhindert Problemballungen in Tageseinrichtungen und kommt damit ihrer Förderung zugute.
- **Eltern:** Für sie entfällt die zeitintensive Platzsuche, das Vorsprechen in vielen Tageseinrichtungen. Das freie Platzangebot wird für sie transparent, sie können die Tageseinrichtungen besser miteinander vergleichen. Ihre Wünsche können sie voll und ganz einbringen.
- **Tageseinrichtungen:** Sie werden erheblich entlastet von den zeitintensiven Verwaltungs- und Abstimmungsarbeiten bei der Vergabe ihrer freien Plätze. Der Schwerpunkt bei Neuaufnahmen verlagert sich für sie auf das Angebot von Elterninformations- und Kinderbesuchs-Tagen und den Abschluss von Bildungs- und Erziehungsverträgen.
- **Träger:** Sie können weiterhin ihr Leistungsprofil bestimmen und vor allem die Zielgruppe. Sie werden entlastet von Abstimmungsprozessen mit der Einrichtungsleitung. Für etwaige Belegungsprobleme ist Vorsorge getroffen.
- **Jugendamt:** Freie Plätze in Tageseinrichtungen und Platzanfragen von Eltern sind wichtige Daten für die Jugendhilfeplanung. Das Datenmaterial, das über eine zentrale Vermittlung zusammenkommt, ermöglicht eine präzise Planung des lokalen Angebots von Tageseinrichtungen und Tagespflege. Ein rechtmäßiger Zugriff auf dieses (in den Börsen gebündelte und planungsrelevante) Datenmaterial ist nach gegenwärtiger Rechtslage nur mit Einwilligung der Eltern zulässig. Nachdem das öffentliche Interesse an diesem Datenfluss erheblich ist, kann und soll im Landesrecht bzw. im Staatsvertrag der Länder die Ermächtigung für die Übermittlung dieser Daten zu Planungszwecken der öffentlichen Jugendhilfe geregelt werden (vgl. § 75 Abs. 2 SGB X).

Diese Idee ließe sich in einem Bundesprojekt weiterentwickeln und modellhaft erproben, da sie von bundesweiter Bedeutung ist. Zu prüfen wäre die Finanzierung (Kostenfreiheit oder Vermittlungsgebühren) und der Aufbau eines Softwaresystems für Kinderbetreuungsbörsen im Internet als eine Plattform, der sich alle auf lokaler Ebene bedienen können.

gagement heraus entstanden und so der kommunalen Zuständigkeit für die öffentliche Daseinsvorsorge im Reichsjugendwohlfahrtsgesetz (1922) zugeordnet worden. Auch wenn sich Kindertageseinrichtungen längst aus diesem Entstehungskontext gelöst haben, ist dieses Strukturelement bis heute erhalten geblieben.[115] Die tradierten und bestehenden Finanzierungsstrukturen sind „völlig defizitär"[116] und ein „Hemmnis für eine innovative Kinderbetreuungspolitik".[117] Ohne gesicherte Finanzierung lassen sich zukunftsweisende Programme auf Dauer nicht verwirklichen:[118]

- Die Kommunen sind als öffentlicher Jugendhilfe- und Schulaufwandsträger in ihren finanziellen Möglichkeiten angesichts der Größe der zu bewältigenden Aufgaben völlig überfordert.[119] Sie sind außerstande, den weiteren quantitativen und qualitativen Ausbau der Kindertageseinrichtungen zu Bildungseinrichtungen, der nochmals immense Kosten verursachen wird, nahezu allein zu bewältigen.
- Sichtbarste Folgeerscheinung der vorwiegend kommunalen Finanzierung sind die erheblichen regionalen Versorgungsunterschiede mit Plätzen in Kindertageseinrichtungen. Aufgrund der weit reichenden planerischen Gestaltungsfreiheit der Kommunen (siehe 14.) hängt das Angebot zwangsläufig von der Finanzkraft und der Schwerpunktsetzung der Kommunen ab. Es bedeutet auch, dass die Finanzierung von Tageseinrichtungen von einem Topf abhängt, der oft von Sparzwängen bedroht ist und nur sehr verzögert auf veränderte Bedarfe reagiert. Angesichts der anhaltenden Finanzkrisen der Kommunen sind die Mittel, die für Kindertageseinrichtungen zur Verfügung stehen, chronisch knapp, so dass der weitere Ausbau mehr oder weniger stagniert. Der dramatische Platzabbau in ostdeutschen Kindertageseinrichtungen ist Folge kommunaler Kürzungspolitik. Dass sich diese bislang kaum auf die Versorgungsquote ausgewirkt hat, liegt am zugleich hohen Rückgang der Geburten.[120]
- Langjährige Beobachtungen der kommunalen Einnahmen- und Ausgabenentwicklung zeigen, dass die Krise der Kommunalfinanzen selten auf Mindereinnahmen, häufig jedoch auf einen überproportionalen Anstieg der Ausgaben zurückzuführen ist. Die wesentliche Ursache liegt in den Ausgaben für soziale Leistungen. Bedeutsam ist hier der Kinder- und Jugendhilfebereich, dessen öffentliches Ausgabevolumen im Zeitraum 1995–2000 um 12 % gestiegen ist und 2000 rd. 32,8 Mrd DM betrug; davon trugen die Kommunen rund 80 %, die Länder 19 % und der Bund 1 %. Bemerkenswert ist hierbei die Lastenverschiebung der steigenden Ausgaben zu Ungunsten der Kommunen: 1990: 60 %, 1995: 76,5 %, 2000: 80 %.[121]
- Von zentraler Bedeutung für die Finanzierungszuständigkeit in der Jugendhilfe ist die bundesgesetzliche Bestimmung der kommunalen Aufgabenträger (§ 69 Abs. 1 Satz 2 SGB VIII). Gewichtige Argumente sprechen für de-

[115] Spieß (2002); Kreyenfeld, Spieß & Wagner (2001)
[116] Schoch (2003)
[117] Kreyenfeld, Spieß & Wagner (2002)
[118] Schoch (2003)
[119] Schoch (2003)
[120] Spieß (2002)
[121] Schoch (2003)

ren Verfassungswidrigkeit: (1) Sie hebelt die landesverfassungsrechtlichen Vorschriften aus, die die Kommunen in ihrem Selbstverwaltungsrecht vor einer Aufgaben- und Ausgabenüberforderung schützen. Der Bund ist nach dem Grundgesetz nicht befugt, einen Mehrlastenausgleich durch direkte Zuwendungen an die Kommunen vorzunehmen, und ist an entsprechende landes(verfassungs)rechtliche Vorschriften nicht gebunden. Soweit der Bund direkt Aufgaben an die Kommunen zuweist, sind die Länder zu einem kommunalen Finanzausgleich nicht verpflichtet. Der Bund ist nicht befugt, eine landesinterne Kostenverteilung zwischen Land und Kommunen gesetzlich zu regeln. Durch diese Rechtslage geraten die Kommunen beim Vollzug ausgabenwirksamer Bundesgesetze zwischen zwei Stühle und in die Rolle des Ausfallbürgen von Bund und Länder. (2) Verfassungsrechtlich verfehlt ist die Weichenstellung in § 69 SGB VIII, dem Bund den Durchgriff auf die Kommunen zu gestatten. Grundsätzlich sind die Länder dafür zuständig, beim Vollzug von Bundesgesetzen den Aufgabenträger zu bestimmen (Art. 83, 84 Abs. 1 1. Alt. GG). Dem Bund ist dies nach der Rechtsprechung des BVerfG nur unter sehr engen Voraussetzungen erlaubt, die auf den Vollzug des SGB VIII nicht zutreffen. Verfassungsrechtlich gedeckt wäre nur eine Regelung, die die Bestimmung der örtlichen Träger der öffentlichen Jugendhilfe den Ländern überlässt mit der Maßgabe, die Leistungsfähigkeit der Aufgabenträger und die flächendeckende Aufgabenerfüllung sicherzustellen.[122]

■ Mehrere Länder haben in ihren Ausführungsgesetzen zum SGB VIII zudem den Versuch unternommen, die Zuständigkeit für den Bereich der Kindertagesbetreuung nicht beim Kreis sondern auf der Gemeindeebene anzusiedeln. Dies geschah (1) mehr oder weniger bundesrechtskonform in der Weise, dass die Gemeinden im Auftrag des Jugendamts tätig werden sollen, und (2) im Widerspruch zum Bundesrecht, indem ausdrücklich durch Landesgesetz geregelt wurde, dass sich der Rechtsanspruch auf einen Platz in einer Kindertageseinrichtung gegen die Gemeinde richtet. Weit nach vorne gewagt in diesem Sinne haben sich einige der neuen Bundesländer. In jüngster Zeit hat das Verfassungsgericht des Landes Brandenburg (20.03.2003) eine entsprechende Regelung im brandenburgischen Kindertagesstättengesetz als mit dem SGB VIII unvereinbar und damit als verfassungswidrig erklärt.[123]

■ Die Forderung, dass auch der Bund finanzielle Mitverantwortung für den Ausbau von Kindertageseinrichtungen übernimmt, entbehrt aktuell einer Rechtsgrundlage. Die Kompetenzordnung des Grundgesetzes knüpft die Finanzierungslast nicht an die Gesetzgebungskompetenz, sondern an die Verwaltungszuständigkeit. Die Verwaltungs- und Finanzierungszuständigkeit für den Vollzug des SGB VIII fallen in den Verantwortungsbereich der Länder und Kommunen (vgl. Art. 83, 104a Abs. 1 GG), wobei die Aufgabenerfüllung nach Maßgabe der vorhandenen Mittel erfolgt, soweit

---

[122] Schoch (2003) [123] Wiesner (2003)

keine Rechtsansprüche einzelner bestehen. Die von Gewerkschaften und mehreren Parteien (mit Einführung des Rechtsanspruchs auf einen Kindergartenplatz) eingebrachten Überlegungen, dem Bund durch eine Verfassungsänderung (Art. 91a, Art. 104a Abs. 4 GG) eine zweckgebundene Mitfinanzierung von Kindertageseinrichtungen zu ermöglichen, fanden zwar in der Öffentlichkeit ein Interesse, aber in den maßgeblichen Gremien und Organen keine Resonanz.[124] Während dem Bund eine Beteiligung an den Betriebskosten verwehrt ist, kann er sich jedoch an Modellmaßnahmen und Investitionen für Kindertageseinrichtungen beteiligen (§ 83 SGB VIII).

■ Die Länder halten sich in ihrem finanziellen Engagement sehr zurück; es zeigt sich, dass § 82 SGB VIII zur Aktivierung der Länder nicht viel bewegt.[125] Anhand der Zahlen des Statistischen Bundesamts wurde für 1998 bundesweit festgestellt, dass etwa 85 % aller öffentlichen Ausgaben für institutionelle Kinderbetreuung aus kommunalen Mitteln und nur 15 % aus Landesmitteln finanziert worden sind.[126] Im Ländervergleich sind allerdings erhebliche Unterschiede im Umfang der Landesbeteiligung an den Personalkosten festzustellen; die Spannweite bewegt sich zwischen 20 % und 60 %. Bei den Stadtstaaten gibt es in der Regel nur eine kommunale Förderung.

In der Diskussion sind zwei Reformvorschläge, die auf eine Abkehr von der überwiegenden Kommunalfinanzierung im System der Kindertageseinrichtungen abzielen:

1. Einführung eines eigenen Familienparafiskus

Einen Familienparafiskus zu schaffen, der für die Finanzierung familienpolitischer Leistungen zuständig ist, wurde von zwei Seiten vorgeschlagen. Während der wissenschaftliche Beirat beim BMFSFJ die Gründung eines Familienfonds anregt, halten Wirtschaftsexperten[127] die Errichtung einer selbstverwalteten Kinderkasse (bei gleichzeitiger Steuersenkung zur Vermeidung von Doppelbelastung der Beitragszahler) für sinnvoll. Die Finanzierung der Kindertageseinrichtungen wird hierbei ausschließlich über ein Vorsorgefinanzierungs-Modell realisiert. Seine Eckpunkte sind: (1) Es besteht eine allgemeine Beitragspflicht, d. h. jeder Bundesbürger entrichtet ab dem 18. Lebensjahr bis zum Renteneintritt Beiträge. Es zahlen auch Kinderlose ein, so dass Umverteilungseffekte von den Kinderlosen zu den Kindererziehenden erreicht werden. Bürger ohne Einkommen zahlen keinen Beitrag. Die Beitragshöhe soll sich nach der Vermögensposition der Beitragszahler staffeln. (2) Auch Arbeitgeber sollen Beiträge einzahlen (z. B. nach Anzahl der Beschäftigten), weil sie von der Verfügbarkeit von Kindertageseinrichtungen profitieren. Aus

---

[124] Bundesministeriums für Familie, Senioren, Frauen und Jugend (1998)

[125] Schoch (2003)

[126] Spieß (2002)

[127] Kreyenfeld, Flehmig & Wagner (1997); Kreyenfeld, Spieß & Wagner (2001)

verteilungspolitischen Gründen kann die Kinderkasse einen Bundeszuschuss erhalten, ohne dabei die Unabhängigkeit der Kinderkasse zu gefährden. (3) Da alle Beiträge in ein separates Budget (einen Parafiskus) eingezahlt werden, gibt dies dem Beitragszahler langfristige Verlässlichkeit. In Zeiten leerer öffentlicher Kassen werden erfahrungsgemäß eher steuerfinanzierte Leistungen gekürzt, als die Beiträge der Parafisci zweckentfremdet. (4) Die Kinderkasse finanziert die Investitions- und Betriebskosten der Kindertageseinrichtungen im Rahmen eines Modells der nachfrageorientierten Subjektfinanzierung, z. B. Gutschein. Bei der Bewertung des Reformvorschlags überwiegen die Nachteile die Vorteile:

- Ist angesichts der Diskussion um die zu hohen Lohnnebenkosten in Deutschland der Vorschlag, eine Kinderkasse über Beiträge zu finanzieren nicht extrem unrealistisch?[128]
- Der Vorschlag einer Kinderkasse ist systemsprengend. Das dahinter liegende Motiv, die Finanzierung der Kindertagesbetreuung nicht mehr von der Haushaltslage der Kommunen und Länder abhängig zu machen, erscheint plausibel und unterstützenswert. Die Realisierungschancen für ein solch neues Finanzierungssystem, das auch eine Neuorganisation der Tagesbetreuung voraussetzt, dürften jedoch gering sein.[129]

2. Neuordnung der Finanzierungslast zwischen Bund, Ländern und Kommunen

Es genügt nicht mehr, den Gemeinden mehr Steueranteile zu geben. Bund und Länder tragen Mitverantwortung und müssen sich dauerhaft und in einem wesentlich stärkeren Umfang am Ausbau und Unterhalt des Systems der Kindertageseinrichtungen finanziell beteiligen. Für notwendig erachtet wird eine Finanzverfassungsreform, die sich nicht nur auf eine Gemeindefinanzreform beschränkt:[130]

- Die finanzielle Beteiligung des Bundes am Ausbau und Neubau von Hochschulen (Art. 91a Abs. 1 Nr. 2 GG) gilt es auszuweiten auf den Ausbau und Neubau von Kindertageseinrichtungen. Diese Verfassungsänderung erceint geboten, weil es sich um eine Gemeinschaftsaufgabe von Bund und Ländern im Sinn dieser Vorschrift handelt: (1) Der bedarfsgerechte Ausbau von Kindertageseinrichtungen im eingangs beschriebenen Umfang ist eine Aufgabe von herausragender, gesamtgesellschaftlicher Bedeutung. (2) Die Mitwirkung des Bundes ist (angesichts der völlig unzureichenden Versorgungsquote in den alten Bundesländern und des stagnierenden Ausbaus) zur Verbesserung der Lebensverhältnisse der Kinder und Familien erforderlich. Aufgrund des hohen Stellenwerts frühkindlicher Bildung in Tageseinrichtungen mit Blick auf weitere Bildungschancen auch in Be-

---

[128] Kreyenfeld, Spieß & Wagner (2001) [130] Schoch (2003)
[129] Wiesner (2003)

zug auf den Hochschulzugang gibt es aus heutiger Sicht keinen sachlichen Grund mehr für eine privilegierte Bundesbeteiligung am Hochschulbau. Durch Auflage eines Investitionsprogramms „Kindertageseinrichtungen ans Netz" sollte der Bund auch die notwendige flächendeckende EDV-Ausstattung der Einrichtungen sowohl in Bezug auf die Verwaltungs- als auch auf die medienpädagogischen Aufgaben vorantreiben und sicherstellen. Die gebotene Intensivierung der Frühförderung und Sprachförderung sollte durch ein Sonderprogramm des Bundes flankiert werden.

- Die Länder sollten nach dem Vorbild der Finanzlastverteilung im Schulbereich den Personalaufwand für die pädagogischen Fachkräfte in Kindertageseinrichtungen in vollem Umfang übernehmen. Nach geltendem Recht haben sie die Aufgabe, den gleichmäßigen Ausbau des Leistungsangebots der Jugendhilfe zu fördern (§ 82 SGB VIII). Zur landesweiten Sicherung des Angebots von Kindertageseinrichtungen kommt ihnen eine wichtige Augleichsfunktion zu, soweit die Kommunen im Rahmen ihrer finanziellen Leistungsfähigkeit dazu nicht in der Lage sind. Auch wenn die Länder im strengen Sinn des Gesetzes keine Aufgaben nach § 2 SGB VIII wahrnehmen, können sie dennoch flankierende und ergänzende Förderfunktionen wahrnehmen. Im vorgeschlagenen Staatsvertrag sollten sich die Länder auf die volle Übernahme der Personalkosten verständigen. Die Länder tragen darüber hinaus die Finanzverantwortung für die Ausbildung der Fachkräfte und eine finanzielle Mitverantwortung für die Sicherstellung einer ausreichenden Infrastruktur für Fortbildung und Fachberatung.
- Die Kommunen sollten nach dem Vorbild Schule nur noch den Sachaufwand tragen und erhalten hierbei Unterstützung durch die gebotene Beteiligung des Bundes.

Zusammenfassend ergibt sich folgende Neuverteilung der öffentlichten Finanzlasten (siehe Tabelle).

	Finanzlasten
Bund	■ Beteiligung am Investitionsaufwand der Tageseinrichtungen ■ spezielle Investitionsprogramme
Länder	■ Aufwand für Ausbildung ■ laufender Personalaufwand der Tageseinrichtungen ■ überwiegende Beteiligung am Aufwand für Fortbildung und Fachberatung
Kommunen	■ verbleibender Investitions- und Sachaufwand der Tageseinrichtungen ■ verbleibender Aufwand für Fortbildung und Fachberatung, soweit nicht freie Träger dafür aufkommen

16. Übergang von der angebotsorientierten Objektfinanzierung zur nachfrageorientierten Subjektfinanzierung

Es werden drei Typen öffentlicher Finanzierung unterschieden. Bezogen auf Kindertageseinrichtungen lassen sie sich nach heutigem Erkenntnisstand wie folgt darstellen.

Staatliche Produktion	Objekt-Subventionierung		Subjekt-Subventionierung
Betrieb kommunaler Kindertageseinrichtungen	Mittelvergabe an Anbieter öffentlich bedeutsamer Dienstleistungen = Kitas freier und auch kommunaler Träger		Mittelvergabe an Individuen, die Dienstleistungen in Anspruch nehmen = Eltern, die Kita-Platz nutzen
	Formen der Subventionierung		
	(1) Bezuschussung der Betriebskosten (BK) der Tageseinrichtungen		
	Länder: Kitas freier + kommunaler Träger / Kommunen: Kitas freier Träger		
	Modell 1	**Modell 2**	**Modell 3**
	angebotsbezogene/ institutionelle Objektförderung	subjekt-/ platzbezogene Objektförderung = indirekte Subjektförderung	Gutschein-Modell = direkte Subjektförderung
	pauschale oder anteilsmäßige Zuschüsse für Personalkosten (gruppenbezogen) und ggf. Sachkosten (einrichtungsbezogen)	platz- und leistungsbezogene Entgeltfinanzierung, die sich nach Nutzungszeit und besonderen Förderbedarf bemisst = Leistungspauschale	Ausgabe Gutschein für Kita-Platz mit bestimmtem Nennwert (platzbezogene BK) an Eltern, die Anbieter einlöst
	(2) steuerliche Abschreibungsmöglichkeiten		(2) steuerliche Absetzbarkeit der Kinderbetreuungskosten
	(3) Sammlungsrecht		(3) Transferzahlungen z. B. Erlass/Übernahme der Elternbeiträge, Erziehungsgehalt

Als Maßstab für die Beurteilung, welche der Subventionierungsformen sich für das System der Tageseinrichtungen am besten eignen, sind die Zielsetzungen bzw. Anforderungen heranzuziehen, denen ein ideales Finanzierungsmodell aus heutiger Sicht gerecht werden soll. Zu nennen sind insbesondere …

- Sicherstellung des öffentlichen Bildungsauftrags im Elementarbereich und Produktion qualitativ hochwertiger Bildungs- und Sozialisationsleistungen;
- effektiver und effizienter Mitteleinsatz mit Blick auf eine optimale Kosten-Nutzen-Relation (Qualitätsmaximierung bei gleichzeitiger Kostenminimierung);
- optimale Bedarfsorientierung und Flexibilisierung des Leistungsangebots;
- chancengerechte Platzverteilung an Kinder bei Angebotsknappheit und Vorrang der Kindes- vor Elterninteressen;
- chancen- und leistungsgerechte Mittelzuteilung an Anbieter bei Ressourcenknappheit;
- Vermeidung des Fehleinsatzes der knappen Mittel (Ressourcenverschwendung);
- Schaffung von Anreizen für Planer und Anbieter, kontinuierliche Steigerung der Bedarfsorientierung und Qualität des Angebots;
- Planungssicherheit für Anbieter;
- Gewährleistung der regelmäßigen Qualitätssicherung des Angebots;
- Stärkung des Einflusses von Eltern und Kindern auf die Angebots- und Budgetplanung;
- Unterstützung der Eltern bei ihrer freien, ortsungebundenen Einrichtungsauswahl und der Qualitätsbeurteilung des Angebots;
- Minimierung des Verwaltungsaufwands bzw. Verwaltungsvereinfachung;
- Schutz vor staatlicher Ad-hoc-Kürzungspolitik.

Das ideale Finanzierungsmodell, das all diesen Anforderungen gerecht wird, gibt es nicht. Jedes hat Vor- und Nachteile. Dessen Gestaltung ist deshalb als ein Ergebnis politischer Entscheidungsprozesse zu sehen.[131] Kernfragen hierbei sind: (1) Welche Ziele werden durch das Finanzierungsmodell verfolgt? (2) Konnten die gesetzten Ziele umgesetzt werden? (3) Sind die eingesetzten Instrumente zielführend? (4) Welche nicht beabsichtigten Effekte treten auf?

Gegenwärtig setzt sich die öffentliche Finanzierung der Tageinrichtungen im Wesentlichen aus vier Komponenten zusammen:

1. **Staatliche Produktion:** In Westdeutschland ist die Mehrzahl der Kindertageseinrichtungen in freier Trägerschaft (Subsidiaritätsprinzip), während in Ostdeutschland die Mehrzahl in kommunaler Trägerschaft betrieben wird.

2. **Angebotsbezogene Objektförderung bestimmter Anbietergruppen:** Diese seit Jahrzehnten in allen Ländern praktizierte und nahezu unverändert gebliebene Förderung basiert auf einem Standardangebot (Halbtagsplatz:

---

[131] Bock-Famulla & Irskens (2002b)

4 Stunden/Ganztagsplatz: i. d. R. 8 Stunden) und hat als Fördereinheit die Kindergruppe (Fachkräfte pro Gruppe) im Blick. Dieses starre, „in Stein gemeißelte" Fördermodell zählt (im Verbund mit einer unzureichenden Bedarfs- und Budgetplanung) zu den zentralen Mängeln im bestehenden Steuerungssystem:[132]

- Es schafft für Planer und Anbieter nur wenige Anreize, sich am Bedarf der nachfragenden Eltern und der Kinder zu orientieren und ein qualitativ hochwertiges Angebot zu erbringen.
- Die Objektfinanzierung gibt Anbietern eine gewisse Sicherheit. Sie brauchen sich um die optimale Belegung ihrer Einrichtungen nicht zu kümmern, denn das Finanzierungsrisiko tragen die Kommune und das Land.[133]
- Die daraus resultierende Knappheit bestimmter Angebotsformen (Plätze über Mittag, Ganztagsplätze) bewirkt Chancenungleichheit, da von diesem Platzangebot v. a. die Kinder aus Familien mit mittleren Einkommen profitieren. Diese ungleiche Belastung von Familien entspricht keinem sparsamen Mitteleinsatz.
- Es bewirkt einen erheblichen Fehleinsatz vom Mitteln, da auch für jene Kinder, die z. B. nur einen Platz über Mittag beanspruchen, die Kosten für einen Ganztagsplatz ausgegeben werden (leer laufende Vorhaltekosten).
- Es führt mangels Differenzierung, ob eine Einrichtung 30 oder 50 Wochenstunden geöffnet bzw. 15 oder 25 Kinder in einer Gruppe aufgenommen hat, zu erheblichen Förderungerechtigkeiten zwischen den Anbietern. Diejenigen, die sich in besonderem Maße anstrengen bei der Ausgestaltung ihres Angebots, erhalten nicht mehr als andere Anbieter, die sich weniger an den Wünschen der Eltern und Kinder orientieren.
- Es diskriminiert privat-gewerbliche Träger, weil Zuwendungsempfänger nur freie und kommunale Träger sowie sonstige gemeinnützige Träger sein können.
- Es bietet Eltern keine Möglichkeit, durch ihr Nachfrageverhalten auf das Angebot und dessen Ausbau einzuwirken und Einfluss zu nehmen.
- Sie führt zu unlösbaren Praxisproblemen, wenn Eltern über die Gemeinde- bzw. Kreisgrenze hinaus Kindertageseinrichtungen in Anspruch nehmen. Die Objektfinanzierung hat zusammen mit der dezentralen Platzvergabe eine territoriale Sichtweise gefördert. Tageseinrichtungen werden als Einrichtungen der Daseinsvorsorge verstanden, die den Kindern der Wohnsitzgemeinde zur Verfügung stehen. Wollen Eltern aus Nachbargemeinden grenzüberschreitend eine Einrichtung nutzen, so scheitert dies häufig v. a. auch am fehlenden interkommunalen Kostenausgleich. Ignoriert wird das Wunsch- und Wahlrecht der Eltern nach § 5 SGB VIII, das nach der Rechtssprechung des Bundesverwaltungs-

---

[132] auch alle nachstehenden Argumente, soweit keine weiteren Angaben: Kreyenfeld, Spieß & Wagner (2001; 2002)
[133] Wiesner (2003)

gerichts[134] nicht an den Gemeindegrenzen endet, sondern die Nutzung aller Einrichtungen umfasst, die zur Bedarfsdeckung geeignet sind.[135]

3. **Erlass bzw. Übernahme der Elternbeiträge,** wenn die Belastung den Eltern nicht zugemutet werden kann (§ 90 Abs. 3 SGB VIII).

4. **Steuerliche Absetzbarkeit der Kinderbetreuungskosten für Eltern:** Nach geltendem Recht können Eltern seit dem Jahr 2000 diese Kosten in Höhe bis zu 1.500,– € jährlich von der Steuer absetzen. Experten empfehlen, das Steuermodell aufgrund seiner Nachteile nicht weiter auszudehnen: (a) Von dieser Förderung profitieren nur die Steuern zahlenden Familienhaushalte. Die Haushalte, die keine Steuern zahlen, kommen jedoch regelmäßig in den Genuss der Beitragsbefreiung bzw. -übernahme, so dass eine Gleichbehandlung insofern gewährleistet ist. (b) Steuerzahlende Eltern erhalten erst am Jahresende eine Kostenerstattung. (c) Es schafft für Anbieter keine Anreize, sich nachfrageorientierter zu verhalten.

Als Strategie, die besser in der Lage ist, die bestehenden Steuerungsmängel zu beseitigen und den genannten Anforderungen zu entsprechen, empfehlen Experten den Wechsel zur nachfrageorientierten Subjektförderung und damit verbunden die Einführung von Elementen und Prinzipien aus der Marktwirtschaft. Es sollen hierbei „neue Wege zwischen Markt und Staat"[136] beschritten werden:

■ Die Subjektförderung, die als Fördereinheit das Kind und den von ihm beanspruchten Platz im Blick hat, basiert auf einer Stärkung der Nachfrageorientierung im Sinne von mehr „Kundensouveränität". Die leistungsberechtigten Eltern treten gewissermaßen als Kunden auf und entscheiden mit der Inanspruchnahme eines Platzes für ihr Kind über die Finanzierung der Kindertageseinrichtung. Auf diese Weise werden die Wünsche und Interessen der Eltern und des Kindes (Nutzungszeit-, Förderbedarf) auch für Tageseinrichtungen und deren Träger als Leistungsanbieter, die sich in Konkurrenz mit anderen Tageseinrichtungen sehen, interessant und damit relevant. Eine Stärkung der Nachfragemacht der Eltern als Leistungskonsumenten schafft auf Anbieterseite mehr Anreize, sich an den Wünschen und Bedürfnissen der Nachfrager zu orientieren. Da das Angebot nicht mehr über eine schematische Mittelzuweisung gesteuert wird, sondern über die differenzierte Nachfrage der Eltern, etabliert sich ein „Markt". „Markt" wird allgemein als ein Instrument zur Abstimmung von Angebot und Nachfrage durch den Preis-Mechanismus definiert und als ein Steuerungsmechanismus zur Erweiterung der Wahlmöglichkeiten der nachfragenden Individuen und der Anbieter verstanden. Der Stärkung individueller Wahlmöglichkeiten werden ein hoher

---

[134] BVerwG in ZfJ (8–9) 2003, 338–339   [136] Kreyenfeld, Spieß & Wagner (2002)
[135] Wiesner (2003)

Stellenwert und ein eigener Wert beigemessen. „Markt" im Kinderbetreuungswesen bedeutet, den nachfragenden Eltern größere Entscheidungs-
freiräume zu geben, welche Dienstleistungen sie für ihr Kind in welchem
Zeitumfang in Anspruch nehmen möchten. Durch Nachfrageverhalten
der Eltern entsteht ein Wettbewerbsmarkt unter den Tageseinrichtungen,
dessen Positiveffekte sich für das System der Kindertageseinrichtungen
nutzbar machen lassen (Steigerung der Bedarfsorientierung und Qualität
des Angebots, Verbesserung eines effizienteren Mitteleinsatzes, leistungsgerechte Mittelzuteilung).[137]

■ Im Bildungsbereich geht man davon aus, dass für die Budgetverteilung
ein rein marktwirtschaftliches Modell aufgrund unvollkommen funktio-
nierender Märkte kaum realisierbar ist: (1) Bildung ist ein meritorisches
Gut, das dem Individuum und der Gesellschaft zugleich von Nutzen ist.
Beim Gestalten eines Bildungsbereichs und dessen Finanzierung sind auch
gesamtgesellschaftliche Interessen zu beachten, so dass ein Interessenkonflikt besteht. Für die Entwicklung von Finanzierungsmodellen ist deshalb
das Verhältnis von privaten und öffentlichen Interessen bzw. Zielen für
das Bildungswesen zu klären und miteinander in Einklang zu bringen. (2)
Dass sich allein durch die Nachfragemacht der Eltern und die Wettbewerbs-
prozesse zwischen den Einrichtungen Bildungs- und Erziehungsqualität
herauskristallisieren wird, ist ein Trugschluss. Zum einen sind Eltern nur
begrenzt in der Lage, die Qualität von Kindertageseinrichtungen zu beurteilen und zu kontrollieren. Zum anderen dürfen die zeitlichen Betreuungswünsche der Eltern nicht einziger Maßstab der Angebotsgestaltung
sein; im Vordergrund müssen der elementare Bildungsauftrag und der individuelle Förderbedarf des Kindes stehen. Dass ein Wettbewerbsmarkt
auch Negativeffekte bewirken kann (Gefährdung des Qualitätsniveaus der
Bildungseinrichtungen, Vergrößerung der Ungleichheit in der Verteilung
der Bildungschancen, -ressourcen und -ergebnisse), steht zu befürchten,
wenn staatliche Steuerung ausbleibt. So schafft ein fehlender gesellschaftlicher Konsens über Inhalte und Ziele des Bildungsauftrags von Tageseinrichtungen die Voraussetzungen für den Abbau von Standards.[138]

■ Rechtliche Rahmenbedingungen sind bei allen neuen Fördermodellen
ein unverzichtbarer Steuermechanismus. Wesentliche Aufgaben des Staates hierbei sind, Qualitätsfestsetzung zu betreiben und Instrumente der
Qualitätssicherung bereit zu stellen. In Wettbewerbsmärkten erfordert
die Effizienz eine umfassende Information über Leistungen und Güter,
die für Anbieter und Konsumenten verfügbar sein müssen. Im Kinderbetreuungswesen sind Familien über das verfügbare Angebot, die pädagogischen Konzeptionen und deren Qualität umfassend zu informieren. Auch
bei der Subjektförderung ist eine zentrale Bedarfs- und Angebotsplanung
und Budgetfestsetzung durch die öffentliche Hand erforderlich. Sie ist

---

[137] Zusammenschnitt aus: Bock-Famulla & Irskens (2002a); Kreyenfeld, Spieß & Wagner (2002); Wiesner
(2003)
[138] Bock-Famulla & Irskens (2002a)

aber nun eher gezwungen, ihre Ziele präziser auf die Wünsche der Eltern und Kinder hin abzustimmen.[139]

Von wissenschaftlicher Seite sind für Deutschland zwei Modelle für eine nachfrageorientierte Subjektförderung entwickelt worden:

- **Gutschein-Modell,** das Kreyenfeld, Spieß & Wagner (2001) nach dem Vorbild anderer Länder v. a. im angloamerikanischen Raum („Voucher", Dienstleistungsscheck) vorgeschlagen und in seinen konzeptionellen Grundzügen beschrieben haben. Auf der Grundlage eines eigenen Konzepts wird es seit August 2003 in Hamburg („Kita-Card") praktiziert. Der in Bremen ursprünglich geplante Modellversuch in 15 Kindergärten („Kernzeit-Plus") wurde aufgrund der großen Skepsis durch eine wissenschaftliche Studie ersetzt.
- **Modell der kindbezogenen Förderung,** das im Auftrag des Landes Bayern entwickelt und im Detail ausgearbeitet worden ist (Krauss, ISKA Nürnberg). Dieses Modell wurde mit dem Gutschein-Modell anhand eines Kriterienkatalogs verglichen und für überlegen befunden. Es wird seit 2000 an zwei Modellstandorten (Bayreuth, Landsberg am Lech) in Kindergärten und Horten unter wissenschaftlicher Begleitung erprobt; zugleich ist es in allen Kinderkrippen mit Einführung einer staatlichen Förderung im Jahr 2002 als Förderkonzept verbindlich eingeführt worden.

Das Gutschein-Modell zeichnet sich durch einen weit reichenden Gestaltungsspielraum aus. Je nach politischer Zielsetzung gibt es eine Vielzahl gestaltbarer Dimensionen und Parameter, was dieses Modell für Fehlentscheidungen anfälliger macht:

- Die Ziele der bisher bekannten Gutschein-Modelle variieren. Während die einen verstärkt auf Maximierung der Familienwahl und Nachfrageorientierung setzen, stellen andere Chancengleichheit und gemeinsames Kerncurriculum heraus. Ob sich diese Ziele über dieses Modell einlösen lassen, ist bis heute unklar.[140]
- Es können insbesondere 3 Dimensionen unterschiedlich gestaltet werden: Finanzierung, Regulierung, Elterninformation.[141]
- Einige Grundelemente sollen stets Beachtung finden: (1) Das Gutschein-Modell ist mit einem Qualitätsmindestsicherungssystem zu verbinden. Empfohlen wird eine Lizenzierung der Anbieter durch Vergabe von Gütesiegeln. Damit ist eine neutrale Instanz zu betrauen, die über öffentliche Gelder gefördert wird (unabhängige Qualitätskontrolle). Wichtig ist, dass die Qualitätseinstufungen im Rahmen von Einrichtungsbesuchen und durch qualifiziertes Fachpersonal vorgenommen werden. (2) Die Gutscheine sind zweckgebunden (Einlösung nur in lizenzierten Kindertageseinrich-

---

[139] vgl. Bock-Famulla & Irskens (2002a); Kreyenfeld, Spieß & Wagner (2001; 2002)

[140] Bock-Famulla & Irskens (2002b)

[141] Bock-Famulla & Irskens (2002b)

tungen, die bestimmte Qualitätsstandards erfüllen) und nicht übertragbar (Vermeidung eines Schwarzhandels). (3) Ihr Nennwert ist abhängig von der täglichen Nutzungszeit sowie vom Alter und den besonderen Bedürfnissen des Kindes und deckt alle Kosten für einen Platz in einer Kindertageseinrichtung ab (Investitions- und laufende Betriebskosten). Es kann Eltern die Möglichkeit eröffnet werden, den Wert durch Zuzahlung zu erhöhen (open ended voucher). (4) Die Ausgabe der Gutscheine und die Festlegung des Nennwertes erfolgen durch das Jugendamt. (5) Die Eltern können mit dem Gutschein zur lizenzierten Einrichtung ihrer Wahl gehen und ggf. einen Betreuungsvertrag mit dieser abschließen. (6) Die Anbieter, unter denen sich auch privat-gewerbliche Anbieter befinden können, lösen die Gutscheine der Eltern beim Jugendamt ein und erhalten ihre Zuschüsse; damit werden dem Jugendamt alle lizenzierten Tageseinrichtungen bekannt, was eine weitere Qualitätskontrolle ermöglicht. (7) Bei der Einrichtungsauswahl erhalten Eltern Unterstützung durch ein Informationssystem.[142]

■ Großbritannien ist bislang das einzige Land, das über Erfahrungen mit dem Gutscheinmodell auf nationaler Ebene verfügt. Von 1996–97 wurde das sog. „Nursery Education Voucher Scheme" erprobt, das kurz nach der Wahl der neuen Regierung wieder abgesetzt wurde – auch aufgrund mehrerer Negativeffekte, die im Verlauf der Testphase zu Tage traten.[143]

In nachstehender Tabelle werden die Kita-Card in Hamburg und das kindbezogene Förderkonzept von Bayern dargestellt. Die wissenschaftliche Studie „Kernzeit plus", die in Bremen durchgeführt wurde, basiert auf der Idee, dass Eltern den Gutschein mit einem Nennwert von z. B. 4–5 Stunden durch Zukauf weiterer Stunden aufstocken können (open ended voucher). Vorläufige Berechnungen ergaben, dass dieser Extra-Service Eltern teuer kommt (angedachte Stundenvergütung: 2,75 €). Trotz Zusicherung, dass diese neue Struktur für sozial schwache Familie bezahlbar bleibt, war die Skepsis bei Trägern und Elternvertretern gegenüber dem zunächst geplanten Modellversuch groß.

Zusammenfassend erfahren die neuen Finanzierungsmodelle folgende Würdigung:

1. Die aktuelle Kritik an den Leistungen des Bildungssystems unterstellt das Versagen staatlicher Steuerung. Als Lösungsmuster werden Marktprinzipien propagiert. Eine differenzierte Auseinandersetzung mit den möglichen Vor- und Nachteilen eines Markt- und Staatssystems findet noch kaum statt. Es fehlen v. a. Studien, die die Effekte verschiedener Steuerungsinstrumente untersuchen. So wäre z. B. der „Creaming-Effekt" (einrichtungsspezifische Konzentration verschiedener sozialer Gruppen) bei den neuen Finanzierungsmodellen von Interesse, falls das Angebot die Nachfrage deckt. Vor dem Hintergrund der PISA-Studie bleibt zu klären, ob

---

[142] Kreyenfeld, Spieß & Wagner (2001)   [143] Kreyenfeld, Spieß & Wagner (2001)

Kita-Card (Hamburg)	Kindbezogene Förderung (Bayern)
■ genauere stadtteilbezogene Feinsteuerung des Platzangebots ■ zeitnahe Anpassungsprozesse an den Bedarf ■ Vermeidung des Fehleinsatzes von Ressourcen ■ Stärkung der Stellung von Eltern ■ Wegfall zentraler Planungsbürokratie ■ Budgetierung[144]	■ Erhalt und Ausbau der Einrichtungsqualität ■ leistungsgerechtere Förderung der Einrichtungen ■ mehr Anreize für Einrichtungen, sich am Bedarf der Eltern zu orientieren ■ Vereinfachung der Verwaltungsvorgänge ■ Abbau staatlicher Kontrolle für mehr Gestaltungsfreiheit ohne Absenkung der Qualitätsniveaus ■ Kostenneutralität; keine Budgetreduzierung, sondern Nutzung freiwerdender Mittel für Ausbau der Angebote
Das Jugendamt stellt Eltern den Gutschein aus. Er bescheinigt Kindern ab 3 Jahren bis zum Schuleintritt einen Rechtsanspruch auf 4 Stunden Betreuung pro Wochentag. Ein weitergehender Betreuungsbedarf sowie die Betreuungsansprüche jüngerer und älterer Kinder werden einer individuellen Bedarfsprüfung anhand eines Kriterienkatalogs unterzogen. Sowohl die Quantität als auch die Qualität der Plätze wird auf Träger- und Einrichtungsebene entsprechend der von den Eltern eingebrachten Bedarfe festgelegt. Die Steuerung des Platzangebots erfolgt damit durch die Leistungsansprüche der ausgegebenen Kita-Cards, die Auswahlentscheidungen der Eltern und die Angebotstrategien der Träger bzw. Einrichtungen.[145] **Befürchtete Negativeffekte** Verlagerung des Verwaltungsaufwands nach unten und Erzeugung hoher Umsetzungskosten auf Anbieterebene: Der Verwaltungsaufwand der öffentlichen Verwaltung hat sich erheblich verringert, der der Anbieter erheblich erhöht, weil sie nun die potenzielle Nachfrage von Eltern ermitteln und berechnen müssen. Die Aufgaben der Jugendhilfeplanung nehmen nun Anbieter wahr. Vorsichtige Schätzungen aus den USA kommen zum Ergebnis, dass aufgrund hoher Transaktionskosten ein Betriebskostenanstieg zu erwarten ist und dadurch 25 % der bestehenden Ausgaben pro Kind zusätzlich für die Finanzierung eines Gutscheinsystems entstehen.[147] Modell der Kostenreduzierung: Es wird ein vorab festgelegtes Budget umverteilt mit dem Ergebnis, dass das Billigste gut genug ist. Ein gedeckeltes Budget ist im eigentlichen Sinn nicht marktgerecht, weil es nicht ausreicht, die ermittelten Bedarfe der Eltern zu decken.[148] Eingeschränkte Nachfragemacht der Eltern: Ihre Betreuungswünsche können sie nur im Rahmen politischer und finanzieller Vorgaben realisieren. Diese finden nur in Kombination mit der Bewilligung des Jugendamts Beachtung; die alleinige Abfrage der Elternwünsche ist nicht gestaltungsleitend. Eltern mit spezifischen, kostenintensiveren Wünschen werden kaum entsprechende Kita-Cards erhalten.	Staatliche und kommunale Förderung erfolgen als kindbezogene Leistungspauschalen. Deren Höhe hängt ab von der Nutzungszeit, die die Eltern mit der Tageseinrichtung für die Betreuung, Bildung und Erziehung ihres Kindes frei vereinbaren, und von zusätzlichen Gewichtungsfaktoren, die den Förderaufwand berücksichtigen (Kinder unter 3 Jahren, Kinder mit Behinderung, Migrantenkinder). Der jährliche Förderbetrag pro Kind errechnet sich aus dem Produkt des Basiswertes mit dem Nutzungszeitfaktor und dem Gewichtungsfaktor. Der Basiswert bezieht sich auf die Personalkosten und wird jährlich gesondert durch das zuständige Ministerium festgelegt Die Einrichtungen können das Geld von Staat und Kommunen frei verwalten. Qualitätskommissionen auf Landes- und lokaler Ebene bestimmen Richtlinien zur Qualitätsentwicklung und -sicherung. Jede Einrichtung hat eine Einrichtungskonzeption zu entwickeln und jährlich Elternbefragungen durchzuführen, um im Dialog mit den Eltern ihre Angebotsqualität zu verbessern. Bewilligungsbehörden prüfen nur, ob Qualitätssicherung durchgeführt wird, die Ergebnisse sind nicht förderrelevant. Im Rahmen der wissenschaftlichen Begleitung werden die Positiv- und Negativeffekte verfolgt und nach Optimierung gesucht.[146] **Positiveffekte** Die Nachfragemacht der Eltern, die ohne Einschränkung die erwünschte Nutzungszeit buchen können, wurde nachhaltig gestärkt und die Nachfrageorientierung des Angebots hat sich deutlich verbessert. Durch effizientere Mittelvergabe wurden Mittel freigesetzt, so dass z. B. in vielen Einrichtungen der Fachkraft-Kinder-Schlüssel von 1:12,5 auf 1:11 oder gar 1:10 abgesenkt werden konnte. **Negativeffekte** Erhöhter Planungs- und Verwaltungsaufwand für Einrichtungen: Dieser ist höher, aber offensichtlich nicht in dem Ausmaß wie dies beim Gutscheinmodell der Fall ist. Kritik an Berechnung Basiswert, Gewichtungsfaktor

[144] Bock-Famulla & Irskens (2002b)
[145] Bock-Famulla & Irskens (2002b)
[146] vgl. Bock-Famulla & Irskens (2002b)

[147] Bock-Famulla & Irskens (2002b)
[148] Diller (2002)

Kita-Card (Hamburg)	Kindbezogene Förderung (Bayern)
Hohe Zeitbelastung für Eltern: Eltern müssen sich auf die zeitaufwendige Platzsuche begeben und zudem auch noch den Gang zum Jugendamt auf sich nehmen, inkl. Wartezeit. Beschränkter Wettbewerb: Für Träger sind nur Eltern mit Kita-Cards, die hohen Nennwert haben (Ganztagsplatz) besonders attraktiv.[149] Einbußen staatlicher Steuerung: Kommune büßt Möglichkeiten direkter, politischer und organisatorischer Einflussnahme auf die Landschaft der Kindertageseinrichtungen ein.[150] Sie verabschiedet sich aus ihrer Gesamt- und Planungsverantwortung.	

Positiveffekt: Erleichterung des interkommunalen Kostenausgleichs bei grenzüberschreitender Nutzung von Tageseinrichtungen

Negativeffekte/geringere Positiveffekte als erwartet
- Qualitätseinbußen: Kindertageseinrichtungen verkommen zu „Stundenhotels", die man solange bucht, wie man sie braucht. Im Vordergrund steht die Nachfragemacht der Eltern, nicht Bildungs- und Entwicklungsbedarfe der Kinder.[151] Erziehung und Bildung, die auf ganzheitliche, längerfristige Prozesse und verlässliche Beziehungen zwischen Kindern und Fachkräften angelegt sind, sind in einer solch freien Nutzungssituation nicht mehr möglich.
- Einseitige Risikoverlagerung auf Träger, da Risikoabsicherung ausschließlich zu Lasten der Träger erfolgt (z.B. Schwankungen im Buchungsverhalten), daher: (1) Planungsunsicherheit für Anbieter von Kindertageseinrichtungen, und (2) Existenzbedrohung 1-gruppiger Kindertageseinrichtungen
- unzureichende Berücksichtigung der Zeiten für Aufgaben, die nicht die direkte Arbeit mit den Kindern betreffen (z.B. Vor- und Nachbereitung des pädagogischen Angebots, Planung, Reflexion, Dokumentation, Kooperation)
- geringe Markteffekte: (1) eingeschränktes Auswahlrecht der Eltern, da keine Platzgarantie in der Wunscheinrichtung; (2) ein größerer Teil von Eltern gehört nicht zu den souveränen Kunden, die von ihren Rechten auch tatsächlich Gebrauch machen; (3) kaum qualitätssteigernder Wettbewerb unter den Einrichtungen, da in vielen Regionen Nachfrageüberhang, der für Träger keine Anreize zu mehr Bedarfsorientierung bietet.[152]

Grundsätzliche Kritik an beiden Ansätzen
- Partielle Inhaltsleere: Beide neue Finanzierungsmodelle haben bei ihrer Entwicklung eine Auseinandersetzung mit den Zielen und Inhalten des Bildungs- und Erziehungsauftrags von Kindertageseinrichtungen vernachlässigt. Es wird suggeriert, dass z.B. die Nachfragemacht der Eltern und der Wettbewerbsprozess angemessen seien, die richtigen Ziele herauszukristallisieren.[153]
- Defensive Mangelverwaltung: Beide Ansätze sind v.a. auch als eine Reaktion auf die schlechte öffentliche Haushaltslage zu sehen. Von einem volkswirtschaftlichen Standpunkt des Investierens in die Zukunft der nächsten Generation aus betrachtet, stellen sich beide Ansätze als defensive Mangelverwaltung dar.[154]

nicht Ziel neuer Finanzierungsmodelle sein sollte, alle Kindertageseinrichtungen zu qualitativ hochwertigen Bildungseinrichtungen weiterzuentwickeln. Erforderlich ist daher eine Integration der Qualitäts- und Bildungsdiskussion in die Entwicklung von Finanzierungskonzepten.[155]

2. Flexible Arbeitszeiten müssen heute mit einem flexiblen Angebot in Kindertageseinrichtungen korrespondieren. Statt eine Flexibilisierung des An-

---

[149] Bock-Famulla & Irskens (2002b)
[150] Karsten (2003)
[151] Diller (2001)
[152] Bock-Famulla & Irskens (2002b); Wiesner (2003)

[153] Bock-Famulla & Irskens (2002b)
[154] Karsten (2003)
[155] Bock-Famulla & Irskens (2002b)

gebots auf der Grundlage der Subjektförderung pauschal abzulehnen, ist es sinnvoller auch aus pädagogischer Perspektive eine Diskussion darüber zu führen, wie sich die Anforderungen an Flexibilisierung und pädagogische Qualität miteinander in Einklang bringen lassen. So kann dem Bildungsauftrag z. B. durch Kernzeiten Rechnung getragen werden.[156]

3. Die Subjektfinanzierung ist als ein Steuerungsmechanismus einzuschätzen, der am ehesten das Angebot den Betreuungswünschen der Eltern anpassen kann. Allerdings kann eine sehr schnelle Umstellung auf die Subjektförderung zu erheblichen Verwerfungen und zu Allokationsproblemen mit nicht beabsichtigten Nebenfolgen führen. Nachfrageorientierte Bildungsfinanzierung muss stets die Frage klären, was mit den Verlierern im Konkurrenzwettbewerb geschieht. Dies gilt für die Anbieter- und Nutzerseite gleichsam. Gutscheine und selbst eine mögliche Kombination, wie es das DIW-Modell vorsieht (Familienkasse, Gutschein, Gütesiegel), stellen kurz- und mittelfristig keine Lösungen dar, die heute politisches Handeln für Kinder besonders in der Jugendhilfepolitik leiten können. Das Gutschein-Modell ist darüber hinaus für die Besonderheiten einer Großstadt konzipiert und stellt daher für ländliche Regionen keine angemessene Steuerung dar. Das Bayerische Modell bleibt im Fortgang zu beobachten, um die beabsichtigten und nicht beabsichtigten Effekte genauer zu bestimmen.[157]

Die entstandenen Bildungspläne lassen sich im Verbund mit den neuen Finanzierungsmodellen erfolgreich umsetzen, wenn der Bildungsauftrag durch die Regelung einer ausreichend bemessenen Kernzeit (möglichst 6 Stunden) abgesichert wird. Als Mindestnutzungszeit setzt sie dem flexiblen Nutzungsverhalten der Eltern eine Grenze, aber verhindert nicht eine flexible Nutzung der Einrichtung über die Kernzeit hinaus. Die Dauer soll angesichts bestehender Interessenkonflikte nicht lokalen Aushandlungsprozessen überlassen bleiben, sondern bedarf aufgrund des hohen öffentlichen Interesses an früher Bildung einer staatlichen Regelung. Ergebnis wäre ein Angebot in Kindertageseinrichtungen, wie eingangs als Soll-Zustand beschrieben, nämlich (1) Absicherung des elementaren Bildungsauftrags durch ein fixes Grundangebot an Plätzen von 6 Stunden und (2) Sicherstellung eines zeitlich flexiblen Zusatzangebots, das auf weitergehende individuelle Bedarfe der Kinder und Eltern Rücksicht nimmt.

In diesem Zusammenhang ist darauf hinzuweisen, dass Bayern den Bayerischen Bildungs- und Erziehungsplan in 30 Modelleinrichtungen erproben wird, deren Finanzierung auf der Grundlage der kindbezogenen Förderung erfolgt (20 Kinderkrippen, 10 Kindergärten in den Modellregionen Bayreuth und Landsberg am Lech). Ziel dabei ist es, die Vereinbarkeit der Plans mit dem neuen Förderkonzept einer wissenschaftlichen Überprüfung zu unterziehen.

---

[156] Esch & Stöbe-Blossey (2002)   [157] Karsten (2001)

17. Beteiligung der Wirtschaft und Gesellschaft am Unterhalt von Kindertageseinrichtungen

Auch die Gesellschaft, v. a. die Wirtschaft, muss sich verstärkt an den Kosten für den Ausbau von Kindertageseinrichtungen beteiligen. Im Zuge der immer leerer werdenden öffentlichen Kassen gewinnt nun auch in Deutschland das (aus den USA stammende) Fundraising als neue Herausforderung für Sozial- und Bildungseinrichtungen zunehmend Beachtung und Bedeutung. Unter „Fundraising" versteht man alle Maßnahmen zur Erschließung von Ressourcen, die in Geldmittel und Sachmittel, in personeller Unterstützung und im Transfer von Know-how bestehen können:[158]

- Seine Elemente sind (1) Kenntnis der Fundraising-Instrumente; (2) gute Außendarstellung (ansprechendes Erscheinungsbild) und gute Öffentlichkeitsarbeit sowie (3) gezielte und professionelle Kommunikation mit den richtigen Personen und Stellen. Fundraising stellt sich somit als ein Finanzierungs- und Marketing-Mix dar.
- Die wichtigsten Fundraising-Instrumente sind (1) Spenden; (2) Sponsoring als ein „Geschäft auf Gegenseitigkeit" insbesondere mit Wirtschaftsunternehmen („Social Sponsoring"); (3) Förder- oder Freundeskreis, bei dem sich Personen an sozialen Projekten finanziell beteiligen könnten; (4) Stiftungen und Vermächtnisse, deren Errichtung sich in Deutschland wachsender Beliebtheit erfreut und (5) Bußgelder.
- Aktives Fundraising ist wichtiger denn je geworden. Für seine Umsetzung benötigt es jedoch Qualifizierung, Information, Motivation und Hilfestellung. Für kleine Einrichtungen und Träger ist es fast unmöglich, über die tägliche Arbeit hinaus noch eine Fundraising-Konzeption zu entwickeln und umzusetzen. Hinzu kommt ein fachspezifisches Know-how. In den USA gibt es in fast allen Organisationen mindestens eine Person, die für Fundraising hauptberuflich zuständig ist. Da der „Run auf das knappe Geld" immer härter wird, wurden in Deutschland Fach- und Mittlerorganisationen errichtet, die die Möglichkeiten des Fundraisings kennen und Hilfestellung geben, welcher Weg für eine Einrichtung sinnvoll sein könnte.
- Auf der Ebene der Kindertageseinrichtungen sind das Erschließen personeller Ressourcen im Elternkreis (z. B. Mitarbeit in Randzeiten, Mitfahrt bei Ausflügen) oder im Gemeinwesen (z. B. Gymnasiasten, die Kindern vorlesen) sowie die Errichtung von Förder- und Freundeskreisen in der Praxis anzutreffen. Beide Ansätze sind mit Sicherheit ausbaufähig.

Trotz der vielfältigen Möglichkeiten des Fundraisings bleibt die staatliche Förderung die Basis für die Sozial- und Bildungsaufgaben und damit für das System der Kindertageseinrichtungen. Der Staat kann im Rahmen von Pri-

---

[158] auch alle nachstehenden Aspekte: Orlowski, Schreibe-Jäger & Wimmer (1994)

vate-Public-Partnership versuchen, zusammen mit der Wirtschaftsverbänden und -unternehmen oder Stiftungen z. B. Modell- und Investitionsprogramme für das System der Kindertageseinrichtungen zu initiieren und zu finanzieren und auf diese Weise Weiterentwicklung zu bewirken. Dies kann z. B. auch die Erprobung neuer Studiengänge für Elementarpädagogen/innen im Hochschulbereich betreffen.

18. Unterstützung und Qualifizierung der Träger bei der Wahrnehmung ihrer Aufgaben

Der Bedarf an professioneller Trägerarbeit wird zunehmend erkannt. Zwei Forschungsprojekte im Staatsinstitut für Frühpädagogik greifen diese Thematik auf:

- das Projekt „Trägerqualität" im Rahmen der Nationalen Qualitätsinitiative 2000–2003 der Bundesregierung;[159]
- die Handreichung „Qualitätsmanagement im Praxisfeld Kindertageseinrichtungen – Blickpunkt Sozialdatenschutz", erstellt im Auftrag des Bayerischen Staatsministeriums für Arbeit und Sozialordnung, Familie und Frauen.[160]

In ihrer Verantwortung für den Betrieb von Kindertageseinrichtungen haben Träger eine Vielzahl von Zuständigkeiten, die die Qualität des Bildungs-, Erziehungs- und Betreuungsangebots direkt und indirekt beeinflussen. Das Projekt zur Trägerqualität („TQ-Projekt") beschreibt das hohe Anforderungsprofil an die Träger von Kindertageseinrichtungen. Dieses umfasst folgende zentrale Aufgabenbereiche eines Trägers: (1) Organisations- und Dienstleistungsentwicklung; (2) Konzeption und Konzeptionsentwicklung; (3) Qualitätsmanagement; (4) Personalmanagement; (5) Finanzmanagement; (6) Familienorientierung und Elternbeteiligung; (7) Gemeinwesenorientierte Vernetzung und Kooperation; (8) Bedarfsermittlung und Angebotsplanung; (9) Öffentlichkeitsarbeit; (10) Bau- und Sachausstattung.

Voraussetzung für eine gut funktionierende Tageseinrichtung ist eine klar geregelte Aufgabenzuweisung zwischen Träger, Einrichtungsleitung und Einrichtungsteam. Zu den Steuerungsaufgaben des Trägers gehören: (1) Die Festlegung von klaren Kommunikationsstrukturen (z. B. Dienstbesprechungen, Mitarbeitergespräche, Qualitätszirkel); (2) die klare Zuweisung von Aufgaben (an die Leitung, an einzelne Mitarbeiter/innen); (3) die Etablierung von Beteiligungsverfahren für Entscheidungsprozesse; (4) der Abschluss von Zielvereinbarungen für einzelne Aufgabenbereiche.

---

[159] siehe Kapitel 4 in diesem Bericht
[160] Reichert-Garschhammer (2001a; 2001b; 2001c), siehe hierzu nachstehende Ausführungen bei 13.19

Im TQ-Projekt wurde festgestellt, das das Qualifikationsprofil der Träger-vertreter unterschiedlich ist. Das weitgehend fehlende Angebot von arbeits-feldspezifischen Fortbildungsangeboten für die Einrichtungsträger hat sich als ein Mangel im System Kindertageseinrichtungen herausgestellt. Auch bei der Umsetzung der Bildungspläne gibt es einen hohen Entwicklungsbedarf an Stützmaßnahmen für die Träger. Ein Schritt in diese Richtung bildet die geplante Implementierungsphase des TQ-Projekts in einigen Ländern (2004–2006). In diesem Rahmen werden Multiplikatoren für die Trägerberatung in Verfahren der Selbstevaluation geschult. Einen Schwerpunkt dabei bildet die Dimension „Konzeption – Konzeptionsentwicklung", die Fragen des Bil-dungscontrolling und damit der Umsetzung von Bildungsplänen aufgreift. Als neue Aufgaben in Trägerverantwortung im Rahmen der Umsetzung der Bil-dungspläne, die bereits vor deren Erprobung deutlich werden und eine ent-sprechende Unterstützung und etwaige Qualifizierung voraussetzen, sind zu nennen …

- Weiterentwicklung und Anpassung der Einrichtungskonzeption mit Blick auf die Grundprinzipien und inhaltlichen Schwerpunkte des Bildungs-plans;
- Mitwirkung an der Planung und Durchführung der Evaluation des Bil-dungsplans;
- Sicherstellung der Qualifizierung der Leitung und des Einrichtungsteams für die Umsetzung des Bildungsplans;
- Entwicklung eines Fortbildungsplans für die Tageseinrichtung in Zusam-menarbeit mit Leitung und Fachberatung;
- Unterstützung von trägerübergreifenden Regionalfortbildungen in Zusam-menarbeit mit der Fachberatung;
- Sicherstellung von vielfältigen Formen der Elternbeteiligung auf der Pro-gramm- und Managementebene;
- Gewährleistung der personellen, räumlichen und materiellen Vorausset-zungen für die Umsetzung des Bildungsplans;
- Erweiterung der Einrichtungsausstattung mit PC-Anlage, Internet-An-schluss und anderen elektronischen Medien, soweit noch nicht vorhan-den;
- Ermittlung des Finanzbedarfs, der sich aus der Umsetzung des Bildungs-plans ergibt;
- Ausbau der Zusammenarbeit mit Ausbildungsstätten (vgl. Einbettung des Bildungsplans im neuen Lehrplan für die Fachakademien).

Eine Schlüsselfunktion kommt der Fachberatung als Instrument der Träger-beratung zu.

19. Vorkehrungen zum Sozialdatenschutz in Kindertageseinrichtungen und Verwaltungsreform auf Trägerebene

Der Datenschutz ist ein Thema von zentraler und wachsender Bedeutung im Praxisfeld. Um die Aufgaben, die Aufbau und Betrieb einer Tageseinrichtung mit sich bringen, erfüllen zu können, sind Daten zu erheben, zu verarbeiten und zu nutzen (Betriebs- und Geschäftsdaten von Träger und Kindertageseinrichtung, Personal-, Kinder- und Familiendaten). Für Kinder- und Familiendaten gilt der Sozialdatenschutz und der besondere Vertrauensschutz (§§ 61 ff SGB VIII). Mit der Umsetzung der Bildungspläne geht ein Anstieg von Informations-, Kommunikations- und Dokumentationsprozessen bei der Aufgabenerfüllung einher (z. B. die Lern- und Entwicklungsprozesse der Kinder beobachten und dokumentieren, Elterngespräche protokollieren, sich mit anderen Stellen über einzelne Kinder austauschen). Bei den Eltern sind mehr Informationen zu erheben, mehr Einwilligungen einzuholen.

Im Zuge der Erstellung der Datenschutz-Handreichung hat sich auf Trägerebene folgender Handlungsbedarf herauskristallisiert, den jeder Träger für sich prüfen muss und der in der Umsetzung eine trägerübergreifende Konsensbildung und zum Teil staatliche Regelungen erfordert:

1. Sicherstellung der entsprechenden Geltung des Sozialdatenschutzes in Kindertageseinrichtungen freier Träger, die öffentlich gefördert werden (§ 61 Abs. 4 SGB VIII), durch einen Akt mit Außenwirkung, wobei sich als sinnvolle Lösung abzeichnet, die Betriebserlaubnis mit einer solchen Auflage zu versehen, was landesgesetzlich zu regeln wäre;
2. Vornahme einer klaren Aufgabenzuweisung (Geschäftsverteilungsplan, Stellenbeschreibungen), nach der sich sodann die Gestaltung des Vordruckwesens und die Organisation der Datenverwaltung ausrichten muss (v. a. Trennung der pädagogischen Arbeit mit den Kindern und der Kostenbeteiligung der Eltern aufgrund der personell getrennten Wahrnehmung dieser Aufgaben);
3. Neufassung und Ausweitung der Abnahme von Datenschutz-Erklärungen;
4. Neuordnung des Vordruckwesens und damit verbunden auch die Reform anderer Regelwerke, die das leistungsrechtliche Verhältnis mit den Eltern betreffen;
5. Um- bzw. Neuorganisation der Datenverwaltung in Kindertageseinrichtungen, Sicherstellung einer ausreichenden Raum- und Sachausstattung für eine sichere Datenverwahrung, Neuordnung der Aufbewahrungsfristen für alte Datenträger, die in der Praxis eine Spannweite von 1–10 Jahren aufweisen.

Bei diesen Maßnahmen, die fast alle die Selbstregulierung der Träger betreffen, sind außer dem Datenschutz auch die jeweils einschlägigen Rechtsvorgaben nach anderen Gesetzen, die fachlichen Anforderungen der Bildungspläne und spezifische Aspekte (z. B. Verfahrens- und Regelungsökonomie) in ihrem wechselbezüglichen Zusammenspiel zu beachten. Auch wenn das Datenschutzrecht und andere Rechtsvorgaben harte Fakten schaffen, besteht bei der Umsetzung der Maßnahmen ein gewisser Gestaltungsspielraum. Nach Realisierung dieser Maßnahmen, was ein längerfristiger Prozess ist, wird die Datenschutzanwendung für die Fachkräfte sehr einfach sein. Schwierig bleiben die Fälle einer Kindeswohlgefährdung, in denen Eltern nicht mitwirkungsbereit sind; insoweit empfiehlt es sich, auf lokaler Ebene Kindertageseinrichtungen kompetente Ansprechpartner als Regelangebot zur Seite zu stellen, die sie jederzeit um Beratung und Unterstützung ersuchen können.

Mit dem 1991 reformierten Jugendhilferecht sind folgende Rechtsmeinungen von Bedeutung:

- Tageseinrichtungen sind als eine eigenständige Organisationseinheit im Trägerbereich anzusehen. Das Erbringen der angebotenen Leistungen übertragen Träger dem Team der Einrichtung. Das Verhältnis, das das Team mit Eltern und Kindern eingeht, wenn es die Leistungen erbringt, ist ein Vertrauensverhältnis. Kinder- und Familiendaten, die nach Aufnahme des Kindes gewonnen werden, unterliegen überwiegend dem besonderen Vertrauensschutz (§ 65 SGB VIII). Er erlegt den Fachkräften eine persönliche Schweigepflicht auf. Diesen Vertrauensraum in ihren Einrichtungen haben Träger im Innenverhältnis zu achten und zu respektieren und nach außen hin zu schützen. Er begründet die Eigenständigkeit der Tageseinrichtung und die Notwendigkeit einer klaren Aufgabenzuweisung. Die Weitergabe von Kinder- und Familiendaten an den Träger ist für Kindertageseinrichtungen stets eine Datenübermittlung an einen Dritten.
- Die Bildungs- und Erziehungspartnerschaft mit den Eltern ist mit dem Übertragen der Erziehungsverantwortung für das Kind an das Einrichtungsteam und dem Gestalten des Leistungsverhältnisses, das viel Spielraum für individuelle Abfragen und Absprachen enthält, auf eine gleichberechtigte Partnerschaft hin angelegt. Sie verträgt sich nicht mehr mit einer hoheitlich-autoritär ausgerichteten Regulierung, bei der das Satzungs- bzw. Ordnungswesen dominiert und Eltern nur mehr mit einem Anmeldebogen und einigen Erklärungsvordrucken begegnet wird. Sie erfordert (auch in Tageseinrichtungen kommunaler Träger) den Abschluss von Verträgen, wenn Eltern ein verbindliches Platzangebot annehmen. Ein ausgefeilter Bildungs- und Erziehungsvertrag ermöglicht, Regelwerke der Praxis zu bündeln (Deregulierung) und Lücken (z. B. Einwilligungen, Regelungen zur Gesundheitssorge) zu schließen. Er vereint (1) Aufnahmebogen bzw. Anmeldeblatt, (2) Erklärungsvordrucke (z. B. Heimgeh-, Ausflugs-, Badeerklärung, Einwilligungen), (3) Merkblätter für Eltern (z. B. zum Infektionsschutzgesetz, zur Lebensmittelhygieneverordnung), (4) Nutzungsregelungen, die in der Ordnung bzw. Satzung enthalten sind, und (5) Aufnahme- bzw. Betreuungsvertrag, der v. a. bei freien Trägern vorzufinden ist. Der Bildungs- und Erziehungsvertrag ist trägerseits von der Ein-

richtungsleitung abzuschließen angesichts der Eigenständigkeit der Tageseinrichtung und der fachlichen Notwendigkeit, Aushandeln und Erbringen
der pädagogischen Arbeit in Bezug auf das einzelne Kind in eine Hand zu
legen. Der Vertrag ist zugleich der Leitfaden für das Aufnahmegespräch.

Die Datenschutz-Handreichung enthält mehrere Muster-Vordrucke, die 2002
in 15 Qualifizierungsveranstaltungen (v. a. für alle Jugendämter und Träger-
verbände) zur Diskussion gestellt wurden. Nach Verarbeiten der vielen Vorschläge und Rückmeldungen ergibt sich derzeit folgender Stand:

- Die Regulierung des Verhältnisses mit den Eltern bei verbindlicher Aufnahme des Kindes könnte in der Gesamtschau künftig wie folgt aussehen:
  (1) Einstieg ist die individuelle Ebene. Im Mittelpunkt steht der Bildungs-
  und Erziehungsvertrag. Er wird ergänzt durch die Kostenbeitragsverein-
  barung und 3 Nebenabsprachen, die nach Aufnahme zum Tragen kommen
  (können). (2) Auf Gemeinschaftsebene ist Mittelpunkt die Einrichtungskonzeption. Für Träger mehrerer Einrichtungen ist eine Ordnung bzw.
  Satzung weiterhin sinnvoll bzw. geboten (z. B. Aufnahmekriterien, Elternbeiträge). Deren Regelungen sollten in der Einrichtungskonzeption mit
  verankert sein, um Eltern mit möglichst wenigen Regelwerken zu belasten.
  (3) Die Einrichtungskonzeption und der Bildungs- und Erziehungsvertrag
  stehen zueinander in einer Wechselbeziehung und sind deshalb aufeinander abzustimmen.
- Fortgeschrieben wurden der Bildungs- und Erziehungsvertrag und dessen
  Nebenabsprachen, um die vielen Anregungen der Praxis einzuarbeiten.
  Der Vertragsvordruck (konzipiert für Kinder jeden Alters mit und ohne
  besondere Bedürfnisse) entwickelte sich dabei zu einem System aus fixen
  und variablen Bausteinen, das alle Regelungsbedarfe erfasst, die in der Praxis vorkommen (siehe nachstehende Tabelle). Sein flexibler Praxiseinsatz
  verlangt bei den variablen Bausteinen einrichtungs- und kindbezogene Zu-
  schnitte und damit Unterstützung durch geeignete Software. Im Weiteren
  bedarf der Vordruck noch der Vereinfachung und Straffung sowie der Abstimmung mit den Trägerverbänden und jenen Kooperationspartnern, die
  von den Regelungen zugleich betroffen sind.

Diese Arbeiten ließen sich im Rahmen eines Bundesprojekts beschleunigen.
Sie sind bundesweit bedeutsam und bedürfen einer Ausweitung. Sinnvoll wäre, in einem solchen Projekt die nachstehend dargelegte Idee einer Basissoftware für Kindertageseinrichtungen als Serviceangebot im Internet aufzugrei-
fen. In diesem Kontext gibt es (angesichts der positiven Resonanz der Praxis
auf die Mustervordrucke) Überlegungen, auf der Basis der Bildungspläne ein
flexibel nutzbares Raster für das Erstellen von Einrichtungskonzeptionen zu
entwickeln. Es soll der Praxis Orientierung über Aufbau und Inhalte geben,
indem es systematisch gegliedert all jene Aspekte auflistet, die einer einrichtungsspezifischen Ausführung bedürfen; es schafft für Eltern mehr Transparenz, wenn sie die Angebotsprofile mehrerer Einrichtungen vergleichen. Es
wird zugleich auf den Bildungs- und Erziehungsvertrag abgestimmt.

Bildungs- und Erziehungsvertrag – Baustein-System (Stand: 09.09.2003)

I. Aufnahmebedingungen

§ 1 Einverständnis mit der Einrichtungskonzeption
§ 2 Nachweis der Gesundheit des Kindes
§ 3 Elternbeteiligung an den Betriebskosten der Kita

II. Rahmenvereinbarungen

§ 4 Aufnahmetag und Gruppenzuordnung – Kernzeit – vereinbarte Nutzungszeit – Mittagessen
§ 5 Bringen und Abholen des Kindes – Aufsichtspflicht – Bestimmung der Begleitpersonen (Vorschul-Kind) / Kommen und Gehen des Kindes – Aufsichtspflicht – Bestimmung von Begleitpersonen (Schul-Kind)
§ 6 Meldung der Abwesenheit des Kindes
§ 7 Bedarfs-Anmeldung in reduzierten Betriebszeiten der Kita / Schließzeiten der Kita / Schließzeiten der Kita – Bedarfsanmeldung in reduzierten Betriebszeiten / Schließzeiten der Kita – Besuchsregelung mit Nachbar-Kita – Bedarfs-Anmeldung (Auswahl)
§ 8 Unternehmen kostenverursachender Ausflüge

III. Eingewöhnung des Kindes

§ 9 Vorerfahrungen des Kindes, besondere Ereignisse in der Familie
§ 10 Elternbegleitung in der Eingewöhnungsphase ➝ Anlage 1
§ 11 Fachgespräch mit vorheriger Kita über das Kind

IV. Förderung der Bildung und Entwicklung des Kindes

§ 12 Besondere Bedürfnisse – Zusammenarbeit mit Fachdiensten, die das Kind zugleich fördern
§ 13 Hinweise auf besondere Bedürfnisse des Kindes in der Kita – Einschalten weiterer Stellen
§ 14 Schulbesuch und Hausaufgabenbetreuung – Zusammenarbeit mit der Schule
§ 15 Sprachliche Situation
§ 16 Religiöses Bekenntnis
§ 17 Motorische Fähigkeiten und sportliche Aktivitäten (evtl. Streichung)
§ 18 Musische Interessen und Aktivitäten (evtl. Streichung)
§ 19 Mediennutzung (evtl. Streichung)

V. Sorge um die Gesundheit des Kindes und der Gemeinschaft

§ 20 Unfallversicherung des Kindes – Wege-Unfälle
§ 21 Krankheit des Kindes – Verabreichung von Medikamenten in der Kita
§ 22 Verhalten der Kita in Notfällen – Zusammenarbeit mit Ärzten
§ 23 Schutzmaßnahmen bei Auftreten übertragbarer Infektionen – Infektionsschutz-Gesetz (IfSG) ➝ Anlage 2
§ 24 Vorsichtsmaßnahmen bei Speisen und Lebensmitteln – Lebensmittelhygiene-Verordnung (LMHV) ➝ Anlage 3
§ 25 Gesundheitspflege – Vorsorge-Untersuchungen des Gesundheitsamts in der Kita

VI. Zusammenarbeit zwischen Kita und Eltern

§ 26 Partnerschaftliche Zusammenarbeit bei der Förderung und Pflege des Kindes
§ 27 Sorge- und Familienverhältnisse
§ 28 Sorge- und Umgangsausübung durch Elternteil, der vom Kind getrennt lebt / Herkunftseltern, von denen das Kind getrennt lebt (Streichung / Auswahl)
§ 29 Eltern-Beteiligung an Entscheidungen in wesentlichen Angelegenheiten der Kita
§ 30 Eltern-Mitarbeit in der Kita ➝ Anlage 4
§ 31 Kontakt-Vermittlung innerhalb der Eltern-Gemeinschaft der Kita

VII. Schlussvereinbarungen

§ 32 Herstellen und Verbreiten von Foto- und Filmaufnahmen in der Kita
§ 33 Wahrung des Sozialgeheimnisses ➝ Anlage 5
§ 34 Anzeige von Veränderungen in den Verhältnissen
§ 35 Neben-Absprachen zum Vertrag
§ 36 Widerruf erteilter Einwilligungen
§ 37 Ausschluss der Haftung des Kita-Trägers
§ 38 Kündigung des Vertrages
§ 39 Wirksamkeit des Vertrages bei Ungültigkeit einzelner Regelungen

Anlagen

Anlage 1 Elternfaltblatt „Etwas Neues beginnt. Kinder und Eltern kommen in den Kindergarten"
Anlage 2 Eltern-Information zum IfSG
Anlage 3 Eltern-Information zum LMHV
Anlage 4 Datenschutz-Erklärung bei Eltern-Mitarbeit in der Kita
Anlage 5 Eltern-Information zum Sozialdatenschutz

Ausfertigung für Kooperationspartner

Einwilligungen im Vertrag: §§ 11, 15, 17, 26

Nebenabsprachen zum Vertrag
(Treffen nach Aufnahme des Kindes)

Ermächtigung: Verabreichung eines Medikaments an das Kind durch die Kita
Einwilligung: Zusammenarbeit von Kita, Fachdiensten, Schule und Behörden zum Zweck des frühzeitigen Erkennens und Handelns bei besonderen Bedürfnissen des Kindes*
Einwilligung: Zusammenarbeit von Kita und Schule bei Einschulung des Kindes *

* In der Diskussion, ob Einholung nicht auch schon bei Aufnahme des Kindes

Idee einer Basis-Software für Kindertageseinrichtungen als Serviceangebot im Internet

Die Software für Kindertageseinrichtungen ließe sich modernisieren. Ein qualitativ hochwertiges Vordruckwesen, unterstützt durch intelligent konzipierte Software, angesiedelt im Internet, verspricht in der Kombination immense Beschleunigungseffekte (zugunsten von mehr Zeit für Kinder). Vor diesem Hintergrund gibt es im Staatsinstitut für Frühpädagogik erste Überlegungen für eine Basis-Software für Kindertageseinrichtungen als Serviceangebot im Internet. Es überträgt das papierene Vordruckwesen auf ein elektronisches Medium, nutzt das Internet als Verbreitungsmedium und überführt alle Eingaben in ein zentrales Datensystem. Es unterstützt die Basisprozesse bei den Verwaltungs- und Dokumentationsaufgaben in Tageseinrichtungen durch eine Datenbank-Anwendung, die über das Internet für alle weiteren Stellen und Personen, die mit bestimmten Zugriffsrechten ausgestattet sind, zugänglich gemacht wird. Der heutige Stand der Technik erlaubt es, unberechtigte Datenzugriffe zu kontrollieren und diese somit zu verhindern. Bei der Konzeption der Basis-Software könnte allen Praxiswünschen entsprochen werden, die in Reaktion auf die Datenschutz-Handreichung eingegangen sind.

Eine erste Konzeptidee lässt sich wie folgt skizzieren:

- Die Basissoftware enthält alle Vordrucke und Instrumente, die für die Aufgabenerfüllung in Tageseinrichtungen wichtig sind (z. B. auch Raster für Einrichtungskonzeption, Beobachtungsbögen, Elterngesprächsbogen als Protokollhilfe, Unfallanzeige, Infektionsmeldung, Kinderlisten, Elternfragebögen). Sie stellt die Vordrucke, die Vereinbarungen mit den Eltern betreffen, in mehreren Sprachen bereit. Sie ermöglicht den Nutzern mehrere Vordrucke an die lokalen Bedingungen anzupassen, indem diese als flexible Baustein- und Rastersysteme konzipiert sind (z. B. Vertragsvordrucke, Einrichtungskonzeption).
- Sie ist mit einer Datenbank versehen, um alle Eingaben zu erfassen, um z. B. die eingegeben Daten und Elternerklärungen in Kinderlisten und Kinderdateien für einen raschen Datenzugriff im Betreuungsalltag aufzubereiten.
- Alle Stellen und Personen mit Zugriffsberechtigungen auf bestimmte Datenbestände von Tageseinrichtungen (z. B. Träger, Gesundheitsamt, GUV) können diese Zugriffe jederzeit machen.
- Die Software ist änderungsfreundlich angelegt, damit sie an die fachlichen und rechtlichen Entwicklungen fortlaufend angepasst werden kann. Die laufende technische Wartung der Software erfolgt zentral durch das beauftragte Softwareunternehmen. Eine fachliche Begleitung für die laufende Evaluation und Weiterentwicklung der Software wird sichergestellt.
- Die Nutzung der Software wird (wie es heute bereits vielfach üblich ist) gemietet. Nach einer sehr groben Ersteinschätzung von DV-Fachleuten würde die Nutzungsgebühr 1 € pro Kind pro Jahr betragen, unter den Voraussetzungen einer ausreichenden Anzahl von Kindern (500.000 bis 1 Mio) und einer ausreichenden Laufzeit von mehreren Jahren. Falls auch Beobachtungsbögen mit Verlags- und Urheberrechten eingestellt werden (können), werden insoweit Sonderregelungen zu treffen sein.
- Für Eltern entsteht einrichtungs- und trägerübergreifend ein übersichtliches, komprimiertes und schnell erfassbares Regelungssystem, das Vertrautheit und hohe Akzeptanz schaffen kann. Sie müssen sich im Rahmen der Platzsuche nicht mehr bei jeder Tageseinrichtung in ein neues und anderes Regelungssystem zeitintensiv einfinden. Über das Internet kann auch ihnen direkte Einblicknahme und ggf. die Möglichkeit des Vordruck-Ausfüllens verschafft werden. Die Unterschiede zwischen Tageseinrichtungen können sie den Konzeptionen entnehmen, die sie aufgrund des gemeinsamen Aufbauschemas rasch überblicken und damit besser miteinander vergleichen können.

Bei den Fragen, wie ein solches Angebot aufgebaut werden soll, wird auf den Konsens der Träger Wert gelegt. Wichtig ist auch, diese Software kompatibel zu vorhandenen Software-Angeboten zu machen. Die Realisierung dieser Idee könnte in einem Bundesprojekt aufgegriffen werden, da sie bundesweit bedeutsam ist.

20. Weiterentwicklung im Überblick und Aufstellung eines Stufenreformplans

In der Zusammenschau lassen sich die erforderlichen Mehrinvestitionen und deren Finanzierung durch Mittelumverteilung und Reinvestition von Erträgen wie folgt darstellen:

Mehrinvestition in die Elementarbildung	Mittelumverteilung	Erträge → Re-Investition	
		Freisetzen von Mittel	Neue Einnahmen
■ Ausbildungsreform in Stufen ■ Ausbau Fachberatung/Fortbildung ■ Abschaffung Elternbeiträge ■ Ausbau Tageseinrichtungen (alte Länder) ■ Ausbau Infrastruktur für Frühförderung + intensivere Sprachförderung ■ Sicherstellen mobiler Reserve ■ Anhebung Besoldung Fachkräfte in Stufen ■ EDV-Ausstattung in Kitas ■ Kita-Serviceangebote im Internet	Abschaffung des Ehegattensplittings	Einsparung Vorhaltekosten bei nachfrageorientierter Subjektförderung (Bayern-Modell)	Mehr Einkommenssteuer durch Müttererwerbstätigkeit + neue Arbeitsplätze im Kita-Bereich
	Abschaffung des 13. Schuljahres	Einsparung Sozialhilfe	Mehr Mehrwertssteuer durch mehr Konsum von Familien/Kita-Kräften
	Einführung von Studiengebühren	Einsparung Arbeitslosenunterstützung	Mehr Sozialversicherungsbeiträge
		Einsparung im Schulbereich: weniger Förderschulzuweisungen etc.	
		Einsparung von Sozialhilfe- + Justizkosten bei Nachwuchs	Mehr Einkommensteuer durch höhere Einkommen Nachwuchs (höhere Bildungsabschlüsse)
			Mehr Mehrwertsteuer durch höhere Kaufkraft Nachwuchs

Welche Aufgaben zur Weiterentwicklung des Systems der Kindertageseinrichtungen auf Bund, Länder und Kommunen im Einzelnen zukommen könnten, wird in der nachstehenden Tabelle nochmals im Überblick dargestellt.

Elementarbildung als öffentliche Pflichtaufgabe anzuerkennen und zu behandeln, zählt – neben der Reform der Sozialversicherungssysteme – zu den wichtigsten Aufgaben dieses Jahrhunderts. Sie ist eine unverzichtbare Investition in die Gesellschaft und ihre Zukunftsfähigkeit. Sie ist eingebettet in die Reform des gesamten Bildungswesens, die im Übergang zur Wissensgesellschaft unausweichlich geworden ist. Ihre Realisierung muss in eine mittelfristige Perspektive eingebettet sein und darf nicht durch ein Denken in Legislaturperioden ins Stocken geraten. Vielmehr gilt es, die Bildung und Erziehung der Kinder in Deutschland zum Prioritätsthema auf der politischen Agenda zu machen. Da nicht alle Reformpunkte gleichzeitig realisierbar sind, ist ihre Durchführung (über mehrere Legislaturperioden hinweg) durch die Aufstellung eines Stufenreformplans sicherzustellen. Hier tragen Bund und Länder eine gemeinsame Verantwortung. Höchste Priorität sollte erhalten:

Bund	Länder	Kommunen
Bündelung von Zuständigkeiten für das Aufwachsen von Kindern und Jugendlichen in einem Ressort		Zuständigkeitsbündelung
Änderungen im SGB VIII	Mehr Regulierung: (1) Abschluss von Staatsverträgen, (2) Neuordnung Kindertagesstättengesetze, (3) Bildungspläne	Weniger Regulierung: Neuregulierung des leistungsrechtlichen Verhältnisses mit den Eltern → Hilfestellung!
Abschaffung Ehegatten-Splitting, Ausgleichsmaßnahmen	Abschaffung 13. Schuljahr	Intensivierung Jugendhilfeplanung
Finanzverfassungsreform: Beteiligung am Aus-/Umbau Kitas	Einführung Studiengebühren, Abschaffung Kita-Gebühen in Stufen	Beteiligung am lokalen Ausbau von Tageseinrichtungen
Gemeindefinanzreform	Übernahme Personalkosten für Kindertageseinrichtungen	Koordination Netzwerke zwischen Kitas und anderen Stellen
Investitionsprogramm EDV-Ausstattung der Kitas	Wechsel zu nachfrageorientierten Subjektförderung (wohl Bayern Modell)	Finanzielle Entlastung + Übernahme von Sachaufwand
Erprobung + Aufbau „Lokale und Internet gestützte Kinderbetreuungsbörsen"	Ausbildungsreform	
Aufbau Basisverwaltungssoftware für Kitas im Internet	Ausweitung Fachberatung + Fortbildung	
Sonderprogramme zur Intensivierung Frühförderung + Sprachförderung	Ausbau flächendeckender Infrastruktur für Frühförderung + Sprachförderung	
	Abschaffung spezifischer Kitas für behinderte Kinder	
TQ-Projekt: Trägerqualifizierung	Angebot für Trägerqualifizierung	
Private-Public-Partnership: Ausbildungsreform, EDV-Ausstattung, Stützmaßnahmen für Träger (Qualifizierungsangebote, Unternehmensberatung)		Fundraising
Kampagnen: gezielte Elternansprache		

- Die Verständigung der Länder auf gemeinsame Bildungsstandards, möglichst durch Staatsvertrag, ist von höchster Dringlichkeit. Sie ist die Grundlage für alle weiteren Schritte dieses Reformprozesses.
- Die Reform der Ausbildung für den Elementarbereich verlangt einen sofortigen Beginn angesichts der Erkenntnis aus früheren Reformen dieser Art, dass mindestens 15 Jahre vergehen, bis eine solche Reform einigermaßen flächendeckend greift. Die knappen Mittel gilt es daher nicht vorrangig in die Nachqualifizierung des vorhandenen Personalkörpers zu investieren, sondern in die Professionalisierung der Nachwuchskräfte. Diese entfalten durch ihr Wirken in den Tageeinrichtungen eine Multiplikatorenfunktion und werden die maßgeblichen Impulse für die innere Reform geben.
- Des Weiteren müssen die Weichen für die künftige Finanzierung der Tageseinrichtungen neu gestellt werden, indem die Finanzverfassungsreform, die Gemeindefinanzreform, die vorgeschlagenen Mittelumschichtungen sowie der Wechsel zur nachfrageorientierten Subjektfinanzierung vorrangig in Angriff genommen werden.

Empfehlungen an die Politik

13 | 01
Elementarbildung ist als öffentliche Pflichtaufgabe anzuerkennen. Hierzu muss der Elementarbereich als Teil des Bildungsverlaufs begriffen und als solcher behandelt werden. In seinem Verhältnis zu den anderen Bildungsstufen ist seine Eigenständigkeit zu wahren und zugleich sein Gleichrang in Ausstattung und Qualität herzustellen.

13 | 02
Ausgaben für Kindertageseinrichtungen sind keine verlorenen Zuschüsse, sondern Investitionen von hohem volkswirtschaftlichem Ertrag. Diese Neubewertung verlangt eine Neubestimmung des Kostenansatzes für die Elementarbildung, die die Kosten und die damit einhergehenden Investitionen zueinander ins Verhältnis setzt.

13 | 03
Lösungen im Spannungsfeld von fachlicher Weiterentwicklung und finanzieller Ressourcenknappheit sind durch stärkere Anwendung ökonomischer Prinzipien im Bildungs- und Sozialbereich zu erzielen. Durch eine Verknüpfung von pädagogisch-fachlicher Effektivität und wirtschaftlicher Effizienz lässt sich eine grundlegende Schwäche des bestehenden Steuerungs- und Finanzierungssystems beheben.

13 | 04
Obgleich die Reformchancen für Kindertageseinrichtungen auch im Rahmen der Jugendhilfe als eher gut einzuschätzen sind, ist die aktuelle Diskussion über einen Wechsel ins Bildungswesen noch abzuwarten. Die Zuständigkeiten und Ressourcen für das Aufwachsen von Kindern und Jugendlichen auf Regierungsebene zu bündeln, wird angesichts des darin liegenden Gestaltungspotenzials für Weiterentwicklung allen nahe gelegt.

13 | 05
Im System der Tageseinrichtungen ist eine neue und stärkere Regelung auf Länderebene gefordert. Die Anerkennung und Behandlung der Elementarbildung als öffentliche Pflichtaufgabe verlangt ein höheres Maß an staatlicher Steuerung und Absicherung. Auf lokaler Ebene hingegen ist ein Abbau von Regelungen möglich.

13 | 06
Dass Standards zum Bildungs- und Erziehungsauftrag, zur Qualifikation der Fachkräfte oder zu Bau und Ausstattung von Land zu Land variieren, lässt sich heute nicht mehr begründen. Als sinnvoller Weg für eine länderübergreifende Verständigung im Bildungsbereich wird – nach dem Vorbild des Medienbereichs – der Abschluss von Staatsverträgen nachdrücklich empfohlen, um Standards von hoher Qualität für das gesamte Bundesgebiet zu sichern. Sie werden durch Landesgesetze ergänzt.

13 | 07
Das Gesamtbudget ist deutlich anzuheben. Der hohe volkswirtschaftliche Nutzen von Investitionen in diesen Bereich rechtfertigt eine Umverteilung innerhalb der öffentlichen Haushalte. Kindertageseinrichtungen erweisen sich als hochwirksames Instrument der Familien-, Gleichstellungs- und Kinderpolitik. Statt die monetären Leistungen für Familien weiter anzuheben sollte die Bundesregierung vorrangig in den Ausbau der infrastrukturellen Angebote für Familien investieren. Die Länder sollten die Abschaffung des 13. Schuljahres in Erwägung ziehen.

13 | 08
Viele Gründe sprechen dafür, dass Gebühren für Kindertageseinrichtungen ungleiche Bildungschancen erzeugen bzw. verstärken. Daraus muss die Politik Schlussfolgerungen ziehen.

Empfehlungen an die Politik

13 | 09
Die Länder haben die Aufgabe, die Bildungsqualität von Kindertageseinrichtungen zentral und mit breiter Beteiligung aller Verantwortlichen festzusetzen. Sie sollten sich auf gemeinsame Bildungsstandards verständigen, möglichst durch Staatsvertrag. Wissenschaftlich fundierte Bildungsplanung kennt keinen Länderunterschied. Es sind geeignete Wege zu suchen, die die Beachtung der Bildungsstandards sicherstellen.

13 | 10
Beim Festsetzen der pädagogischen Qualität sind wichtig: (a) die Steuerung des Einrichtungsangebots; (b) eine Anhebung der Qualifikation der Fachkräfte; (c) eine Absenkung des Fachkraft-Kinder-Schlüssels; (d) die Unterstützung der Einrichtungsteams durch regelmäßige Präsenz mobiler Fachkräfte und Fachdienste; (e) die Schaffung einer anregenden Lernumgebung; (f) die Festlegung einer ausreichenden Kernzeit, die den Bildungsauftrag absichert, sowie einer Verfügungszeit, bei der Einsparpotenziale v. a. durch EDV-Einsatz zu beachten sind.

13 | 11
Die Umsetzung der Bildungsstandards sollte im Rahmen eines begleiteten Prozesses erfolgen und nicht unter förderrechtlichem bzw. aufsichtlichem Zwang. Mehr Investitionen in die Ausbildung, Fortbildung und Fachberatung des Fachpersonals versprechen die besten Umsetzungschancen in der Praxis.

13 | 12
Kooperationsbeziehungen von Kindertageseinrichtungen mit Schulen und anderen Stellen sind grundlegend für die Förderung der Kinder. Damit Netzwerke flächendeckend entstehen und Pflege erfahren, ist eine Art Infrastruktur für Kooperationen aufzubauen. Sie besteht in der staatlichen Vorgabe an die örtliche Jugendhilfeplanung, die Aspekte der Kooperation und Vernetzung mit zu beachten, in der Übernahme von Planungs- und Koordinierungsfunktionen durch das Jugendamt und im Bereitstellen qualitativ guter Einwilligungsvordrucke.

13 | 13
Der Übergang zu einer nachfrageorientierten Subjektfinanzierung von Kindertageseinrichtungen, staatliche Vorgaben an die Ausgestaltung des Förderangebots in Tageseinrichtungen und die (zunächst probeweise) Einführung lokaler, Internet gestützter Kinderbetreuungsbörsen zur effizienten Vermittlung freier Plätze versprechen in ihrer Kombination mehr Bedarfsgerechtigkeit bei der Angebotsplanung.

13 | 14
Die Finanzierungslasten sind neu zu verteilen und dabei die Kommunen erheblich zu entlasten. Bund und Länder tragen Mitverantwortung und müssen sich dauerhaft und wesentlich stärker am System der Kindertageseinrichtungen beteiligen. Notwendig ist eine Finanzverfassungsreform. Wie im Hochschulbereich sollte sich der Bund am Ausbau der Tageseinrichtungen inkl. EDV-Ausstattung finanziell beteiligen. Wie im Schulbereich sollten die Länder den Personalaufwand tragen, die Kommunen den Sachaufwand. Wirtschaft und Gesellschaft sind über Fundraising und Private-Public-Partnership verstärkt einzubinden.

Empfehlungen an die Politik

13 | 15
Der Übergang von der angebotsorientierten Objektfinanzierung zur nachfrageorientierten Subjektfinanzierung wird nahe gelegt. Um eine Flexibilisierung des Angebots und eine Absicherung des Bildungsauftrags zugleich zu gewährleisten, zeichnet sich als sinnvolle Konfliktlösung die staatliche Regelung einer Kernzeit ab, in der alle Kinder, die die Tageseinrichtung besuchen, anwesend sind.

13 | 16
Um professionelle Trägerarbeit sicherzustellen, ist ein Angebot von arbeitsfeldspezifischen Fortbildungsangeboten für   Einrichtungsträger aufzubauen.

13 | 17
Datenschutz ist ein Thema von zentraler und wachsender Bedeutung. Mit Umsetzung der Bildungsstandards nehmen die Informations-, Kommunikations- und Dokumentationsprozesse bei der Aufgabenerfüllung zu. Steuerungsmängel auf Trägerebene ziehen Reformen nach sich. Grundlegend zu reformieren ist v. a. das leistungsrechtliche Verhältnis zu den Eltern. Der Bildungs- und Erziehungsvertrag und die Einrichtungskonzeption kristallisieren sich als die zentralen Regelwerke heraus, das Ordnungs- bzw. Satzungswesen tritt dahinter zurück. Um Träger bei dieser schwierigen Reform zu unterstützen, empfiehlt sich der Aufbau einer flexibel nutzbaren Basisverwaltungssoftware für Kindertageseinrichtungen als kostengünstiges Serviceangebot im Internet.

13 | 18
Die Bildung und Erziehung der Kinder in Deutschland muss ein Prioritätsthema erster Ordnung auf der politischen Agenda werden. In einem mittelfristigen Reformplan sollte die Umsetzung dieser Bildungsreform sichergestellt werden. Höchste Priorität sollte dabei der Verständigung der Länder auf gemeinsame Bildungsstandards, darauf aufbauend allen Reformen zum Thema Finanzierung sowie der Ausbildungsreform eingeräumt werden.

Literatur

A

Abidin, R. R. (1996). Early childhood parenting skills: Program manual. Odessa: Psychological Assessment Resources Inc.

AGJ/Deutsches Nationalkomitee von OMEP (Hrsg.). (1998). Der Erzieherinnenberuf im europäischen Kontext. Qualifizierungsziele und -empfehlungen. Bonn: Eigenverlag.

Ahnert, L., Rickert, H. & Lamb, M. E. (2000). Shared caregiving: Comparisons between home and child-care settings. Developmental Psychology, 36, 339–351.

Arbeitsgruppe Jugendhilfe/Schule der Jugendministerkonferenz und Kultusministerkonferenz (2002). Bericht der Arbeitsgruppe Jugendhilfe und Schule. Stand 29.04.2002.

Arbeitsstab Forum Bildung (Hrsg.). (2001). Empfehlungen des Forum Bildung. Bonn: Geschäftsstelle der Bund-Länder-Kommission für Bildungsplanung und Forschungsförderung.

B

Becker, W. (2002). Fortbildungskonzepte im Zeichen des Innovationsdrucks. In W. E. Fthenakis & P. Oberhuemer (Hrsg.) Ausbildungsqualität. Strategiekonzepte zur Weiterentwicklung der Ausbildung von Erzieherinnen und Erziehern (S. 225–244). Neuwied, Kriftel, Berlin: Luchterhand.

Becker-Textor, I. (1998). Vernetzung. In I. Becker-Textor & M. Textor (Hrsg.), Der offene Kindergarten – Vielfalt der Formen (S. 107–120). Freiburg: Herder.

Beelmann, W. (2000). Entwicklungsrisiken und -chancen bei der Bewältigung normativer sozialer Übergänge im Kindesalter. In C. Leyendecker & T. Horstmann (Hrsg.), Große Pläne für kleine Leute (S. 71–77). München: Reinhardt.

Behrens, G. (1991). Bahar und die Gazelle. Ein deutsch-türkisches Märchen. Video-Kassette für Kinder, mit Begleitheft. Weinheim: Beltz.

Belle, D. (1997). Varieties of self-care: A qualitative look at children's experiences in the after-school hours. Merrill-Palmer Quarterly, 43, 478–496.

Bertram, T. & Pascal, C. (2001). Early excellence centre pilot programme: Annual evaluation report 2000. London: DfEE.

Bock-Famulla, K. (2002). Volkswirtschaftlicher Ertrag von Kindertageseinrichtungen. Gutachten im Auftrag der Max-Traeger-Stiftung der GEW.

Bock-Famulla, K. & Irskens, B. (2002a). Neue Finanzierungsmodelle für Kitas: bedarfsgerecht, flexibel und qualitätsbewusst? Teil 1. Nachrichtendienst des Deutschen Vereins für Öffentliche und Private Fürsorge, 82, 257–262.

Bock-Famulla, K. & Irskens, B. (2002b). Neue Finanzierungsmodelle für Kitas: bedarfsgerecht, flexibel und qualitätsbewusst? Teil 2. Nachrichtendienst des Deutschen Vereins für Öffentliche und Private Fürsorge, 82, 299–302.

Bolger, K. E., Patterson, C. J., Thompson, W. W. & Kupersmidt, J. B. (1995). Psychosocial adjustment among children experiencing persistent and intermittent family economic hardship. Child Development, 66, 1107–1129.

Bowlby, (1969). Attachment and loss: Vol. I: Attachment. New York: Basic Books.

Bowman, B., Donovan, M. S. & Burns, M. S. (Eds.). (2000). Eager to learn: Educating our preschoolers. Washington: National Academy Press.

Broström, S. (2002). Communication and Continuity in the Transition from Kindergarten to School. In H. Fabian & A.-W. Dunlop (Eds.), Transitions in the early years. Debating continuity and progression for children in early education (pp. 52–63). London: Routledge Falmer.

Bruner, J. (1987). Wie das Kind sprechen lernt. Göttingen: Huber.

Büchel, F. & Spieß, K. (2002). Form der Kinderbetreuung und Arbeitsmarktverhalten von Müttern in West- und Ostdeutschland. Gutachten im Auftrag des Bundesministeriums für Familie, Senioren, Frauen und Jugend. Stuttgart: Kohlhammer.

Bundesjugendkuratorium (2001). Zukunftsfähigkeit sichern – Für ein neues Verhältnis von Jugendhilfe und Bildung. Eine Streitschrift des Bundesjungendkuratoriums. Bonn: BMFSJ.

Bundesministerium für Bildung und Forschung (Hrsg.). (2002). Grund- und Strukturdaten 2001/ 2002. Bonn: BMBF.

Bundesministeriums für Familie, Senioren, Frauen und Jugend. (1992). Finanzielle Folgen der Verbesserung der Tagesbetreuung von Kindern. Sonderausschuss Schutz des ungeborenen Lebens, 12. Wahlperiode, Ausschussdrucksache. Büchel, F. & Spieß, K. (2002). Formen der Kinderbetreuung und Arbeitsmarktverhalten von Müttern in West- und Ostdeutschland. Gutachten im Auftrag des Bundesministeriums für Familien, Senioren, Frauen und Jugend. Stuttgart: Kohlhammer.

Bundesministeriums für Familie, Senioren, Frauen und Jugend. (Hrsg.). (1998). Zehnter Kinder- und Jugendbericht. Bericht über die Lebenssituation von Kindern und die Leistungen der Kinderhilfe in Deutschland. Bonn: BMFSFJ.

Bundesministeriums für Familie, Senioren, Frauen und Jugend. (Hrsg.) (2002). Elfter Kinder- und Jugendbericht. Bericht über die Lebenssituation junger Menschen und die Leistungen der Kinder- und Jugendhilfe in Deutschland. Berlin: BMFSFJ.

Bundesvereinigung Evangelischer Tageseinrichtungen für Kinder & Diakonisches Institut für Qualitätsmanagement und Forschung (Hrsg.). (2002). Bundes-Rahmenhandbuch Evangelischer Tageseinrichtungen für Kinder. Ein Leitfaden zur Qualitätsentwicklung. Stuttgart: Bundesvereinigung Evangelischer Tageseinrichtungen für Kinder e. V.

Bush, J. & Phillips, D. A. (1994). Expanding the lens. International approaches to defining quality. New Haven: Yale University Press.

C

Campbell, D. T. (1969). Reforms as experiments. American Psychologist, 24, 409–424.

Carr, M. (1998). Project for assessing children's experiences: Final report to the Ministry of Education. Part Two: Five case studies. University of Waikato.

Carr, M. (2001). Assessment in early childhood settings: Learning Stories. London: Chapman.

Chen, H.-T. (1990). Theory-driven evaluations. London: Sage.

Clarke, A. (1999). Evaluation research: An introduction to principles, methods and practice. London: Sage.

Clarke-Stewart, K. A., Lowe-Vandell, D., Burchinal, M., O›Brien, M. & McCartney, K. (2002). Do regulable features of child-care homes affect children›s development? Early Childhood Research Quarterly, 17, 52–86.

Colberg-Schrader, H. & Oberhuemer, P. (2000). Ein Modell für Kindertageseinrichtungen der Zukunft? Ein Besuch im englischen Pen Green. In H. Colberg-Schrader & P. Oberhuemer (Hrsg), Qualifizieren für Europa. Praxiskulturen, Ausbildungskonzeptes, Initiativen (S. 89–92). Hohengehren: Schneider.

Cronbach, L. J. (1982). Designing evaluations of educational and social programs. San Francisco, CA: Jossey-Bass.

D

Dahlberg, G. (1999). The co-constructing child and the co-constructing pedagogue – some reflections on the child as an active citizen. In C. Lost & P. Oberhuemer (Hrsg.), Auch Kinder sind Bürger. Kindergarten- und Kinderpolitik in Deutschland (S. 118–134). Baltmannsweiler: Schneider.

Dahlberg, G. (im Druck). Kinder und Pädagogen als Co-Konstrukteure von Wissen und Kultur. Frühpädagogik in postmoderner Perspektive. in W. E. Fthenakis & P. Oberhuemer (Hrsg.), Frühpädagogik international: Bildungsqualität im Blickpunkt. Opladen: Leske + Budrich.

Dahlberg, G, & Lenz Taguchi, H. (1994). Förskola och skola – om två skilda traditioner och om visioner om en mötesplats. Särtryck ur: SOU1992: 45, bilaga 3. Stockholm: HLS Förlag.

Dahlberg, G., Moss, P, & Pence, A. (1999). Beyond quality in early childhood education and care: Postmodern perspectives on the problem with quality. London: Falmer.

Damon, W. (1989). Die soziale Entwicklung des Kindes. Stuttgart: Klett-Cotta.

Derman-Sparks, L. (1989). Anti-bias curriculum: Tools for empowering young children. Washington: NAEYC.

Derschau, D. von (1984). Die Ausbildung des pädagogischen Personals. In J. Zimmer (Hrsg.) Enzyklopädie der Erziehungswissenschaft (Bd. 6). Stuttgart: Klett-Cotta.

Deutscher Verein für öffentliche und private Fürsorge (1972). Thesen zu einem neuen Jugendhilferecht. Nachrichtendienst des Deutschen Vereins, 52, 305ff.

Deutsches PISA-Konsortium (Hrsg.). (2001). PISA 2000. Basiskompetenzen von Schülern und Schülerinnen im internationalen Vergleich. Opladen: Leske + Budrich.

Diller, A. (2002). Der PISA-Schock: Konzepte und Finanzierungen der Kindertageseinrichtungen auf dem Prüfstand. Theorie und Praxis der sozialen Arbeit, 2, 89–94.

Dippelhofer-Stiem, B. & Wolf, B. (Hrsg.). (1997). Ökologie des Kindergartens. Weinheim: Juventa.

DJI (2002). Zahlenspiegel. Daten zu Tageseinrichtungen für Kinder. München: DJI-Verlag.

DJI-Projekt „Multikulturelles Kinderleben" (Hrsg) (2000). Wie Kinder multikulturellen Alltag erleben. Ergebnisse einer Kinderbefragung. München: Deutsches Jugendinstitut.

Dollase, R. (2000). Reife für die Schule? Kinderzeit, 2, 5–8.

Duncan, G. J., Brooks-Gunn, J. & Klebanov, P. K. (1994). Economic deprivation and early childhood development. Child Development, 65, 296–318.

Dunlop, A.-W. & Fabian, H. (2002). Conclusions: Debating transitions, continuity and progression in the early years. In H. Fabian & A.-W. Dunlop (Eds.), Transitions in the early years. Debating continuity and progression for children in early education (pp. 146–154). London: Routledge Falmer.

E

Ebert, S., von Fatke, R., Külb, R. Lost, C., Oberhuemer, P. & Troppa, P. (1994). Zur beruflichen Situation der Erzieherinnen in Deutschland: Bestandsaufnahme und Perspektiven. Eine Denkschrift. München: Profil.

Ehmann, C. (2001). Bildungsfinanzierung und soziale Gerechtigkeit. Vom Kindergarten bis zur Weiterbildung. Bielefeld: Bertelsmann.

Ehmann, C. (2002). Bildung und Ausbildung. Recht der Jugend und des Bildungswesens, 50, 131–137.

Ehmann, C. & Berger, J. (2000). Gebühren für Bildung – Ein Anschlag auf die Chancengleichheit? Recht der Jugend und des Bildungswesens, 48, 356–376.

Eichhorst, W. & Thode, E. (2002). Vereinbarkeit von Familie und Beruf. Reihe Benchmarking Deutschland Aktuell (hrsg. v. d. Bertelsmann Stiftung). Gütersloh: Verlag Bertelsmann Stiftung.

Eibeck, B. (2002). Von der Kindergartentante zur „women economy": Perspektiven für Erzieherinnen. Jugendhilfe, 40.

Engelbrech, G. (2002). Transferzahlungen an Familie – demographische Entwicklung und Chancengleichheit. WSI-Mitteilungen, 3, 139–146.

Engelbrech, G. & Jungkunst, M. (2001). Erwerbsbeteiligung von Frauen: Wie bringt man Beruf und Kinder unter einen Hut? Nürnberg: IAB Kurzbericht 7.

Engstler, H. (1997). Die Familie im Spiegel der amtlichen Statistik. Bonn: Bundesministerium für Familie, Senioren, Frauen und Jugend.

Engstler, H. & Menning, S. (2003). Die Familie im Spiegel der amtlichen Statistik. Lebensformen, Familienstrukturen, wirtschaftliche Situation der Familien und familiendemographische Entwicklung in Deutschland. Bonn: Bundesministerium für Familie, Senioren, Frauen und Jugend.

Esch, K. & Stöbe-Blossey, S. (2002). Kinderbetreuung: Ganztags für alle? Differenzierte Arbeitszeiten erfordern flexible Angebote. AT-Report 2002-09. Im Internet abrufbar unter: www.iat-info.iatge.de/iat-report

Eurydice (2002). Schlüsselzahlen zum Bildungswesen in Europa 2002. Im Internet abrufbar unter: www.eurydice.org.

F

Fabian, H. (2002a). Children starting school. A guide to successful transitions and transfers for teachers and assisstans. London: Fulton.

Fabian, H. (2002b). Empowering children for transitions. In H. Fabian & A.-W. Dunlop (Eds.), Transitions in the early years. Debating continuity and progression for children in early education (pp. 123–134). London: Routledge Falmer.

Fabian, H. & Dunlop, A.-W. (Eds.). (2002). Transitions in the early years. Debating continuity and progression for children in early education. London: Routledge Falmer.

Faust-Siehl, G. (2002). Die neue Schuleingangsstufe in den Bundesländern. In G. Faust-Siehl & A. Speck-Hamdan (Hrsg.), Schulanfang ohne Umwege (S. 194–252). Frankfurt/M.: Grundschulverband.

Fegert, J. M. & Frühauf, T. (1999). Integration von Kindern mit Behinderungen. Seelische, geistige und körperliche Behinderung. Bd. 4: Materialien zum 10. Kinder- und Jugendbericht. München: DJI.

Filipp, H.-S. (1995). Ein allgemeines Modell für die Analyse kritischer Lebensereignisse. In S.-H. Filipp (Hrsg.), Kritische Lebensereignisse (S. 3–52). Weinheim: PVU

Fortune-Wood, J. (2002). Transitions without school. In H. Fabian & A.-W. Dunlop (Eds.), Transitions in the early years: Debating continuity and progression for children in early education (pp. 135–145). London: Routledge Falmer.

Fried, L., Rossbach, H.-G., Tietze, W. & Wolf, B. (2002). Elementarbereich. In K. Ingenkamp, R. S. Jäger, H. Petillon & B. Wolf (Hrsg.), Empirische Pädagogik: 1970–1990 (S. 197–263). Weinheim: Deutscher Studien Verlag.

Fthenakis, W. E. (1997). Übergänge im individuellen und Familienentwicklungsprozess – Konsequenzen für die Familienforschung und Kindererziehung. In Bayerisches Staatsministerium für Arbeit und Sozialordnung, Frauen, Familie und Gesundheit (Hrsg.), Familienforum: Treffpunkt Familie. München: Bayerisches Staatsministerium für Arbeit und Sozialordnung, Frauen, Familie und Gesundheit.

Fthenakis, W. E. (1998) Family transitions and quality in early childhood education. European Early Childhood Education Research Journal, 6, 5–17.

Fthenakis, W. E. (2000a). Kindergarten: Eine Institution im Wandel. In Amt für Soziale Dienste Bremen (Hrsg.), Kindergarten – Eine Institution im Wandel. Reflexion und Neubewertung der Bildungs- und Erziehungskonzeption von Tageseinrichtungen für Kinder (S. 11–91). Bremen: Edition Temmen.

Fthenakis, W. E. (2000b). Konzeptionelle Neubestimmung von Bildungsqualität in Tageseinrichtungen für Kinder mit Blick auf den Übergang in die Grundschule – ein neuer Modellversuch im Staatsinstitut für Frühpädagogik. Bildung, Erziehung, Betreuung von Kindern in Bayern, 5, S. 19.

Fthenakis, W. E. (2001a). Moderne Bildung in Kindertageseinrichtungen: zur gegenwärtigen Bildungsdebatte in Deutschland. Bildung, Erziehung, Betreuung von Kindern in Bayern, 6, 5–6.

Fthenakis, W. E. (2001b). Viel Lärm um nichts? Klein und Groß, 2, 7–14.

Fthenakis (2002a). Trends and perspectives in early childhood education: Reconceptualising early childhood education from an international point of view. Vortrag im Rahmen der 3rd Conference of Pacific Early Childhood Education and Research Association, Shanghai, China, 22.–25.07.2002.

Fthenakis, W. E. (2002b). Die Ausbildung von Erzieherinnen und Erziehern: Strategiekonzepte zur Weiterentwicklung von Ausbildungsqualität. In W. E. Fthenakis & P. Oberhuemer (Hrsg.) Ausbildungsqualität. Strategiekonzepte zur Weiterentwicklung der Ausbildung von Erzieherinnen und Erziehern (S. 15–38). Neuwied, Kriftel, Berlin: Luchterhand.

Fthenakis, W. E. (2003a). Zur Neukonzeptualisierung von Bildung in der frühen Kindheit. In W. E. Fthenakis (Hrsg.), Elementarpädagogik nach PISA. Wie aus Kindertagesstätten Bildungseinrichtungen werden können (S. 18–37). Freiburg: Herder.

Fthenakis, W. E. (2003b). Pädagogische Qualität in Tageseinrichtungen für Kinder. In W. E. Fthenakis (Hrsg.), Elementarpädagogik nach PISA. Wie aus Kindertagesstätten Bildungseinrichtungen werden können (S. 208–242). Freiburg: Herder.

Fthenakis, W. E., Hanssen, K., Oberhuemer, P. & Schreyer, I. (Hrsg.). (2003). Träger zeigen Profil. Qualitätshandbuch für Träger von Kindertageseinrichtungen. Weinheim: Beltz.

Fthenakis, W. E., Kalicki, B. & Peitz, G. (2002). Paare werden Eltern. Die Ergebnisse der LBS-Familien-Studie. Opladen: Leske & Budrich.

Fthenakis, W. E. & Minsel, B. (2002). Die Rolle des Vaters in der Familie [= Schriftenreihe des Bundesministeriums für Familie, Senioren, Frauen und Jugend, Bd. 213]. Stuttgart: Kohlhammer.

Fthenakis, W. E., Nagel, B., Strätz, R., Sturzbecher, D., Eirich, H. & Mayr, T. (1996). Neue Konzepte für Kindertageseinrichtungen: eine empirische Studie zur Situations- und Problemdefinition der beteiligten Interessengruppen. Endbericht, Band 2: Ausbildung der Erzieherin, Fort- und Weiterbildung/Supervision, Fachberatung bzw. Praxisberatung, Auswahl einer Kindertagesstätte, Zusammenarbeit mit Eltern, Arbeitszufriedenheit, Berufsbiographie, Erziehungsziele, Vernetzung, Innovation (2., überarbeitete Auflage). München: Staatsinstitut für Frühpädagogik.

Fthenakis, W. E. & Oberhuemer, P. (Hrsg.). (2002). Ausbildungsqualität: Strategiekonzepte zur Weiterentwicklung der Ausbildung von Erzieherinnen und Erziehern. Neuwied: Luchterhand.

Fthenakis, W. E. & Oberhuemer, P. (Hrsg.). (im Druck). Frühpädagogik international. Bildungsqualität im Blickpunkt. Opladen: Leske + Budrich.

Fthenakis, W. E. & Textor, M. R. (Hrsg.). (1998). Qualität von Kinderbetreuung: Konzepte, Forschungsergebnisse, internationaler Vergleich. Weinheim: Beltz.

G

Geißler, R. (2002). Die Sozialstruktur Deutschlands. Bonn: Bundeszentrale für Politische Bildung.

GEW (2002). Ganztagsangebote für Kinder statt Familiengeld. GEW-Studie belegt volkswirtschaftlichen Nutzen von Investitionen in Kitas. Pressemitteilung vom 07.09.2002.

Grabka, M. M. & Kirner, E. (2002). Einkommenssituation von Haushalten mit Kindern: Finanzielle Förderung auf erste Lebensjahre konzentrieren. DIW-Wochenbericht 32/02.

Griebel, W. (1997). Gesellschaft im Wandel – Kinder müssen Übergänge bewältigen. Bildung, Erziehung, Betreuung von Kindern in Bayern, 2, 9–13.

Griebel, W. & Niesel, R. (2002a). Abschied vom Kindergarten, Start in die Schule. München: Don Bosco.

Griebel, W. & Niesel, R. (2002b). Co-constructing transition into kindergarten and school by children, parents, and teachers. In H. Fabian & A.-W. Dunlop (Eds.), Transitions in the early years: Debating continuity and progression for children in early education (pp. 64–75). London: Routledge Falmer.

Griebel, W. & Niesel, R. (2003a). Die Bewältigung des Übergangs vom Kindergarten in die Grundschule. In W. E. Fthenakis (Hrsg.), Elementarpädagogik nach PISA. Wie aus Kindertagesstätten Bildungseinrichtungen werden können (S. 136–151). Freiburg: Herder.

Griebel, W. & Niesel, R. (2003b). Successful transitions: Social competencies help pave the way into kindergarten and school. European Early Childhood Education Research Journal, Themed Monograph Series No.1, 25–33.

Gurian, M., Henlay, P & Trueman, T. (2001). Boys and girls learn differently! A guide for teachers and parents. New Jersey: John Wiley & Sons.

H

Hacker, H. (2001). Die Anschlussfähigkeit von Kindergarten und Grundschule. In G. Faust-Siehl & A. Speck-Hamdan (Hrsg.), Schulanfang ohne Umwege (S. 80–94). Frankfurt/M.: Grundschulverband.

Häcker, H., Leutner, D. & Amelang, M. (Hrsg.). (1998). Standards für pädagogisches und psychologisches Testen. Bern: Huber.

Halder, S. C. & McFarland, L. (1986). Hepatitis in day care centres: Epidemiology and prevention. Review of Infectious Diseases, 8, 548–557.

Hank., K., Kreyenfeld, M., & Spieß, C. K. (2003). Kinderbetreuung und Fertilität in Deutschland. Diskussionspapiere Nr. 331. Berlin: DIW.

Hank, K., Tillmann, K. & Wagner, G. (2001). Außerhäusliche Kinderbetreuung in Ostdeutschland vor und nach der Wiedervereinigung. Ein Vergleich mit Westdeutschland in den Jahren 1990–1999. Zeitschrift für Bevölkerungswissenschaft, 26, 55–65.

Harms, T. (1999). Qualitätssicherung in außerschulischen Betreuungseinrichtungen. In Bremische Evangelische Kirche. Landesverband Ev. Tageseinrichtungen für Kinder (Hg.), Qualität für Kinder. Zwischen Markt und Menschlichkeit (S. 139–152). Seelze/Velber: Kallmeyer.

Hebenstreit-Müller, S. & Müller, B. (2001). Elementarbildung in der Jugendhilfe – Eine Liebesehe und eine Bildungskatastrophe. Thesen mit Seitenblicken auf das europäische Ausland. Neue Praxis, 31, 533–537.

Hebenstreit-Müller, S. & Müller, B. (2002). Warum Kitas in Deutschland noch keine Bildungseinrichtungen sind. Thesen zu institutionellen Rahmenbedingungen im Elementarbereich und Konsequenzen aus PISA. Forum Jugendhilfe, 2, 39–41.

Hildeschmidt, A. (1995). Schulversagen. In R. Oerter & L. Montada (Hrsg.), Entwicklungspsychologie (S. 990–1005). Weinheim: Beltz.

Hock, B. Holz, G. & Wüstendorfer, W. (2000). Frühe Folgen – langfristige Konsequenzen? Armut und Benachteiligung im Vorschulalter. Frankfurt/M.: ISS-Eigenverlag.

Hoffmann, L. W. (2002). Berufstätigkeit von Müttern: Folgen für Kinder. In W. E. Fthenakis & M. R. Textor (Hrsg.), Mutterschaft, Vaterschaft (S. 71–88). Weinheim: Beltz.

Homfeldt, H. G. (2000). (Hrsg.), Wissen und Nichtwissen: Herausforderungen für soziale Arbeit in der Wissensgesellschaft. Weinheim: Juventa.

Hültner, R. & Izberk, T. (1991). Nasreddin Hoca im Wanderkino. Türkische Zeichentrickfilme im deutschen Kinderkino. Eine Video-Kassette für Kinder, mit Begleitheft. Weinheim: Beltz.

Hüsler, S. (1991). Prezzemolina und der verzauberte Kater. Italienische Märchen. Eine Tonkassette für Kinder, mit Begleitheft. Weinheim: Beltz.

Hüsler, S. (2003). Befana und der Hexenbesen. Hexengeschichten und Zauberreime aus Italien und Deutschland. Eine Tonkassette für Kinder, mit Begleitheft. (1. Auflage 1991: Beltz) 2. Auflage als Kassette und CD, gefördert mit Mitteln des Bayerischen Staatsministeriums für Arbeit, Sozialordnung, Familie, Frauen und Gesundheit: Staatsinstitut für Frühpädagogik.

J

Jensen, J. J. & Langsted, O. (im Druck). Dänemark: Pädagogische Qualität ohne nationales Curriculum. In W. E. Fthenakis & P. Oberhuemer (Hrsg.), Frühpädagogik international. Bildungsqualität im Blickpunkt (S. 191–207). Opladen: Leske + Budrich.

Johann, E., Michely, H. & Springer, M. (1998). Interkulturelle Pädagogik. Methodenhandbuch für sozialpädagogische Berufe. Berlin: Cornelsen.

K

Kagan, S. L. & Neuman, M. J. (1998). Lessons from three decades of transition research. The Elementary School Journal, 49, 365–380.

Kalicki, B. (2003). Zum Verhältnis von Selbstevaluation und Fremdevaluation: Die externe Validierung der Selbstevaluation als methodische Variante. In W. E. Fthenakis, K. Hanssen, P. Oberhuemer & I. Schreyer (Hrsg.), Träger zeigen Profil. Qualitätshandbuch für Träger von Kindertageseinrichtungen (S. 97–104). Weinheim: Beltz.

Kammermeyer, G. (2001a). Schulfähigkeit. In G. Faust-Siehl & A. Speck-Hamdan (Hrsg.), Schulanfang ohne Umwege (S. 96–118). Frankfurt/M.: Grundschulverband.

Kammermeyer, G. (2001b). Schuleingangsdiagnostik. In G. Faust-Siehl & A. Speck-Hamdan (Hrsg.), Schulanfang ohne Umweg (S. 119–144). Frankfurt/M.: Grundschulverband.

Karlsson Lohmander, M. (2003). Reform Models in Sweden. Beitrag zur Tagung der Robert Bosch Stiftung und des Staatsinstituts für Frühpädagogik (IFP) „Education in the Early Years: International Developments and Implications for Germany". München, 16.–17. Juli 2003.

Karsten, M.-E. (2000). Entwicklung des Qualifikations- und Arbeitskräftebedarfs in den personenbezogenen Dienstleistungsberufen. Berlin: Schriftenreihe der Senatsverwaltung für Arbeit, Soziales und Frauen.

Karsten, M.-E. u. a. (2001). 10 Punkte für Kinder in NRW. Aktiv die Kindheit als Zukunftsressource gestalten. Programmeckpunkte für ein Konzept der Weiterentwicklung von Kinder- und Jugendhilfepolitik. Gutachterliche Stellungnahme: Was sollen zukünftige Angebote zur Bildung, Betreuung und Erziehung von Kindern in NRW leisten? Lüneburg: Universität Lüneburg.

Karsten, M.-E. u. a. (2003). Bildung in Kindertagesstätten. Berlin: ver.di.

Katz, L. G. (1992). Early childhood programs: Multiple perspectives on quality. Childhood Education, 69, 66–71.

Keimeleder, L., Schumann, M., Stempinski, S. & Weiß, K. (2001). Fortbildung für Tagesmütter – Konzepte, Inhalte, Methoden. Leske & Budrich: Opladen.

Kluge, J. (2003). Schluss mit der Bildungsmisere. Ein Sanierungskonzept. Frankfurt/M.: Campus.

Krappmann, L. (1985). Das Erprobungsprogramm und seine Folgen. In J. Zimmer (Hrsg.), Enzyklopädie der Erziehungswissenschaft. Bd. 6: Erziehung in früher Kindheit (S. 39–54). Stuttgart: Klett-Cotta.

Kreppner, K. (2002). Zur Bedeutung der Transitionskompetenz in Familien für das Vermeiden oder das Entstehen von Pathologien im Verlauf der individuellen Entwicklung. In B. Rollett & H. Werneck (Hrsg.), Klinische Entwicklungspsychologie der Familie (S. 32–45). Göttingen: Hogrefe.

Kreyenfeld, M., Flehmig, S. & Wagner, G. G. (1997). Kinderkasse, Qualitätskommission und Betreuungsgutscheine. Ein Reformvorschlag zur Finanzierung, Kontrolle und Steuerung der Kinderbetreuung. klein & groß, 11–12, 6–11.

Kreyenfeld, M., Spieß, C. K. & Wagner, G. G. (2001). Finanzierungs- und Organisationsmodelle institutioneller Kinderbetreuung – Analysen zum Status quo und Vorschläge zur Reform. Neuwied: Luchterhand. [die Kurzfassung der Studie ist im Internet abrufbar unter: www.diw.de/deutsch/publikationen/forschungsergebnisse/docs/diw_hbs_kita.pdf]

Kreyenfeld, M., Spieß, C. K. & Wagner, G. G. (2002). Kinderbetreuungspolitik in Deutschland. Nachfrageorientierte Steuerungs- und Finanzierungsinstrumente. Zeitschrift für Erziehungswissenschaft, 5, 201–221.

Kromrey, H. (2003). Evaluierung und Evaluationsforschung: Begriffe, Modelle und Methoden. Psychologie in Erziehung und Unterricht, 50, 11–26.

Krüger, H.-H., Rauschenbach, T. u. a. (2003). Diplom-Pädagogen in Deutschland. Weinheim: Juventa.

Krumm, V. (1996). Über die Vernachlässigung der Eltern durch Lehrer und Erziehungswissenschaft – Plädoyer für eine veränderte Rolle von Eltern und Lehrern bei der Erziehung der Kinder. In A. Leschinsky (Hrsg.), Die Institutionalisierung von Lehrer und Lernen – Beiträge zu einer Theorie der Schule (S. 119–140). Weinheim: Beltz.

L

Langsted, O. (1994). Looking at quality from the child's perspective. In P. Moss & A. Pence (Eds.), Valueing quality in early childhood services (pp. 28–42). London: Chapman.

Lazarus, R. S. (1995). Stress und Stressbewältigung – ein Paradigma. In S.-H. Filipp (Hrsg.), Kritische Lebensereignisse (S. 198–232). Weinheim: Beltz.

Leipert, K. & Opielka, M. (1998). Erziehungsgehalt 2000. Bonn: ISÖ.

Letablier, M. T. (2002). Kinderbetreuungspolitik in Frankreich und ihre Rechtfertigung. WSI-Mitteilungen, 3, 169–175.

Ludwig, I. & Schlevogt, V. (2002). „Bessere Zeiten für erwerbstätige Mütter?" WSI-Mitteilungen, 3, 133–138.

Lück, G. (im Druck). Naturwissenschaften im frühen Kindesalter. In W. E. Fthenakis & P. Oberhuemer (Hrsg.), Frühpädagogik international: Bildungsqualität im Blickpunkt (S. 339–352). Opladen: Leske + Budrich.

Lütje-Klose, B. & Willenbring, M. (1999). Kooperation fällt nicht vom Himmel. Behindertenpädagogik 38, 2–31.

Luzzati, E., Gianini, G. & Patané, V. (1991). Die diebische Elster – La gazza ladra. Eine Video-Kassette für Kinder, mit Begleitheft. Weinheim: Beltz.

M

Maijvogel, R. & Petrie, P. (1996). Die Betreuung von Schulkindern in der Europäischen Union. Brüssel: Europäisches Netzwerk zur Betreuung von Schulkindern.

Marshall, N., Garcia Coll, C., Marx, F., McCartney, K., Keefe, N. & Ruh, J. (1997). After-school time and children's behavioral adjustment. Merril-Palmer Quarterly, 43, 497–514.

May, H., Carr, M. & Podmore, V. (im Druck). Te Whäriki: Neuseelands frühpädagogisches Curriculum 1991–2001. In W. E. Fthenakis & P. Oberhuemer (Hrsg.), Frühpädagogik international. Bildungsqualität im Blickpunkt (S. 175–189). Opladen: Leske + Budrich.

Mayall, B. (1994). The sociology of childhood: Children's autonomy and participation rights. In A. B. Smith, M. Gollop, K. Marshall & K. Nairn (Eds.), Advocating for children (pp.126–140). Dunedin: Otago University Press.

Mayr, T. (2000). Entwicklungsrisiken bei armen und sozial benachteiligten Kindern und die Wirksamkeit früher Hilfen. In H. Weiß (Hrsg.), Frühförderung mit Kindern und Familien in Armutslagen. München: Reinhardt.

McKinsey, stern.de, T-Online (2002a). Perspektive Deutschland. Projektbericht 2001. Im Internet abrufbar unter: www.perspektive-deutschland.de/files/ergebnisse/Projektbroschuere-Perspektive-Deutschland.pdf

McKinsey, stern.de, T-Online (2002b). Problemfall Kinderbetreuung: Fehlende Kinderbetreuungsmöglichkeiten hindern Mütter an Erwerbstätigkeit. Presseinfo vom 29.05.2002. Im Internet abrufbar unter: www.perspektive-deutschland.de/05040.php#p0

McKinsey, stern.de & T-Online (2003). Projektbericht Perspektive Deutschland 2002. Im Internet abrufbar unter: www.perspektive-deutschland.de/files/presse_2003/Perspektive_Deutschland2002_Projekt-broschuere.pdf

McMahan, I.D. (1992). Public preschool from the age of two: the ecole maternele in France. Young Children, 47, 22–28.

McNaughton, S. (1996). Commentary: Co-constructing curricula. A comment on two curricula (Te Whāriki and the English Curriculum) and their developmental bases. New Zealand Journal of Educational Studies, 31, 189–196.

McNaughton, S. (im Druck). Geschlechtsrolle neu denken in frühpädagogischen Institutionen. In W.E. Fthenakis & P. Oberhuemer (Hrsg.), Frühpädagogik international: Bildungsqualität im Blickpunkt (S. 353–363). Opladen: Leske + Budrich.

Militzer, R., Bougeois, S. & Solbach, R. (Hrsg.). (1998). Aussiedlerkinder im Kindergarten. Materialien für die Praxis. Köln: Sozialpädagogisches Institut NRW.

N

Netzwerk Kinderbetreuung der Europäischen Union (1996). 40 Vorschläge für ein 10jähriges Aktionsprogramm. Brüssel: Europäische Kommission.

Neuman, M.J. (2002). The wider context: An international overview of transition issues. In H. Fabian & A.-W. Dunlop (Eds.), Transitions in the early years. Debating continuity and progression for children in early education (pp. 8–22). London: Routledge Falmer.

NICHD (1997a). Mother-child interaction and cognitive outcomes associated with early child care: results of the NICHD study. Washington: Society for Research in Child Development meeting symposium.

NICHD (1997b). The effects of infant child care on infant-mother attachment security: Results of the NICHD study of early child care. Child Development, 68, 860–879.

NICHD (1998). Early child care and self-control, compliance, and problem behavior at twenty-four and thirty-six months. Child Development, 69, 1145–1170.

NICHD (2002). Early child care and children›s development prior to school entry: Results from the NICHD Study of Early Child Care. American Educational Research Journal, 39, 133–164.

NICHD (2003a). Does amount of time spent in child care predict socioemotional adjustment during the transition to kindergarten? Child Development, 74, 976–1005.

NICHD (2003b). Families matter – even for kids in child care. Journal of Developmental & Behavioral Pediatrics, 24, 58–62.

O

Oberhuemer, P. (1996). Qualifizierung und Berufsweg; die Notwendigkeit einer vernetzten Sichtweise. KiTa aktuell (BY), 8, 147–152.

Oberhuemer, P. (1998). Qualifizierung des Fachpersonals: Schlüsselthema in der Qualitätsdiskussion. In W.E. Fthenakis & M.R. Textor (Hrsg.): Qualität der Kinderbetreuung: Deutsche und internationale Perspektiven (S.127–136). Weinheim und Basel: Beltz.

Oberhuemer, P. (2000). Conceptualizing the professional role in early childhood centers: Emerging profiles in four European countries. Early Childhood Research and Practice (ECRP), 2, 1–10.

Oberhuemer, P. (2001a). Welche Pädagogen will das KJHG? Professionalisierung und Fachlichkeit im Blickpunkt. KiTa spezial, 10 Jahre KJHG, 1, 5–7.

Oberhuemer, P. (2001b). Kulturen der Kindertagesbetreuung – Entwicklungstendenzen in der EU. In H. Colberg-Schrader & P. Oberhuemer (Hrsg.), Aufwachsen von Kindern – Private und öffentliche Verantwortung (S. 106–118). Hohengehren: Schneider.

Oberhuemer, P. (2003). Vorschulische Bildung im internationalen Vergleich. In R. Prölß (Hrsg.), Bildung ist mehr! Die Bedeutung der verschiedenen Lernorte. Konsequenzen aus der PISA-Studie zur Gestaltung der Jugendhilfe in einer kommunalen Bildungslandschaft (S. 83–105). Nürnberg: Emwe.

Oberhuemer, P. & Ulich M. (1997). Kinderbetreuung in Europa. Tageseinrichtungen und pädagogisches Personal. Eine Bestandsaufnahme in den 15 Ländern der europäischen Union. Weinheim: Beltz.

Oberhuemer, P., Ulich, M. & Soltendieck, M. (1999). Die deutsche ErzieherInnen-Ausbildung im europäischen Vergleich: Ergebnisse einer Studie in den EU- Ländern. In R. Thiersch, D. Höltershinken & K. Neumann (Hrsg.), Die Ausbildung der Erzieherinnen – Entwicklungstendenzen und Reformansätze (S. 64–76). München: Juventa.

OECD (2001a). OECD Employment Outlook. Paris: Organisation for Economic Cooperation and Development. Im Internet abrufbar unter: www.oecd.org

OECD (2001b). Starting Strong: Early Childhood Education and Care. Paris: Organisation for Economic Cooperation and Development. Im Internet abrufbar unter: www.oecd.org

OECD (2002). OECD Employment Outlook. Paris: Organisation for Economic Cooperation and Development. Im Internet abrufbar unter: www.oecd.org

Oerter, R. & Montada, L. (Hrsg.). (1998). Entwicklungspsychologie. München: Psychologie-Verlag.

Okay, E. (2003a). Eins von mir – eins von dir. Bir benden – bir senden. Deutsche und türkische Spiele und Lieder. Eine Tonkassette für Kinder, mit Begleitheft. (1. Auflage 1991: Beltz) 2. Auflage als Kassette und CD, gefördert mit Mitteln des Bayerischen Staatsministeriums für Arbeit, Sozialordnung, Familie, Frauen und Gesundheit: Staatsinstitut für Frühpädagogik.

Okay, E. (2003b). Keloglan und der Riese. Türkische und deutsche Märchen. Eine Tonkassette für Kinder, mit Begleitheft. (1. Auflage 1991: Beltz) 2. Auflage als Kassette und CD, gefördert mit Mitteln des Bayerischen Staatsministeriums für Arbeit, Sozialordnung, Familie, Frauen und Gesundheit: Staatsinstitut für Frühpädagogik.

Olbrich, E. (1995). Normative Übergänge im menschlichen Lebenslauf: Entwicklungskrisen oder Herausforderungen. In S.-H. Filipp (Hrsg.), Kritische Lebensereignisse (S. 123–138). Weinheim: Beltz.

Orlowski, P., Scheibe-Jäger, A. & Wimmer, G. (1994). Fundraising. Eine Hausforderung für soziale Organisationen. In H. Rieder-Aigner (Hrsg.), Handbuch Kindertageseinrichtungen. Regensburg: Walhalla.

P

Palincsar, A.S. (1998). Social constructivist perspectives on teaching and learning. Annual Review of Psychology, 49, 345–375.

Parke, R.D. (1995). Fathers and families. In M.H. Bornstein (Ed.), Handbook of parenting (Vol. 3, pp. 27–63). Mahwah: Erlbaum.

Patané, V. (1991). Von Pulcinella bis Pinoccio. Italienisches Puppen- und Maskentheater: Eine Reise durch die Zeiten. Video-Kassette für Kinder, mit Begleitheft. Weinheim: Beltz.

Peitz, G. (2002). Herausforderung Elternschaft: Die Bedeutung der Konvergenz von Selbst- und Fremdbild für die Entwicklung der Partnerschaft. Berlin: Logos.

Peitz, G., Kalicki, B. & Fthenakis, W.E. (2003). Machen traditionelle Rollenmuster unglücklich? Die Bedeutung der Passung von Geschlechtsrolleneinstellungen und Rollenverteilung. Referatbeitrag zur 3. Münchner Tagung für Familienpsychologie, München, 18./19. Juli 2003.

Peters, D.L. & Kontos, S. (1987). Continuity and discontinuity of experience: An intervention perspective. In D.L. Peters & S. Kontos (Eds.), Continuity and discontinuity of experience in child care (pp. 1–16). Norwood: Ablex.

Pettit, G.S. & Laird, R. (1997). Patterns of after-school care in middle-childhood: Risk factors and developmental outcomes. Merril-Palmer Quarterly, 45, 515–538.

Phillipsen, L., Burchinal, M., Howes, C. & Cryer, D. (1997). The prediction of process quality from structural features of child care. Early Childhood Research Quarterly, 12, 281–303.

Pianta, R.C. & Cox, M.J. (1999). The transition to Kindergarten. Baltimore: Paul H. Brookes.

Pianta, R.C. & Kraft-Sayre, M. (2003). Successful Kindergarten transition. Baltimore: Brookes.

Pierce, K.M., Hamm J.V. & Vandell, D.L. (1999). Experiences in after-school programs and children's adjustment in first-grade classrooms. Child Development, 70, 756–767.

Posner, J.K. & Vandell, D.L. (1994). Low-income children's after-school care: Are there beneficial effects of after-school programs? Child Development, 65, 440–456.

Pramling Samuelsson, I. (im Druck). Demokratie: Grundstein des vorschulischen Bildungsplans in Schweden. In W.E. Fthenakis & P. Oberhuemer (Hrsg.), Frühpädagogik international. Bildungsqualität im Blickpunkt (S. 161–173). Opladen: Leske + Budrich.

Preissing, C. (1998). Und wer bist du? Interkulturelles Leben in der Kindertagesstätte. Ravensburg: Ravensburger.

Preissing C. (Hrsg.) (2003). Qualität im Situationsansatz. Qualitätskriterien und Materialien für die Qualitätsentwicklung in Kindertageseinrichtungen. Weinheim: Beltz.

Prott (2002). Theatertreffen oder Kein Applaus für das „Phantom der Opas". Forum Jugendhilfe, 3, 56–60.

R

Rauschenbach, T., Behrer, K. & Knauer, D. (1995). Die Erzieherin: Ausbildung und Arbeitsmarkt. Weinheim: Juventa.

Rauschenbach, T. & Schilling, M. (2001). Jugendhilfe und Demographie. Über Risiken der Zukunft und Chancen der Prognose. In T. Rauschenbach & M. Schilling (Hrsg.), Kinder- und Jugendhilfereport 1: Analysen, Befunde und Perspektiven (S. 221–236). Münster: Votum.

Reichert-Garschhammer, E. (2001a). Qualitätsmanagement im Praxisfeld Kindertageseinrichtung (Bund) – Blickpunkt: Sozialdatenschutz. Kronach: Carl Link.

Reichert-Garschhammer, E. (2001b). Qualitätsmanagement im Praxisfeld Kindertageseinrichtung (Bayern) – Blickpunkt: Sozialdatenschutz. Kronach: Carl Link.

Reichert-Garschhammer, E. (2001c). Qualitätsmanagement im Praxisfeld Kindertageseinrichtung (Bayern) – Blickpunkt: Sozialdatenschutz. München: Staatsinstitut für Frühpädagogik.

Ritchie, J. (1996). The bi-cultural imperative within the New Zealand draft curriculum guidelines for early childhood education »Te Whäriki «. Australian Journal of Early Childhood, 21, 28–32.

Rohrmann, T. & Thoma, P. (1998). Jungen in Kindertagesstätten. Ein Handbuch zur geschlechtbezogenen Pädagogik. Freiburg: Lambertus.

Rosenthal, R. & Vandell, D.L. (1996). Quality of care at school-aged child care programs: Regulable features, observed experiences, child perspectives, and parent perspectives. Child Development, 67, 2434–2445.

Roßbach, H.-G. (1996). Bildungsökonomische Aspekte in der Weiterentwicklung des Früherziehungssystems. In W. Tietze (Hrsg.), Früherziehung. Trends, internationale Forschungsergebnisse, Praxisorientierungen. Neuwied: Luchterhand.

Roßbach, H.-G. (im Druck). Kognitiv anregende Lernumwelten. Zeitschrift für Erziehungswissenschaft.

Rossi, P.H., Freeman, H.E. & Lipsey, M. (1999). Evaluation. London: Sage.

S

Sachverständigenrat Bildung bei der Hans-Böckler-Stiftung (2001). Bildung in der frühen Kindheit. Diskussionspapier Nr. 4. Düsseldorf: Hans-Böckler-Stiftung.

Sanders, M. (1999). Triple P – Positive Parenting Program: Towards an empirically validated multilevel parenting and family support strategy for the prevention of behavior and emotional problems in children. Clinical Child and Family Psychology Review, 2, 71–90.

Sanders, J.R. (Hrsg.). (2000). Handbuch der Evaluationsstandards. Opladen: Leske + Budrich.

Schäfers, B. & Zapf, W. (Hrsg.). (2001). Handwörterbuch zur Gesellschaft Deutschlands. Opladen: Leske und Budrich.

Schneider, I.K. (1996). Einschulungserlebnisse im 20. Jahrhundert. Studie im Rahmen pädagogischer Biographieforschung. Weinheim: Deutscher Studienverlag.

Schneider, F. u.a. (2001). Alleinerziehen – Vielfalt und Dynamik einer Lebensform. Weinheim: Juventa.

Schoch, F. (2003). Kompetenz- und Finanzierungsfragen für (Tages-) Einrichtungen „zwischen" Schule und Jugendhilfe. Zentralblatt für Jugendrecht, 90, 301–310.

Schreyer, I., Hanssen, K., Kalicki, B., Nagel, B. & Oberhuemer, P. (2003). Trägerqualität – Die Steuerung von Bildungs-, Erziehungs- und Betreuungsqualität durch Evaluation. In W.E. Fthenakis (Hrsg.), Elementarpädagogik nach PISA. Wie aus Kindertagesstätten Bildungseinrichtungen werden können (S. 352–371). Freiburg: Herder.

Scriven, M. (1991). Evaluation thesaurus. London: Sage.

Seckinger, M. & van Santen, E. (2000). Tagesmütter – Empirische Daten zur Verbreitung der Tagespflege in Deutschland. Soziale Arbeit, 4, 144–149.

Seefeldt, C., Vartuli, S. & Jewett, J. (Eds.). (1998). Transitions [= Elementary School Journal, Vol. 98, No. 4]. Chicago: University of Chicago Press.

Singer, W. (2003). Was kann ein Mensch wann lernen. Ein Beitrag aus Sicht der Hirnforschung. In W.E. Fthenakis (Hrsg.), Elementarpädagogik nach PISA. Wie aus Kindertagesstätten Bildungseinrichtungen werden können (S. 67–75). Freiburg: Herder.

Siraj-Blatchford, I. & Moriarty, V. (im Druck). Pädagogische Wirksamkeit in der Früherziehung. In W.E. Fthenakis & P. Oberhuemer (Hrsg.) Frühpädagogik international. Bildungsqualität im Blickpunkt. Opladen: Leske + Budrich.

Spieß, C. K. (2001). Abschätzung des Finanzierungsbedarfs für die Bereitstellung einer bedarfsgerechten Versorgung mit Plätzen in Kindertageseinrichtungen. Berlin: DIW.

Spieß, K. (2002). Bedarfsorientierung von Kindertageseinrichtungen – Was heißt das und wie erreichen wir sie. In Forum Familie (Hrsg.), Zukunft Familie. Mit Kindern leben (Heft 2, S. 45–60). Berlin.

Spieß, K., Schupp, J. u. a. (2002). Abschätzung der (Brutto-) Einnahmeeffekte öffentlicher Haushalte und der Sozialversicherungsträger bei einem Ausbau von Kindertageseinrichtungen. DIW-Gutachten im Auftrag des BMFSFJ. Bonn: BMFSFJ.

Spieß, K. & Tietze, W. (2001). Gütesiegel als neues Instrument der Qualitätssicherung von Humandienstleistungen. Gründe, Anforderungen und Umsetzungsüberlegungen am Beispiel von Kindertageseinrichtungen. DIW-Diskussionspapier Nr. 243. Berlin: DIW.

Spieß, K. & Wagner, G. G. (2001). Nachfrageorientierung und Wettbewerb hilft auch Familien – Ein Plädoyer für mehr Kinderbetreuungsgutscheine. Zentralblatt für Jugendrecht, 88, 241–243.

Staatsinstitut für Frühpädagogik (Hrsg.). (1985). Vom Kindergarten zur Schule. Erprobte Wege der Zusammenarbeit von Erziehern und Lehrern. Freiburg: Herder.

Staatsinstitut für Schulpädagogik und Bildungsforschung (1989). Empfehlungen zur Aufnahme des Kindes in die Grundschule. München: ISB.

Statistisches Bundesamt (2002a). Datenreport 2002. Bonn: Bundeszentrale für politische Bildung.

Statistisches Bundesamt (2002b). Leben und Arbeiten in Deutschland. Ergebnisse des Mikrozensus 2001. Wiesbaden: Statistisches Bundesamt.

Statistisches Bundesamt (2003). Bevölkerung nach Geschlecht und Staatsangehörigkeit. Im Internet abrufbar unter: www.destatis.de/basis/d/bevoe/bevoetab4.htm

Stiegler, B (1999). Mutter, Vater, Kind und Staat: geschlechterpolitische Aspekte des Erziehungsgehaltes. Bonn: Friedrich-Ebert-Stiftung.

Strätz, R. u. a. (2003) Qualität für Schulkinder in Kindertageseinrichtungen. Weinheim: Beltz.

Süssmuth, R., Kowalewski, H., Lanfersiek, M. & Thönnissen, R. (1980). Familienergänzende Tagesbetreuung für 0- bis 3jährige Kleinkinder. Dortmund: unveröffentlichtes Manuskript.

Sylva, K. & Wiltshire, J. (1993). The impact of early learning on children's later development. European Early Childhood Education Research Journal, 1, 17–40.

T

Textor, R. (2003). Der Kindergarten sucht eine Heimat. Ein Plädoyer für die Abschaffung von § 22 SGB VIII. Zentralblatt für Jugendrecht, 90, 310–313.

Tietze, W. (Hrsg.). (1996). Früherziehung – Trends, internationale Forschungsergebnisse, Praxisorientierungen. Neuwied: Luchterhand.

Tietze, W. u. a. (1998). Wie gut sind unsere Kindergärten. Neuwied: Luchterhand.

Tietze, W. & Roßbach, H.-G. (1996). Die Qualität des Kindergartens und ihre Auswirkungen auf die Entwicklung der Kinder. Eine internationale Vergleichsstudie. In D. Engelhard et al. (Hrsg.), Handbuch der Elementarerziehung. Seelze: Kallmayer.

Tietze, W. & Viernickel, S. (Hrsg.). (2002). Pädagogische Qualität in Tageseinrichtungen für Kinder. Weinheim: Beltz.

Torney-Purta, J., Schwille, J. & Amadeo, J.-A. (1999). Civic education across countries: Twenty-four national case studies from the IEA Civic Education Project. Amsterdam: IEA.

U

Ulich, M. (2003a). Literacy – sprachliche Bildung im Elementarbereich, kindergarten heute 3/2003, 6–18. [auch in S. Weber (Hrsg.). Die Bildungsbereiche im Kindergarten. Basiswissen für Ausbildung und Praxis. Freiburg i. Br.: Herder 2003]

Ulich, M. (2003b). Die Sprachentwicklung von Migrantenkindern im Kindergarten. Der Beobachtungsbogen Sismik. KiTa spezial Nr. 1 (Themenheft von KiTa aktuell „Beobachtung in Kindertageseinrichtungen") , 24–28.

Ulich, M. & Mayr, T. (1999). Observing Children in German Daycare Centres: Practitioners attitudes and practice. International Journal of Early Years Education, 7, 25–37.

Ulich, M. & Mayr, T. (2003). Sismik – Sprachverhalten und Interesse an Sprache bei Migrantenkindern in Kindertageseinrichtungen. Ein Beobachtungsbogen. Freiburg i. Br.: Herder.

Ulich, M. & Oberhuemer, P. (1994). Es war einmal, es war keinmal … Ein multikulturelles Lese- und Arbeitsbuch. Weinheim: Beltz.

Ulich, M. & Oberhuemer, P. (1995). Der Fuchs geht um … auch anderswo. Ein multikulturelles Spiel- und Arbeitsbuch. Weinheim: Beltz.

Ulich, M., Oberhuemer, P., Soltendieck, M. (2000). Interkulturelle Arbeit und Sprachförderung in Kindertageseinrichtungen. München: Bayerisches Staatsministerium für Arbeit und Sozialordnung, Familie, Frauen und Gesundheit.

Ulich, M., Oberhuemer, P., Soltendieck, M. (2001). Die Welt trifft sich im Kindergarten. Interkulturelle Arbeit und Sprachförderung. Weinheim: Beltz.

V

van Kuyk, J. J. (2002). School-based assessment in early childhood and primary education. Arnhem: unveröffentlichtes Manuskript.

Van Oers, B. (im Druck). Die Förderung mathematischen Denkens bei Vorschulkindern. In W. E. Fthenakis & P. Oberhuemer (Hrsg.), Frühpädagogik international: Bildungsqualität im Blickpunkt. (S. 321–338). Opladen: Leske + Budrich.

Vandell, D. & Su, H. (1999). Child care und school-age children. Young Children, 54, 62–71.

W

Walper, S. (1999). Auswirkungen von Armut auf die Entwicklung von Kindern. In A. Lepenies et al. (Hrsg.), Kindliche Entwicklungspotentiale. Normalität, Abweichung und ihre Ursachen (Materialien zum 10. Kinder- und Jugendbericht 1). München: DJI-Verlag.

Walper, S. (2001). Armut und ihre Auswirkungen auf die Entwicklung von Kindern und Jugendlichen. In A. von Schlippe, G. Lösche & C. Hawellek (Hrsg.), Frühkindliche Lebenswelten und Erziehungsberatung. Die Chancen des Anfangs (S.151–177). Münster: Votum.

Walper, S. & Roos, J. (2001). Die Einschulung als Herausforderung und Chance für die Familie. In G. Faust-Siehl & A. Speck-Hamdan (Hrsg.), Schulanfang ohne Umwege (S. 30–52). Frankfurt/ M.: Grundschulverband.

Walther, A. (2000). Spielräume beim Übergang in die Arbeit. Junge Erwachsene im Wandel der Arbeitsgesellschaft in Deutschland, Italien und Großbritannien. Weinheim: Juventa.

Weiß, K., Stempinski, S., Schumann, M. & Keimeleder, L. (2002). Qualifizierung in der Kindertagespflege. Das DJI-Curriculum „Fortbildung von Tagesmüttern". Seelze-Velber: Kallmeyer.

Welzer, H. (1988). Nach dem Schulabschluss – Arbeitslosigkeit und Berufsanfang als Transition. Zeitschrift für Sozialisationsforschung und Erziehungssoziologie, 8, 182–199.

Welzer, H. (1990). Zwischen den Stühlen. Eine Längsschnittuntersuchung zum Übergangsprozess von Hochschulabsolventen. Weinheim: Dt. Studien Verlag.

Welzer, H. (1993). Transitionen. Zur Sozialpsychologie biographischer Wandlungsprozesse. Tübingen: edition diskord.

Westermann, R. (2002). Merkmale und Varianten von Evaluationen: Überblick und Klassifikation. Zeitschrift für Psychologie, 210, 4–26.

Whitehead, M. (in Druck). Unterstützung von Sprache und „literacy" in den frühen Jahren. In W. E. Fthenakis & P. Oberhuemer (Hrsg.), Frühpädagogik international: Bildungsqualität im Blickpunkt. (S. 303–319). Opladen: Leske + Budrich.

Wiesner, R. (2003). Die Förderung von Kindern in Tageseinrichtungen und die Einheit der Jugendhilfe. Zentralblatt für Jugendrecht, 90, 293–300.

Wissenschaftlicher Beirat für Familienfragen (2002). Die bildungspolitische Bedeutung der Familie – Folgerungen aus der PISA-Studie (Schriftenreihe des Bundesministeriums für Familie, Senioren, Frauen und Jugend, Bd. 224). Stuttgart: Kohlhammer.

Woodhead, M. (1981). Vorschulerziehung in Westeuropa. Ergebnisse aus dem Projekt des Europarates (S. 171–195). Bonn: Europa Union Verlag.

Y

Yeboah, D. A. (2002). Enhancing transition from early childhood phase into primary education: Evidence from the research literature. Early Years, 22, 51- 68.

Z

Zimmermann, G. E. (2001). Armut. In B. Schäfers & W. Zapf (Hrsg.), Handwörterbuch zur Gesellschaft Deutschlands (S. 36–52). Opladen: Leske und Budrich.